仮釈放の理論

矯正・保護の連携と再犯防止

太田達也
Tatsuya Ota

慶應義塾大学出版会

はしがき

　仮釈放は，自由刑の執行過程で受刑者を仮に釈放し，社会の中で自律的な生活を営ませながら保護観察を行い，改善更生や社会復帰の状況を見極めるという現代の刑事政策にあって極めて重要な役割をもつ。しかも，刑事施設へ入所したほぼ全ての受刑者が手続（生活環境調整）の対象となり，半数以上の受刑者が実際に仮釈放になることから，対象者の多さという点でも重要な施策である。「仮出獄は刑事政策，殊に刑罰学において最高の意義をもち，将来の刑罰学の進歩発展は実に仮出獄制度の組織如何に拠らなければならない」というのは，監獄学・刑事政策学の大家であり，検事長や刑政局長を務めた正木亮博士の残した名言である。

　にもかかわらず，従来，仮釈放については，実務家によって運用上の在り方が議論されることはあっても，理論的側面から制度の在り方を研究したものは極めて少ない。刑法や監獄法全面改正作業の過程でも仮釈放制度に対して検討が行われたが，犯罪者予防更生法の制定によって仮釈放は監獄法改正の主要議題から外れ，刑法改正作業においても，仮釈放期間の折衷主義は導入しないことで早々に決着がつき，その後，改正作業そのものが頓挫している。結局，仮釈放制度は，犯罪者予防更生法による保護観察の導入と更生保護法の制定による手続の改正を除くと，明治以来，基本的な姿を変えていないばかりか，犯罪者の社会復帰や再犯防止を図るうえで不都合な制約や限界が多く残されている。

　本書は，仮釈放制度の在り方を理論的に検討したものであるが，仮釈放は，自由刑という刑罰の執行過程で行われ，刑事施設内における矯正処遇の成果が問われる場面であるから，仮釈放の在り方を追究するということは，自由刑や矯正処遇の在り方を追究することでもある。一方，仮釈放後には中間処遇や保護観察が行われることから，仮釈放は，保護観察の期間や内容といった社会内処遇の問題にも直結する。仮釈放が刑事政策学において最高の意味をもつという正木亮博士の言葉は正にそのことを示している。仮釈放を扱う本書は，そういった意味で自由刑と施設内処遇と社会内処遇の研究でもある。

著者の更生保護に関する研究は恩師である故宮澤浩一先生との出会いにまで遡るが，本書は，その後著者が 20 年以上に亘って研究し，公表した仮釈放に関する論文から構成されている。しかし，その間，犯罪者予防更生法と執行猶予者保護観察法が廃止され，新に更生保護法が制定されたことによって制度が大きく様変わりしただけでなく，被害者意見聴取や被害者担当官（保護観察官）など本書中の初出論文で提案した制度が実現したものや，無期受刑者の仮釈放など運用が大きく変化したものもある。筆者が研究を進めるなかで，考えを新にしたり，発展させたりしたものも少なくない。そのため，初出論文として掲げた論文も，近時に発表したものを除くと，全面的に加筆修正を加えてあり，中には書き下ろしといってよいくらいのものもある。従って，本書は，仮釈放に関する現在の著者の考えをまとめたものと言ってよい。

　しかし，「現在」と言っても，絶えず変化するような統計数値を一々取り上げることは極力避けることにした。政策学である以上，実務や現状を踏まえたうえで議論しなければならないことは勿論であり，第 6 編の各論的問題では，現在の運用に対する分析を基に対策を検討することも行っている。しかし，統計や数値は最低限のものしか掲げていない。エビデンス・ベースドの刑事政策全盛の時代にあって，敢えて心掛けたことは，効果の検証や運用の是非ではなく，仮釈放の在るべき姿を制度の本質や正当化根拠にまで遡ったうえで明らかにし，仮釈放理論とも言うべきものを構築・体系化することである。本書のタイトルを『仮釈放の理論』としたのも，そのためである。

　本書がどれだけその目標に近付くことができたかはわからないが，実務経験もない著者が，まがりなりにも，現時点での到達点として本書を世に問うことができたのは，宮澤浩一先生の厳しくも暖かい指導は勿論，多くの実務家の方々からの助言や指導あってのものであったように思う。宮澤浩一先生は，生前，政策学を研究するうえで大切なことは，とにかく現場に足繁く通い，実務家と徹底的に議論することであるとおっしゃられていた。実務家の意見に謙虚に耳を傾け，現場の苦労や経験を理解しなければならないが，ただそれで終わるのではなく，それを踏まえたうえで，研究者としてあるべき姿を追究し，それを実務家に投げかけて，また意見を乞う，その繰り返しであるというのである。「実務家の心に響く批判を」という宮澤先生の指導を胸に，これまで多くの実務家の方々と議論をさせて頂いてきた。生来の性格もあり，随分，失礼な発言や無鉄砲な提案もしたであろうと思うが，自分

なりにこれまで成長できたのも，実務家の方々との議論のお陰であると思っている。本書がその御礼になるとは到底思わないが，自分が考える矯正と保護の在り方を提案させて頂くことで，これまで受けた御厚意に少しでも応えることができれば幸いである。大学研究者は勿論，多くの実務家から批判を頂戴できれば望外の喜びである。

　また，慶應義塾大学名誉教授（現中央大学大学院法務研究科教授）の井田良先生，慶應義塾大学大学院法務研究科教授の原田國男先生，伊東研祐先生には，本書に対し貴重な御助言を賜ったこと，心より御礼申し上げたい。

　第6編第2章の精神障害受刑者の調査については，法務省矯正局と調査対象となった刑務所の関係者にこの場を借りて御礼申し上げたい。また，本書のテーマとは直接関わりはないが，外国人受刑者の問題を考えるに当たっては，法務総合研究所による外国人非行少年の調査に加えて頂いたことが貴重な経験となっている。高齢受刑者の問題についても，警察庁警察政策研究センターと行った高齢犯罪者に関する共同研究から様々な知見と問題意識を得ることができた。関係者の皆様に心より御礼申し上げる。

　本書のなかには，慶應義塾大学学事振興資金からの助成を受けた研究も含まれていることをここに明記する。

　末筆ながら，本書の出版を御快諾下さった慶應義塾大学出版会と，著者を叱咤激励しつつ刊行まで常に暖かく見守って下さった同編集部の岡田智武氏に心より御礼申し上げたい。

2017年（平成29年）11月

太田達也

第3編　仮釈放と保護観察

第1章　仮釈放と保護観察期間 ———————————— 127
──残刑期間主義の見直しと考試期間主義の再評価──

第6編　仮釈放を巡る各論的問題

第 1 編

仮釈放の基本理念と法的性質

仮釈放理論の系譜と再構築

I　仮釈放制度の歴史的展開

1　仮釈放制度の生成と展開

　仮釈放は，自由刑の執行を受けている受刑者を刑事施設から仮に釈放する法律上の制度である。18 世紀末，イギリスの流刑地であったオーストラリア・ノーフォーク島において点数制（mark system 累進処遇）の一環として導入されたのが起源とされ，その後，ウォーター・クロフトン卿により累進制としてイギリス本土でも実施されている[1]。これがさらにニューヨークのゲイランド・B・ハッブル Sing Sing 刑務所長によってアメリカに紹介され，後にエルマイラ矯正院（感化院 reformatory）によって実践に移されたのが契機となり[2]，同国における 19 世紀末以降の社会復帰思想（rehabilitation ideal）の潮流に乗って，1970 年代まで，パロール制度として，不定期刑と共に大いに発展することとなった。

　しかし，アメリカでは，1970 年代に，刑務所における処遇の再犯防止効果に疑問が呈され[3]，社会復帰思想が大きく後退すると同時に，不定期刑とパロールの多用により不公正で不公平な法執行になっているとの新応報刑論ない

---

1) DEAN JOHN CHAMPION, PROBATION, PAROLE, AND COMMUNITY CORRECTIONS 310-311 (6th ed. Pearson Education, Inc. 2008).
2) FRANK SCHMALLEGER, CRIMINAL JUSTICE TODAY: AN INTRODUCTORY TEXT FOR THE 21TH CENTURY 544-546 (8th ed. Pearson Education, Inc. 2005).

し公正モデル（just desert）の主張が強まると[4]，全米で不定期刑やパロール制度の廃止ないし縮小が進み，定期刑制度を採用する州が増えていった。

　さらに，アメリカでは，パロールや善時制（good time system）により裁判所が宣告した刑の一部しか執行が行われていないとして，裁判所が言い渡した自由刑を判決内容（刑期）に従って忠実に執行することを求める量刑忠実法（truth-in-sentencing law）を制定する動きが強まり，特に 1994 年の連邦暴力犯罪統制及び法執行法[5]により各州で同種の立法が行われるようになったため[6]，パロールの廃止や縮小が一層進むことになった。

2　旧刑法と仮釈放

　日本では，1872 年（明治 5 年）の監獄則に「放免」の制度が規定されており[7]，これを日本における仮釈放制度の嚆矢と見る向きもある[8]。しかし，この監獄則は施行されなかったことから，実際には 1880 年の旧刑法（明治 13 年 7 月 17 日太政官布告第 36 号）が我が国初の仮釈放制度を導入したことになる[9]。旧刑法は 1810 年のフランス刑法典を範としてボアソナードが起草した草案を基に制定

---

3) Robert Martinson, *What Works? Questions and Answers About Prison Reform*, 6 THE PUBLIC INTEREST 22 (1974).

4) ANDREW VON HIRSCH, DOING JUSTICE: THE CHOICE OF PUNISHMENTS (New York, Hill and Wang, 1976).

5) Violent Crime Control and Law Enforcement Act of 1994, Pub. L. No.108-322, 108 Stat. 1796.

6) Paula M. Ditton & Doris James Wilson, Truth in Sentencing in State Prisons (Bureau of Justice Statistics, 1999), William J. Sabol et al., The Influence of Truth-in-Sentencing Reforms on Changes in States' Sentencing Practices and Prison Populations (Urban Institute, 2002).

7) 監獄則懲役 12 条の中の第 8 条（賞罰）に，「准流ノ囚能ク獄則ヲ守リ工役ヲ勉ムルコ他囚ニ勝ル者ハ第一等期限ノ半ヲ過キ放免スル特典アリ。但徒罪以下年限短キモノニハ此典ヲ施サス。終身懲役ノ者ハ一等ニ進ムノ後三年ヲ經ルニ非レハ特典ヲ施スコヲ聽サス」とある。准流とは，1870 年の准流法に基づき，流刑を徒刑に代えた一種の代替刑である。小野義秀『日本行刑史散策』財団法人矯正協会（2002）13 頁。

8) 岡田朝太郎『日本刑法論』有斐閣（1894）802 頁，正木亮「自由刑執行上の仮出獄の価値」『犯罪と矯正』矯正協会（1969）30 頁［初出，日本法政新誌 21 巻 2，4，6 号（1924）］。

9) 日本における仮釈放制度の展開については，朝倉京一「仮釈放の原則化をめぐる一考察」更生保護と犯罪予防 13 巻 2 号（1978）10 頁以下，小川太郎「仮出獄の思想」犯罪と非行 43 号（1980）24 頁以下参照。

されたものであるが，当時のフランス刑法典には仮釈放の制度がなかったことから，仮釈放については1871年のドイツ法を参考にしたものだとされている[10]。

旧刑法は，重罪に対する主刑として死刑，徒刑，流刑，懲役，禁獄を，また軽罪に対する主刑として禁錮と罰金を定め[11]，徒刑，懲役，禁獄，禁錮に仮出獄[12]を認めるほか，流刑には幽閉を免ずる免幽閉があった。しかし，仮出獄の要件に「獄則ノ謹守」が含まれるなど報償主義の性格が色濃く見られるほか，法定期間も有期で4分の3，無期（徒刑）で15年と比較的厳しいものとなっている。仮出獄の決定も司法内務両卿が行い，仮出獄後は警察による特別監視を受けること等[13]，当時のヨーロッパにおける仮釈放の特色を反映したものであった。

3　現行刑法と仮釈放

1907年（明治40年）に成立した現行刑法においては，自由刑が懲役，禁錮，拘留に整理され，仮釈放についても，法定期間が有期刑の4分の3から3分の1へ，無期刑は15年から10年へと大幅に緩和されたが，実質的要件については，刑法改正の過程において，若干の修正は試みられたものの，結局，従前の報償主義を受け継いだ「改悛の状」という要件に落ち着いた[14]。釈放者の社会復帰を阻害するなど問題の多かった警察監視制度は廃止されたものの，刑法制定の翌1908年に制定された監獄法により仮出獄者に対する「警察監督」制度が設けられた[15]。仮出獄者の保護救済を図ることが目的とされた同制度も[16]，

---

10)　朝倉京一・前掲注(9)17頁。
11)　流刑と徒刑は共に無期ないし有期（12年以上15年以下）で島地に送る刑罰であるが，流刑は国事犯に対し，徒刑は非国事犯に適用され，また徒刑は定役に服させるが，流刑は島地において獄に幽閉され，定役はない。懲役，禁獄，禁錮は，内地の施設に収容する刑罰であり，懲役と重禁錮は定役に服させる。刑期は重懲役，重禁獄は9年以上11年以下，軽懲役，軽禁獄は6年以上8年以下，禁錮は重軽にかかわらず11日以上5年以下である。
12)　以下では，旧刑法及び平成17年改正までの刑法の制度に言及するときは「仮出獄」の用語を用い，平成17年の刑法改正以後の制度及び一般的な制度として言及するときは「仮釈放」の用語を用いる。
13)　刑法附則（明治14年12月19日太政官布告第67號）が詳細を規定していた。
14)　法典調査會編『刑法改正案理由書—附刑法改正要旨』上田屋書店（1902）49頁。

従来の警察監視の域を出るものではなく，仮出獄者の就職の機会を奪ったり，自暴自棄にさせたりするなど弊害の多いものであった[17]。

　その後，1922 年の旧少年法（大正 11 年 4 月 17 日法律第 42 号）により仮出獄者に対する少年保護司の観察制度が設けられたが，改善思想も必要な体制もなく，実態は警察監督と異なるものではなかったとされる[18]。

4　犯罪者予防更生法とパロール型の仮釈放

　本格的な社会内処遇は，戦後，GHQ の影響の下で 1949 年に制定された犯罪者予防更生法（昭和 24 年 5 月 31 日法律第 142 号）によって初めて導入されることとなった[19]。同法によって，仮出獄の権限が主務大臣から新たに設けられた地方成人及び少年保護委員会に移され，合議体によって仮出獄の面接・審査・決定が行われることとなり，仮出獄者に対しては，少年院仮退院者，保護観察処分対象者，18 歳未満の執行猶予者と共に，同委員会が所管する保護観察に付されることとなった（後に保護観察所に分掌）。犯罪者予防更生法は，「犯罪をした者の改善及び更生を助け，恩赦の適正な運用を図り，仮釈放その他の関係事項の管理について公正妥当な制度を定め，犯罪予防の活動を助長し，もって，社会を保護し，個人及び公共の福祉を増進することを，目的とする」（第 1 条）と定め，仮釈放や保護観察が犯罪者の改善更生や社会復帰にあることを明確にしている。

　仮釈放については，保護観察官等が受刑者の家族を訪問するなどして在監中から環境調整を行うことで帰住先を確保し，円滑な社会復帰に向けた準備をするほか，仮釈放後の保護観察においても，遵守事項を定めてこれを遵守するよう指導監督を行い，社会生活を営むことができるよう補導援護を行うものとさ

15）監獄法が制定された年には仮出獄の施行規則たる假出獄取締規則（明治 41 年 9 月 10 日司法省令第 25 號）が制定され，警察監督の詳細が規定されている。
16）小河滋次郎『監獄法講義』法律研究社（1967）458-459 頁，小川太郎・前掲注(9)31 頁。
17）正木亮『刑事政策汎論［増改訂版］』有斐閣（1949）416 頁，齋藤三郎「仮釋放制度の進展」月刊刑政 61 巻 11 号（1950）52 頁。
18）小川太郎「パロールの運用と善時制について」小川太郎編集代表『矯正論集』財団法人矯正協会（1968）660-661 頁。
19）戦後初期の動きについては，加藤東治郎「戦後における仮釈放制度の発展」朝倉京一ほか編『日本の矯正と保護第 3 巻保護編』有斐閣（1981）17 頁に詳しい。

れた。所内の行状に対する褒賞としての仮釈放と社会内での監視を中心とする警察監督を特色としたヨーロッパ型の仮釈放から，受刑者の改善更生と社会復帰を目的とするアメリカ型の仮釈放（パロール）へと転換が図られたのである。その後，組織の改編や仮釈放手続の改正は行われているが，仮釈放や保護観察の基本的な構造は今日まで変わっていない。

5 刑法改正作業と仮釈放

　仮釈放の法制度については，刑法全面改正の作業の中で見直しに向けた議論が行われている。1926 年（大正 15 年）に臨時法制審議会が策定した「刑法改正ノ綱領」が「假出獄ノ要件ヲ寛大ニシ，其他假出獄ニ關シ受刑者ヲ保護スル規定ヲ設クルコト」と定めたのを皮切りに，戦前に編纂された刑法改正豫備草案（以下，豫備草案という）や刑法改正仮案（以下，仮案という）では，仮釈放後の保護観察を規定するほか，仮案では仮釈放の法定期間を 4 分の 1 と極めて寛大なものとしている。

　このうち法定期間については，1960 年（昭和 35 年）と 61 年に公表された改正刑法準備草案（以下，準備草案という）により再び 3 分の 1 へと引き上げられたものの，準備草案では，仮釈放を刑の中止制度に位置付け，仮釈放後の保護観察期間が 6 月に満たないときは 6 月とするという考試期間主義（折衷主義）を導入したことが注目される[20]。この考試期間主義は，1963 年から審議を開始した法制審議会刑事法特別部会の小委員会が作成した刑事法特別部会小委員会参考案（いわゆる「第 1 次案」）でも採用されていたが[21]，その後の審議において不採用となり，1971 年の第 2 次案までに姿を消すこととなった。また，この刑事法特別部会では，法定期間の経過など形式的要件の充足をもって仮釈放を認める必要的仮釈放も提案されたが，同じく不採用となっている。

6 更生保護法下の仮釈放

　一連の刑法全面改正作業は，結局，頓挫し，仮釈放を巡る議論も，運用に関

---

20) 刑法改正準備会『改正刑法準備草案—附同理由書』（1961）167 頁。
21) 法務省刑事局編『法制審議会刑事法特別部会小委員会参考案（第 1 次案）』法務省（1970）35 頁。

するものが中心となって，制度論の類は殆ど行われなくなった。

そうした中，仮釈放者や元仮釈放者の重大再犯を契機として更生保護制度改革の気運が高まり，2005年（平成17年）に設置された「更生保護のあり方を考える有識者会議」において仮釈放や保護観察に関する検討が行われ，翌2006年の最終報告書の中で，運用の改善と並んで，(1) 再犯のおそれや社会感情の仮釈放許可基準は消極要件とすること，(2) 地方更生保護委員会の委員に民間出身者や各分野の専門家など更生保護官署出身者以外の者を登用すること，(3) 事案の問題性に応じて仮釈放審理にメリハリをつけること，(4) 環境調整を強化し，仮釈放の準備調査を充実させること，(5) 更生保護施設の受入機能を拡充すること，(6) 仮釈放審理に際して被害者の意見を聴取する機会を設けること，(7) 受刑者の申出を受けて職権審理を検討するなど仮釈放審理における受刑者の関与を拡大すること，といった制度改革に向けた提言がなされている[22]。

こうした提言を踏まえて，2007年に犯罪者予防更生法と執行猶予者保護観察法が廃止され，新たに更生保護法（平成19年6月15日法律第88号）が制定されることとなった[23]。仮釈放についても，刑事施設からの申出によらない職権審理を活性化するため，仮釈放準備調査に当たる36条調査が設けられ，犯罪者予防更生法廃止前の改正で追加された被害者意見聴取制度と被害者心情伝達制度も更生保護法に引き継がれている。保護観察についても，特別遵守事項を例示列挙方式にしたうえで，生活指針的なものを除いて生活行動指針（第56条）に移し，遵守事項違反が原処分の取消しに繋がることがあることを明示し，規範性を強める改正がなされている。

特別遵守事項に関連して特に重要な改正が，従来，「本人の自由を不当に制限しないものでなければならない」（仮釈放，仮出場及び仮退院並びに保護観察等に

---

22) 更生保護のあり方を考える有識者会議『更生保護制度改革の提言―安全・安心の国づくり，地域づくりを目指して』(2006) 18-21頁。
23) 「特集―更生保護改革」犯罪と非行154号 (2007) 5頁以下，「特集―これからの更生保護―更生保護法の成立」法律のひろば60巻8号 (2007) 4頁以下，「特集―更生保護の成立」更生保護58巻9号 (2007) 6頁以下，「特集―更生保護法の成立と展望」刑事法ジャーナル10号 (2008) 25頁以下，「特集―更生保護の新たな幕開け」更生保護59巻5号 (2008) 2頁以下，「特集―更生保護法の施行とこれからの保護観察」罪と罰45巻3号 (2008) 6頁以下等参照。

関する規則第5条1項。廃止）とされてきた特別遵守事項において，法務大臣が指定する専門的処遇プログラムを義務付けることや，法務大臣が指定する施設など改善更生のために適当と認められる特定の宿泊場所（現在，自立更生促進センターのみが指定）へ宿泊して指導監督を受けることを義務付けることができるようになったことである。

7 刑の一部執行猶予の導入

　検挙人員の増加，刑事施設の過剰収容，再犯者率や再入者率の上昇等を受け，政府は，2003年（平成15年）に総理大臣を中心とした犯罪対策閣僚会議を立ち上げ，有効適切な犯罪対策を総合的かつ積極的に推進するための検討を開始している[24]。

　そうした中，再犯防止[25]と過剰収容対策の一環として，2006年（平成18年），法務大臣から被収容人員の適正化及び再犯防止と社会復帰の施策に関する意見を求める諮問[26]が行われ，法制審議会の被収容人員適正化方策に関する部会（以下，「部会」という）において検討が行われた結果，刑の一部執行猶予と社会貢献活動に関する答申がなされ，これに基づいて，2013年6月に刑法等の一部改正と「薬物使用等の罪を犯した者に対する刑の一部の執行猶予に関する法律」（平成25年法律第50号）（以下，「薬物使用者等一部執行猶予法」という）の制定が実現し，刑の一部執行猶予制度が導入されることとなった[27]。

---

24) 2012年には，刑事施設出所者の再犯を防止するための様々な対策と目標を設定する「再犯防止に向けた総合対策」を策定したほか，「犯罪に強い社会の実現のための新たな行動計画の策定の基本方針について」（2013），『『世界一安全な日本』創造戦略』（2013），「宣言—犯罪に戻らない・戻さない〜立ち直りをみんなで支える明るい社会〜」（2014），「薬物依存者・高齢犯罪者等の再犯防止緊急対策」（2016）を公表している。
25) 全犯罪者の約30％が全犯罪の総量の約60％を行っていることが明らかにされ，再犯防止対策の重要性が浮き彫りにされた。染田惠ほか『法務総合研究所研究部報告42—再犯防止に関する総合的研究』法務総合研究所（2009）26頁，再犯に関する法務総合研究所の一連の研究成果は法務総合研究所『平成19年版犯罪白書—再犯者の実態と対策』（2007）208頁以下に掲載されている。
26) 被収容人員の適正化を図ると共に，犯罪者の再犯防止及び社会復帰を促進するという観点から，社会奉仕を義務付ける制度の導入の当否，中間処遇の在り方及び保釈の在り方など刑事施設に収容しないで行う処遇等の在り方等の意見を求める諮問第77号。
27) 太田達也『刑の一部執行猶予—犯罪者の改善更生と再犯防止』慶應義塾大学出版会（2014）。

刑の一部執行猶予制度は，施設内処遇と社会内処遇の有機的連携を図ることで犯罪者の改善更生と再犯防止を図るものであるが，より具体的には，我が国における仮釈放や満期釈放の限界を（一部）克服することを目的とするものである。また，刑事施設における実刑部分の執行に続いて猶予期間や保護観察が設定される刑の一部執行猶予の導入によって，社会内処遇の期間を設けるための制度である仮釈放の運用に大きな影響が出ることが予想される。刑の一部執行猶予が適用される受刑者は全体の一部ではあるが，同制度の導入は仮釈放にも新たな展開をもたらすものである。

II　仮釈放理論再構築の重要性

　このように，我が国の仮釈放には既に150年近い歴史があるにもかかわらず，制度の基本的構造や要件は制度発足当初から殆ど変わっておらず，戦後制定された犯罪者予防更生法に基づく保護観察の導入を除くと，仮釈放の制度は立法当時の形態を依然止めている。昭和に入って始まった刑法全面改正の作業においても仮釈放について検討が行われ，特に，1950年代以後の作業では仮釈放制度の改革に向けた議論が行われている。しかし，考試期間主義など仮釈放の新たな仕組みは導入しないことで早々に検討が打ち切られ，仮釈放の要件についても現行刑法の内容が維持されることになり，結局，刑法全面改正そのものも実現することなく終わっている。

　近年も仮釈放率の低下や無期受刑者の仮釈放が問題となっているが，出された論稿の多くが実務家による現状分析や改善策の提案に止まり，仮釈放の理念や原理に立脚した制度論や本質論とは無縁のものである。しかし，仮釈放は，刑罰論のみならず，矯正処遇から保護観察まで刑事政策のあらゆる領域に関わる最重要課題の1つである。実務でも，原則として全ての受刑者に対し手続（生活環境調整）が取られ，半数以上の受刑者が対象となることから，制度の成否が犯罪者の社会復帰や社会の安全確保のうえで極めて大きな影響をもつ。

　2012年（平成24年）には，犯罪対策閣僚会議において再犯防止の総合対策が取りまとめられているが，そこでは，「刑務所出所者や保護観察中の者による重大事犯が後を絶たないことをも考慮すると，再犯防止対策は，『世界一安全な国，日本』復活の礎ともいうべき重要な政策課題である」[28]として，仮釈放

を巡る問題や課題が提起されている。初犯の防止（つまり一般予防）は効果や効率の点で容易ならざるものがあるが，一度，罪を犯して刑事手続の俎上に上った者は対象者が限定されており，特に刑や処分を受けた者は，その執行過程で様々な働きかけを行うことができると同時に，その成否が再犯の有無に直結する。再犯の防止に期待がかかるのは，その為である。

　しかし，自由刑の受刑者は，元々，犯した罪が重大であったり，犯罪を繰り返すなど問題性の高い犯罪者であることに加え，受刑により社会生活から遮断されてしまっているため，釈放に際して如何に社会にソフトランディングさせていくかが課題となる。そこで，仮釈放を含めた釈放の在り方が，犯罪者の社会復帰や再犯防止のうえで極めて重要な意味を有することになる。

　特に，近年は，高齢犯罪者や精神障害犯罪者，性犯罪者など多様で複雑な問題を抱えた犯罪者の社会復帰や再犯防止がクローズアップされている。こうした要保護犯罪者や処遇困難者に対する仮釈放を含めた刑の執行の在り方を模索するためには，単なる運用上の工夫だけでなく，仮釈放の原理原則に立ち返った議論が必要不可欠である。科学的根拠のある（Evidence-based）刑事政策が求められる今日であるが，科学的な検証だけで国の制度や政策が決められるわけではない。科学的根拠のない政策に十分な効果は期待できないが，原理原則のない政策は無軌道となる。

　かくして，仮釈放の本質を明らかにし，正当化根拠に裏付けられた制度とするための研究が重要且つ不可欠となる。「仮出獄は刑事政策，殊に刑罰学において最高の意義をもち，将来の刑罰学の進歩発展は実に仮出獄制度の組織如何に拠らなければならない」[29]という正木亮博士の指摘は正に名言であろう。本書の目的は，仮釈放の原理や正当化根拠に立ち返ったうえで，仮釈放の制度や各論的問題を理論的に考察することにある。刑事政策の論文は賞味期限が短いのが宿命であるというのは恩師の故・宮澤浩一博士の至言であるが，本書の目指すところは，将来に亘って妥当性を有する仮釈放制度の理論的支柱を構築することにある。

28）犯罪対策閣僚会議『再犯防止に向けた総合対策』（2012）1 頁。
29）正木亮「自由刑執行上の仮出獄の価値」『犯罪と矯正』矯正協会（1969）18 頁（初出
　　日本法政新誌 21 巻 2, 4, 6 号（1924））。

第 2 章

刑事政策の目的と仮釈放の本質

I　刑事政策の目的

　刑事政策の究極の目的は犯罪のない安全な社会を構築することにある。この究極の目的を実現するため，刑事政策は，犯罪の予防に努め，犯罪が発生した場合には，犯罪者を適正に処罰ないし処分し，その社会復帰と再犯防止を図る一方，犯罪被害者の損害回復と立ち直りを支援するものでなければならない。

　刑事政策の制度や施策を模索するうえで，まず，当該制度や施策が社会の安全確保にどのように寄与するのかという視点をもつことが常に必要である。近年，「治安維持」という言葉に強権的なイメージを重ねる向きも多いように思われるが，人々が安全に暮らすことができる社会をつくることは，個人の尊厳や基本的人権の擁護という観点からも，決して否定されてはならない目的である。立法上の不作為や不適切な施策の結果，人々の権利が犯罪によって侵害されることが絶対にあってはならないのである。

　しかしまた，社会の安全確保の名の下に，犯罪者の権利を不当に制約したり，過剰な刑罰や処分を科したりすることも許されない。刑事手続や刑の執行段階における犯罪者の権利を適正に保障することは刑事司法の至上命題の 1 つと言っても過言ではない。犯罪者の権利を不当に制限する刑事手続や刑罰の執行には犯罪者への感銘力を期待できないばかりか，一般市民の司法に対する信頼をも損なうことになる。しかし，犯罪者の権利を保障してさえいれば，社会の安全を守ることができるというわけではない。

また，犯罪者の権利を保障しつつ適正な刑罰や処分を科しさえすれば，それで社会の安全が図れるわけでもない。適切な刑罰や処分を科す過程において，犯罪者を改善更生させ，社会に復帰できるようにしなければならないのである。社会復帰は，再犯防止と言い換えてもよい[1]。アメリカで社会復帰思想が後退したときのように，犯罪者を改善更生させる努力を止めてしまえば，後は隔離（無害化）や威嚇（一般予防）によらざるを得ず，弊害ばかりが目立つ。

　また，犯罪被害者の立ち直りを支援することも刑事政策の重要な目的の1つである。かつて，被害者の支援や法的地位の保障は犯罪者の権利保障と相容れないとして否定する論者も多く見られ，犯罪者処遇の分野においては未だにこうした考え方が完全に払拭されてはいない。しかし，被害者が人としての尊厳を回復し，自立していくことができるようにするための制度や施策が，犯罪者の権利保障や社会復帰を図ることと矛盾するとは思えない。だからといって，被害者支援の名の下に犯罪者の権利を不当に侵害したり，不当に更生を妨げたりすることがあってはならないことにも留意する必要がある。

　また，被害者感情は被害者だけのものであって，他人が勝手に忖度したり，比較したりするものではないが，一方で，被害者感情を国の刑罰制度や刑事政策の正当化根拠とすることもまた許されないというべきである[2]。反対に，被害者を犯罪者の社会復帰の手段として利用することもあってはならない。被害者の支援は，それ自体が目的であり，他の目的のために行われるものでない（自己目的性の原則）。

II　仮釈放の目的

　仮釈放の意義や機能を巡っては，古くから，恩恵説，量刑の修正機能説，収容人員調整説，刑の個別化説，社会防衛説，改善更生説からの説明がなされてきた[3]。このうち，仮釈放を刑事施設での行状に対する褒賞ないし恩賞と捉え

1）　「社会復帰」か「再犯防止」か，或いは「更生」か「再犯防止」かという二律背反的な議論には意味がない。太田達也「保護観察の改革課題」刑法雑誌46巻3号（2007）132頁。
2）　太田達也「被害者支援と死刑」井田良＝太田達也編『いま死刑制度を考える』慶應義塾大学出版会（2014）160-162頁。

る恩恵説は既に過去のものとなっており，犯罪者の改善更生を認める現代の刑事政策思想の下では最早支持されない。また，仮釈放は量刑を事後的に修正するための制度であると捉える考え方は，事実上の機能としては否定し難い面があるものの，これを仮釈放本来の目的と捉えるのは，司法権や量刑を軽んずるものとして妥当でない。刑事施設の収容人員を調整する機能も，あくまで副次的な機能であって，これを仮釈放の目的とするのは本末転倒である。刑の個別化説，社会防衛説，改善更生説は，それぞれ仮釈放の個々の機能を説明しているのであって，このうちのどの説が正しいという問題ではない。

　そもそも，仮釈放が刑事司法制度の一部を構成し，刑事政策の一領域である以上，社会の安全確保という刑事政策の究極の目的を追求するものでなければならず，①犯罪者の適正な責任追及（処罰・処分），②犯罪者の社会復帰と再犯防止，③犯罪被害者の立ち直り，という刑事政策の3つの目的に沿うものでなければならない。

　第1に，仮釈放は，裁判所が言い渡した自由刑の執行過程で実施されるものであるから，刑事裁判の適正な実現を通じて刑事責任の追及を図ることが要請される（犯罪者の適正な責任追及）。従って，必要的仮釈放制度のように，裁判所が言渡した刑を一律6分の5しか執行しないといった制度は，この要請にそぐわないと言わざるを得ない。かつて公正モデルが社会復帰思想に基づく医療モデルを批判し，パロールの廃止・縮小や定期刑の採用に向かったのも，裁判の執行が不公正に歪められていると見なされたからであったし，1990年代以降アメリカで立法が進んだ量刑忠実法も，パロールや善時制等により裁判所の宣告刑が忠実に執行されていないことが問題視された結果導入されたものであった。

　とはいえ，裁判所が宣告した刑をただそのまま執行するだけでよいというわけではない。刑事政策には，犯罪者の刑事責任を追及し，適正に処罰するだけでなく，犯罪者を改善更生させ，その再犯を防ぐという，もう1つの目的があ

---

3)　司法省調査部『司法研究報告書第24輯─假釋放制度の運用に就て』(1938) 21頁以下，平野龍一『犯罪者処遇法の諸問題』有斐閣 (1963) 86-87頁，同『矯正保護法』有斐閣 (1963) 96-97頁，岩井敬介「仮釈放」吉永豊文＝鈴木一久編著『矯正保護法』ぎょうせい (1986) 213-214頁，吉永豊文＝林眞琴「仮出獄」大塚仁ほか編『大コンメンタール刑法［第2版］第1巻』青林書院 (2004) 653-654頁等。

るのであり，仮釈放の存在意義もそこにある。従って，仮釈放制度における適正な刑事責任の追及は，責任主義に反する制度や運用が行われたり，不適正な手続に基づく仮釈放が行われたりすることを防ぐための抑制原理として働くべきものである。具体的には，仮釈放の要件[4]や執行率，仮釈放期間，仮釈放の手続，保護観察中の特別遵守事項の在り方等において問題となる。

　第2に，仮釈放は，受刑者の改善更生を図り，その再犯を防止するものでなければならず，これが仮釈放制度の真髄と言っても過言ではない（犯罪者の社会復帰と再犯防止）。それは，単に早期に釈放することで社会復帰を早めるという消極的なものに止まらず，社会において保護観察の機会を設けるという積極的な意味をもつ。法哲学者で刑法学者のグスタフ・ラートブルフは，「自由を大幅に制限し，奪っている環境で，社会復帰の訓練をする」ことは意味がないとして，「畳上の水練」（泳ぐ練習は畳の上ではなく，水の中でしかできない）という趣旨の言葉を残している[5]。仮釈放は，刑の執行が完全に終わる前にほぼ完全な自由を対象者に与えたうえで必要な指導や監督を行い，必要であれば，自立した生活を送ることができるよう補導や援護を行うものであり，対象者の自律（self-control）と自立（self-support）の行方を見極めるための「お試し期間」（考試期間）を設けるものである。その重要性は，釈放後，何らの指導も支援も行えない満期釈放を考えれば明らかであろう。社会復帰と再犯防止は仮釈放の最も本質的且つ重要な目的であるから，具体的には，仮釈放期間の在り方，保護観察の内容，特別遵守事項の在り方等，仮釈放のあらゆる場面で検討されることになる。

　第3に，仮釈放は，社会内処遇の一形態であり，犯罪者を被害者のいる社会に戻すことを内容とするものであるから，被害者への配慮が欠かせない（犯罪被害者の立ち直り）。犯罪者が社会に戻ることに不安や恐怖を覚える被害者もいるし，被害者に対する再被害の危険もある[6]。そもそも，裁判所が定めた刑期より早く釈放することに対し，被害者は納得がいかないことであろう。そこで，仮釈放についても，被害者への情報提供や審理への手続関与が検討されるべき

---

4)　仮釈放の形式的要件たる法定期間を刑事責任の追及（応報）を根拠として定めることには賛成しかねる（第2編第1章参照）。
5)　宮澤浩一『刑事政策講義ノート』成文堂（1998）48頁。
6)　最小判平成16・10・13集刑286号357頁。

ことになる。しかし，先にも述べたように，被害者感情に従った処罰や処遇を
行うことが被害者に配慮するということではないことには留意する必要がある。
もし，被害者の心情だけを考えるなら，重大事件の受刑者を仮釈放することな
どおよそ不可能となってしまう。

Ⅲ　仮釈放とリスク管理

　仮釈放には対象者の再犯というリスクが伴う。刑事施設から受刑者を釈放す
る以上，社会において対象者が再犯に及ぶ危険性があることは，ある意味当然
である。しかし，仮釈放対象者が再犯に及んだ場合，それを「失敗」と見なす
風潮が，マスコミや社会のみならず，更生保護の実務家の間にさえあるように
思われる。そうした実務家の「反省」は，仮釈放や保護観察に携わる者として
の自覚と責任の表れであるとは思うが，マスコミ等は，犯罪者が仮釈放中であ
ることを知るや，こぞって仮釈放や保護観察の制度を批判する[7]。しかし，仮
釈放中の再犯を恐れるのであれば，仮釈放をしなければよいわけであるし，そ
もそも仮釈放制度などない方がよいということになる。
　しかし，考えてみなければならないことは，**仮釈放中に再犯を犯した者は，
満期釈放になっていれば再犯を犯さなかったのか**ということである。仮釈放中
の保護観察下にあっても犯罪を行ったくらいであるから，満期釈放によって全
くの自由の身になった元受刑者がより高い確率で犯罪を行うであろうことは想
像に難くない。仮釈放になろうが，満期釈放になろうが，残念ながら犯罪を行
う者がいることは認めざるを得ない（タイプ1)[8]。その一方で，仮釈放になろ
うが，満期釈放になろうが，罪を犯すことのない受刑者もいる（タイプ2)。
　しかし，受刑者の中には，満期釈放となって何らの指導も支援も受けなけれ
ば再犯を犯すが，刑期が残っている時点で仮に釈放し，社会の中で必要な指導

---

7)　宮澤浩一名誉教授は，そうしたマスコミの態度を批判する。宮澤浩一「わが国における
　　仮釈放制度の意義と問題点─沿革を考え併せて」法律のひろば37巻12号（1984）8-10
　　頁。
8)　こうした発想からの釈放者の調査研究として，伊福部舜児＝泉信弥「仮出獄者の選択に
　　関する研究」法務総合研究所研究部紀要15号（1972）313頁以下，伊福部舜児『社会
　　内処遇の社会学』日本更生保護協会（1993）139-141頁，142-153頁，172-180頁。

監督や補導援護を行うことで，更生の可能性を高め，再犯を犯すリスクを減らすことができる者がおり（タイプ3），これが仮釈放が最も効果を発揮する対象である。こうした者を仮釈放にすれば，再犯のリスクは否定できないが（満期釈放に比して決してリスクは高まってはいないが），再犯を減らす可能性を高めることができる。**保護観察を通じて再犯リスクを最小化していくリスク管理こそが仮釈放の本質である。**

　従って，仮釈放の許可基準たる「再犯のおそれ」を重視する余り，安全な者（タイプ2）だけを仮釈放にして，保護観察を通じて再犯のリスクを低下させることができる受刑者（タイプ3）まで満期釈放にしてしまうことは拙策である。誤解を恐れずに言えば，仮釈放とは，ある意味，再犯のおそれのある者（但し，再犯が確実視される者は除く）に対して行うべきものなのである。その意味で，再犯予測の研究は，仮釈放との関係では，矛盾を孕むことになる。再犯予測の精度を上げれば上げるほど，再犯リスクありとされた者が満期釈放になり，問題のある受刑者が放置されることになるからである。だからと言って，暴力団受刑者や再犯を豪語して止まない受刑者など再犯が極めて高度に予想される受刑者まで全て仮釈放にすることは，リスク管理という観点からも支持されない。必要的仮釈放制度が採用に値しないのも，そのためである。

　また，仮釈放中の再犯に対し，マスコミが監視不足かのような批判を浴びせることがある。しかし，仮釈放に伴う保護観察は，対象者を24時間体制で監視する制度でもないし，そうすべきでもない。保護観察はいずれ終わるものであるから，それまでに対象者が自らを律することができるよう指導監督し，社会生活を送ることができるよう必要に応じた補導援護を行うことが目的である。四六時中監視しなければならないような受刑者は，再犯要件のみならず，保護観察相当性の要件を欠き，仮釈放には不適である。保護観察や仮釈放は，そうした意味でもリスク管理の問題なのである。

Ⅳ　仮釈放の法的性質

　仮釈放の法的性質を巡っては，従前，恩赦説，刑の執行の一形態説，刑の一形態説が唱えられてきた[9]。このうち恩赦説は，仮釈放の目的を恩典や褒賞と捉える考え方と結びつきやすいが，この思想は既に過去のものであり，現在は

全く支持されていない。これに対し，刑の執行の一形態説は，仮釈放中も自由刑の執行が続いているため，刑期が進行し，残刑期間が終われば，刑の執行が終わることになる。そのため，刑の執行の一形態説は，仮釈放後の保護観察は残刑期間に限るという残刑期間主義ないし残刑執行主義と結び付くことになる。

　刑の一形態説は，仮釈放を独自の刑罰と見なすものである。中でも，執行猶予と同じ性質をもったものとする考え方と親和的であり，残刑の執行を猶予する代わりに，執行猶予期間たる仮釈放期間の間，保護観察を行うことを許容する。従って，刑の一形態説は，保護観察を残刑期間に限らず，処遇の必要性や再犯の危険性に従って仮釈放期間の設定を認める考試期間主義と結び付きやすい。

　しかし，仮釈放本来の法的な性質を言うのであれば，当然に刑の執行の一形態であって，仮釈放が刑の一種であるということはあり得ない。仮釈放は，刑の一部ないし付随処分として裁判所によって宣告されるわけでもないし，必ず行われるわけでもないからである。全部執行猶予の法的性質を巡って判例や学説で刑の一執行形態説[10]や刑の一形態説[11]の争いがあるのも，全部執行猶予が裁判所の宣告するものだからである。

　それでも敢えて刑の一種であるとする主張の趣旨は，裁判所が当初言い渡した刑期を超えて，仮釈放期間や保護観察を設定することができるため，刑を実質的に修正し，刑の実質を兼ね備えたものと見なければならないからであろう。この点が日本で考試期間主義が支持されない理由でもあるが，考試期間主義を採るドイツの場合，裁判所が仮釈放の決定権限を有することから，事後的な修正ではあるが，刑の一種であるという考え方が馴染みやすい。もし仮釈放ができる旨（及びその場合に考試期間を設定できる旨）を当初の裁判において宣告しておくような制度を設ければ，これは刑の一形態説と言ってもよいように思われる。

　しかし，日本の場合，判決の事後修正や再判決の制度もないうえ，仮釈放は，

9)　森下忠『刑事政策大綱［新版］』成文堂（1993）284-286頁。
10)　最小判昭和23・6・22刑集2巻7号694頁。
11)　団藤重光『刑法綱要総論［第3版］』創文社（1990）77頁，平野龍一『矯正保護法』有斐閣（1963）49-50頁，団藤重光責任編集（藤木英雄執筆部分）『注釈刑法(1)』有斐閣（1964）187頁。また，大塚仁ほか編（豊田健執筆部分）『大コンメンタール刑法［第2版］第1巻』青林書院（2004）491-492頁の解説参照。

行政官庁によって事後的に判断されるものであるから，法的な性質としては刑の執行形態でしかあり得ない。また，刑の一形態であると言ってみたところで，考試期間主義や強力な特別遵守事項の設定が問題なく承認されるわけではないし，刑の執行の一形態だからと言って何もできないというわけではない。その意味で，特に日本では，刑の執行の一形態か刑の一形態かという議論は，する意味がない。

　より実質的で重要な議論は，刑の一執行形態である仮釈放において，仮釈放の要件設定が如何にあるべきか，仮釈放期間を残刑期間から切り離すことが可能か，可能とするには如何なる仕組みを設けるべきか，治療命令や居住地指定といった自由制限の強い特別遵守事項をどこまで設定することが可能かなど具体的な制度の在り方を考えることである。自由刑の執行過程であるという前提から出発して，刑事政策の目的と役割に応じて仮釈放制度のあるべき姿を追究することが重要なのである。

第 2 編

仮釈放要件論

第1章

仮釈放の法定期間と正当化根拠

I　法定期間再考の必要性

　現行刑法は，「改悛の状」と並ぶ仮釈放の要件として，有期刑の場合はその刑期の 3 分の 1，無期刑の場合は 10 年という期間の経過を定めており，「法定期間」と呼ばれている[1]。しかし，現実には，法定期間の経過から間もない時期に仮釈放される受刑者は殆どおらず，法定期間は，その経過時に刑事施設の長が地方更生保護委員会に対し法定期間経過通告（更生保護法第 33 条）を行う時期としての意味と，刑事施設の長が仮釈放を許すべき旨の申出をするか否かに関する最初の審査期限（犯罪をした者及び非行のある少年に対する社会内における処遇に関する規則［以下，社会内処遇規則と称する］第 11 条 1 項）としての意味が中心となっており，有期刑にせよ，無期刑にせよ，仮釈放要件としての実質的な意味合いは薄れてしまっている。

　一方，2002 年（平成 14 年）以降，仮釈放までの執行率が著しく上昇し[2]，無期刑についても仮釈放までの期間が極めて長期化している[3]。仮釈放の時期が

1) このほか，「条件期間」の用語があるが，現在は法令に「法定期間」の文言があるため（更生保護法第 33 条），本書では全て「法定期間」で統一する。また，かつて用いられていた「応当日」の用語は，「法定期間経過日」とし，犯罪者予防更生法時代の制度や論文に言及する場合も，法定期間経過日の用語を用いることとする。
2) 1989 年分から 2005 年分までは法務省『矯正統計年報 I』を，2006 年分以降は，e-Stat の『矯正統計』を参照した。
3) 法務省保護局「無期刑の執行状況及び無期刑受刑者に係る仮釈放の運用状況について」（2016）。

遅くなるということは，残刑期間主義を採る我が国の場合，仮釈放後の保護観察期間が短くなることを意味し，十分な社会内処遇を行い得なくなるほか，仮釈放以外には釈放のあり得ない無期刑については，長期の拘禁による受刑者の非社会化や高齢化，引受人の喪失に繋がり，社会復帰が困難となるばかりか，社会復帰に向けた調整に大きな労力が必要となる。こうした状況が仮釈放者や元仮釈放者の予後に悪い影響を与えることもあり得るため，仮釈放の時期という観点からの見直しが必要である。

　そうしたところ，2012 年（平成 24 年）には，1983 年（昭和 58 年）から適用されてきた仮釈放の積極化に係る通達[4]が廃止され，新たな通達が発出されている[5]。こうした仮釈放の手続や運用方針の見直しも，仮釈放時期の適正化に係わるものとして重要である。しかし，仮釈放時期の適正化を図るためには，やはり仮釈放要件たる法定期間そのものの見直しが必要である。法と実務の著しい乖離は法治国家において望ましくないだけでなく，明確な理念や根拠に裏付けられ，実務上の基準となる要件があってこそ，個々の適正な仮釈放時期が決められると言うべきである。

　しかしながら，仮釈放は法定期間よりも遙かに遅い時期にしか許可されることはないので，法定期間を見直したとしても，殆ど意味がないという指摘もありえよう。しかし，実務に支障がないから，ただ漫然と 3 分の 1 や 10 年でよいということであってはならない。重要なことは，法定期間が法制度としての正当性と実務上の指標となりうる実務的妥当性を兼ね備えたものとなっているかどうかである。実務に影響がないからではなく，実務の基準となるべき，実務に影響を与える要件でなければならないのである。

　仮釈放の法定期間を巡っては，現行刑法制定の際と昭和の刑法全面改正作業において検討が行われたものの，法定期間を更に短くすべきかどうかが問題と

---

4) 「仮出獄の適正かつ積極的な運用について」昭和 58 年 11 月 30 日付法務省保観第 371 号保護局長通達，「仮出獄の積極的な運用について」昭和 59 年 1 月 5 日付法務省矯医第 38 号矯正局長通達及び「仮出獄の適正かつ積極的な運用の推進について」昭和 59 年 3 月 15 日付法務省保観第 68 号保護局長通達。

5) 「仮釈放の積極的な推進について」平成 24 年 1 月 19 日付法務省保観第 3 号矯正局長・保護局長通達。また，無期刑については，終身刑創設の動きのなかで，その手続の透明化と適正化を図るための通達が発出されている。「無期刑受刑者に係る仮釈放審理に関する事務の運用について」平成 21 年 3 月 6 日法務省保観第 134 号保護局長通達。

なっただけで、その正当化根拠につき精緻な議論が行われた形跡はない[6)7)]。しかも、早々に現行刑法の要件を維持することに落ち着き、以後、殆ど検討が行われていない。

　他方、無期刑については、法定期間を現行より長くすべきとする主張も見られたが、これは殆どが死刑廃止との関係において論じられたものであって[8)]、仮釈放の法定期間そのものからの問題提起ではない。仮釈放の重要性が改めて認識され、仮釈放の積極化が推進されようという時代にあって、仮釈放要件の正当化根拠や内容について改めて考えることは重要である。本章は、そうした問題意識から、仮釈放法定期間の正当化根拠を体系的に考察し、それを踏まえた試論を提示するものである。

II　法定期間の正当化根拠

　仮釈放の法定期間の正当化根拠を巡っては、体系的に検討が行われたことはないが、恩恵に基づく見解を除けば、刑罰論に応じて、応報に重点を置く説、一般予防に重点を置く説、個別予防に重点を置く説に大別することができる。

---

6)　教育刑論に立つ牧野英一博士は、有期刑の法定期間は刑期の5分の1とすべきとし、泉二新熊博士は3分の1を主張し、その妥協案として改正刑法仮案では4分の1が採用されたが、戦後、客観主義・応報刑主義に立つ小野清一郎博士の下で起草された改正刑法準備草案では現行法の3分の1に引き戻されている。牧野英一「短期自由刑及び仮釈放」警察研究23巻5号（1952）16頁、同「改正刑法準備草案の発表」季刊刑政8巻3号（1960）11頁。また、牧野博士は、短期自由刑の弊害を避けるためには宣告刑は相当長期でなければならず、仮釈放の要件は相当に寛大でなければならないとする。牧野英一『刑法改正の諸問題』良書普及会（1934）297頁。

7)　改正刑法準備草案に対しては、安平政吉博士は3分の1という要件は「今日の常識から申して不当とは考えられない」とし、森下忠博士は、「我が国の実状に照らして、これ以上要件を緩和することは、かえって刑事司法の軟骨化を来」し、3分の1まで「要件を緩和している国はほとんど見当たらないから」とするのみである。日本刑法学会編『改正刑法準備草案［刑法雑誌第11巻第1・2号］』有斐閣（1961）31頁、124頁、森下忠「執行猶予・宣告猶予・仮釈放・保護観察」法律時報32巻8号（1960）169-170頁、同『刑法改正と刑事政策』一粒社（1964）83頁。

8)　例えば、斎藤静敬『新版死刑再考論［第2版］』成文堂（1999）341頁以下、加藤久雄「死刑代替論について」法学研究69巻2号（1996）123頁以下、法務省『法制審議会改正刑法草案―附同説明書』（1974）125-126頁。

1 恩恵・恩典に基づく説（恩恵説）

　仮釈放を恩恵と捉える古い恩恵主義の時代に法定期間の正当化根拠が明確に意識されていたとは思われないが，敢えて言えば，法定期間も恩典として仮釈放が認められる最低期間を定めたものということになろう。現行刑法制定の理由書は，「現行法ハ有期刑ニ付テハ其刑期四分ノ三，無期刑ニ付テハ十五年ヲ經過シタル後假出獄ノ恩典ヲ與フルコトト爲シタリト雖モ苟モ改悛ノ状アル囚人トナリトセハ斯ノ如ク長ク在監セシムル必要ナキノミナラス其在監期間ヲ長クスレハ囚人ヲシテ自暴自棄ニ陷ラシムル害弊アルニ過キス」とする[9]。これが法定期間の正当化根拠を明らかにしたものかは定かでないが，「恩典ヲ與フル」という理由書の文言にも表れているように，仮釈放が恩恵・恩典と捉えられていた時代にあって，改悛の状のある受刑者は長く収容しておく必要はなく，自暴自棄になるおそれもあるとして法定期間を設定していたものと考えられる。

　因みに，現行法上，受刑者本人による刑事施設の長等に対する恩赦の出願は，有期の懲役又は禁錮の刑期の3分の1に相当する期間（但し，その期間が1年に満たないときは1年），無期の懲役又は禁錮については10年という，仮釈放の法定期間と同じ制限期間を設けている（恩赦法施行規則第6条）。むしろ恩赦の出願期間を仮釈放の決定期間に合わせたのではあるが[10]，仮釈放と恩赦が同じような次元で捉えられ，法定期間も同様の視点から考えられていたことが窺われる。

---

9) 「明治40年政府提出刑法改正案理由書」高橋治俊＝小谷二郎編（松尾浩也増補解題）『増補刑法沿革綜覧』信山社（1990）2138頁。この説明は明治35年の刑法改正案に対する理由書でも全く同じである。法典調査會編『刑法改正案理由書―附刑法改正要旨』上田屋書店（1902）49頁。明治34年の刑法改正案の理由書では，やや短く「長キニ失シ犯人ヲシテ往々失望ノ位地ニ陷ラシムルノ虞アル」とする。法典調査會編『刑法改正案理由書―附刑法改正要旨』上田屋書店（1901）42-43頁。

10) この出願期間は，戦後制定された恩赦法施行規則において本人の出願権が大幅に認められたため，これに対して一定の条件を付して恩赦出願の濫用を防止するために規定されたものである。岡田亥之三郎『逐条恩赦法釈義［改訂三版］』第一法規出版（1968）95頁。内閣に設置された恩赦制度審議会が昭和23年に提出した最終意見書では，裁判後の受刑者の改悛の状や再犯のおそれ等の諸事情によって刑罰の執行に修正を加えることについては仮釈放が大きな役割を果たしているが，仮釈放には法定期間の制約があり，仮釈放後も所定の終期がくるまでは刑の執行は終了したことにならないため，具体的状況に応じてそうした仮釈放の画一性をさらに緩和する作用を営むのが恩赦であるという説明がなされている。中野次雄「恩赦制度の新方向」警察研究20巻3号（1948）37-39頁。しかし，そうであるとするならば，出願期間の制限期間が仮釈放の法定期間と一致しているのは不可解である。

しかし，仮釈放の恩恵主義そのものが現代では支持されていないだけでなく，恩恵から一定の期間を合理的に導き出すこともできない。さらに，なぜ法定期間の間は恩恵が認められないかと言えば，それはやはり応報であるとする説明にならざるを得ないように思われることから，この恩恵説も後述する法定期間の根拠を応報に求める説にほかならないとも言える。

2　応報に重点を置く説（応報説）

(1)　応報充足説

　法定期間は「実刑を受けることによりしょく罪を実践させるべき最小限度の期間と解釈するほかはな」[11]いという主張や，法定期間は「最小限無視してはならない責任の量」とする見解[12]のように，法定期間を最低限の応報的要素を充足する期間と見る見解である。かつて正木亮博士などの教育刑論者は，仮釈放要件たる法定期間は不要と主張するが[13]，それ故，現行法に残る法定期間は一種の応報刑主義の残骸とせざるをえず[14]，消極的ながら法定期間は刑罰のうちの応報的要素によることを認める。改正刑法草案の理由書も，未決勾留日数の法定期間への通算における解説ではあるものの，「仮釈放前に経過すべき期間が定められているのは，その期間だけ拘禁による苦痛を受けた後でなければ仮釈放を認めないという趣旨」であるとしている[15]。

　しかし，近年，法定期間そのものの議論ではないが，無期刑の制度論や量刑論と関連させつつ，仮釈放の基準を応報の見地から積極的に捉える見解も示されている。それは，仮釈放においては（残存する）刑事責任の程度と社会内処遇の相当性の双方を考慮しなければならず，有罪判決で認められた刑事責任が刑の執行によって社会内処遇という形での刑事処分の緩和を相当とする一定の

11）加藤東治郎「更生の措置としての仮釈放」犯罪と非行43号（1980）104頁。

12）所一彦『刑事政策の基礎理論』大成出版社（1994）98頁。

13）正木亮『刑事政策汎論［増改訂版］』有斐閣（1949）415頁，同『刑法と刑事政策［増訂版］』有斐閣（1968）174-175頁［初出「仮釈放に関する理論と実際」法律のひろば15巻2号（1962）27-28頁］。

14）菊田幸一博士は，「責任主義の原則が仮釈放からくずされている。さきの形式的要件はその残痕である」とする。菊田幸一「仮釈放」宮澤浩一ほか編『刑事政策講座第2巻刑罰』成文堂（1972）235頁。

15）法務省『法制審議会改正刑法草案—附同説明書』（1974）154頁。

ところまで減少することが仮釈放の前提となるとするものである[16]。これは無期刑の仮釈放基準（時期）について論じる中で述べられたものであるが，この考え方を前提とすれば，法定期間は，社会内処遇をもってしても緩和することのできない限界点ということになり，応報充足説の如く，果たさなければならない刑事責任の最小限度を類型化したものということになろう。

　また，ドイツでは，連邦憲法裁判所判決に従い仮釈放のない終身刑に仮釈放を認める立法措置が取られたが，仮釈放要件の1つとして「責任の特別な重大性がさらなる執行を要しない」ことという責任重大性条項が置かれ，判決裁判所が無期刑を宣告する際に責任の重大性を認定した場合，後に執行裁判所が服役期間を判断しているが[17]，それによれば，法定期間に加算される期間は（そして，おそらくは法定期間も）行為責任の重大性という応報的要素によっていることになる。

　しかし，仮釈放が犯罪者の改善更生と再犯防止による社会復帰を目指すものである以上，自由刑の執行には犯罪者の適正処罰という要請が働くとしても（第1編第2章），その仮釈放を認めうる始期に全く予防的要素が含まれていないとするのは妥当でない。たとえそれは，仮釈放の形式的要件たる法定期間は応報，「改悛の状」という実質的要件は予防という形で，応報的要素と予防的要素をそれぞれの要件に振り分けているという考え方（分配説とでも呼ぶべきか）を採るとしても同様である。仮釈放の法定期間（経過日）について，唯一，詳細な検討を加えた野中忠夫氏は，「応当日の経過は刑の応報的要素の消却を意味するものではない」として，法定期間経過日が刑の応報的作用が完了する日とする甲説（本章でいう応報充足説）を否定する[18]。

　仮に法定期間が応報的要素だけで決せられるものだとした場合，行為責任を

16）小池信太郎「量刑における幅の理論と死刑・無期刑」論究ジュリスト4号（2013）87-88頁。小池教授は，無期刑においては，刑事事件の重大性に見合った最低服役期間を「個別事案毎」に判断すべきとしている。岡上雅美（小池信太郎報告部分）「終身刑」刑法雑誌52巻3号（2013）523頁。
17）小池信太郎「ドイツにおける『終身自由刑』の動向―連邦憲法裁判所の判例を中心に」刑事法ジャーナル14号（2009）17-23頁，同「ドイツの無期刑と『責任重大性条項』―立法・判例の動向を中心に」井田良＝太田達也編著『いま死刑制度を考える』慶應義塾大学出版会（2014）105頁以下。
18）野中忠夫「仮出獄と応当日」更生保護と犯罪予防3号（1967）30-32頁。

中心とし，予防的評価を僅かだけ加味して刑の量定を行う現在の量刑理論や実務において，刑期の3分の1（日本）を経過すれば応報を充足したとするには余りに合理性を欠く。それはたとえドイツ（の再入者）のように3分の2という法定要件を採用している場合でさえも同様である。応報的要素を充足するとすれば，やはり宣告刑の大半を執行しなければならないであろう。「最低限度の応報」を充足するという，その「最低限」という概念も意味不明である。刑法の謙抑性の原則からすれば，刑罰は最低限の応報を科すものでなければならず，法定期間がその最低限であるとすれば，宣告刑はその3倍という過剰な刑を科していることになるのであろうか。責任には幅がある（幅の理論）といったところで，刑期の3分の1（や3分の2）から宣告刑までの広い幅であるはずがないし，そうであってはならない。

　ドイツの無期刑における責任重大性条項による加算も，死刑が既に廃止され，元々終身刑だったものが，無期刑に改正された経緯があること，ドイツでは謀殺罪には無期刑が絶対的法定刑として規定されていること，残刑執行猶予主義の仮釈放を採用していることや，裁判所が仮釈放や法定期間の加算を決定するなど判決の事後的修正のような機能を有していること，などの事情が関係しているように思われる。しかも，責任の重大性のみに基づいて仮釈放時期を決めるのであれば，なぜ判決裁判所が重大性のみならず，予め期間まで決めないのであろうか。責任の重大性は裁判時に認定できるはずである。その後，仮釈放の法定期間が経過し，実際の仮釈放審理の段階になって，執行裁判所が，実際の服役期間に加え，受刑者の「人格の展開，年齢・心身の状態なども考慮」して「さらなる執行を要するか」否か（執行の加算期間）を決めているのも[19]，やはり行為責任以外の要素が重要だからではないのか。しかも，ドイツの有期刑には，こうした加算がないことからも，法定期間自体の性質を責任の要素から統一的に説明することは難しい。やはり，応報の観点から法定期間を根拠付けるのは妥当でない。

---

19) 小池信太郎（2014）・前掲注(17)123-124頁。執行裁判所が決めた執行期間を変更することはできないとするが，裁判所が定めた執行期間が到来したとき，もう1つの仮釈放要件である再犯のおそれがあったとしても仮釈放するのであろうか。そうであるとすると再犯のおそれは意味のない要件となるし，当初から法定期間プラス執行期間に相当する有期刑を決めているようなものである（ドイツでは15年を超える有期刑がないが）。

さらに，応報も判決時から刑の執行を経て緩和されるといった可変的なものと見るのであれば，それは既に純粋な応報ではなく，予防的な発想ないし要素を含んでいるように思われる。社会内処遇という形で刑事処分を緩和するという，その社会内処遇が正に予防的発想である。

(2) 社会感情是認説

　応報充足説に似て非なる主張に社会感情是認説とも呼ぶべき見解がある。これは，仮釈放の法定「期間は，いくら改悛の情［原文ママ］があっても，これだけの期間は服役しないと社会感情の是認が得られないという最小限度の期間」[20]とするものである。刑のうち最低限これだけは刑事施設において刑の執行を行わなければ社会感情の是認が得られないという期間を定めたものが法定期間であるとするのである。法務省保護局も，旧法たる犯罪者予防更生法の注釈書の中で，「仮出獄の要件期間が定められているのは，(1)仮出獄に至るまでに最小限度本人が実刑を受けなければならない期間を定めることにより，刑を言渡した司法の機能との調和を図り，(2)この時期までには，社会の一般的法律感情が仮出獄を是認するに至るとの趣旨を含むものと解せられる」としている[21]。「趣旨を含むもの」としてやや含みをもたせてはあるものの，基本的には社会感情是認説の立場を採っており，これが法務省における当時の公式見解ということになる。

　仮釈放許可基準たる社会感情の先駆的研究で知られる氏家文一郎氏（元関東地方更生保護委員会委員）も，社会感情の種類には，①被害者感情，②帰住地の感情又は犯罪地の感情，③法律感情，④一般の社会感情，⑤共犯者との均衡の感情があり，このうち法律感情とは「犯罪をしたことによってその行為者は非難されるべきでありその責任を問われてしかるべきであるという倫理感情を指すものとして理解される倫理感情又は正義感情」であるとしたうえで，「応当

---

20) 桂正昭「仮出獄の時期」罪と罰12巻3号（1975）3頁。同様の見解として，佐藤繁実「仮出獄許可の基準における社会感情について」更生保護と犯罪予防11巻4号（1977）77頁は，「応当日は，社会感情が是認する期間の最低線を定めたもの」とする。西岡正之「仮出獄許可の基準について―特に社会感情の是認を巡って」犯罪と非行43号（1980）92頁。
21) 注釈更生保護法研究会編『注釈犯罪者予防更生法・執行猶予者保護観察法』法務省保護局（1981）78頁。

日は法律感情不是認が最高度にあるときである」としている[22]。

　ところで，社会感情は，仮釈放の実質的要件である「改悛の状」を具体化した許可基準の1つでもある。しかし，仮釈放許可基準としての社会感情の内容は，特定の社会構成員や団体の具体的な感情ではなく，社会全体の抽象的・観念的な正義感情ないし応報感情であるとされている[23]。そうなると，この社会感情充足説も応報充足説と事実上変わらないとも考えられる[24]。それはともかくとして，過去に犯した罪に対する回顧的・静的な評価たる正義感情や応報感情を仮釈放の許可基準とすることには問題があり（本編第3章），従って，その抽象的・観念的な正義感情が最低限満たされるとする期間を法定期間とする説も妥当でない。また，応報充足説同様，何故，一定期間の経過で一般に社会感情が是認すると見なしうるのか説明ができず，一種の擬制と言わざるを得ない。

3　一般予防に重点を置く説（一般予防説）

　法定期間は，刑の威嚇効果の点から必要となる最低限の刑の執行期間と見る見解である。簡単に言えば，これ位執行しないと刑の一般予防効果，威嚇効果が発揮されないとするものである。1961年（昭和36年）に公表された改正刑法準備草案が1931年（昭和6年）の改正刑法仮案（総則）において刑期の4分の1とされた法定期間を3分の1に改めたのは，「刑の一般予防効果からみても，宣告された刑はもう少し尊重されるべきであるという考え方」によったからだ

22）氏家文一郎「仮出獄を許可する場合に要請される社会感情の是認について」保護月報51号（1961）226-227頁。素直に考えれば，氏家氏の言う法律感情が最も仮釈放を認めないのは応当日でなく，刑の執行開始日であろうが，その意味するところは，社会感情充足説と同じく，法定期間は，一般論として法律感情が仮釈放を是認し得る最低期間ということであろう。法律感情不是認が刑の執行に伴って減少するという考え方は，小池信太郎教授の「刑事責任の減少」という考え方と近い。小池信太郎・前掲注(16)87-88頁。

23）仮釈放の許可基準を示した「犯罪をした者及び非行のある少年に対する社会内における処遇に関する事務の運用について」平成20年5月9日保観第325号矯正局長・保護局長依命通達も，「被害者等や地域社会の住民の具体的な感情は，重要な考慮要素となるものの，『社会の感情』とは，それらの感情そのものではなく，刑罰制度の原理・機能という観点から見た抽象的・観念的なものである」としている（第2の7(5)ア）。

24）応報充足説から法定期間の根拠を社会感情とする説には反対する論者も見られる。応報充足説と見られる加藤東治郎氏も，法定期間を「被害者ないしは社会の感情の鎮静を得る期間と見ることも，もとより合理的根拠を欠いている」と社会感情是認説を否定する。加藤東治郎・前掲注(11)104頁。

としている[25]。

　仮釈放は司法機関が言い渡した宣告刑を事実上修正するものであるとする考え方があるから，これによれば，一定の刑を宣告しながら，その一部しか執行しないということになれば，潜在的犯罪者に対する抑止効果が薄れかねないということになるのであろう。しかし，一般予防効果を中心に刑罰の機能を考えるかつての極端な一般予防論によらない限り，刑罰の執行過程における仮釈放の要件としてそこまで一般予防を重視する見解を採ることは難しい。しかも，法定期間の3分の1まで執行すれば最低限の一般予防効果は保たれるというのも根拠が曖昧であるし，量刑においてそこまで一般予防が考慮されているとも考えにくい。

4　個別予防に重点を置く説（個別予防説）

(1)　仮釈放要件判定説

　法定期間は，仮釈放の実質的要件たる「改悛の状」の判断を行うのに必要な期間とする見解である。こうした見解は，未だ仮釈放を恩典と捉え，施設内での行状を中心に判断していた時代から既に見られる。例えば，旧刑法時代，刑法学者の岡田朝太郎氏は，「假出獄ヲ許スニハ囚徒カ十分ニ悛改シタルノ状アルヲ要ス果シテ悛改シタルヤ否ヤヲ知ルニハ多少ノ時間其品行ヲ視察スル必要アリ我立法者カ囚徒ノ品行ヲ視察スルニ必要ト認メタル時間ハ無期徒刑ニ對シテハ少クモ十五年，流刑外ノ重罪輕罪ノ自由刑ニ對シテハ刑期四分ノ三ナリ」としている[26]。

　仮釈放を改善更生のための制度と捉える今日の仮釈放制度の下でも同様の見解が主張されている。野中忠夫氏は，応報充足説を正面から否定したうえで，「刑期中の時間の経過に伴って，本人および社会の側に主観的，客観的事情の変化があり，応当日の頃には，本人の生活態度，生活能力も社会生活にたえる程度にまで向上し，又社会の応報感情も本人の仮出獄を容認する程度にまで寛解していることもありうる。それで，応当日経過の時点においては，本人の処

---

25)　刑法改正準備会『改正刑法準備草案―附同理由書』（1961）168頁。

26)　岡田朝太郎『日本刑法論』有斐閣（1894）806-807頁。現行刑法における同様の見解として，山田正賢『改正刑法講義』武田交盛館（1908）240-241頁，林儀一郎『改正日本刑法講義』修学堂（1909）75頁。

遇について再検討する必要がある。すなわち，応当日は，このような処遇方法の変更について検討をなすべき機会である」としている[27]。本人の改善更生や社会感情の変化等から施設内処遇から社会内処遇への変更について検討すべき日が法定期間経過日であるとすることから，仮釈放要件判定説に位置付けられよう[28]。

　他方，法定期間経過日の算出における未決勾留日数の通算（法定期間からの控除）の是非について論じる際，この仮釈放要件判定説的な主張がなされることがある。古くは，教育刑論の立場に立つ検察官の岡原昌男氏が，「もともと假釋放は刑執行中に因人の改悛を促し累進制その他の方法により組織的にその性格を観察し，改悛の判斷に誤りなからしめることを期してゐるのであって，未決勾留中だけで被告人の性格を判斷することは極めて困難且危険であると思はれる」として，通算日数が多い場合には仮釈放に慎重な態度をとることを要するとしている[29]。森下忠博士も，「およそ仮釈放は，一定期間刑を執行し，その成績を見て，再犯防止可能との見込みの上にはじめてなされるべきものではなかろうか」として，未決勾留日数の控除には消極的態度を示される[30]。「『改悛の状』の判定は，現実の刑の執行を通じてのみ可能であり，改善更生が仮出獄制度の機能であり，目的であるとすれば，一定期間の現実の刑の執行を予定することを制度化することには，合理的な理由がある」として，未決勾留日数を法定期間に算入しないことは当然とする見解も同様の立場である[31]。

---

27) 野中忠夫・前掲注(18)30-32頁。ここでは社会の応報感情も考慮するとしているが，社会復帰における障害の有無という発想があるように思われ，社会感情充足説とはやや趣が異なる。
28) 但し，野中氏は，応報充足説を否定すべきことをもって仮釈放要件判定説の根拠としているに止まり，それ以外では「今日の行刑の現実においては，教育的要素といい応報的要素といい，あるいは保安処分的要素といい，すべてが渾然と合一されて処遇が行われている」からとしか説明されておらず，何故仮釈放要件判定説が妥当であるかという積極的な理由が示されていない。野中忠夫・前掲注(18)31-32頁。
29) 岡原昌男『司法研究報告書第24輯5─假釋放制度の運用に就て』(1938) 54-55頁。なお，岡原氏は，「假釋放によつて刑期が餘りに縮小されることは苦痛としての應報が完うされず正義感が満足されぬものとして排斥するところである」ともしており，これは法定期間の正当化根拠に関する一般的説明であるのか私見であるのかは明らかでないが，応報充足説ないし社会感情（正義感情）是認説が紹介されている。但し，岡原氏は，仮釈放において，相対的法定期間（刑期の3分の1など）の外に，絶対的法定期間（最低1年の執行）を設けたり，残刑による制限（残刑が3年を超えてはならないなど）を設けたりすることには反対の立場である。

仮釈放要件判定説は，仮釈放が受刑者の改善更生や社会復帰のための制度である点とはよく符号する。さらに，仮釈放の実質的要件として「改悛の状」が定められており，その評価には一定の期間を要することから，もう1つの形式的要件たる法定期間が定められているというように2つの要件を有機的に結び付けて説明できるところが優れている。

しかし，法定期間を刑期との相対的関係（3分の1）によって定める現行法の場合，刑期の長短によって，仮釈放の実質的要件を判断する期間の長短が出るため，刑期が短い受刑者にあっては充分な判断ができるのか，反対に長期の受刑者についてはそのような長期の期間が必要かという疑問がつきまとう[32]。そのため，特に刑期が短い受刑者については，刑期の相対的関係によるのでなく，刑期にかかわらず1年なら1年といったように絶対的な法定期間を定めた方がよいという見解を採る立場もある[33]。しかし，こうした要件はやや硬直的過ぎるように思われ，重大犯罪を犯した者については，それに応じた処遇期間も必要であろうし，仮釈放の判定にも一定の期間を要するとの説明は可能であろう。

---

30) 森下忠（1960）・前掲注(7)172頁。森下忠博士は，別稿において，「仮釈放は一定期間刑を執行し，その行状良好で再犯防止可能という見込みの上になされるのを原則とすると考える立場からは，むしろ，受刑者に利益にすぎて不当な感じがしないでもな」く，「わが国における仮釈放の要件がはなはだしく寛大であることも考慮」すると，法定期間から未決勾留日数等を控除する改正刑法準備草案の規定は削除すべきであるとする。はっきりしないが，「利益」や「寛大」といった表現からは応報充足説的な意図が感じられる。日本刑法学会編・前掲注(7)128頁。なお，森下博士は，後に未決勾留日数の法定期間算入の肯定論に立たれる。森下忠「仮釈放」平場安治＝平野龍一編『刑法改正の研究1 概論・総則—改正草案の批判的検討』東京大学出版会（1972）313-314頁。
31) 吉永豊文＝林眞琴「仮出獄」大塚仁ほか編『大コンメンタール刑法［第2版］第1巻』青林書院（2004）665頁。その一方で，吉永＝林両氏は，法定期間経過日に未決勾留日数を算入しないもう1つの根拠は，「現行の制度は，外国判決の執行に見るように，現実の刑の執行によって責任主義を満足させようとしている」からであるとして，後述するように「刑罰の責任主義と刑事政策上の改善主義の調和」が法定期間の根拠となる総合事情説を採る。
32) 仮釈放要件判定説に立つ山田正賢・前掲注(26)241頁も，無期の場合の判断に10年かかるということがあるのかと疑問を呈する。
33) 現行刑法制定の際にも，こうした理由から一定の期間経過（2年）を法定期間とすべきとの異説が唱えられていた。田中正身編著『改正刑法解釋上巻』西東書房（1907）332-333頁。

(2)　社会内処遇確保説

　刑期から法定期間を除した残刑期間に着目し，法定期間は，仮釈放後に保護観察を行うための期間を確保するという観点から定められるべきものとする見解である。小河滋次郎博士は，「刑期三分ノ一ノ條件ハ全刑期ノ大部分ヲ経過セシムルノ要義ニ一致セサルカ如シト雖モ出獄後，当該者ノ行動ヲ検束監視スルニ相当ナル期間ヲ存シテ假出獄ノ妙用ヲ全フスルノ要義ニ適シタルモノト謂ウヘシ」とされている[34]。また，正木亮博士は，後述するように，純粋な教育刑論の立場から法定期間不要説の立場を採るが，別の論稿において，次のようにも述べている。やや長くなるが，重要な点であるので，そのまま引用する。

　　「累犯の孵卵期とは釈放者が最も誘惑にかかり易く，また自暴自棄の結果再び罪を犯すに至り易い時期を言うものであって，釈放者が普通累犯に陥る統計上の期間を言うのである。この期間は，二，三ヵ月より二年間位継続するものであるとは学者の通説である。すなわち仮出獄の申請はこの期間と密接な関係を有する。何となれば囚人はその受けなければならない残期中具体的自由剝奪を免除され，もし仮出獄の趣旨に悖るときは，ただちに再び実刑を行われる危険のためにあえてその身を謹むの結果を生じ，引いてはその行為が慣いとなるがためである。故にわたくしは仮出獄の申請時期は右の孵卵期を含む期間であることを法定すれば足り，仮出獄を長期囚のみに限り，または服役年限を条件とする如きはこれを採らない」[35]

　法定期間を巡る見解のうち個別予防に重点を置く仮釈放要件判定説でさえ，仮釈放の法定期間を施設内処遇との関わりだけで捉えているのに対し，社会内処遇の期間に着目するこの見解は仮釈放後の保護観察の意義を評価している点で優れている。

　しかし，この説によるとすれば，定むべきはこの時期までは仮釈放をしてはならないという法定期間ではなく，仮釈放をする場合，刑期のいつまでにしなければならないという仮釈放期限であろう。反対に，仮釈放を早くするほど長期の社会内処遇期間を確保できるのであるから，仮釈放を禁ずる法定期間の設

---

34)　小河滋次郎『監獄法講義』(1967) 法律研究社 447 頁。
35)　正木亮『犯罪と矯正』矯正協会 (1969) 48 頁 [初出「自由刑執行上の仮出獄の価値」日本法政新誌 21 巻 2，4，6 号 (1924)]。この正木博士の見解にはミッターマイヤーの文献が引用されており，正木博士は，上記の見解に続いて，この問題はドイツでは仮釈放の監護期間（現在にいう考試期間）の問題として論じられたが，仮釈放の申請時期の問題として大いに考慮に値するとしている。

定は不要のはずである。仮釈放後に一定の社会内処遇の期間を確保するという意義は充分理解できるとしても，法定期間を社会内処遇期間の確保という点からだけで根拠付けるにはやや弱く，他の理屈付けが必要となろう。

　なお，この説は残刑期間主義の下での仮釈放にのみ妥当するものであり，考試期間主義においては，仮釈放の時期にかかわらず一定の考試期間が設定可能であるため，この説は意味をなさない。

5　応報と予防の調和に根拠を求める説（総合事情説）

　法定期間は，責任主義（応報）と改善主義（予防）の調和点であるとする見解である。吉永豊文氏と林眞琴氏は，法定期間は「所詮刑罰における責任主義と犯罪者処遇における改善主義との調和点として定められるべきものであり，これは，社会一般の正義感情を満足させ，かつ，刑を言い渡す司法の機能に対する社会の信頼を失わない限度で，改善主義を追求するところで定められているというべき」としている[36]。ここでは，応報と予防が法定期間を決めるうえでどのように作用するかまでは論じられていないが，宣告刑が刑事責任に応じて決められているのであるから[37]，応報は刑期（満期）の方向へ，予防はそれとは逆の方向へ作用し，その均衡がとれる限界点が法定期間であるとするのであろう。

　しかし，ここで述べられているのは，法定期間そのものの正当化根拠というよりは，仮釈放にすべきか否か，仮釈放にするとすればそれはいつかという仮釈放判断において考慮されるべき要素を掲げているに過ぎないように思われ

---

36)　吉永豊文＝林眞琴・前掲注(31)663 頁。この見解に同調するものとして，城下裕二「無期刑受刑者の仮釈放をめぐる諸問題」犯罪と非行 161 号（2009）18-19 頁，23 頁。なお，責任考慮モデルの立場から城下教授の見解を特別予防純化モデルであるとして批判する小池教授は，城下教授が「刑事責任に基づいて要求されるのは法定の最短期間の服役」であり，後は個別予防に基づいて仮釈放の判断がなされるべきであると主張していると評するが，城下教授が法定期間が応報のみに基づくと主張しているようには思われない。なぜならば，城下教授は，「仮釈放の要件として『改悛の状』のほかに一定期間の刑の執行を終了することを求めているのは，責任主義と改善主義（特別予防的考慮）の『調和点』である」とする見解や「一定期間の刑の執行が，責任主義の履践であるだけでなく『改悛の状』を判定する期間である」という見解を支持され，法定期間そのものも責任と個別予防から定められているとするからである。小池信太郎・前掲注(16)86-88 頁。
37)　刑の量定に当たっては応報だけでなく，予防も考慮されてはいるが，その大枠は責任（応報）に応じて定まることには疑いがない。

る[38)39)]。仮釈放を決する全ての要素の調和がとれる時点が仮釈放日たるべきことは個々具体的な受刑者にあっては想定できるし，それを一般化したものが法定期間であることも観念的には理解できる。しかし，応報と改善更生の調和点が存在するかどうかは定かでない。制度論として応報が充足される最低期間が，改善更生のための必要期間と一致するという保証はないのである。さらに，総合事情説とはいえ，応報を充足させる最低期間を認めるということは，結局，応報充足説に対する同じ批判が妥当する。

6 司法処分尊重説

　裁判所が宣告した刑をできるだけ尊重すべきという制約原理が法定期間に働くとする見解である[40)]。仮釈放は刑の執行の一形態であるとしても，自由刑は「刑事施設に拘置」するとされている以上（刑法第12条2項，第13条2項），仮釈放は宣告刑を一部修正する側面があることは否めず，余りに大幅な仮釈放を許容することは定期刑を事実上不定期刑化することになる。司法処分尊重説は，そうした性質を有する仮釈放では，司法処分の実質的な修正をできるだけ抑えるために法定期間を設定しているとするものである。

　しかし，司法処分を尊重するというのなら仮釈放を認めないほうが望ましいに違いなく[41)]，刑期の3分の1や2分の1で仮釈放の制度を認めることの説明に窮するし，具体的な基準ともなり難い。

---

38) ドイツの刑法改正資料のうち仮釈放について翻訳した司法資料でも，仮釈放までに執行を受けるべき期間については，応報，改善，社会内処遇の要素を相互に考慮しなければならないとされているが，これは個々の受刑者の仮釈放審理に委ねられることが肝要で，余りにも著しい形式的制限は望ましいことではないとしている。司法省調査課『司法資料第67号─假釋放』（1925）129-130頁。その一方で，応報思想は法定期間が余りにも短くならないことを要求するとしている。

39) 先の城下教授と小池教授の議論も，実際の仮釈放時期に関する責任（応報）と改善（予防）の関係を巡るものであり，法定期間の在り方を直接論じたものでないが，一部，両者を区別しないか，混同している嫌いがある。仮釈放時期の問題と法定期間の問題は区別して論ずる必要がある。自らの見解を責任考慮モデルと称する小池教授も，仮釈放審理にあたっては責任だけを考慮するというものではないが，法定期間の根拠を責任だけに置くのか（応報充足説），責任と予防を両方考慮したものであるのか（総合事情説），興味深いところである。

40) 小野坂弘「仮釈放制度について」法政理論22巻3号（1990）129頁。そこでは加藤東治郎氏・前掲注(11)104頁の見解と同旨としているが，既に紹介したように，加藤氏の見解は応報充足説であって，司法処分尊重説ではない。

なお，司法判断を尊重するということは，行為責任中心の量刑判断を尊重するということであれば，応報に重点を置く学説の1つに位置付けることも可能であるし[42]，一般予防説的な説明に拠った改正刑法準備草案でも「宣告された刑はもう少し尊重されるべきである」とされており[43]，刑罰の機能をどのように考えるかによって，その内実が変わることから，ここでは応報に重点を置く説にも一般予防に重点を置く説にも位置付けず，独自の見解として分類した。

7　法定期間不要説

　法定要件の正当化根拠を論ずるのではなく，法定期間そのものを不要とする説がある。これは純粋な教育刑論の立場から主張されるもので，仮釈放の許否は受刑者の改善更生の状況によって決すべきであるから，仮釈放を認めない法定期間は設けるべきでないとされる。正木亮博士は，「仮釈放が，囚人の改心自新の拍車的意義をもち，また本人に改心の情が明らかとなり，釈放後の環境，ことに就職の途がつき再犯の虞れがなくなった場合にも，なおかつ刑期三分の一あるいは四分の三を経過しなければ仮釈放を許さぬということでは，今日における仮釈放の本質に反する」として，仮釈放の法定期間は設けず，仮釈放の許可期限は刑務所長及びその諮問機関たる委員会（刑務委員会）において決すべきと主張されている[44]。

　確かに，法定期間不要説が念頭に置くような，刑の執行や施設内処遇を全く必要としない受刑者の存在を観念できないわけではないが，まがりなりにも違法行為を行って，司法機関が個別予防の観点も含めて実刑を言い渡しているのであるから，刑の執行において施設内処遇を行う必要があると考えるべきであり，処遇の必要性が一切ない受刑者を想定することは非現実的と言えよう。そ

41）アメリカでは，1990年代以降，宣告刑をできるだけ忠実に執行することを求める量刑忠実法（truth-in-sentencing act）が導入され，パロールや善時制が制限されている。量刑忠実法の制定・施行状況については，Paula M. Ditton & Doris James Wilson, Truth in Sentencing in State Prisons（Bureau of Justice Statistics, 1999）．
42）岡原昌男・前掲注(29)53頁は，自説の教育刑ではなく，一般の応報思想からの説明として「應報思想は裁判官の言渡した判決の刑が變更されぬことを要求する。従って，仮釈放によって刑期が餘りに縮小されることは苦痛としての應報が完うされず正義感が満足されるものとして排斥するところである」とする。
43）刑法改正準備会・前掲注(25)168頁。
44）正木亮（1949）・前掲注(13)415頁，正木亮（1968）・前掲注(13)174-175頁。

のような犯罪者がいるとすれば，実刑など科す必要はなく，全部執行猶予でよいということにもなりかねない。

8　その他

　その他，法定期間を刑の時効から考える見解も見られる[45]。しかし，逃走により刑の執行を受けないまま一定の期間が経過することで時効を認める時効制度と，刑の執行において一定期間が経過することにより仮釈放を認める制度の趣旨は全く異なり，刑の時効の期間を仮釈放の法定期間の根拠とすることには論理的に無理がある。

Ⅲ　法定期間の再検討

1　正当化根拠——処遇連携説

　法定期間の正当化根拠を巡る従来の見解は，恩恵説を除き，いずれにもそれなりの妥当性があるが，決定力を欠く。総合事情説も，全ての要素を考慮するが故に却って説得力がなく，具体的な基準を導き出すこともできない。

　思うに，仮釈放の法定期間は，刑事施設において矯正処遇を行ったうえで[46]仮に釈放し，保護観察を通じて改善更生と再犯防止を図るという仮釈放の機能を考慮したものでなければならない。そうであるとすれば，刑事施設における矯正処遇と仮釈放後の保護観察が連携して行われ，受刑者の改善更生と再犯防止を図るうえで最も効果的な時点で仮釈放は行われるべきであり，法定期間もその観点から定められるべきである。そう考えると，余りに短い法定期間は，刑事施設内での処遇を充分に行うことができず，反対に余りに長い法定期間は，残刑期間主義を採用する現在の我が国ではわずかな保護観察しか行い得ない。矯正処遇と保護観察が相まって効果を発揮することができる期間の下限を法定期間とすべきであり，ここでは，この見解を仮に処遇連携説と呼ぶこととする。

　先に見た仮釈放要件判定説は，社会内処遇への切り替え時期の判断という形では社会内処遇を意識しているものの，「改悛の状」の判定に一定の期間を要

45）加藤久雄・前掲注(8)143頁。
46）矯正処遇は受刑者の義務である（刑事収容施設法第84条1項，第74条2項9号）。

するとするだけで，社会内処遇の重要性を充分評価しているようにも思われない。反対に，社会内処遇確保説は，仮釈放本来の目的である社会内処遇の意義を前提としている点では優れているものの，施設内処遇の必要性という視点を欠いている。やはり，施設内処遇を行ったうえで仮に釈放し，社会内処遇を行いながら段階的に社会復帰させていくという仮釈放の機能を適切に捉えた処遇連携説が妥当である。

　なお，社会内処遇確保説は，残刑期間主義の下でのみ意味をなし，考試期間主義[47]の下では別の原理を考えなければならない。残刑期間主義と考試期間主義で統一的な法定期間の正当化根拠を見いださなければならないわけではないが，処遇連携説は，仮釈放後一定の社会内処遇の期間（考試期間）が確保されていても，改善更生や再犯防止の目的を達するため施設内処遇との組み合わせを考えることから，考試期間主義の下でも妥当する。

2　有期刑の法定期間

　それでは，制度として実際の法定期間はどうあるべきであろうか。但し，有期刑と無期刑では，同じ自由刑でも性質が異なるので，以下では有期刑に絞って検討を加える。

　私見では施設内処遇と社会内処遇の効果的な連携を図るという観点から法定期間を決する処遇連携説の立場を採ることから，前提となる仮釈放制度の法的性質と内容によって法定期間の在り方も異なることになる。

　そこで，仮釈放を刑の執行の一形態と捉え，残刑期間主義を採る現在の日本の制度の下では，法定期間が長すぎると社会内処遇（保護観察）の期間が余りに短くなる。かといって，法定期間を短くすると，施設内処遇の期間を十分に取ることができない。そうした点からすると，3分の1という現行の法定期間は，社会内処遇の期間は確保しやすいものの，刑期が3年未満と短い場合，余りに施設内処遇の期間が短く，刑期が3年以上の場合でも，犯罪の重大性に鑑みると，決して充分な処遇期間が確保できるとは言えない。法定期間をやや長く取ったとしても，刑期が3年以上ある場合だけでなく，刑期が3年未満の場

---

47)　考試期間主義については，第3編第1章のほか，森下忠（1972）・前掲注(30)314-315頁，同『刑事政策大綱［新版］』成文堂（1993）297-298頁等参照。

表 1　法定期間の改正試案

残刑期間主義（現行法）

	3年未満の刑	3年以上の刑
初　入	2分の1	2分の1
再　入	2分の1	3分の2

考試期間主義を採った場合

	3年未満の刑	3年以上の刑
初　入	2分の1	2分の1
再　入	3分の2	3分の2

合にも，仮釈放後の社会内処遇の期間が極端に短くなることはない。以上の点から，刑期が3年未満の刑についても，刑期が3年以上の刑についても，法定期間は現行よりも長い2分の1とすることが望ましいように思われる。

　但し，再入者（前に禁錮以上の実刑に処せられたことがある者）は，初入者と事情を異にする。再入者は初入時の処遇にもかかわらず再犯に至ったわけであるから，再入時にはより充実した施設内処遇が必要と考えるのが合理的である。従って，再入者については，初入者よりも長い法定期間を設定することが望ましく，有期刑の3分の2が相当ではないかと考える。但し，刑期が3年未満の再入者は，余り施設内処遇の期間を取りすぎると社会内処遇の期間が少なくなるため，法定期間は初入者と同じ2分の1とせざるを得ない。

　なお，筆者は，仮釈放後の保護観察期間については考試期間主義を採用すべきであると考えているので[48]，社会内処遇の期間を確保するという制約が少なくなる。その場合，法定期間を伸張することも考えられなくもないが，初入者の法定期間は2分の1でよいであろう。但し，再入者については，施設内処遇の期間を確保するため，刑期3年未満の場合についても3分の2とする方法が

48）第3編第1章参照［初出「仮釈放と保護観察期間―残刑期間主義の見直しと考試期間主義の再検討」研修705号（2007）3頁以下］。

考えられる（表1）。

　ここで掲げた法定期間の案は，あくまで現行の仮釈放審理手続に基づくことを前提としたものである。しかし，次節で述べるように，私見では，法定期間の機能を現在とは異なるものにすべきであると考えているので，それが実現するのであれば，前記とは異なる法定期間を定めることも考えられる。

3　法定期間の機能

　前節で述べたような法定期間を伸ばす提案に対しては，厳罰化であるという批判が当然になされよう。しかし，法定期間の伸張は厳罰化であるとして当初より絶対に許されないとし，法定期間の見直しは必ず仮釈放の早期化だけを目的として論ずべきとすることは，余りに一方的な議論である。我が国の刑罰論でよく見られるような，現行制度より刑罰を重くする改正は厳罰であり，絶対に認められないとする主張と同じである。法制度である以上，明確な理念と根拠に裏打ちされた法定期間である必要があり，仮釈放時期の適正化という視点で捉えるべきものである。さらに，法定期間を現在より長いものにしたとしても，それを基準とした仮釈放の運用が行われるならば，要件としては厳格にはなっても，実際の仮釈放が早期化することはあり得る。法定期間の「後方修正」が厳罰化とは必ずしも言えない。

　さらに私見では，単に法定期間を改正するだけでなく，法定期間の機能そのものも見直すべきではないかと考えている。現在，法定期間には，法定期間経過通告の時期としての機能（更生保護法第33条）と，刑事施設による初回の仮釈放申出審査時期（期限）（社会内処遇規則第11条1項）としての機能がある。そして，法定期間が経過し，法務省令で定める基準に該当すると認めるときは，地方更生保護委員会に対し，仮釈放を許すべき旨の申出をしなければならないとされているが（更生保護法第34条1項），実際に，法定期間経過日直後に仮釈放の申出が刑事施設長からなされることは殆どない。また，地方更生保護委員会は，刑事施設長からの申出がなくとも，必要があると認めるときは，職権で審理を開始することができるが（同第35条1項），こうした職権審理も，無期刑を除くと，実務では極めて少ない。

　しかし，法定期間が仮釈放の一要件であるとすれば，法定期間が経過した時点で，刑事施設だけでなく，仮釈放の審理機関であり，決定機関である地方更

生保護委員会自体が，一度，仮釈放のもう1つの要件である実質的要件の充足を判断することが行われてしかるべきである。つまり，法定期間経過通告を刑事施設長が行った場合，地方更生保護委員会は，仮釈放の審理を開始しなければならないものとするのである。法定期間が経過しても，執行率の相場が近付くまで地方更生保護委員会が仮釈放審理を一度も行わないという状況はやはり望ましいものではない。法定期間経過の時点で，第1回目の審理を行うことを義務付けるべきである。

　法定期間経過通告において，刑事施設長が仮釈放の申出を行わなければならないという形にすることでも実質的に同じ効果を得られるが，それでは依然として地方更生保護委員会の仮釈放審理の主体性が弱いままとなってしまおう。刑事施設長からの通告を契機として，地方更生保護委員会が主体的に仮釈放審理を開始する形の方が望ましい。

　筆者は受刑者に仮釈放審査請求権を認めることに対しては消極的な見解を有しているが，法定期間経過時に地方更生保護委員会に第1回目の審理を義務付けるということは，実質的には受刑者に初回の仮釈放審査請求権を認めたのに等しい（第5編第1章）。

　法定期間の機能をこのようなものにすることによって，現行法より法定期間が長くなったとしても，仮釈放審理の活発化が期待できる。そして，法定期間経過時の必要的仮釈放審理制度を導入する場合，法定期間は前節で提案した法定期間よりもさらに長くする方が，第1回目の仮釈放審理の現実味があろう。表2は，かなり過激な見解ではあるが，その一案である。

　但し，こうした必要的仮釈放審理制度を実施するためには，現在よりも遙かに多くの地方更生保護委員や仮釈放調査を行う保護観察官が必要となる。仮釈放の申出が受刑者の半数程度しか行われていないことから，少なく見積もっても2倍の仮釈放審理が行われることになるし，初回の審理で棄却される率が高くなり，2度目や3度目の審理も増えることが予想されるからである。しかし，現在の，限られた数の地方更生保護委員が多くの施設や受刑者の仮釈放審理を担当し，無期受刑者を除くと，基本的に1回のみの，しかも主査委員による限られた時間の面接という審理方法にそもそも問題がある。こうした仮釈放審理体制そのものを改善していく必要があるのである。

表 2 　法定期間の改正試案（必要的仮釈放審理制度を前提）

残刑期間主義（現行法）

	3 年未満の刑	3 年以上の刑
初　入	2 分の 1	3 分の 2
再　入	3 分の 2	4 分の 3

考試期間主義を採った場合

	3 年未満の刑	3 年以上の刑
初　入	3 分の 2	4 分の 3
再　入	4 分の 3	6 分の 5

4　法定期間経過日の算出方法

　有期刑の法定期間経過日を計算する際に未決勾留日数等の法定期間への算入を認めるか否かについては争いがあるが，これも法定期間の正当化根拠との関係で検討されるべき問題である。

　実務では，従前，未決勾留日数の本刑への通算がある場合（刑法第 21 条，刑事訴訟法第 495 条）や外国判決の執行による刑の執行の減軽がある場合（刑法第 5 条），宣告刑期の 3 分の 1 として算出した法定期間経過日から未決勾留日数等を控除するのではなく，宣告刑期から未決勾留日数等を控除した刑期の 3 分の 1 を法定期間経過日としている[49]。つまり，有期刑の法定期間経過日を計算する際の元になる刑期，即ち，刑法第 28 条にいう「有期刑についてはその刑期の 3 分の 1」の「その刑期」とは，宣告刑期ではなく，実際に執行すべき執行刑期であるとしている。

　このように，法定期間経過日の計算において執行刑期を基準とするのは，「社会の刑罰に対する正義感情を考慮し，刑罰の責任主義と刑事政策上の改善

---

[49] 「刑法第 28 条および少年法第 58 条第 3 号に規定する刑期の 3 分の 1 の算出について」昭和 47 年 7 月 22 日矯保 1235 矯正局長・保護局長通達。なお，無期刑については，外国判決の執行による刑の減軽分は法定期間の 10 年より控除してよいとする判例がある。最大判昭和 30・6・1 刑集 9 巻 7 号 1103 頁。

主義の調和を制度的にどの辺に求めるかによる」として総合事情説の立場からの説明がなされている[50]。即ち，「現実の刑の執行によって責任主義を満足させ（中略）また，刑事政策的にみても，『改悛の状』の判定は，現実の刑の執行を通じてのみ可能であり，改善更生が仮出獄制度の機能であり，目的であるとすれば，一定期間の現実の刑の執行を予定することを制度化することには，合理的な理由がある」とされる。

　しかし，このうち前者の責任主義（応報）を充足させるという，部分的にみた応報充足説の見解に対しては[51]，全く反対の説明と結論が可能である。即ち，未決勾留にも，刑罰の執行と同様，身柄拘束の苦痛を伴うのであり，だからこそ未決勾留日数の本刑への通算が認められているのであるから，責任の充足を言うのであれば，むしろ宣告刑を短縮するのではなく，宣告刑を3分の1とした法定期間から未決勾留日数を控除すべきでことになる。刑法全面改正作業においても，刑法改正予備草案から改正刑法草案に至るまで，本刑に算入された未決勾留の日数又は外国判決の効力の規定等によって刑の一部の執行を免除された期間は法定期間に算入するとしているが，改正刑法草案は，「仮釈放前に経過すべき期間が定められているのは，その期間だけ拘禁による苦痛を受けた後でなければ仮釈放を認めないという趣旨であって，拘禁による苦痛という点では，自由刑の執行と未決勾留等との間に実際上差はな」いことをその理由に掲げている[52]。さらに，香川達夫博士から，「所定期間を経過したからといって，当然に仮出獄が許されうるわけではなく，単に期間上の法定要件を充足するにすぎない。その意味では，未決勾留日数が資格取得期間を超過したからといって，現実的な刑の執行を常にまぬがれうるものでもない」という反論もなされている[53]。

---

50) 吉永豊文＝林眞琴・前掲注(31)665頁。
51) 日本刑法学会編・前掲注(7)128頁。
52) 法務省・前掲注(15)154頁。
53) 団藤重光編（香川達夫執筆分）『注釈刑法(1) 総則(1)』有斐閣（1964）230頁。さらに，「未決勾留日数の本刑通算は宣告刑そのものの短縮ではなく，算入分だけ刑の執行がなされたものとみなされるのであり（中略），その意味では，実務のように未決勾留日数を宣告刑の刑期から控除しなければならない実質的理由に乏しい」として，通算の性質から，宣告刑期を3分の1にしたものが法定期間経過日であり，未決勾留日数分は既に執行がなされたものとして，そこから控除されるとすべきとする。

結局，本刑に通算された未決勾留の性質を責任主義との関係でどう見るかによって，全く異なる結論が導き出されるのであり，応報充足説にせよ，総合事情説にせよ，応報に重点を置く見解からは結論は出し難い。また，通算された日数には長短があり，ほんの僅かな日数でも法定期間からの控除を行えば責任や応報が充足されないというのは，余りに硬直的であるし，法定期間そのものが応報の最低限度として厳密なものであるわけではない。

　これに対し，個別予防に重点を置く見解に立った場合はどうであろうか。仮釈放要件判定説及び総合事情説は，未決勾留の間は「改悛の状」の判定を行うことができないため，その期間を法定期間から控除することは認められないとする[54]。これに対する明確な反論は見られないようであるが，先の香川達夫博士の見解は仮釈放要件判定説への批判にも妥当するように思われる。

　社会内処遇確保説は，仮釈放の禁止期間より期限にむしろ関心があるため，控除を認めるか否かには余り関係がなく，どちらも認めうる。

　司法処分尊重説も，何をもって尊重すべき司法処分とするかによって，どちらにも解しうる。裁判所が宣告した宣告刑を最大限尊重すべきとすれば，法定期間から未決勾留日数等の控除を認めないということになるかもしれない一方，裁判の一部を構成する本刑通算を含めて尊重すべきとすれば，その分は既に執行したものとみなして，法定期間からの控除を認めるべきことになる。

　法定期間不要説にとっては，通算は問題になりようがない。

　筆者が採る処遇連携説では，社会内処遇の確保という点からは影響が少なく，ただ施設内処遇の確保という観点からは，控除を認めない見解の方が支持しやすい。しかし，法定期間は施設内処遇に必要な最低期間を一般的に定めたものであって，全ての受刑者が法定期間経過時点で仮釈放になるわけではない。未決勾留日数等の通算制度の趣旨を考えると，結果として施設内処遇の期間が短くなったとしても，それはやむを得ないことであり，実際の施設内処遇は受刑者の必要に応じて行われるのである。また，私見では法定期間を現行法よりも長く取るため，通算があっても，処遇の期間は確保しやすい。

54）　吉永豊文＝林眞琴・前掲注(31)665頁。

Ⅳ　本質論と実証研究の調和

　本章では，法定期間の正当化根拠という本質論にまで立ち返ったうえで，有期刑における法定期間の在り方について検討を加えた。しかし，法定期間に関するここでの提案は，あくまで法定期間の正当化根拠に基づいてあるべき姿を追究したものに過ぎず，筆者もそれが絶対的なものであるとは考えていない。

　政策学は理論的正当性だけでなく，科学的な検証（evidence-based）に基づいた施策であることが重要であることから，今後，施設内処遇と社会内処遇をどのように組み合わせていくことが受刑者の社会復帰や再犯防止にとって効果的であるのかという実証的な研究を進め，その裏付けを行っていく必要がある。

　しかし，医学や自然科学の領域とは異なり，人（犯罪者）を対象とする制度の検証を行う場合，科学的検証とはいっても，対象となる制度の内容を様々に操作したうえで実験を行うことは，実務的にも，また人権保障の見地からも適切でないことから，やはり理念や正当化根拠に基づいた制度設計を行ったうえで，検証を進める必要がある。本章は，その意味において，仮釈放の本質論を追究したものである。これに科学的検証が伴ってこそ，本来のあるべき姿を模索することができるものと信ずる。

第 2 章

無期刑の本質と仮釈放の法定期間

I　無期刑の法定期間を論ずる意味

　現行刑法は，無期刑に対する仮釈放の形式的要件として 10 年という法定期間を定めている（刑法第 28 条）。しかし，現実には，法定期間の経過から間もない時期に仮釈放される無期受刑者はおらず，特に近年は仮釈放までの期間が極めて長期化し[1]，法定期間と実際の仮釈放時期は乖離する一方である。

　このため，無期受刑者が更生や社会復帰の希望を失ったり，施設側の処遇意欲が減ったりするおそれがあるばかりか，長期の受刑により，家族が他界したり世代交代したりして引受人がいなくなり，仮釈放がますます困難となる事態が予想される[2]。たとえ仮釈放となっても，釈放時の年齢が高齢となるため社会復帰に向けた支援にも多大な労力を要し，結局，福祉に依存するばかりの社会復帰とならざるを得ない。極めて高齢で仮釈放となっても，要介護や寝たきりの状態で福祉施設や病院へ直行では，果たして社会復帰と言えるのか疑問である。

　無期受刑者に対する仮釈放の許否や時期については，個々の受刑者の改悛の状を踏まえた適切な判断を行うとしても，これほどまでに法定期間と実際の仮

---

1)　法務省保護局「無期刑の執行状況及び無期刑受刑者に係る仮釈放の運用状況について」（2016）。
2)　太田達也「刑事施設における受刑者処遇の課題と展望―刑事収容施設法施行 5 年を経過して」法律のひろば 65 巻 8 号（2012）60 頁。

釈放時期の乖離が著しくなると，法定期間経過通告以外，法定期間の意味が殆どなく，仮釈放の手続や時期的基準としての機能を果たしているとは言えない。

　従前，無期刑の法定期間を巡って議論されることはあったが，それは死刑存廃論との関連において，死刑の代替刑として，或いは死刑と無期刑との格差から，現行の無期刑に加え，より法定期間の長い特別無期刑を創設することの是非が論じられてきたに止まる。しかも，それは，刑（法定期間）が軽いか重いかといった極めて印象的・情緒的な議論に終始したものであった。しかし，無期刑の執行や仮釈放自体に多くの問題を抱えていることから，死刑の論議とは別に，無期刑自体の在り方を改めて論じる必要があり，手続，審理方法，実体的要件のほか，法定期間とその正当化根拠についても見直す必要がある。

　仮釈放の法定期間のうち有期刑については既に前章で検討し，仮釈放後の保護観察期間の重要性に着目する社会内処遇確保説に一定の意義を認めるものの，社会内処遇の確保という観点だけでは法定期間の限界付けができないことから，施設内処遇と社会内処遇の必要性と両者の連携から対象者の社会復帰と再犯防止にとって効果的な期間の下限を定めたものが法定期間とする見解（処遇連携説）をもって妥当とし，制度的には刑期の2分の1（但し，再入の長期受刑者は刑期の3分の2）が望ましいという結論に至った。

　しかし，無期刑については，刑期の概念がないため有期刑と異なる法定期間を考えなければならず，その正当化根拠についても，有期刑と同じ正当化根拠が妥当するのか，また有期刑と無期刑で正当化根拠が同じでなければならないのかが検討されなければならない。蓋し，有期刑は，刑期という期間をもち，仮釈放とならずとも，刑期が終了すれば，必ず釈放されるのに対し，無期刑の場合は，仮釈放とならない限りは刑の執行に終了がないという，有期刑とは異なる性質をもった自由刑であるからである。そこで，本章では，まず無期刑という自由刑の本質について考察し，それを踏まえたうえで無期刑についての仮釈放の法定期間を検討することとする。

II　無期刑の本質

　無期刑の本質については，それを終身刑と捉える見解と，相対的不定期刑と捉える見解に大別される[3]。

1　終身刑説

　無期刑を終身刑と捉える説である[4]。もともと無期刑がどのような性質をも
つ刑罰として設けられたかは必ずしも明らかでないが，1880年（明治13年）の
旧刑法が定める無期徒刑や無期流刑が島地への遠島刑であり，徒刑に対する仮
出獄にしても仮出獄後は島地に居住することとされていたことなど，事実上終
身刑に近いものであった[5]。

　現行法は無期刑について仮釈放を認めるものの，仮釈放になる保証はなく，
仮釈放になったとしても保護観察期間は無期とされ（更生保護法第40条），刑の
執行を止めるためには刑の執行免除という恩赦によるほかなく（恩赦法第8条ほ
か），無期刑の効果は，原則，終身継続することが終身刑説の根拠である。ま
た，無期刑を言い渡す際，被告人に対し「生涯刑務所に服役させる」とか，
「生涯にわたって刑務所で贖罪の日々を遅らせる」といった裁判例も多く見ら
れる[6]。近年の無期刑受刑者に対する抑制的な仮釈放の運用によって，事実上
の終身刑となっている受刑者も多い。

　この説によれば，無期刑は，有期刑とは性質の異なる不連続の刑であり，受
刑者の改善更生や社会復帰よりは応報を基調とした刑ということになる。無期
刑に対する仮釈放も，「改悛の状」がある場合の恩赦的な措置としての性格が
強くなる。

---

3)　無期刑の本質については，植野聡「刑種の選択と執行猶予に関する諸問題」大阪刑事実
　　務研究会編『量刑実務大系第4巻—刑の選択・量刑手続』判例タイムズ社（2011）8頁
　　以下に検討がある。
4)　藤本哲也「無期刑受刑者の仮釈放について考える」罪と罰46巻2号（2009）39頁，同
　　「終身刑と無期刑の問題」戸籍時報639号（2009）87-88頁，村井敏邦「無期刑と仮釈
　　放の沿革と現状」龍谷大学矯正・保護研究センター研究年報3号（2006）19頁，小池
　　信太郎「量刑における幅の理論と死刑・無期刑」論究ジュリスト4号（2013）85-86頁，
　　岡上雅美（小池信太郎報告部分）「終身刑」刑法雑誌52巻3号（2013）523頁。
5)　小野義秀『日本行刑史散策』矯正協会（2002）72-73頁，朝倉京一ほか編『日本の矯正
　　と保護第1巻行刑編』有斐閣（1980）4-5頁。現行刑法の制定過程において無期刑の廃
　　止が争点となり，花井卓蔵氏は無期刑が「死刑以上の刑」や「一種の生命刑」であると
　　して批判した。花井卓蔵『刑法俗論』博文館（1912）205頁以下。
6)　近年のものでも，大阪地裁堺支部判平成23・2・10（LEX/DB）［本件自体の量刑は不
　　定期刑である］，大分地判平成24・3・14（LEX/DB），名古屋地判昭和24・3・22
　　（LLI/DB），京都地判平成24・12・13（LLI/DB）等多数。

2 不定期刑説

(1) 有期刑を超える不定期刑説

　無期刑を一種の不定期刑と捉えたうえで，無期刑は有期刑よりも重い刑とされる一方（刑法第10条1項），無期を減軽して有期とする場合においては，その長期を30年とすることから（同第14条1項），無期刑は有期刑の上限である30年を超える相対的不定期刑とする考え方である[7]。つまり，無期刑は，有期刑の上限を超えたところから（以下，「有期刑の上限（超）」という），終身に至る範囲で執行されるべき不定期刑ということになる。

　この説に拠れば，無期刑の短期は有期刑の上限を超えたところにあり，有期刑の上限と無期刑はある程度接近していることになるが，長期は終身にまで広がっているため，無期刑そのものが有期刑の上限に近い刑ということにはならない。そのような幅のある不定期刑が責任主義から許容されるのか問題がないわけではないが，この立場による限り，行為責任の重大性と個別予防の必要性が著しく高い者に対する特殊な刑罰であると解さざるを得ない。

　また，無期刑を不定期刑とパラレルに考えるとなると，責任相応刑は短期説，長期説，中間位説，全体基準説のいずれから考えるべきかという不定期刑の問題が持ち込まれるおそれもある[8]。その場合，責任刑を短期である有期刑の上限とするのは量刑基準からして現実的でなく，長期たる終身と考えるのが，刑の執行が生涯続く可能性がある無期刑には妥当しやすい。

　不定期刑説では，仮釈放が本質的な役割を果たすことになり，本人の改善更生や社会復帰の状況を勘案しながら適切な時期に仮釈放を行うことになる。そ

---

7)　植野聡・前掲注(3)9-11頁。植野判事は，無期刑を生涯にわたる贖罪という意味付け（終身刑）をしなければならない必然性があるとはまでいい切れないとする一方，有期刑の上限と地続きとするのは言い過ぎであるとしても，有期刑の上限との間に完全な断絶がある刑とまで考える必然性もなく，ある程度有意的差違がある刑とされる。しかし，植野判事の無期刑に性質に関する説明には「不定期刑」という刑罰に幅のある刑罰であるという側面が感じられないし，植野判事の見解に対する小池准教授の解説も同様である。小池信太郎・前掲注(4)85-86頁。

8)　不定期刑の責任刑については，例えば，城下裕二「少年に対する不定期刑の量刑基準について」『激動期の刑事法学—能勢弘之先生追悼論集』信山社（2003）531頁以下等。但し，同じ不定期刑といっても，少年に対する不定期刑と嘗ての常習累犯に対する不定期刑とが異なる性質をもった刑罰であるように，無期刑を不定期刑と見た場合にも，他の不定期刑と同じ理屈が妥当するというわけではなかろう。

の意味で教育刑や社会復帰刑と親和性のある説である。

(2) 法定期間を超える不定期刑説

　無期刑にも法定期間が設定され，この法定期間を経過すれば，後は実質的要件（改悛の状）の充足によって仮釈放がいつでも可能であることから，無期刑を不定期刑と捉えつつ，それは法定期間を超える不定期刑であるとする考え方がある[9]。有期刑を超える不定期刑説よりも更に教育刑や社会復帰刑の発想を押し進めた考え方である。代表的な教育刑論者である牧野英一博士は，「無期刑は無期刑ではない。何となれば假出獄の規定を適用することがそこにも固より許されているからである。されば，無期刑といふことは，十年以上無期にわたるの不定期刑であることを意味するに外ならぬ」とされる[10]。

　この説に拠れば，無期刑の短期は法定期間（10年），長期は終身の不定期刑ということになる。短期は長期有期刑の刑期よりも短くなってしまうが，有期刑も仮釈放制度によって刑期の3分1を短期とする不定期刑化しており（有期刑の不定期刑化）[11]，無期刑は法定期間10年を短期とするそれよりもはるかに重い不定期刑であるとすることになろう。

3　有期刑を超える長期刑説

　無期刑に形式的な刑期はないものの，有期刑の上限を超えるところから，死刑を下回る範囲の中で，事実上一定の刑期を観念できる刑罰であると見る考え方があり得る。無期刑を有期刑的に把握しようとするもので，一種の「無期刑の有期刑化」ないし「無期刑の侵蝕」とも呼ばれる[12]。

　かつて監獄法改正の際，有期刑の法定期間が刑期の3分の1であり，無期刑の法定期間である10年は無期刑の「（見なし）刑期」を3分の1にしたものであるというように逆算して，無期刑の刑期を30年と見なすという見解（仮釈放

9)　小野義秀『矯正行政の理論と展開』矯正行政の理論と展開刊行会（1989）115頁，冨田正造「無期刑受刑者の社会復帰—社会復帰促進のための仮釈放のあり方」犯罪と非行145号（2005）25頁。詳細は明らかでないが，無期刑を不定期刑とするものとして，椎橋隆幸「最近の終身刑の議論をめぐって」研修729号（2009）3頁以下。
10)　牧野英一『刑法改正の諸問題』良書普及会（1933）275頁。
11)　森下忠『刑事政策大綱［新版］』成文堂（1993）246頁。
12)　森下忠・同上246頁。

要件説と称する）や[13]，有期刑の上限が 20 年であったことから，無期刑の刑期を 20 年——現在であれば 30 年であろう——と見なすという見解（自由刑上限説と称する）[14]が見られたが，これらも無期刑に一定の刑期を観念しようとする点でこの部類に属しよう。但し，これらは，善時制において刑期終了の日を算出する必要から（見なし）刑期を観念しなければならないところから説かれたものであり，無期刑の本質を直接捉えたものではない。

4　自説の検討

　現行法は，仮釈放を「改悛の状」によることとし，無期受刑者についても本人の改善更生や社会復帰を目的とした仮釈放を認めている。更生保護法も，「前条の期間が経過し，かつ，法務省令で定める基準に該当すると認めるときは，地方委員会に対し，仮釈放を許すべき旨の申出を*しなければならない*」（傍点筆者）としており，仮釈放の要件を充足するときには，必ず地方更生保護委員会の審理を発動することを義務付けている（第 34 条 1 項）。そして，「改悛の状」を具体化した許可基準を満たす場合，仮釈放の処分を「するものとする」（犯罪をした者及び非行のある少年に対する社会内における処遇に関する規則［以下，社会内処遇規則という］第 28 条）としており，「しなければならない」という強い義務付けまでには至らないものの，「することができる」という裁量よりは強

13）須々木主一『刑事政策』成文堂（1969）286 頁は，「無期刑は名目上は終身刑であっても，仮釈放の形式的要件から逆算して，現行法のばあいには 10 年の 3 倍すなわち 30 年を，仮案のばあいには 10 年の 4 倍すなわち 40 年を一応の目安として考えてみることもできる」とされる。監獄法改正の議論においても，この考え方により，無期を有期 30 年とみなして善行釈放（善時制）の刑期終了の日を算出していた（乙案）。法制審議会監獄法改正部会『監獄法改正の骨子となる要綱案説明書』法務省矯正局（1977）6 頁，大芝靖郎「監獄法改正の審議状況〈第 20 回〉」法律のひろば 33 巻 1 号（1980）58-59 頁，古川健次郎「仮釈放と監獄法改正」犯罪と非行 43 号（1980）11 頁。
14）日弁連の提唱する善時的仮釈放では，「刑事拘禁法要綱」以来，一貫して無期の受刑者については刑期を 20 年とみなすものとしている。日弁連司法制度調査会「刑事拘禁法要綱説明書」自由と正義 27 巻 9 号（1976）75 頁，日本弁護士連合会「『監獄法改正の骨子となる要綱』に対する意見書」自由と正義 33 巻 1 号（1982）60 頁。瀬戸英雄＝海渡雄一「開かれた行刑をめざして—日弁連拘禁二法案対策本部試案の概要」自由と正義 36 巻 2 号（1985）171 頁，日本弁護士連合会「刑事被拘禁者の処遇に関する法律案（日弁連・刑事処遇法案）」自由と正義 43 巻 4 号（1992）88 頁，日本弁護士連合会拘禁二法案対策本部『解説・日弁連刑事処遇法案—施設管理法から人間的処遇法へ』（1994）87 頁。

い，一定の基準を充足する場合の原則ないし方針としている。また，刑事収容施設法も，死刑確定者と区別し，受刑者については「改善更生の意欲の喚起及び社会生活に適応する能力の育成を図ることを旨として行うものとする」（第30条）と規定しているが，この受刑者には，当然，無期受刑者も含まれるのである。以上のことから，無期刑が終身の身柄拘束を前提とした終身刑であると見ることは難しい。

　これに対し，終身刑を刑罰の効力が終身で続く刑罰と定義付けるのであれば，無期刑は正にその通りの刑罰であり，終身刑説が妥当ということになろう。しかし，不定期刑説を採った場合でも，長期説を採り，さらに仮釈放後の保護観察が無期（長期まで）で設定されているとするならば，刑の効力が終身で続く説明はつく。こうなると終身刑や不定期刑の概念の捉え方次第となってしまうおそれもあるが，刑の効力が終身で続くということだけをもって終身刑と捉えるより，改善更生による仮釈放を認めていることなどから，不定期刑としての無期刑と捉える見解を支持したい。

　終身刑を原則終身で身柄拘束をする刑罰或いは刑の効力が終身で持続する刑罰とし，そのうえで，受刑者に改善更生が見られたら仮釈放するというふうに，無期刑を終身刑としながら，改善更生や社会復帰を考える刑罰とする説明はできなくはないが，やや苦しい。しかも，改善更生しながら，仮釈放後，なお終身で保護観察を行う理由は説明し辛い。

　また，不定期刑は「出所」によって刑期が満了する刑であるとして，無期刑は仮釈放後も刑の執行が続くことから，不定期刑ではなく終身刑であるとする説明がある[15]。しかし，不定期刑に対する仮釈放は，それによって直ちに刑の執行が終わるわけではなく，その後，仮釈放期間があり，保護観察という形で刑の執行が行われる。仮釈放期間を長期までにするか，一定の期間とするか，その制度の在り方は様々であり，我が国の少年に対する不定期刑の仮釈放では，仮釈放前に刑の執行を受けた期間と同一の期間又は長期を経過したときのいずれか早い時期まで仮釈放期間が取られている（少年法第59条2項）。従って，上記の説明には根拠がない。

15）村井敏邦・前掲注(4)19頁。

さらに，刑罰体系や量刑の観点から見た場合，終身刑説にはやや疑問がある。まず，有期刑の最高刑である30年の次がいきなり終身刑というのでは，——終身刑を刑罰の効力が終身で続く刑と位置付けたとしても——，余りに隔たりが大きく，ましてや有期刑の上限が20年であったときは尚更である。また，有期刑の上限を上回る刑が相当とされる者も，それぞれ行為責任（や個別予防）の程度が異なるはずであるのに，死刑を除く全員が終身刑というのも奇妙である[16]。罪刑均衡の原則を徹底していけば，むしろ懲役40年とか60年といったように，有期刑の上限を撤廃ないし相当長期とする方が理に適っている。行為責任がある限界点（有期刑の上限）を超えた瞬間に，一律，終身刑に収束するのは罪刑均衡の原則に適わない。小池信太郎教授は，無期刑の中にも，刑事責任の程度に応じて，比較的早期に仮釈放を促進すべき場合と，死刑と境を接するような長期の執行が要請される場合があるとし，それぞれ仮釈放要件などを異にすべしとするが[17]，それでも完全に収束化の問題が回避できるわけではない。無期刑は，「生涯服役することとなったとしても責任相当性が否定されない場合のみ言い渡す」とされるが[18]，刑事責任が有期刑の上限を少し，ないし，それなりに超える場合に対しては，無期刑を適用しないのであろうか。有期刑の上限との間に処罰の間隙を作らないためには，結局，無期刑を適用せねばならないのではないであろうか。無期刑に法定期間を異にする一般無期刑と特別無期刑を設けても，無期刑である以上，生涯拘禁される可能性はあるのである。

　反対に，不定期刑説に対しては，有期刑の上限（超）から終身まで広い幅のある不定期刑は責任主義の点から問題があるとされるかもしれない。しかし，有期刑の最高刑を科すことが量刑上不適当な程度に刑事責任が重大な（従って，個別予防の要請も高い）場合に限って，法が有期刑の上限（超）から終身まで広い幅のある不定期刑という制度を認め，受刑者の「改悛の状」によって釈放を認めたものと解する方がむしろ妥当である。

　但し，同じ不定期刑説でも，法定期間を超える不定期刑説は，有期刑も併せて不定期刑的に捉えなければならないところが苦しい。反対に，有期刑を超え

16）花井卓蔵・前掲注(5)231頁，田中正身編『改正刑法釈義上巻』西東書房（1907）129頁。
17）岡上雅美（小池信太郎報告部分）・前掲注(4)523-524頁。
18）小池信太郎・前掲注(4)85-86頁。

る長期刑説は，無期刑を一定の刑期を有する有期刑と捉えるところが問題である。自由刑上限説のように無期刑を有期刑の上限と同じと見なすのは刑罰体系や量刑上どう考えても無理があるし，仮釈放要件説にしても，法定期間の「刑期」に対する割合は有期刑と無期刑とで同じという前提に立つのはまだよいとして（結果的に同じになる場合もあるので），法定期間の長短は刑の軽重だけを基準に設定されるべきものではないので，法定期間から逆算して得られたものが無期刑の本質を示しているという保証はない。

　以上のことから，無期刑は，終身刑と見るより，有期刑の上限（超）を短期とし，終身を長期とする不定期刑と見るべきであると考える。なお，この見解を採るとしても，法定期間は短期と長期の間に限定されるわけではない。不定期刑において，仮釈放要件たる法定期間を短期より短く設定したり，長期の何分の一といった長期を基準にすることがあるからである。また，仮釈放後の仮釈放期間（保護観察期間）についても，不定期刑の場合は，必ず長期まで取らなければならないわけではなく，一定の期間設定が可能である。将来の立法論としては，後章で検討するように，仮釈放から一定の期間で無期刑の執行を終了する制度を設ける方が望ましく，より不定期刑としての性格を強めるべきである。

Ⅲ　無期刑と法定期間の正当化根拠

　仮に無期刑を終身刑と見る終身刑説を採った場合，仮釈放は例外的な恩恵的措置ということになろう。終身で身柄拘束することを前提としながら，仮釈放による積極的な社会復帰を念頭に置くことは矛盾であるから，無期刑の仮釈放は例外中の例外ということにならざるを得ない（現在の運用がそうであろうか）。法定期間の正当化根拠についても，個別予防を前提としたもの（仮釈放要件判定説，社会内処遇確保説，処遇連携説）などは妥当しにくく，恩恵説か，長期間の刑事施設での刑の執行を前提とした応報充足説か社会感情是認説が妥当しやすい。しかし，有期刑の場合同様，応報や社会感情という，本人の改善更生とは関係のない要素だけで仮釈放の一要件の根拠とするのは，やはり仮釈放という制度にはそぐわない。

　仮に，応報充足説や社会感情是認説に立つとした場合でも，終身刑説にあっ

ては，一体どれくらいの期間刑事施設の中で刑の執行を受ければ応報的要素や
社会感情を充足したことになるのか具体的な基準を示し難い。現行の 10 年と
いう法定期間で終身刑の応報的要素や社会感情を充足したとするには余りに苦
しい[19]。無期刑のなかにも，比較的責任が軽いものと，死刑と境界を接するよ
うな責任の重いものがあるとして，前者の法定期間は 15 年，後者は 25 年ない
し 30 年とするか，仮釈放審理で個別に判断することを判決裁判所が宣告して
おくこととする見解もあるが[20]，たとえ法定期間を長くしたところで，本質的
な問題は変わらない。一般予防説についても，同様の問題がある。

　司法処分尊重説では，終身刑に仮釈放など原則認められないということにな
りかねない。

　このように，法定期間の在り方という観点からも終身刑説は妥当でない。

　これに対し，有期刑を超える不定期刑説の立場に立った場合，個別予防を前
提とした見解であるので，法定期間の正当化根拠も，仮釈放要件判定説等の個
別予防説と親和性があり，応報充足説や社会感情是認説は馴染まない。さらに，
応報充足説や社会感情是認説は，有期刑の上限（超）から終身まで広がる不定
期刑のどれだけの期間が経過すれば，「最低限」の応報的要素や社会感情を充
足したと言えるのか自明でない。しかも，現行の法定期間である 10 年は，不
定期刑としての短期（有期刑の上限）の 3 分の 1 に過ぎず，これで応報的要素や
社会感情を充足したとするのであれば，不定期刑の短期説を採ったとしても[21]，
余りに応報の評価が小さ過ぎるということになりかねない。また，司法処分尊
重説も，改善更生を前提とした不定期刑が裁判所の量刑理由であると説明すれ

---

19) 無期の法定期間を 10 年とした刑法改正準備草案では，「15 年とすべきとの意見もあっ
たが，無期刑を受けた受刑者の犯情はさまざまであるので，適切な運用に任せるのがよ
い」とする。準備草案は，有期刑の法定期間については一般予防的効果を重視している
ように見えるが，無期刑の法定期間については，「犯情」を用いて説明しているところ
からして，応報充足説にも見える。しかし，なぜ犯情から一定の期間，しかも自由刑の
上限より短い期間が妥当として導き出せるのか不明である。刑法改正準備会『改正刑法
準備草案─附同理由書』(1961) 168 頁。

20) 岡上雅美（小池信太郎報告部分）・前掲注(4)523-524 頁。

21) 不定期刑における責任（相応）刑の議論を基に考えた場合，短期説では 30 年，長期説
では終身が責任刑ということになる（中間位説は答えを導くことができない）。しかし，
そのうちどれだけの執行を受ければ最低限の責任（応報）が充足されるのかを明らかに
することはできない。

ば不定期刑説とも馳じむが，法定期間の具体的基準を示すことはできない。

　一方，個別予防説のうち，仮釈放要件判定説は積極的に否定すべき理由は見当たらないが，個別予防の考え方を徹底すれば，わずかな期間でも更生に至る者があり得る以上，法定期間は短ければ短いほどよいことになり，仮釈放要件判定説の論者からも，重大事犯の受刑者とはいえ，改悛の状の判定に10年もかかることに対する疑問が呈されている[22]。

　社会内処遇確保説は，有期定期刑における残刑期間主義の下で意義を有するものであるから，不定期刑と見る場合の無期刑には余り意味を感じられない。不定期刑は，短期と長期の間で刑に幅があり，仮釈放の法定期間がどのように設定されていようと，一定の社会内処遇期間が確保できるようになっているからである。ましてや日本の無期刑は保護観察期間の制限がなく，かなりの長期間保護観察を行いうるため，仮釈放の法定期間を定める根拠となりにくい。

　但し，終身とはいっても，人には寿命がある。対象者の年齢によって，実際に行い得る社会内処遇には期間の長短があり，また仮釈放後の社会適応や就業等を考えると社会復帰には「適期」というものがあるため，社会内処遇や社会復帰を著しく困難にするような法定期間を設定してしまうことは避けるべきであり，そうした点では社会内処遇確保説は無期刑における法定期間の正当化根拠となり得る余地はある。

　不定期刑は，幅のある刑期の中で施設内処遇を行い，改善更生の状況（改悛の状）によって仮釈放に付し，一定の期間，社会内処遇を行うための刑罰であるから，無期刑が一種の不定期刑であるとすれば，社会内処遇だけでなく，やはり施設内処遇の組み合わせにより効果的な改善更生と再犯防止を行い得るような仮釈放制度でなければならず，そうした観点からすれば，やはり有期刑同様，施設内処遇と社会内処遇の必要性と両者の連携から対象者の改善更生と社会復帰にとって効果的な期間の下限を定めたものを法定期間とする処遇連携説が，少なくとも理念的には最も妥当性があるものと考える。社会内処遇の期間については，社会内処遇確保説と同様に考えるべきである。

　こうした見解に対しては，刑罰のもつ応報的な評価はどうするのかという批

22）山田正賢『改正刑法講義』武田交盛館（1908）241頁。

判があり得よう。特に，受刑者の改善更生ばかり意識して，刑事責任の追及や被害者の感情をなおざりにするのかという批判である。しかし，それでは応報充足説や総合事情説を採れば，こうした批判はなされないのであろうか。これら応報を基準として法定期間を決める立場に立ったとしても，一定の期間（しかも，それは刑期のごく一部である）を法定期間とすることに変わりはないのである。こうした責任論や応報論からの批判は，実は，処遇連携説といったような予防に重点を置く説に対する批判ではなく，法定期間という制度そのものや，ひいては仮釈放という制度そのものに対する批判なのである。従って，仮釈放という制度を容認する以上，上記の批判に対し法定期間の在り方や正当化根拠をもって完全に応えることはできないというべきである。むしろ，それは，仮釈放の実体的要件である「改悛の状」における悔悟の情や再犯のおそれ，被害者感情に対する評価において，予防という異なる形で評価していくほかないし，それが正当であると考える[23]。

Ⅳ　無期刑と法定期間の基準

　処遇連携説に立った場合でも，重い罪を犯した無期刑受刑者に対してはある程度長い期間の施設内処遇と社会内処遇が必要になるということは言えても，我が国の無期刑には保護観察期間の制限がなく，長期の保護観察を行い得るため，施設内処遇の期間と社会内処遇の期間の効果的な組み合わせによる改善更生・再犯防止というだけでは，具体的な法定期間を導き出すことはできない。

　しかし，具体的な法定期間を導くうえで参考となる基準が2つ考えられる。1つは，長期有期刑における処遇期間との対比であり，もう1つが先に示した社会復帰の「適期」である。

　まず，長期有期刑における処遇期間との対比であるが，無期刑を有期刑を超える不定期刑と見るので，その短期と近い有期刑の上限である懲役30年を考えてみる。現行法上，有期刑の法定期間は3分の1で，施設内処遇の最低期間

---

23) 仮釈放の実体的要件とその基準について，筆者は通説とは異なる見解を有する。本編第3章［初出「仮釈放要件と許可基準の再検討─「改悛の状」の判断基準と構造」法学研究84巻9号（2011）13頁以下］参照。

は 10 年となる。しかし，私見では，刑期の割に施設内処遇期間が短すぎるとして，有期刑の法定期間は刑期の 2 分の 1 （但し，再入の長期受刑者は刑期の 3 分の 2）が望ましいと考えていることから[24]，施設内処遇の最低期間は，懲役 30 年で 15 年となる。無期刑は，有期刑の上限を超える不定期刑であるとするならば，施設内処遇の期間は少なくともこの 15 年は必要と考えられ，無期刑の法定期間は，当面，この 15 年が妥当であると考えている。再入の無期刑受刑者である場合も同様に考えて[25]，法定期間は 20 年ということになろう。有期刑の最高刑を言い渡されるような受刑者でさえ 15 年（初入）や 20 年（再入）の施設内処遇が必要であるとすると，無期刑の場合はそれよい長い期間の施設内処遇を念頭に置くことも考えられる。しかし，長期の拘禁により社会復帰への希望や処遇意欲を失うことが指摘されているほか[26]，余りに長期の拘禁によって，受動的な施設生活への過剰適応による施設化（プリゾニゼーション）が進み，社会に出た後の自律的な生活が困難となり，或いは生活能力や問題対応能力の低下により，些細なことにも対応を間違え再犯などの危機的場面に陥りやすいことが指摘されている[27]。

　そして，それ以上に考慮しなければならないのが，2 つ目の基準たる社会復帰の「適期」である。無期の場合，社会内処遇の期間は充分に取ることができるものの，人にはそもそも「老い」や寿命があり[28]，円滑な社会復帰というこ

---

24) 本編第 1 章 ［初出「仮釈放の法定期間と正当化根拠」法学研究 86 巻 12 号 （2013） 1 頁以下］ 参照。

25) 2016 年までの 10 年間の無期新受刑者の再入者率は 27.7 ％である。法務省『2007 年矯正統計』～『2016 年』e-Stat 表 25。

26) 無期受刑者の「出口の見えない生活，目標や希望を持つことの出来ない生活がいかに苦痛に満ちたものであるかを見た思い」がするものとして，冨田正造・前掲注(9)14 頁。しかし，時系列的な調査ではないものの，無期受刑者の実態調査によると，無期受刑者の所内生活での心配事が長期収容によっても有意に高くなっておらず，反対に所内生活の充実感が高まるという結果が示されているが，それはそれで受刑者の問題意識のなさやプリゾニゼーションの問題である。但し，長期収容によって，家族を心の支えとする者が減り，職員を心の支えとする者が増えている。保木正和ほか「無期懲役受刑者に関する研究」中央研究所紀要 12 号 （2002） 37-51 頁。

27) 保護局観察課「長期刑受刑者に対する仮出獄の審理及び仮出獄者に対する処遇等の充実に関する通達の改正について」更生保護 52 巻 2 号 （2001） 19 頁，寳金邦子「長期刑仮出獄者の問題点とその処遇—無期刑仮出獄者の処遇検討会から」更生保護 52 巻 2 号 （2001） 12-13 頁，三本松篤「無期刑仮釈放者の保護観察実施上の問題点とその処遇の方策について」犯罪と非行 161 号 （2009） 62 頁。

とを考えると，稼働年齢を遙かに超え，高齢になってから仮釈放にしても，社会生活が著しく困難となるばかりである[29]。引受人の死亡や世代交代で[30]仮釈放そのものも困難となりかねない。また，高齢になれば罹病率や要介護率も高くなり，社会復帰に際して医療や福祉的な支援の必要性が高まり，仮釈放後の受入先の確保も容易でなくなる。更生保護施設も，従前，自立可能性の低い高齢者や要介護者の受け入れには消極的であり[31]，2009 年（平成 21 年）からは特別調整や地域生活定着促進事業が始まったが，無期受刑者の仮釈放者がどの程度対象となっているかは未知数である[32]。こうした社会復帰に適した時期を考えると，余りに長期の法定期間は適当でなく，そうしたことからも，15 年（再入者の場合 20 年）が適当であろう。

　なお，有期刑を超える不定期刑説を採る場合でも，仮釈放の法定期間が有期刑の上限である 30 年を下回ることに問題はない。量刑上，無期刑が有期刑よりも重い刑であるということと，本人の改悛の状を見極めながら改善更生と再犯防止のため刑事施設から仮に社会に戻す仮釈放の最低限の時期（法定期間）をいつにすべきかという問題では次元が異なり，また，不定期刑としても，仮釈放の法定期間が短期を下回ることはあり得るからである[33]。

28）自由刑の上限を考えるうえで，人の寿命や老化という要因も関係していることに留意すべきである。平均寿命が 80 歳という人類と，200 歳という宇宙人（いるとして）とでは，受刑者の人生における自由剥奪の意味や評価が異なってくるからである。2004 年の刑法改正による有期刑の上限の引き上げに際しても，国民の平均寿命の伸長が理由の 1 つとされている。松本裕＝佐藤弘規「刑法等の一部を改正する法律について」法曹時報 57 巻 4 号（2005）38 頁，48 頁。

29）2016 年までの 5 年間に無期刑で収容された新受刑者のうち 10 代 2.2％，20 代 16.7％，30 代 19.6％，40 代 24.6％，50 代 15.9％，60 代 15.9％，70 代以上 5.1％となっている。法務省『2012 年矯正統計』から同『2016 年』までを用いて算出。無期刑で新たに受刑する者の 65％を占める 50 歳未満の者については，法定期間 15 年（又は 20 年）であれば，ぎりぎり稼働年齢の範囲内となる。

30）冨田正造・前掲注(9) 17 頁。

31）太田達也「更生保護施設における処遇機能強化の課題と展望」犯罪と非行 132 号（2002）69-70 頁。

32）太田達也「精神障害犯罪者の社会復帰―司法と福祉の連携」刑法雑誌 52 巻 3 号（2013）519 頁。

33）我が国の少年に対する不定期刑も短期を下回る法定期間を定めている（少年法第 58 条 1 項 2 号・3 号）。

V 「特別無期刑」論との相違

　従前，現行の 10 年という無期刑の法定期間は維持しつつ，15 年又は 20 年といった，これよりも法定期間の長い特別無期刑ないし重無期刑を設けるべきであるという見解が見られた[34]。しかし，これらの見解の殆どが，死刑の存廃を巡る議論の中で，死刑を廃止する場合の代替刑として主張されたり，死刑を謙抑的に適用するための制度として提案されたりしたものであった。つまり，死刑を廃止する場合にせよ，謙抑的に用いる場合にせよ，死刑を適用しない場合，10 年で仮釈放が可能となる現行の無期刑では軽すぎるため，現行の無期刑に加えて，仮釈放の法定期間が長い特別の無期刑を法定刑として設けるか[35]，無期刑を言い渡す場合に，一定の期間を経過した後でなければ仮釈放をすることができない旨を裁判で言い渡すことができるようにすべきだとされたのである[36][37]。

　他方，2008 年に，超党派の国会議員が「量刑制度を考える超党派の会」を組織し，仮釈放のない終身刑の創設に向けた法案作りを行った際に立法事実として主張したのも，やはり現行の死刑と無期刑の間には大きな「ギャップ」が

---

34) 重無期刑という用語の用い方には注意を要する。超党派の国会議員で構成される「死刑廃止を推進する議員連盟」が平成 15 年にまとめた「重無期刑の創設及び死刑制度調査会の設置等に関する法律案」や平成 23 年に承認した「重無期刑の創設及び死刑に処する裁判の評決の特例などに関する法律案」では，重無期刑は，仮釈放のない，終身刑である。日本弁護士連合会「重無期刑の創設及び死刑制度調査会の設置等に関する法律案」季刊刑事弁護 37 号（2004）102-113 頁，衆議院調査局法務調査室「死刑制度に関する資料」（2008）12-13 頁，法務省第 7 回死刑の在り方についての勉強会（平成 23 年 8 月 8 日）提出資料。

35) 15 年説として，斎藤静敬『新版死刑再考論［第 2 版］』成文堂（1999）341 頁以下，20 年説として，加藤久雄「死刑代替論について」法学研究 69 巻 2 号（1996）123 頁以下，同「ポストゲノム時代の「無期自由刑」のあり方について」犯罪と非行 140 号（2004）73-76 頁，菊田幸一『死刑』明石書店（1999）317 頁。国会では，死刑廃止推進議員連盟が仮釈放を認めない重無期刑の創設などを内容とする法律案を提出しようとした際，法定期間を 20 年又は 30 年とする特別無期刑の試案が示されている（朝日新聞 2002 年 3 月 16 日夕刊 19 頁）。日弁連死刑制度問題対策連絡協議会も終身刑と法定期間を 20 年とする無期刑を創設する「死刑制度問題に関する提言試案」（1996）をまとめたが，意見の一致が見られず，公表されなかったという。日弁連『日弁連 60 年』（2009）308 頁。最小判平成 5・9・21 集刑 262 号 421 頁において大野正男裁判官は，立法的な施策として，「服役 10 年を過ぎた場合に仮出獄の対象となり得る無期刑（刑法 28 条）と別種の無期刑を設け」る可能性を指摘する補足意見を述べている。

あるということであった。但し，会に属する議員の中には死刑存置派と死刑廃止派が混在し，死刑廃止派は死刑と無期刑の「ギャップ」を埋める終身刑を創設すれば，将来，死刑が廃止しやすくなることを期待して終身刑創設に賛同し，死刑存置派は，死刑と無期の間には「ギャップ」がありすぎるため，死刑は当然に残しつつ，無期よりも重い終身刑を設けるべきだと主張している[38]。特別無期刑でなく，仮釈放のない終身刑の創設を唱えるものであったが，その根拠の前提には死刑と無期刑のギャップであり，無期刑が軽すぎるという認識があった。この動きに対し日弁連は終身刑創設に反対する旨の意見を公表しているが，その検討過程において，終身刑に代わり，法定期間を 10 年，20 年，30 年とする終身刑という名の無期刑を創設すべきだとする意見が出されている[39]。

　これら「間接的な方法で死刑が言い渡される場合を減少させる」[40]手段としての特別無期刑導入の議論においても，終身刑に反対するための特別無期刑創設の議論においても，想定されている法定期間は，予防的観点ではなく，専ら応報的観点に立つものであったことは間違いないであろう（応報充足説）。蓋し，そこでの議論は，現行の無期では「軽すぎる」ため，刑事責任に応じてそれより「重い」無期刑を設けるという発想しか見られないからである。

　ところで，1998 年（平成 10 年）に最高検察庁次長検事が発出した依命通達[41]により，俗にいう「マル特無期事件」の措置が導入されている。これは，無期

---

36) 法制審議会刑事法特別部会小委員会が作成した第 2 次参考案では，情状に照らし死刑の適用を考慮すべき事件において無期刑を言い渡す場合には 20 年を経過した場合でなければ仮釈放をすることができないことを言い渡すことができる旨の規定（別案第 88 条 2 項）や死刑の執行延期制度によって死刑が無期刑に変更になった場合の仮釈放要件を 20 年とする規定（A 案第 88 条 2 項）を置いていたが，その後，これらの案は否決され，改正刑法草案では採用には至らなかった。法務省『法制審議会改正刑法草案—附同説明書』(1974) 125-126 頁。
37) 森下忠博士は，15 年以上経過したうえでの仮釈放時期を裁判所が決定する案を妥当とする。森下忠・前掲注(11)43 頁。また，ドイツの制度については，小池信太郎「ドイツの無期刑と『責任重大性条項』—立法・判例の動向を中心に」井田良＝太田達也編著『いま死刑制度を考える』慶應義塾大学出版会 (2014) 105 頁以下。
38) 量刑制度を考える超党派の会「刑法等の一部を改正する法律案」(2008)。
39) 日本弁護士連合会「『量刑制度を考える超党派の会の刑法等の一部を改正する法律案（終身刑導入関係）』に対する意見書」(2008) 18 頁。ここでは，無期刑の名称を終身刑と改め，10 年を法定期間とする軽終身刑，20 年とする終身刑，30 年とする重終身刑の 3 種類とし，裁判官に最低服役期間を決定させるべきとしている。
40) 法務省・前掲注(36)126 頁。

懲役受刑者の中でも，特に犯情等が悪質な一定の者を予め選定し，仮釈放の申出に係る審査又は仮釈放の審理に際して矯正施設長又は地方更生保護委員会が行う意見照会に対する検察官の意見をより適切で説得力のあるものにするためのものとされているが[42]，実際には，無期受刑者の中でも特に仮釈放を慎重に行うべき者を予め指定する（とともに，そのような意見を述べる）ことが念頭に置かれている。これは，特別無期刑のように刑罰として仮釈放制限期間を設けてしまうものではない。しかし，社会内処遇規則上，検察官の意見は参考意見を聴取する他の関係者の意見とは異なる扱いが決められており（第10条2項，22条），検察官の意見が仮釈放審理に相当程度の影響を与えるとすれば[43]，運用次第では特別無期刑に近いものとなり得る。

　また，近時，量刑において死刑か無期かが争われたような事件の判決において仮釈放に付言する裁判例が見られる[44]。こうした付言には拘束力があるわけではなく，また裁判所が仮釈放の運用に言及するのは適切でないともされるが[45]，事実上，仮釈放の審理にかなりの影響を与える可能性があることを考えると，刑法改正の過程で浮上したような，裁判において仮釈放禁止期間を言い

41）「特に犯情悪質等の無期懲役刑確定者に対する刑の執行指揮及びそれらの者の仮出獄に対する検察官の意見をより適正にする方策について」最高検検第887号平成10年6月18日（依命通達）（一部非公開文書）。

42）通達の内容は非公開であるが，行政機関の保有する情報の公開に関する法律に基づく文書の開示請求に対する答申からも内容の一端を伺うことができ，対象者の範囲（基準）及び選定手続，刑の執行指揮，検察官の意見に関する手続を定めている。情報公開・個人情報保護審査会平成15年4月1日（平成15年度（行情）答申第1号）［以下，答申1号とする］。犯罪者予防更生法時代の通達であるため，用いられている用語などはいずれも旧法時代のものであり，本文ではこれを現行法の用語に置き換えてある。なお，朝日新聞2001年1月8日夕刊1頁。

43）情報公開・個人情報保護審査会もそうした判断をしている。答申1号・同上9頁。

44）東京地八王子支判平成5・7・7判タ844号281頁［仮出獄等を赦すことなくとする］，広島地判平成18・7・4刑集63巻8号963頁，秋田地判平成20・3・19（LLI/DB），東京地立川支判平成21・5・12（LLI/DB）［仮釈放を許すことは適当ではないとする］，長野地判平成22・3・18（LLI/DB），水戸地判平成22・3・19（LLI/DB），東京地判平成23・12・21（LLI/DB）等。

45）広島高判平成22・7・28（LEX/DB）は，ペルー国籍の者による女児強制わいせつ致死，殺人等被告事件の第1審（広島地判平成18・7・4刑集63巻8号963頁）で無期懲役を言い渡す際，「被告人の一生をもって償わせるのが相当であって，その仮釈放については可能な限り慎重な運用がなされるよう希望する」旨付言したことに対し，差戻控訴審判決において「必ずしも適切とはいえないといわざるを得ない」としている。

渡す制度にも繋がる発想である。

　これら特別無期刑の提案やマル特無期の運用と比べた場合，無期刑の法定期間を 15 年（又は 20 年）とする筆者の提案は，現行の無期刑以外に特別無期刑を設けるものではないこと，応報的観点から一定の仮釈放制限期間を設けるものではなく，施設内処遇と社会内処遇の連携による受刑者の改善更生と再犯防止という観点から定められるべきものである，という点で異なることを強調しておきたい。

Ⅵ　法定期間の機能

　法定期間は，全ての受刑者に共通する仮釈放までの最低期間であって，この期間を経過したらといって全ての無期受刑者を仮釈放にすべきということにはならない。実際の仮釈放の許否や時期については，個々の受刑者毎に判断すべきことは当然である。従って，筆者のように 15 年又は 20 年を無期刑の法定期間としても，直ちに個々の受刑者の仮釈放までの期間が長期化するというわけではなく，従って，それだけをもって厳罰化であるとか刑の長期化であるとする批判は当たらない。むしろ，無期刑の法定期間を 10 年としながら，いつになったら仮釈放の審理が行われるのかさえ全く見通しがつかない現状の方がよほど問題である[46]。

　いずれにせよ，このままでは，無期刑の受刑者に対しては法定期間とはますます遊離した仮釈放が行われるようになるおそれもある。現状に合わせた制度設計が必ずしもよいわけではないが，やはり 10 年という法定期間の定がありながら，これと全く異なる運用がなされているということは，現行法制度に具体的妥当性があるとは思われていない証拠である。適切な理論的裏付けと正当化根拠に裏付けられた法定期間を定め，それに則った運用がなされていくべきである。

　2009 年の通達（以下，通達という）により，仮釈放の審理が行われないまま刑の執行開始日から 30 年が経過したときは，その日から起算して 1 年以内に地

46）平成 20 年以降に仮釈放が許可された無期刑の在所期間（決定時）の最短期間は 25 年 11 月，最長期間は 47 年 9 月である。法務省保護局・前掲注(1)5-9 頁。

方更生保護委員会による仮釈放の職権審理を開始することとなったため[47]，ある意味で，30年という「見通し」が立ったとも言えなくもない。この通達は，「無期刑受刑者に係る仮釈放審理の運用の一層の透明化を確保するため実施するもの」であって，30年経過前の仮釈放の申出に基づく審理や職権審理を妨げるものではないとされている[48]。しかし，こうした基準が示されてしまうと，刑の執行開始から30年が近付いた時期に，刑事施設長が敢えて申出を行う必要性を感じなくなったり，地方更生保護委員会としても30年経過前に職権審理を行う動機が失われかねない。仮釈放までの平均期間が30年から35年といった現在の無期刑の仮釈放の運用からして，30年までは申出も職権審理も行わないといったように，この通達が却って無期刑受刑者の仮釈放やその審理を停滞させることにもなりなかねないばかりか，この30年という期間が事実上の法定期間となってしまう危険性もある。実際，近年，仮釈放の申出がなされた無期受刑者の殆どが30年以上経過後に仮釈放審理がなされている[49]。しかも，この30年という値がどういう根拠に基づいて設定されたものであるかも不明である。

　本章では15年（初入）又は20年（再入）という法定期間を提案したが，上記のような無期仮釈放の運用から，こうした改正をしたとしても，その趣旨が実務の現実の中に埋没してしまうおそれが高い。筆者は，仮釈放の法定期間は，単に仮釈放の要件としてだけではなく，法定期間が経過した時点で地方更生保護委員会が最初の仮釈放審理を行う時期としての機能をもたせるべきであるとの見解に立っている[50]。そこで，無期刑についても同様に，法定期間が経過した時点で，一度は，仮釈放の審理機関であり，決定機関である地方更生保護委員会が審理を行うようにすべきであると考える[51]。これは，「無期刑受刑者の

47) 法務省保護局長「無期刑受刑者に係る仮釈放審理に関する事務の運用について（通達）」平成21年3月6日法務省保観第134号。これは，保岡興治法務大臣（当時）の指示によって設置された「無期刑受刑者の仮釈放に係る勉強会」の最終報告書である「無期刑受刑者の仮釈放に係る勉強会報告書」(2009) 6-7頁の提言を受けて策定されたものである。この無期受刑者に対する新しい仮釈放審理を積極的に評価するものとして，城下裕二「無期受刑者の仮釈放をめぐる諸問題」犯罪と非行161号（2009）16頁。
48) 法務省保護局観察課長通知「無期刑受刑者に係る仮釈放審理に関する事務の運用における留置事項について（通知）」平成21年3月6日法務省保観第135号。
49) 法務省保護局・前掲注(1)4-12頁。
50) 本編第1章・前掲注(24)参照。

仮釈放に係る勉強会」の提言でもあり[52]，通達の趣旨とも一致する。しかし勉強会や通達のように，無期受刑者の仮釈放審理を行う時期（一定期間）を現在の無期受刑者の仮釈放時期の運用に合わせるのではなく，仮釈放の法定期間経過時とすべきであると考える。さらに，この法定期間経過時の仮釈放審理において仮釈放が許可とならなかった場合，後は委員会の職権又は刑事施設長からの申出に基づいて審理を行う以外には，遅くとも5年毎に再審理を行うような形が望ましいと考えている。

VII　付随的課題

本章では，無期刑の本質を考察したうえで，仮釈放の法定期間については，施設内処遇と社会内処遇の連携を基準に考える処遇連携説の立場に立ちながら，無期刑の法定期間を現行よりも長い期間とすると同時に，有期刑の仮釈放審理も含め，法定期間経過時点に最初の仮釈放審理を行う制度とすることを提案した。

誤解のないよう言っておくと，本章で検討・提案した無期の仮釈放法定期間は仮釈放制限期間の制度を巡る問題であって，個々の受刑者をいつ仮釈放すべきかは，もう1つの仮釈放要件である「改悛の状」の判断に基づく別の問題である。法定期間が10年であろうが15年であろうが，その経過時点で受刑者を仮釈放にすべきことには決してならない。法定期間の制度論と仮釈放時期の問題を混同して論じてはならない。

ただ，本章での提案は，従来よりはるかに多くの仮釈放審理を行うことになるため，地方更生保護委員会の仮釈放審理体制を現在より大幅に強化することが前提となる。審理を行う地方更生保護委員だけでなく，仮釈放調査を担当す

51）筆者は，受刑者の仮釈放審査請求権には消極的な立場に立つが，法定期間経過時点において必要的に地方更生保護委員会による仮釈放審理を行うようにすれば，これと同様の効果があることになる。森下忠博士は，無期刑の法定期間は10年を相当とするが，無期刑については15年（有期刑については刑期の3分の2）を経過した時点で受刑者に審査請求権を与えることを検討すべきとする。森下忠「仮釈放」平場安治＝平野龍一編『刑法改正の研究1概論・総則—改正草案の批判的検討』（東京大学出版会，1972）311頁。
52）無期刑受刑者の仮釈放に係る勉強会・前掲注（47）6-7頁。

68

る委員会の保護観察官も増員する必要があろうし，従前よりも早い時点で仮釈放審理を行うことになるため，仮釈放調査や審理の方法にも影響が出よう。

　また，無期刑の場合は仮釈放審理が早まるため，収容の長期化に伴う引受人喪失の可能性は低くなろうが，受刑者が起こした重大事件の影響から受刑者の親族が引受けを躊躇するなどして，生活環境調整が却って困難となることも予想される。ましてや，被害者が受けた事件の影響は未だ大きく，被害者感情には厳しいものがあろうから，被害者意見聴取が制度化された今日，仮釈放に対して被害者からより厳しい意見が寄せられることは容易に想像できる[53]。

　しかし，何より大きな問題は，更生保護従事者の仮釈放調査や審理に対する意識の在り方であろう。いくら制度が変わっても，制度本来の理念や根拠に基づかない相場や慣行に依拠することになれば，実務は何も変わらない。2008年（平成 20 年）に仮釈放許可基準が改正されたにもかかわらず，仮釈放審理の在り方が実質的には何も変わらなかったという経験を教訓にすべきである。そこで，次章において仮釈放の実質的要件と許可基準について検討することとする。

53）仮釈放許可基準としての被害者感情に関する筆者の見解については，本編第 3 章・前掲注(23)参照。

仮釈放の実質的要件と許可基準の再検討
——「改悛の状」の判断基準と構造——

I 仮釈放実質的要件論の意義

　1907年（明治40年）制定の現行刑法は，仮釈放の要件として，法定期間と並び「改悛の状」を定める（第28条）。法定期間はどの受刑者も一定期間の経過で充足する形式的要件であることから，「改悛の状」が仮釈放の許否を決する最も重要な実質的要件であるが，極めて抽象的・包括的な規定ぶりであるために，法文からどのような場合に仮釈放を許可し得るのか判然としない。

　仮釈放は，犯罪者の改善更生や再犯防止，ひいては社会の安全確保という刑事司法の根幹に関わる制度であり，毎年釈放される数万人の受刑者の利害にも直接関わるものであることから，どのような場合に受刑者を仮釈放すべきかという実質的要件の内容や判断基準は極めて重要な刑事政策上の課題であるはずである。

　にもかかわらず，これまで仮釈放の実質的要件を巡っては，仮釈放審理に携わる地方更生保護委員会委員経験者等ごく限られた一部の実務家の間で議論されてきたに止まり，体系的・理論的な検討は殆ど行われてきていない。それどころか，仮釈放の実質的要件は，我が国における初の近代的刑法典である1880年（明治13年）の旧刑法以来，殆どその形を変えていない。刑法改正作業の過程でも仮釈放について議論されたのは，主に仮釈放の形式的要件（法定期間）や必要的仮釈放制度の是非，仮釈放期間等であり，仮釈放の実質的要件については殆ど検討の対象になっていない。この130年の間に，刑罰思想や犯罪

者処遇理念が劇的に変化し，仮釈放の目的や機能についても，恩典から社会内処遇へと大きく変化を遂げたにもかかわらず，仮釈放の要件が旧態依然とした規定ぶりとなっているということは，その中身が実質的に変わってしまっていることを意味する。しかし，それでは法治国家の体を成さない。

　仮釈放を巡っては，仮釈放後の保護観察の内容や期間といった総論的課題のほか，精神障害受刑者や来日外国人受刑者といった犯罪者類型毎の仮釈放の在り方など検討しなければならない課題が山積している。しかし，それらの問題の根底にはどのような場合に仮釈放を認めるべきかという基本的命題が横たわっており，その検討を経ずして，仮釈放を巡る個別の問題を検討することはできないと言うべきである。仮釈放理念に裏付けられた明確かつ適切な仮釈放要件の在り方を巡る考察が仮釈放のあるべき姿を模索するうえで不可欠である。また，2007年（平成19年）に制定された更生保護法の下，35年振りに仮釈放許可基準が改正されるに至っており，新しい仮釈放許可基準の意義や問題点を仮釈放制度の趣旨や理念と照らし合わせながら検討することも必要である。

　そこで，本章では，仮釈放の意義や機能に照らしながら，その実質的要件たる「改悛の状」とその判断基準たる許可基準について検討を加えることにする。

II　刑法改正作業と仮釈放の実質的要件

1　旧刑法

　仮釈放要件としての「改悛の状」は，我が国で初めて仮釈放を正式に導入した1880年（明治13年）の旧刑法において既に規定されている。即ち，旧刑法第53条は「重罪輕罪ノ刑ニ處セラレタル者獄則ヲ謹守シ悛改ノ狀アル時ハ其刑期4分ノ3ヲ經過スルノ後行政ノ處分ヲ以テ假ニ出獄ヲ許スコトヲ得」とし，「獄則ノ謹守」と並んで「悛改ノ状」を仮釈放の実質的要件と定めている。

　旧刑法は1810年のフランス刑法典を模範としてボアソナードが起草した草案を基に制定されたものであるが，仮釈放については，当時のフランス刑法典に規定はなく，1885年の「累犯防止手段法」によって導入されたものであることから，旧刑法の仮釈放は1871年のドイツ刑法典等を参照したものとされている[1]。その1871年ドイツ刑法典は，仮釈放について，「長期徒刑或ハ禁獄ニ處セラレタル犯人其刑期ノ4分ノ3或ハ少クモ巳ニ1年ニ及ヒ且其期限中行

状善ナレハ犯人ノ承諾ニ因リ假ニ出獄ヲ許スコトヲ得」（第23条）と規定している[2]。ドイツ語の原文は，,,sich auch während dieser Zeit gut geführt haben"「その期間［刑期の間（訳者注）］行状が良好であったこと」であり[3]，これが旧刑法の「獄則ヲ謹守シ」に相当するとすれば，「悛改ノ状」という要件は旧刑法立案の過程で独自に付されたことになる。

しかし，「悛改ノ状」に，「獄則ノ謹守」以上の特別の意味があったとは考えにくい。というのも，当時の仮出獄は監獄則に定める賞誉の中の段階処遇と密接に結び付き，賞誉の審査事項は主に施設内での行状や心情であったことからして[4]，「悛改ノ状」も「獄則ノ謹守」とともに施設内での行状の評価が中心であったと考えられるからである。いずれも報償主義からくる仮釈放要件と言えよう。

なお，旧刑法では，仮出獄後，警察による特別監視に付すこととされたが（旧刑法第55条，旧刑法附則第42条以下）[5]，対象者の自由の制限が著しく，煩苛な規則の違反者が続出し，却って対象者の社会復帰を妨げるなど，弊害が多く[6]，とても社会内処遇と呼べるようなものではなかったとされる。

---

1) 小川太郎「パロールの運用と善時制について」『矯正論集』矯正協会（1968）657-658頁，同「仮出獄の思想」犯罪と非行43号（1980）26-29頁，朝倉京一「欧米の仮釈放制度の現状」法律のひろば37巻12号（1984）37頁。

2) この邦訳は，田中正身編『改正刑法釋義上巻』西東書房（1907）329頁によった。名村泰蔵訳『獨逸刑法』司法省（1882）10頁では，「行状善ナレハ」の部分を「居動宜シケレハ」と訳している。もっとも，ドイツのこの仮釈放規定は，当時，実際には適用されず，専ら恩赦による残刑の執行を免除する慣行によっていたという。司法省調査課『司法資料第67號—假釋放』（1925）21頁，小川太郎『自由刑の展開』一粒社（1964）123頁。このほか，当時のドイツの仮出獄を紹介したものとして，清水行恕「假出獄制度に就いて」監獄協会雑誌35巻9号（1922）4頁以下，刑政35巻11号（1922）17頁以下。

3) ,,§23 Die zu einer längeren Zuchthaus- order Gefängnißstrafe Verurtheilten können, wenn sie drei Viertheile, mindestens aber Ein Jahr der ihnen auferlegten Strafe verbüßt, sich auch während dieser Zeit gut geführt haben, mit ihrer Zustimmung vorläufig entlassen werden." Paul Daude (Hrsg.), Das Strafgesetzbuch für das Deutsche Reich vom 15. Mai 1871. mit den entscheidungen des Reichsgerichts, Berlin: H. W. Müller, 1893, S. 26.

4) 小川太郎（1980）・前掲注（1）30-31頁。

5) 小川太郎・前掲注（2）127-128頁。

6) 第16回帝國議會衆議院監視廢止ニ關スル法律案委員會會議録（筆記速記）第1回（明治34年12月27日）に当時の状況が記されている。藤井恵「仮釈放制度の発達」刑政76巻8号（1965）20-22頁。

2　旧刑法以後の刑法改正作業と現行刑法

　「獄則ノ謹守」と「悛改ノ状」という仮釈放の要件は，1891年（明治24年）の第1回帝国議会に提出された明治24年刑法改正案（以下，「明治24年案」という）でも維持されたが[7]，1901年（明治34年）の第15回帝国議会に提出された，ドイツ刑法を範とする明治34年刑法改正案（以下，「明治34年案」という）では，一旦，「獄則ノ謹守」の要件も「悛改ノ状」の要件も姿を消し，「更ニ重罪ヲ犯ス虞ナキトキ」に改められている[8]。その理由として，明治34年案の刑法改正案理由書は，「現行法ハ獄則ヲ謹守シ悛改ノ状アルコトヲ條件ト爲スト雖モ此條件ハ却テ極悪人ノ假面ヲ装フノ材料トナルノ虞アルヲ以テ本案ハ之ヲ改メ更ニ重罪ヲ犯ス虞ナキトキト爲シタリ」としている[9]。監獄内の獄則の謹守や悛改の状だけでは更生の真偽はわからないため，「再犯のおそれ」という包括的な観点から仮釈放の適否を見極めようとしたものである。

　続く1902年（明治35年）1月の第16回帝国議会に提出された明治35年刑法改正案では，「更ニ重罪ヲ犯ス虞」という文言はなくなり，再び「改悛ノ状アルトキ」が仮釈放の実質的要件として採用されたが，明治24年案まで「改悛ノ状アルトキ」とともに仮釈放要件とされていた「獄則ノ謹守」という文言は姿を消している[10]。明治35年の刑法改正案理由書は，「本條ハ現行法第53條ヲ修正シタル規定ニシテ現行法ハ獄則ヲ謹守シ悛改ノ状アルコトヲ條件ト爲スト雖モ悛改ノ状アル者ハ畢竟獄則ヲ遵守ス可キヲ以テ改正案ハ單ニ改悛ノ状アルコトノミヲ要件ト爲シタリ」[11]と，その理由を説明している[12]。この文言が

---

7)　高橋治俊＝小谷二郎編『刑法沿革綜覧』清水書店（1923）78頁。

8)　第15回帝國議會貴族院議事速記録第6號（明治34年2月8日）45頁。高橋治俊＝小谷二郎編・前掲注(7)167頁。

9)　法典調査會編『刑法改正案理由書―附刑法改正要旨』上田屋書店（1901）42頁。

10)　第16回帝國議會貴族院議事速記録第5號（明治35年1月25日）39頁。高橋治俊＝小谷二郎編・前掲注(7)441頁。

11)　法典調査會編『刑法改正案理由書―附刑法改正要旨』上田屋書店（1902）49頁。

12)　旧刑法を改正するため明治26年に設置された刑法改正審査委員会の書記となり，以後，現行刑法の制定に携わった司法省の田中正身氏も，「悛改ノ状アルヤ否ヤハ固ヨリ單ニ獄則ヲ謹守ノ一事ヲ以テ之ヲ断定スヘキモノニアラスシテ各種ノ方面ヨリ之ヲ視察シテ眞ニ悔悟改悛ノ實アルヲ認メテ始メテ之ヲ判断スヘキモノナルコトハ論ヲ待タスト雖モ悛改ノ状アルモノニシテ獄則ヲ謹守セサルモノアルヘキ理ナク又其反面ヨリ見ルモ獄則ヲ謹守セサル者ニ改悛ノ状アリト謂ウヘキ事例ハ稀ナルヘシ」と解説している。田中正身・前掲注(2)330頁。

同年 12 月の第 17 回帝国議会に提出された刑法改正案でも維持され[13]，最終的に 1907 年（明治 40 年）の現行刑法として成立したため[14]，仮釈放は依然として監獄内での行状を中心とした報償主義的色彩の濃い制度のままとなり，問題が多かったとはいえ警察監視制度も廃止されたため[15]，刑法上の仮釈放は社会内処遇との結びつきもない消極的な制度となった[16]。

3　現行刑法以後の刑法改正作業（戦前）

　仮釈放の実質的要件を巡っては，現行刑法制定後に開始された刑法改正作業において議論され，改正案の内容も変遷を遂げる。まず，1926 年（大正 15 年）に臨時法制審議会から公表された「刑法改正ノ綱領」で「假出獄ノ要件ヲ寛大ニシ，其他假出獄ニ關シ受刑者ヲ保護スル規定ヲ設クルコト」との方向性が示された後，1927 年（昭和 2 年）に刑法改正原案起草委員会が起草した刑法改正豫備草案（以下，「豫備草案」という）では，「行状善良ニシテ左ノ條件ヲ具備シ將來再ビ罪ヲ犯スノ虞ナキニ至リタルトキ」（第 86 条）との要件が規定されている[17]。明治 24 年案まで用いられていた「獄則ノ謹守」に相当するかのような「行狀善良」という要件が復活する一方で，明治 34 年案のような「將來再ビ罪ヲ犯スノ虞」という要件も導入されている。

---

13)　第 17 回帝國議會貴族院議事速記録第 2 號（明治 35 年 12 月 28 日）23 頁。
14)　1905 年（明治 38 年）2 月に刑の執行猶予に関する法律（法律第 70 号）が成立し，それまで「刑ノ執行ノ猶予及ヒ免除」の章に規定されていた仮出獄が，明治 40 年刑法改正案では独立した「假出獄」の章となった。第 23 回帝國議會貴族院議事速記録第 4 號（明治 40 年 2 月 2 日）35 頁，第 23 回帝國議會衆議院議事速記録第 9 號（明治 40 年 2 月 22 日）89 頁。髙橋治俊＝小谷二郎編・前掲注(7)1560-1561 頁，1746-1747 頁。
15)　田中正身・前掲注(2)83-84 頁，山田正賢『改正刑法義義』武田交盛館（1908）158 頁，自治館編輯局編『刑法実用詳解』自治館（1910）91 頁等。
16)　旧刑法の警察監視制度は現行刑法によって廃止されたが，1908 年（明治 41 年）の監獄法で警察による監督制度が導入され（第 67 条 1 項 2 号，假出獄取締細則明治 41 年 9 月 10 日司法省令第 25 号），その実態は，就職の機会を奪ったり，自暴自棄にさせたりするなど，依然として対象者の社会復帰を妨げるものであった。正木亮『刑事政策汎論［増改訂版］』有斐閣（1949）416 頁，齋藤三郎「仮釋放制度の進展」月刊刑政 61 巻 11 号（1950）52 頁，西岡正之「仮釈放者の保護観察」法律のひろば 37 巻 12 号（1984）27 頁，しかし，理念的には保護観察に近い思想が見られると評する向きもある。小河滋次郎『監獄法講義』法律研究社（1967）458-459 頁，小川太郎（1980）・前掲注(1)31 頁。
17)　深谷善三郎編『刑法改正豫備草案附刑法改正綱領・盗犯等防止及處分ニ關スル法律解説』向上社（1930）3 頁，25 頁。

しかし，当時は，現行刑法の公布に併せた免囚保護事業奨励費の創設や1922年（大正11年）の旧刑事訴訟法の施行（1924年）による起訴猶予者の増加等により免囚保護（釈放者保護）が活発化し[18]，また1922年（大正11年）制定の旧少年法が翌年から施行され，仮出獄を許された少年に対し少年保護司による観察（第6条）が実施されていた時代である[19]。豫備草案でも仮釈放者に対する保護観察（第89条）や消極的考試期間主義（第91条）[20]が導入されていることを考え合わせると，似たような文言ながら，「將來再ビ罪ヲ犯スノ虞」という仮釈放要件は，明治34年案とは異なり，仮釈放後の社会内処遇を見据えたものと見ることもできよう。

さらに，豫備草案は，仮釈放の「條件」として「居住及生計上ノ支障ナキトキ又ハ住居ヲ定メ正業ニ従事スルノ機會確實ナルトキ」という要件を定める。これも，獄則の謹守や善良な行状といった受刑中の態度に関わる要件ではなく，受刑者の社会復帰に関わる要件であるが，再犯のおそれから独立した要件というより，再犯のおそれを判断する上での具体的な判断基準としての性格が強い。また，豫備草案では，「損害ノ賠償アリタルヤ否特ニ本人カ損害ノ賠償ヲ爲シタルヤ又ハ賠償ニ努ムルヤ否ヤヲ參酌スヘシ」と規定し，犯罪被害者に関する事項が初めて仮釈放基準に取り込まれたのが注目される。

こうした仮釈放の実質的要件と判断基準をより整備した形で規定したのが，1931年（昭和6年）に刑法竝監獄法改正調査委員会総会が留保条項附で決議した総則案であり，1940年（昭和15年）の各則案と合わせて公表された改正刑法仮案（以下，「仮案」という）である[21]。仮案第108条は，豫備草案で姿を消した「改悛ノ状」を再び実質的要件に採用し（但し，漢字は「情」），その「改悛ノ情」が「顕著ナル」ことを要求したうえで，仮釈放の処分を為すに当たっては，

18）当時の概況については，西岡正之「日本における更生保護の歩み」朝倉京一ほか編『日本の矯正と保護第3巻』有斐閣（1981）1頁以下参照。
19）大正少年法については，森田明『少年法の歴史的展開―鬼面仏心の法構造』信山社（2005）参照。
20）考試期間主義については第3編第1章及び森下忠「仮釈放」平場安治＝平野龍一編『刑法改正の研究1概論・総則―改正草案の批判的検討』東京大学出版会（1972）314-315頁参照。豫備草案は，仮釈放処分を取り消されることなく，残刑期間を経過し，又は釈放後既に執行を受けたのと同一の期間を経過したときに刑の執行を終わったものとみなすとされており，残刑期間主義とともに消極的考試期間主義を採用している。
21）我妻榮編集代表『旧法令集』有斐閣（1968）733頁以下。

「損害ノ賠償アリタリヤ否特ニ本人カ損害ノ賠償ヲ為シタリヤ又ハ賠償ヲ為スニ努力シタリヤ否」と「居住及生計ニ支障ナキヤ又ハ住居ヲ定メ正業ニ従事スル見込アリヤ否」という2つの判断基準を参酌すべしと定めている。仮案のうち総則案が決議された1931年には仮釈放審査規程[22]が制定され，仮釈放の審査事項が法定されたが，こうした当時の動きが豫備草案以後の刑法改正作業に影響していたことが推測される。

　しかし，この昭和初期からは司法保護事業法の立法作業が進められ，1939年（昭和14年）に成立しているし，評判は悪いものの，思想犯保護観察法（1936年）によって成人に対する保護観察が創設された時期である。こうした社会内処遇が徐々に発展しつつあるなかで，仮釈放の実質的要件について，仮案が「再犯のおそれ」ではなく，再び「改悛ノ情」を採用しているのは，やや違和感を感じないでもない。司法省の司法書記官（行刑局）として仮釈放審査規程を起草した東邦彦氏は，仮釈放を「善良なる行状に對する報酬ではなく，實に受刑者を善良な市民として社會に復歸せしむる爲め，彼等を累進的に改善する一の機構」と明確に打ち出し[23]，仮釈放の本質的要件は，「過去に於て行状が善良であったと謂ふことではなくして，釋放後合法的社會生活を營む見込が確實なこと」であるべきであるから，現行刑法第28条の「改悛ノ狀」や仮案の「改悛ノ情」は「再犯の虞」がなくなったことを意味すると解説している[24]。そこにはまだ社会内処遇と結び付いた積極的な仮釈放の視点はないものの，刑法上の「改悛ノ情」という文言には，「再犯のおそれ」という新たな意味付けがなされていたことになり，法の実体との乖離が始まっていたことになる。

22）昭和6年5月25日司法省訓令行甲第1128号。
23）ここに「累進的」という表現が用いられているが，1933年（昭和8年）には行刑累進処遇令（昭和8年10月25日司法省令第35号）が発出され，弱い関係ながらも累進処遇と仮釈放が結びつけられている（第89条乃至第90条）。しかし，1級者から仮釈放するという原則は，行刑累進施行令施行直後から既に相当崩れていたことが指摘されている。森晃「仮釈放と累進処遇制度との関係について」矯正教育10巻1号（1959）70-72頁。
24）東邦彦「假釋放審査規程釋義」鹽野季彦監修『最新行刑令釋義』嚴翠堂書店（1934）165頁。「假釋放審査規程釋義」は，重松一義編『東邦彦の行刑思想』プレス東京（1973）に再録されている。なお，東氏は，刑法改正豫備草案が「改悛ノ情顯著ナルトキ」と規定しているとするが，これは仮案のことであろう。

4 戦後の刑法改正作業と犯罪者予防更生法

1956年（昭和31年），法務省刑事局内に小野清一郎博士を議長とする刑法改正準備会が設置され，改正刑法仮案を土台に議論が進められた結果，1960年（昭和35年）に改正刑法準備草案（未定稿）と翌年の改正刑法準備草案（以下，「準備草案」という）が公表されている。そこでは，仮釈放の実質的要件として，「改悛の情が明らか」であることに加え，「刑の執行を中止してその更生を期することを相当とするとき」という新たな要件が規定されることとなった。準備草案の理由書は，「従来，この制度は，一応刑の改善的目的を達した者に対して，刑の執行を続けることは無用であるという観点とか，仮釈放を受刑者に対する恩恵として許すという思想から，仮釈放の要件として，一定期間の経過のほかには，受刑者の改心［改悛─筆者注］の情を唯一のものとしていたが，本案は，仮釈放制度を法的にはともかくも，事実上は刑事施設外における刑の執行の一態様としてみようとする立場もとり入れて，仮釈放の要件として，改心の情のほかに，刑事施設内において拘禁して刑の執行をするよりもこれを中止して社会生活を通じて更生を期することがより相当であると認められることを附加した」としている[25]。

その背景に1949年（昭和24年）の犯罪者予防更生法の成立がある。同法が，仮出獄を含めた仮釈放を「更生の措置」と位置付け（第3章第1節），「本人の改善及び更生のために必要且つ相当な限度において行」い（第2条），「仮出獄（中略）を相当と認めるときは，決定をもって，これを許さなければならない」（第31条2項）と定めると同時に，成人の仮出獄者についても保護観察を導入し（第33条1項3号），仮釈放後の保護観察を通じて受刑者の更生を図るという，社会内処遇の機能を重視したより積極的なパロール型の仮釈放制度を導入したことが大きい[26]。

刑法改正案でも，仮釈放者について，仮案では必要と認める場合，保護観察に付し（仮案第98条，第110条），準備草案では原則として保護観察に付すものとされたほか（準備草案第90条1項），特に準備草案では，仮釈放後の保護観察

25) 刑法改正準備会『改正刑法準備草案─同理由書』（1961）167頁。
26) 加藤東治郎「更生の措置としての仮釈放」犯罪と非行43号（1980）95-97頁。犯罪者予防更生法制定後，保護観察と結び付いた仮出獄（仮釈放）のことを「パロール」と，区別して呼ぶ実務慣行があった。

期間が6月に満たないときは6月とするという考試期間主義（折衷主義）を導入している（第90条2項但書）。「再犯のおそれ」といった要件とせず、「刑の執行を中止してその更生を期することを相当とするとき」としたのは、恐らく、「再犯のおそれ」があるかどうかより、施設内処遇より社会内処遇が望ましいかどうかという要件の方が、より考試期間主義の趣旨に適うからではないかと考えられる[27]。

　なお、予備草案や仮案で規定されていた仮釈放要件の判断基準は、準備草案では姿を消している。これは、犯罪者予防更生法施行後の1952年（昭和27年）に制定された「仮釈放並びに在監又は在院中の者に対する不定期刑執行終了又は退院の審理決定等に関する手続について」と題する依命通牒（以下、「昭和27年通牒」という）[28]が仮釈放の具体的な許可基準を定めたため、下級法令に委ねたものと考えられる。

　1963年（昭和38年）から刑法改正の審議を始めた法制審議会刑事法特別部会の小委員会が作成した刑事法特別部会小委員会参考案（いわゆる「第1次案」）でも考試期間主義（折衷主義）が採用されており（第90条）、仮釈放の実質的要件は、「改悛の情が明らか」が「改善の情」に改められた以外、準備草案の内容が基本的に維持されている[29]。しかし、この第1次案では、実質的要件を判断する裁量的仮釈放以外に、実質的要件を要せず、法定期間の経過など形式的要件の充足をもって仮釈放を認める必要的仮釈放を規定する「B案」と、これを認めない「A案」が併記される形となった。但し、「B案」においても、「刑事施設において善行を保持」するという要件は規定されており、これを単に懲罰の有無等としないのであれば、これが実質的要件となり、従って純粋な必要的仮釈放制度ではなくなる。さらに、第1次案では「別案」なるものも存置され、

27）　ほぼ同じ仮釈放の実質的要件を定める第1次案についてであるが、こうした仮釈放の実質的要件にした理由は、「仮釈放を許すかどうかの判断にあたっては、受刑者の改善更生という観点からみて、施設内処遇を続けるのがよいか施設外処遇に移るのがよいかを考慮しなければならない趣旨を明らかにし」たからであるとされている。鈴木義男「刑法改正作業レポート⑷　仮釈放」ジュリスト453号（1970）122頁。

28）　昭和27年12月25日保第1011号依命通牒（保護月報第14号（1952）85頁以下）。

29）　法務省刑事局編『法制審議会刑事法特別部会小委員会参考案（第1次案）』法務省（1970）35頁。

「刑事施設における善行保持」といった要件さえ規定しない，「B案」より徹底した必要的仮釈放も提案されている。しかし，この「別案」でも，「明らかに釈放後再び罪を犯すおそれがあるとき」は，仮釈放をしないという消極的要件を定めており，従って，その範囲で判断や裁量の余地がある。

　結局，その後の1971年（昭和46年）に公表された第2次案や1974年（昭和49年）に法制審議会から法務大臣に答申された改正刑法草案では「A案」が残り，「改善の状が認められ，刑の執行を中止してその更生を期することを相当とするとき」という実質的要件を規定する裁量的仮釈放のみが採用されることとなった。第1次案で採用されていた考試期間主義（折衷主義）は，刑事法特別部会での採決において採用されないことになり[30]，仮釈放による保護観察を通じた受刑者の更生と再犯防止という積極的な仮釈放制度からは後退することとなったため，「刑の執行を中止してその更生を期することを相当とするとき」という要件は，残刑期間主義を前提としてのものということになる。

　しかし，結局，刑法の全面改正は実現せず，仮釈放の実質的要件は明治40年の刑法制定時のまま維持されることとなった。当然ながら，その間の刑事政策思潮や仮釈放理念は大きく変化し，特に戦後，犯罪者予防更生法が制定・施行され，保護観察を必要的とするパロール型の仮釈放が導入されたため，刑法上の仮釈放要件との間にズレが生ずることになった[31]。実務においても，刑法上の「改悛の状」という概念だけでは，仮釈放の在り方や方向性を示すことができないばかりか，仮釈放審査の実務にも支障が出かねないため，昭和27年通牒に続き，1974年（昭和49年）には新たに「仮釈放及び保護観察等に関する規則」（以下，旧規則という）[32]が制定され，下級法令により仮釈放の「許可基準」という形で仮釈放の実質的要件の判断基準を示していくやり方が踏襲されたが，

30）鈴木義男・前掲注(27)126頁。
31）当時のこうした問題意識に対して，団藤重光教授は「現行刑法の立前は新しいパール法一連の法規の解釈によって補える」とし，刑法改正の必要はないとする一方，刑法第28条の仮釈放は「改悛の状の外に保護関係，再犯の虞れ，社会感情等も考えなければならない」とするので，やはり刑法上の「改悛の状」の概念は相当拡大していることは間違いない。団藤重光ほか「仮釈放を語る」更生保護3巻2号（1952）6頁。米山哲夫教授は，刑法で構想された社会内処遇との結びつきのない仮釈放制度と犯罪者予防更生法によって導入された処遇主義の理念に基づくパロール型の仮釈放制度が上手く調和していないとする。米山哲夫「定期刑制度におけるパロールの限界」早稲田法学会誌34巻（1984）153-158頁。

ある意味で，こうした下級法令の許可基準が仮釈放の実質的要件の役割を果たしてきたといっても過言ではないであろう。

5　更生保護制度改革から更生保護法制定へ

　刑法全面改正の作業が頓挫して以来，仮釈放制度についても，その抜本的改正を図る動きは見られなくなり，2002 年（平成 14 年）から翌年にかけて名古屋刑務所で発生した受刑者暴行致死傷事件を契機として，行刑改革の提言がまとめられ[33]，監獄法に代わる新法が制定されたときも，仮釈放制度そのものの見直しは行われなかった。

　そうしたところ，2004 年（平成 16 年）から翌年にかけて仮釈放中や仮釈放期間満了者による重大再犯事件が相次いだことから，更生保護制度改革の機運が高まり，更生保護のあり方を考える有識者会議（以下，「有識者会議」という）の提言において，保護観察等とともに，仮釈放制度についても様々な改革が提唱されている。特に，許可基準については，「『悔悟の情』及び『更生の意欲』が認められ，保護観察に付することが本人の改善更生のために相当であると認められるときは，仮釈放を許可することができるものとし，『再犯のおそれが高いと認められるとき』又は『社会の感情が仮釈放を是認していないと認められるとき』には，この限りではないとする方向で，許可基準を改めることを検討すべきである。」とされた[34]。

　この提言に基づいて，犯罪者予防更生法と執行猶予者保護観察法が廃止され，両法を統合して必要な改正を加えた更生保護法が 2007 年（平成 19 年）に成立した[35]。刑法自体が改正されたわけではないため，仮釈放要件については変更はないが，2008 年に更生保護法が施行されるにあたり，仮釈放の許可基準を規定してきた法務省令が全面改正され，新たな許可基準が設けられるに至った。その内容の検証は次章で行うこととするが，許可基準である以上，仮釈放の許

32）昭和 49 年 4 月 1 日法務省令第 24 号。省令名は，平成 18 年に「仮釈放，仮出場及び仮退院並びに保護観察等に関する規則」に改められている（最終改正平成 19 年 11 月 8 日法務省令第 62 号）。
33）行刑改革会議『行刑改革会議提言―国民に理解され，支えられる刑務所へ』（2003）。
34）更生保護のあり方を考える有識者会議『更生保護制度改革の提言―安全・安心の国づくり，地域づくりを目指して』（2006）19-20 頁。

否を実質的に左右するものであることは間違いない。これは，刑法が規定する仮釈放の実質的要件たる「改悛の状」の概念はそのままに，下級法令で定める許可基準の改正によって，事実上の仮釈放要件を定めるというやり方が改めて踏襲されたことを意味する。

　つまり，我が国では，犯罪者処遇や仮釈放を巡る理念が時代とともに大きく変化するなか，旧刑法以来，「改悛の状」という仮釈放の実質的要件を示す概念を維持し，これを改正してこなかったため，これを補うべく下級法令で規定された「許可基準」が事実上の仮釈放の実質的要件の役割を果たし，刑法上の「改悛の状」は理念や政策に応じて変わり得る「空箱」と化してしまっているのである。そうした事態が法治国家の制度として望ましいかどうかということもさることながら，事実上の仮釈放要件とも言える下級法令の許可基準が，明確な仮釈放理念に裏打ちされ，仮釈放の許否を決するうえで十分な方向性を指し示すものとなっているかどうかも検証されなければならない。本章の目的も正にそこにある。

III　「改悛の状」の判断基準——仮釈放許可基準の変遷

　刑法は，仮釈放の実質的要件として「改悛の状があるとき」（第28条）としか規定していないため，更生保護法の下級法令である法務省令が，仮釈放要件の具体的判断基準，即ち仮釈放の許可基準に関する定めを置いている。この法務省令が，2008年の更生保護法施行の際に制定された「犯罪をした者及び非行のある少年に対する社会内における処遇に関する規則」（以下，社会内処遇規則という）[36]である。

　第28条　法第39条第1項に規定する仮釈放を許す処分は，懲役又は禁錮の刑の執行の

35）更生保護法の制定と内容については，「特集・更生保護改革」犯罪と非行154号（2007）5頁以下，「特集・これからの更生保護—更生保護法の成立」法律のひろば60巻8号（2007）4頁以下，「特集・更生保護法の成立」更生保護58巻9号（2007）6頁以下，「特集・更生保護法の成立と展望」刑事法ジャーナル10号（2008）25頁以下等参照。但し，仮釈放許可基準の改正は更生保護法が施行された翌年の法務省令によるため，これらの特集には言及がない。
36）平成20年4月23日法務省令第28号。

> ため刑事施設又は少年院に収容されている者について，悔悟の情及び改善更生の意欲
> があり，再び犯罪をするおそれがなく，かつ，保護観察に付することが改善更生のた
> めに相当であると認めるときにするものとする。ただし，社会の感情がこれを是認す
> ると認められないときは，この限りでない。

　仮釈放の実質的要件を巡る刑法改正作業の経緯で見たように，我が国で初め
て仮釈放審理の方法や手続を定めたのは 1931 年（昭和 6 年）の仮釈放審査規程
である[37]。同規程は，仮釈放審理において考慮すべき身上関係，犯罪関係及び
保護関係の事項を定めたうえで（第 2 条乃至第 4 条），「前 3 条ノ審査ニヨリ再犯
ノ虞ナシト認メタル受刑者ニ付テハ仮釈放ノ具申ヲナスコトヲ得」（第 5 条）と
規定している。これは仮釈放の具申要件に関する規定であるが，当時は，まだ
犯罪者予防更生法も地方更生保護委員会もなく，仮釈放は刑務所長の具申に
よって司法大臣が決するものとされていたことから，この具申要件が現在で言
うところの仮釈放の許可基準に相当する。しかし，審査規程では，詳細な審査
事項を列挙しているだけで，再犯のおそれという基準以外，具体的な許可基準
を示してはいない。
　実際に仮釈放の具体的な許可基準を定めたのは，犯罪者予防更生法下で制定
された昭和 27 年通牒である。そこでは，次のように規定されている。

> 第 1（6）　仮出獄は，本人の性格，行状，態度及び能力，施設内での成績，帰住後の環境
> 　等より判断して，左の各号に該当する者につき，保護観察に付することが，本人が善
> 　良な社会人として自立するに最も適当と認められる時期にこれを許すものとする。
> 1　刑法第 28 条又は少年法第 58 条の規定による期間を経過していること。
> 2　改悛の状があること。
> 3　仮出獄期間中再犯の虞がないこと。
> 4　社会の感情が仮出獄を是認すると認められること。
> 　善良な社会人として自立することを期待することができない者であっても，前各号に
> 該当し，且つ，刑期の大半を経過し，行刑成績良好な者で保護観察に付することが本
> 人の改善に役立つと認められるときは，仮出獄を許すことができる。

　この許可基準には，刑法上の仮釈放要件とされている「改悛の状」が再び許

37）仮釈放審査規程より遡ること 22 年前の 1909 年（明治 42 年）の典獄会議注意事項第 6
　節では，典獄による仮出獄具申において注意すべき諸点を規定している。小河滋次郎・
　前掲注(16)448-450 頁。

可基準として規定され，刑法上の要件以外の要件が仮釈放に必要とされる誤解を生みやすいだけでなく[38]，「再犯の虞がないこと」という文言に「仮出獄期間中」という語が係ってくるため仮釈放期間が経過した後に再犯のおそれが考えられてもよいという風に解されかねず，さらに第2項の「善良な社会人として自立することを期待することができない者であっても」という，基準の例外を認めるような規定には問題があることが指摘されていた[39]。特に，第2項の規定は，第1項の「1項基準」に対し「2項基準」と呼ばれ，第1項各号の基準を満たしながら，「善良な社会人として自立することを期待することができない者」とは矛盾ではないかとの批判も見られた[40]。

　しかし，実務においてそれ以上に問題とされたのは，昭和27年通牒の許可基準が，社会感情を仮釈放の必須要件とし，さらに施設内での成績良好者から仮釈放者を選ぶという善時制的性格を，本来，犯罪者予防更生法で導入を企図されたパロール型の仮釈放に同居させたため，仮釈放が謙抑的に行われるべきことを方向付けてしまうとともに，期間満了を願うだけの，極めて仮出獄期間の短い安全な仮出獄を増やす結果となってしまったことだとされている[41]。

　その後，先の批判を受け，1974年（昭和49年）に旧規則が制定され，以下のように許可基準が改められるに至った。

第32条　仮釈放は，次に掲げる事由を総合的に判断し，保護観察に付することが本人の改善更生のために相当であると認められるときに許すものとする。
1　悔悟の情が認められること。
2　更生の意欲が認められること。
3　再犯のおそれがないと認められること。
4　社会の感情が仮釈放を是認すると認められること。

　改正点としては，まず，「改悛の状」という刑法上の仮釈放要件に用いられ

38）　そうした解釈を採るものとして，須々木主一『刑事政策』成文堂（1969）287頁。
39）　法務省保護局『更生保護関係法令集（Ⅰ）』（1977）91-92頁。
40）　岡久雄「仮釈放の現状と問題点―審理過程よりみた」刑政76巻8号（1965）27頁。
41）　伊福部舜児「仮出獄と保護観察」犯罪と非行16号（1973）34-36頁。戦後の仮釈放の運用が，悔悟の情，更生の意欲より，再犯のおそれと社会感情に力点を置いたものだとの批判として，小野坂弘「仮釈放について」法政理論22巻3号（1990）112-118頁。勿論，仮釈放消極化の要因は許可基準だけではない。瀬川晃『犯罪者の社会内処遇』成文堂（1991）197頁以下参照。

ている用語を改め，「改悛の状」のうち主観的な面を具体化する基準として「悔悟の情」と「更生の意欲」を設け，「再犯のおそれ」から「仮出獄期間中」という文言を削除している。批判のあった2項基準は削除されたが，昭和27年通牒では第1項各号の基準全てを充足する必要があったものを，旧規則では，各号の基準を「認められること」とやや緩和した表現とし，それらの事由を総合的に判断して保護観察の相当性を判断する形を採ったことから，2項基準が実質的に仮釈放基準の中に統合・吸収されたように考えられなくもない[42]。この旧規則は，その後何度も改正され，2006年（平成18年）には省令名も改正されたが，仮釈放の許可基準については，2008年（平成20年）の社会内処遇規則によって改正されるまで維持された。

　社会内処遇規則でも旧規則と似たような許可基準が並ぶが，旧規則との相違点にして最大の特徴を挙げるとすれば，旧規則では4つの許可基準を総合的に判断して，保護観察に付することが本人の改善更生のために相当であると認められるかどうかを判定していたのに対し，社会内処遇規則では，各許可基準に評価の順位をつけ，各基準を謂わばフローチャートのように順次評価してゆき，ある許可基準を満たさない場合には，その時点で仮釈放を認めないことにした点である[43]。旧規則が各許可基準の総合評価方式であるとすれば，社会内処遇規則は逐次評価方式ということができよう。

　また，社会内処遇規則では，従来，仮釈放の積極的許可基準の1つとして規定されていた社会感情を消極的許可基準に位置付けたことも大きな改正点である。この改正により，他の基準が全て充足されていても，社会感情が仮釈放を是認すると認められないとき，仮釈放は認められないことになった。実際には社会感情の認定如何によるが，少なくとも法規上は，仮釈放における社会感情の位置付けが極めて大きくなったことになる。

　法務省は，社会内処遇規則が仮釈放の判断を厳格化したり緩和したり，仮釈

42）法務省の旧規則の解説で「第2項の基準を削除することにより，必ずしも仮釈放の基準が従来の通達より厳しくなることもない」としていることも（法務省保護局・前掲注（39）92頁），このことを裏付けているように思われる。
43）平尾博志「更生保護法の施行に伴う下位法令等の整備について」更生保護59巻5号（2008）39頁，鎌田隆志「更生保護法の施行について」罪と罰45巻3号（2008）26-27頁。

放基準の考え方を実質的に変えたりするものでなく，従来の基準を咀嚼して，その趣旨及び判断の過程がより明確になるよう表現し直したに過ぎないと説明している[44]。しかし，判断構造の改正や消極的許可基準の設定は，仮釈放の許否に十分過ぎるほど影響を与え得るものである。2008 年の許可基準は仮釈放実務には殆ど関係ないとする声が仮釈放実務関係者からも聴かれるところであるが，そうであるとすれば，法令上の許可基準と仮釈放実務の乖離があることになる。やはり，実務の基準や方向性を指し示すとともに，実態とも合致した仮釈放の許可基準でなければならない。そこで，以下では，現行の仮釈放許可基準について検討を加えたうえで，仮釈放の実質的要件の在り方について考察することにしたい。

Ⅳ 仮釈放許可基準の再検討

1 仮釈放許可基準の判断構造

社会内処遇規則は，「改悛の状」の判断基準，即ち仮釈放の許可基準として，①悔悟の情及び改善更生の意欲があり（以下，「悔悟の情及び改善更生の意欲」という），②再び犯罪をするおそれがなく（以下，「再犯のおそれ」という），かつ，③保護観察に付することが改善更生のために相当であること（以下，「保護観察相当性」という）の3つと，消極的許可基準として，④ただし，社会の感情がこれを是認すると認められないときは，この限りでない（以下，「社会感情」という）を定める。

総合評価方式を採った旧規則では，4つの許可基準全てを完全に充足せず，1つの事由について問題が認められる場合も，全ての基準を総合的に考慮し，保護観察に付することが本人の改善更生のために相当であると認められるかどうか弾力的に判断することが可能であったのに対し[45]，社会内処遇規則は，逐次評価方式であるから，全ての許可基準を必ず充足しなければならない。

このうち，まず「悔悟の情及び改善更生の意欲」は，他の基準に先立って評

---

44) 平尾博志・前掲注(43)39 頁，鎌田隆志・前掲注(43)26 頁。
45) 法務省保護局・前掲注(39)92 頁。松本勝「社会感情再考—被害者感情を中心として」犯罪と非行 112 号（1997）55 頁。これに対し，4 つの許可基準全ての充足が必須であるとする見解として，加藤東治郎・前掲注(26)100 頁。

価され，それを満たさない場合，その他の許可基準の評価は行われないことから，その是非はともかく，この許可基準が仮釈放の許否に決定的な影響を与えることになる。仮釈放及び保護観察等の事務の適正な運用を図るための事項を規定した依命通達（以下，「依命通達」という）[46] も，「4 つの要件のうち，悔悟の情及び改善更生の意欲があると認められることは，仮釈放を許す中心的な要件であり，これが認められるかどうかが，他の要件に先立って，判断されるべきである」と定めている（第 2 の 7(1)イ）。

　続く「再犯のおそれ」に関し，依命通達は，「悔悟の情及び改善更生の意欲があると認められることは，通常，再び犯罪をするおそれがないことを推認させることになる」（第 2 の 7(1)ウ）としていることから，「再犯のおそれ」は，「悔悟の情及び改善更生の意欲」の存在によって推認された「再犯のおそれがないこと」を否定するだけの再犯の危険性があるかどうかの判断が中心となる。

　さらに，依命通達は，「悔悟の情及び改善更生の意欲があり，再び犯罪をするおそれがないと認められることは，通常，保護観察に付することが改善更生のために相当であることを推認させることになるが，総合的最終的に実質的相当性を判断する観点から，なおこれが認められるかどうかが判断されるべきである」（第 2 の 7(1)エ）とし，保護観察相当性は「仮釈放を許すことの包括的な要件」であって，「総合的かつ最終的に実質的相当性を判断する」ものであると位置付けている。つまり，「悔悟の情及び改善更生の意欲」と「再犯のおそれ」の何れの許可基準をも充足した者について，改めて総合的に仮釈放による保護観察を行うことが妥当であるかどうかの最終判断を行うというのであり，その意味で，保護観察相当性は，「悔悟の情及び改善更生の意欲」や「再犯のおそれ」を包摂する関係にある。それだけに，保護観察相当性で独自に評価される内容があるのか否か，あるとすればそれが何であるかを明確にする必要がある。そうでなければ，結局，総合評価方式がもっていた曖昧性を解消するために判断構造を変えた意味がないばかりか，従来の問題がそのまま継承されてしまうからである。

46）「犯罪をした者及び非行のある少年に対する社会内における処遇に関する事務の運用について」平成 20 年 5 月 9 日保観第 325 号矯正局長・保護局長依命通達。

2　悔悟の情及び改善更生の意欲

(1)　主観的許可基準の是非

　社会内処遇規則にいう「悔悟の情及び改善更生の意欲」のうち，「悔悟の情」
は「自らの犯した罪を悔い，自己の責任を自覚し，再び犯罪をしないことの決
意」を，また「改善更生の意欲」は「再び犯罪をすることのない健全な生活態
度を保持し，自立した生活を営もうとする意欲」であると説明されている[47]。
「悔悟の情」は受刑者の犯罪に対する回顧的心情であるのに対し，「改善更生の
意欲」は将来に対する展望的心情を意味する。

　こうした受刑者の主観的状況は，1931 年（昭和 6 年）の仮釈放審査規程のな
かでも「犯罪後の情況」（第 3 条 5 号）や「収容後の状況」（第 2 条 8 号）といった
形で仮釈放の審査対象とされていたし，昭和 27 年通牒では「改悛の状」（実質
的要件ではないほうの），1974 年（昭和 49 年）の旧規則では「悔悟の情」と「更生
の意欲」として規定されている。しかし，旧規則における「悔悟の情」と「更
生の意欲」はいずれも許可基準の 1 つに過ぎず，他の許可基準を含め仮釈放に
よる保護観察の相当性を総合的に判断することになっていたのに対し，社会内
処遇規則では，「悔悟の情及び改善更生の意欲」が他の許可基準より優先的に
評価の対象となり，これに欠ける場合は即座に仮釈放が不適当ということに
なって，他の許可基準の評価を行わないことにしたのである（少なくとも法文上
はそうである）。問題は，その概念定義の詳細如何ではなく，仮釈放の本質や目
的との関係で，「悔悟の情及び改善更生の意欲」が仮釈放に必須の，しかも第
1 次的な基準であるべきかどうかということである。

　「悔悟の情及び改善更生の意欲」がない受刑者は，通常，「再犯のおそれ」も
高いため，「悔悟の情及び改善更生の意欲」を優先順位の最も高い許可基準と
することに余り違和感は感じられない。しかし，冒頭でも指摘したように，仮
釈放の目的は，受刑者を裁判所が定めた刑期より早期に釈放し，社会内で保護
観察を行うことにより，受刑者の改善更生を図り，その再犯を防止することで
ある。刑事施設の中における行状を中心に評価し，十分な「悔悟の情及び改善
更生の意欲」が認められないからといって仮釈放を認めず，満期釈放とするよ

47）法務総合研究所『研修教材平成 26 年版更生保護』（2014）44 頁。

り[48]，むしろ仮釈放にして，社会内で処遇をする余地を残す方が望ましい場合はある。反対に，「悔悟の情及び改善更生の意欲」がある場合でも，後で評価対象となる許可基準によって仮釈放が不適当とされることもあり得る。結局，「悔悟の情及び改善更生の意欲」が仮釈放の許否を決する決定的な基準たり得ないのである。既にこうした批判は小川太郎博士からもなされており，「改悛の状」のうち，所内での行状は「スタチックな要素」であり，報償主義に繋がるとして，仮釈放要件から行状証拠を削除すべきであるとされている[49]。

有識者会議の提言でも，「『悔悟の情』及び『更生の意欲』が認められ，保護観察に付することが本人の改善更生のために相当であると認められるときは，仮釈放を許可することができるものと」する一方で，仮釈放には，「再犯のおそれがなく，更生意欲が強く認められるために仮釈放を許可する場合と，満期釈放よりは円滑な社会復帰が期待でき，再犯の可能性を低下させることができると期待して仮釈放を許可する場合の 2 通りがあるように思われ，後者の場合には，現行の許可基準と運用実態が乖離している印象を受ける」が，こうした「運用は，充実した保護観察が行われることを前提とするならば，受刑者の改善更生・再犯防止を図る観点から，むしろ望ましいものと評価することができる」としている[50]。つまり，更生意欲が認められないような場合でも，仮釈放を認めることが望ましいとし，こうした趣旨を明確にする方向で許可基準を改めるべきであるとしているのである[51]。しかし，社会内処遇規則の仮釈放許可基準は，そうした有識者会議の提言の趣旨を十分に実現するための内容になっているとは思えない[52]。

さらに，「悔悟の情及び改善更生の意欲」といった主観的基準は，受刑者によっては評価しにくい面がある。いくら，受刑中の態度や処遇への取り組み状

---

48) 悔悟の情を中心に矯正処遇と仮釈放審理をすべきとの見解として，黒川又郎「保護から見た矯正」刑政 85 巻 9 号（1974）28-30 頁。
49) 小川太郎（1980）・前掲注(1)39-41 頁。また，小川博士は，「仮出獄思想のなかに，"改悛の状"が腰をおろし，行状が語られることを脱却できないかぎり，報償主義をわらうことはできない」ともされる。
50) 更生保護のあり方を考える有識者会議・前掲注(34)19-20 頁。
51) 仮釈放の原則化という主張はさておき，日弁連が，更生の意欲がない者や更生の可能性が低い者についても，満期釈放より，保護観察のついた仮釈放の方が再犯防止という観点から望ましいとしている点は支持できる。日本弁護士連合会『「更生保護のあり方を考える有識者会議」報告書に対する意見』（2006）4-6 頁。

況，面接中の言動等の客観的な事実から判断できるとは言っても，口下手な者より，自己表現の上手な者や受刑生活に慣れている者の方が悔悟の情があると評価されやすいということはあり得るし，来日外国人受刑者の場合，出身国の文化や宗教，司法制度の違い（死刑や司法取引制度の有無など）等から，「悔悟の情」の示し方が日本人受刑者とは異なるため，結果としてＦ指標受刑者の「悔悟の情」が不利な形で評価されているという指摘もかつては見られた[53]。精神障害のある受刑者も，障害というその特性故，悔悟の情をもちにくく，結果として仮釈放が認められない場合が多く，満期釈放となって社会での継続的治療に結び付かないという問題がある。

旧規則のような総合評価方式であれば，「悔悟の情及び改善更生の意欲」に多少欠けることがあっても，他の許可基準を含め総合的に評価することで仮釈放を決することができたが，現在の社会内処遇規則では，「悔悟の情及び改善更生の意欲」を他の基準に先立って評価し，それが認められない場合は次の許可基準を評価することはない「最も優先的な許可基準」であるから，こうした評価の仕方は許されないはずである。もしこれが許されるとするなら，現在の法令が定める基準には従っていないことになり，結局，仮釈放の許可基準など，どのように法令に規定しようが関係ないということになりかねない。

以上のことから，「悔悟の情及び改善更生の意欲」という主観的な許可基準は，単なる審査事項の１つか総合評価方式による場合の許可基準の１つとする程度であればまだしも，社会内処遇規則のように，決定的かつ優先的な許可基準に位置付けるのは不適当である。

52）日弁連は社会内処遇規則の草案が公表された際にも意見書を発表しているが，ここでは，依然として仮釈放の原則化（必要的仮釈放）を提言しながら，仮釈放許可基準については，「悔悟の情」を「従来の行動を真摯に省みる姿勢」といったように，受刑者の態度をより広く酌み取れる表現に改めるべきとの，余り現行と大差ない消極的提言をするに止まっている。日本弁護士連合会『犯罪をした者及び非行のある少年に対する社会内における処遇に関する規則案に対する意見書』（2008）2頁。

53）榎本正也「来日外国人受刑者に対する仮出獄の現状と課題」犯罪と非行114号（1997）161頁。但し，外国人であるから「悔悟の情」が見られなくて当然とする見解は，妥当でなく，支持できない。

(2) 確信犯受刑者・否認受刑者

　「悔悟の情」と関連して問題となるのが，確信犯と犯罪事実を否認する受刑者である。これらの受刑者は，他の受刑者と異なり，「悔悟の情」が全く看取されないため，仮釈放を認めるべきかどうかが問題となる。

　このうち確信犯は，積年の恨みや報復，或いは特定の思想・信条・信仰から罪を犯し，或いは自己保身や自己防衛から事件を犯すなどしたために，罪を犯したことに対する後悔が全く見られない者である。暴力団受刑者も一種の確信犯と言えるかもしれないが，暴力団を含む確信犯は，その思想や信条等から犯罪を繰り返すおそれが高く，（積極的許可基準としても，消極的許可基準としても）「再犯のおそれ」で仮釈放を否定することができるため，仮釈放の審査にあたって困難は生じない。しかし，特定の思想・信条・信仰から罪を犯したわけではない確信犯の中には，犯行については全く悔悟の情が見られないものの，犯行の原因や動機となった事情が本件事件で完全に解消されるなどしたため，再犯のおそれがないか，極めて低いという場合が想定できないわけではない。現在の仮釈放基準では，「悔悟の情及び改善更生の意欲」という最優先の仮釈放許可基準という位置付けが障害となって，こうした場合に仮釈放を認めることはできないが，やはりこうした者にも確実な更生のために仮釈放を認めるべき場合があり，そのためにも，「悔悟の情及び改善更生の意欲」といった受刑者の主観的状況に関する許可基準の位置付けを変えるか，大幅に緩和すべきであろう。

　難しいのが，犯罪事実を否認している受刑者の扱いである。冤罪の場合，罪を犯してはいないわけであるから，「悔悟の情」をもちようがなく，結果として仮釈放が認められないことになってしまう。受刑者の中には真犯人であるにもかかわらず，犯罪事実を否認する者が少なからずいるようであるが，過去には受刑者の冤罪が再審無罪で確定したケースがある以上，冤罪の可能性がゼロとは言えない。しかし，だからといって，刑の執行が確定裁判を前提としている以上，冤罪の可能性を根拠に，現在の「悔悟の情及び改善更生の意欲」という仮釈放の許可基準を無視するわけにはいかない。再審請求がなされている受刑者については，無事故で受刑生活を送っているという生活態度から改悛の状を判断すべきとの見解も見られるが[54]，残念ながら再審請求の事実は無辜の保証にはならない。

法務省は，犯罪をしたことについて本人が否認している場合であっても，そのことをもって直ちに「悔悟の情」が認められないと判断することは適当でなく，その余の事情をも考慮して判断するとしている[55]。しかし，受刑者本人が罪を認めていないにもかかわらず，「悔悟の情あり」とするのは擬制以外の何でもなく，ましてや冤罪の受刑者にとって，「悔悟の情あり」とされることには抵抗があろう。こうした犯罪事実を否認する受刑者に一律仮釈放を認めることはできないとしても，少なくとも仮釈放の道を残すためにも，「悔悟の情」を仮釈放許可基準の中心に据えることは改めるべきであろう。

(3)　仮釈放の放棄

　その他，「悔悟の情及び改善更生の意欲」と関連して問題となるのが，「仮釈放を放棄」する受刑者の扱いである。受刑者の中には，暴力団受刑者でも，その他の確信犯的受刑者でもないが，稀に仮釈放を望まない者がいる。一般的に想定されるのは，生活もままならない社会への復帰を望まず，できるだけ長く施設にいようとする受刑者であるが（いわゆる福祉拘禁），理論上，贖罪意識や自責の念から仮釈放を希望しない者も考えられる[56]。

　こうした仮釈放の放棄や不同意は，受刑者の同意を仮釈放要件とするかどうかという問題でもある。ドイツでは，仮釈放（残刑の執行猶予）には受刑者の同意が必要とされている[57]。我が国でも，戦後の一時期，仮釈放の応当日（現在の法定期間経過日）の60日前に相当する日に受刑者が仮出獄を出願するか又は放棄するかを確かめたうえで受刑者本人に出願書又は放棄書を作成させ，他の書類と共に施設長が地方成人保護委員会に進達することとする出願制度が採られていた[58]。この制度は3年後の1952年（昭和27年）に廃止されたが，パロー

---

54)　海渡雄一「仮釈放について」季刊刑事弁護37号（2004）152-153頁。
55)　法務総合研究所・前掲注(47)37頁，久保貴「更生保護への招待⑯」研修652号（2002）98頁。
56)　但し，こうした受刑者については，仮釈放許可基準たる「悔悟の情及び改善更生の意欲」は一応充足するので，仮釈放を認める上で障害はない。仮釈放から除外されている受刑者の類型については，岩井敬介『社会内処遇論考』日本更生保護協会（1992）31-32頁［初出・更生保護40巻4号（1989）］。
57)　§57 Abs.1 StGB.
58)　「仮釈放及仮退院の手続について（依命通牒）」昭和24年10月7日中央更生保護委員会委員長，刑政長官，中委第141号。

ル型の積極的な社会内処遇と結び付いた仮釈放を企図した犯罪者予防更生法の下でも，仮釈放の放棄ができることが想定されていたことになる。

　現行法上の仮釈放許可基準を基に考えれば，仮釈放に同意しない受刑者には「改善更生の意欲」が欠けるため，仮釈放が認められないことになる。但し，実際に仮釈放を希望しない受刑者がいれば，その理由を確認しつつ，福祉拘禁や贖罪意識の問題であれば，受刑者への働きかけを通じて改善更生の意欲をもたせ，仮釈放の希望をもたせていく処遇が行われるであろうし，そうすべきである。しかし，それでも尚，受刑者が仮釈放を希望しない場合，受刑者の協力が得られないため，規定上，仮釈放は難しい。

　しかし，だからといって，こうした受刑者をそのまま満期釈放にすることは望ましくない。福祉拘禁は受刑者の依存性，他律性を高めるだけであるし，贖罪意識が強いからと言って，施設に止まって何もしないことが本当の贖罪ではないことを受刑者に知らしめる必要がある。また，これらの者についても，再犯のリスクがないとは言えないから，一定期間，社会での処遇が必要である。従って，仮釈放の放棄は，これを認めるべきではなく，他の許可基準を充足すれば，これを仮釈放にして，社会の中で指導監督や補導援護を行っていくことで，社会復帰をより確実なものとすべきである。

3　再犯のおそれ

(1)　「改悛の状」と「再犯のおそれ」の関係

　「再犯のおそれ」は，仮釈放の実質的要件たる「改悛の状」を判断するうえでの審理項目ないし許可基準として用いられてきているが，実務では，長らく，仮釈放要件たる「改悛の状」は実質的に「再犯のおそれ」にほかならないとする解釈が広く支持されてきた[59]。そうした解釈が明確に打ち出されたのが1931年（昭和6年）の仮釈放審査規程である。同規程は，「前3条ノ審査ニヨリ再犯ノ虞ナシト認メタル受刑者ニ付テハ仮釈放ノ具申ヲナスコトヲ得」（第5条）と規定し，「再犯のおそれ」を仮釈放の実質的な許可基準と定めている。

---

59)　この点については，安形静男氏が1931年（昭和6年）の仮釈放審査規程以来の解釈の変遷を分析している。安形静男「『改悛の状』私論—主として『悔悟の情』をめぐって」更生保護と犯罪予防130号（1998）32頁以下。

司法省の司法書記官（行刑局）として同規程を起草した東邦彦氏の手による「假釋放審査規程釋義」は，「再犯のおそれ」を次のように解説している[60]。

> 「假釋放の本質的要件は「改悛ノ狀アルトキ」（刑法第二十八条）と謂ふことである。刑法改正豫備草案は「改悛ノ情顯著ナルトキ」（第百八条）と謂ってゐる。假釋放は刑期間中監獄當局に面倒を掛けなかったこと，即ち善良なる行狀に對する報酬ではなく，實に受刑者を善良な市民として社會に復歸せしむる爲め，彼等を累進的に改善する一の機構である。從って仮釈放の本質的要件として必要なのは，過去に於て行狀が善良であったと謂ふことではなくして，釋放後合法的社會生活を營む見込が確實なことである。換言すれば刑法第二十八条に所謂「改悛ノ狀アルトキ」とは，受刑者が改善されて社會的危險性が無くなったこと即ち再犯の虞がなくなったことを意味する。

　この仮釈放審査規程の制定によって，刑法の仮釈放実質要件たる「改悛の状」は「再犯のおそれ」がないことであると捉える解釈が一般化することになった[61]。

　しかし，戦後，犯罪者予防更生法が成立し，その下で制定された昭和27年通牒において，「再犯のおそれ」は「改悛の状」や「社会感情」と並ぶ許可基準の1つに位置付けられることとなった[62]。さらに，昭和27年通牒を廃止して制定された1974年（昭和49年）の旧規則でも，「再犯のおそれ」は，「悔悟の情」，「更生の意欲」，「社会感情」と並ぶ許可基準の1つとされ，刑法が定める実質的要件たる「改悛の状」の一判断基準とされた。旧規則の省令解説も，「悔悟の情」と「更生の意欲」が「刑法の規定の『改悛ノ状アルトキ』の主観的な面を具体化する規定」であるのに対し，「『再犯のおそれ』がないことは，刑法第28条に規定されている『改悛ノ状』の具体的な要件であって，本人の資質，環境等を総合的に判断して，客観的に認定する」ものであるとしている[63]。つまり，「悔悟の情」と「更生の意欲」が「改悛の状」の主観的基準であり，「再犯のおそれ」が「改悛の状」の客観的基準であるとされたのである。

60）東邦彦・前掲注(24)165頁。
61）安形静男・前掲注(59)36-37頁，法務省保護局監修『保護観察事典』文教書院（1968）27-28頁，香川達夫「仮出獄」団藤重光編『注釈刑法(1) 総則(1)』有斐閣（1964）229頁。
62）もっとも，この時点でも，なお，刑法上の「改悛の状」が「再犯のおそれ」がないこととする見方が見られる。小野清一郎＝朝倉京一『改訂監獄法』有斐閣（1970）427-428頁（2000年刊行の復刊新装版によった）。
63）法務省保護局・前掲注(39)91-92頁。

そして，既述の通り，更生保護法に基づく社会内処遇規則では，許可基準の1つという位置付けこそ変わらないものの，新たに逐次評価方式が採用されたため，「再犯のおそれ」は，「悔悟の情及び改善更生の意欲」がある者に対して加えられる評価基準とされ，「悔悟の情及び改善更生の意欲」があると認められるものは，通常，「再犯のおそれ」がないことを推認させるとしたうえで（依命通達 第2の7(1)ウ），その推認を破る程度の「再犯のおそれ」があるかどうかの判断が求められることになったのである。

(2)　仮釈放の目的と「再犯のおそれ」

　しかし，仮釈放の目的に鑑みた場合，「再犯のおそれ」を仮釈放の許可基準，特に積極的許可基準とすることは適当でない。仮釈放の目的は，受刑者の改善更生を図り，再犯を防止することである。受刑者を裁判所が定めた刑期より早期に釈放し，施設内での矯正処遇の成果を確認しながら，社会内で保護観察を行うことにより，対象者の改善更生と再犯防止を図ることこそが仮釈放の真髄である。そうであるとすれば，「再犯のおそれ」がない者だけでなく，「再犯のおそれ」が否定し切れない者であっても，保護観察によって再犯の防止と社会復帰を図っていくことこそが目指されなければならないはずである[64]。「再犯のおそれ」のない安全な者だけを仮釈放にしていては，仮釈放後の保護観察の意味が失われかねないし，適切な社会内処遇さえ行われれば更生する可能性を秘めた受刑者を仮釈放から排除する結果となる[65]。第1編第2章で述べたように，仮釈放は一種のリスク・マネージメントである。再犯を犯さない者だけを選んで仮釈放にするのではなく，社会内処遇としての保護観察を行うことで，仮釈放者の再犯リスクを最小化する努力をしつつ，更生の可能性を最大化していくことこそが仮釈放である。

64）宮澤浩一博士は，「刑事政策には，冒険はつきものである。失敗をおそれていたのでは，立ち直る者も立ち直れなくなる」とされる。宮澤浩一「わが国における仮釈放制度の意義と問題点—沿革を考え併せて」法律のひろば 37巻12号（1984）8-9頁。同旨，司法省調査課・前掲注(2)136-140頁，島田善治「私の仮釈放審理」更生保護と犯罪予防 5巻3号（1971）6-7頁，桂正昭「仮出獄の時期」罪と罰 12巻3号（1975）2-3頁，岩井敬介・前掲(56)29-30頁。
65）水野周「行刑施設における仮釈放—現状と問題点」法律のひろば 37巻12号（1984）24頁。

こうした主張に対しては，「再犯のおそれ」のある者を仮釈放にして，再犯を犯したらどうするのかという批判が向けられよう。関東地方更生保護委員会委員を務められた伊福部舜児氏は，保護観察の明確な効果検証を有しない委員会としては，仮釈放を巡る 2 種類の過誤のうち，仮釈放すべきではなかった者を仮釈放にして再犯が起きる積極的過誤だけは犯すまいと慎重になる結果，仮釈放と保護観察によって更生するものを仮釈放にしない消極的過誤に陥ってきていると指摘している[66]。しかし，再犯を懸念する余り，仮釈放を認めないとすると，満期釈放となって，社会の中で指導監督も補導援護もない状態のまま元受刑者を放置することになり，却って「再犯のおそれ」を高めてしまうことになる[67]。有期刑の場合，仮釈放が許可されずとも，その後の極めてごく短期間の間に満期釈放となるのである。「再犯のおそれ」を仮釈放の許可基準とし，その基準を厳密に判定しようとすればするほど，仮釈放が許容されなくなって，満期釈放が増え，再犯のリスクが高まるのである。仮釈放の在り方は，その裏返しである満期釈放の問題を抜きには考えることはできない。仮釈放と満期釈放の両者を併せた，トータルな受刑者の釈放と更生を追求する必要がある[68]。

　誤解を恐れずに言えば，仮釈放とは「再犯のおそれ」がある者に対してこそ意味がある制度である。仮に，絶対に再犯の可能性がない受刑者がいるとすれば，仮釈放にする必要などなく，本人の犯した罪の重さと情状に応じて裁判所が言い渡した刑をそのまま全うすればよいのである[69]。「再犯のおそれ」がない者に対してのみ仮釈放を行うとすれば，改善更生したから仮釈放するという発想と異ならず，仮釈放を恩典と捉える思想から依然として脱却できていない

---

66) 伊福部舜児・前掲注(41)41-49 頁。
67) 宮澤浩一博士は，「"犯罪者"が全くの野放しになっているのと比べれば，一応，国の後楯がついている方が，安心してうけ容れ易い」とされる。宮澤浩一・前掲注(64)4 頁。同旨，団藤重光「パロール・システムについて」更生保護 1 号（1950）4 頁，小川太郎「假釋放がきまるまで」更生保護 2 巻 6 号（1951）3 頁。
68) 伊福部舜児「仮出獄者の選択について」更生保護と犯罪予防 15 巻 4 号（1981）47-48 頁。再犯率上昇に対する「世間の目」があるという理由からこれを批判するものとして，松本勝「仮釈放と社会復帰」菊田幸一＝西村春夫＝宮澤節生編『社会のなかの刑事司法と犯罪者』日本評論社（2007）529 頁。
69) 実際には，受刑の原因となった犯罪行為を行っている以上，再犯のおそれを完全に否定することはできないし，たとえそうした受刑者がいたとしても，社会生活を安定し，更生が確実なものとなるまでの間，指導監督や補導援護を行うため，仮釈放を行うべきことになる。

ことにもなりかねない。「改善更生した」から仮釈放するのではなく，「改善更生するため」に仮釈放すべきである。「再犯のおそれ」がある者を仮釈放対象者から除外するとなると，再入者や累入者は仮釈放が難しいことになってしまうが，そうした者こそ仮釈放が必要なのである。

　朝倉京一氏は，仮釈放の原則化（必要的仮釈放ではない）を唱えるなかで，「累犯者こそは，社会復帰の援助を最も必要としているのであり，それがほとんど仮釈放の外に置かれていることは重大である」とし，「累犯者については，更生の意欲に乏しく，再犯のおそれが大きい（中略）この事実は，パロールとしての仮釈放制度の下にあっては，保護観察として行われる強力な社会復帰の援助によって，まさに克服されなければならないのである」と正当にも主張されている[70]。伊福部舜児氏の「仮出獄者の選択は，単に安全な者，無難な者を選ぶのではなく，保護観察によって更生を期待できる者をも選ぶべきであろう」という見解も同様である[71]。また，香川達夫博士も，「再犯防止のための措置は，仮釈放を認めるか否かの決定に際して確定される問題なのではなく，仮出獄者・満期釈放者のいかんをとわず，その両者をあわせて別途に検討されなければならない課題のはずである。その意味でも，改悛の状＝再犯のおそれなしとする，従前の図式に拘泥するのは適切であるともいえない」とするが[72]，至言であろう。

　有識者会議でも，仮釈放には，再犯のおそれがない場合と，（再犯のおそれがあっても）満期釈放よりは円滑な社会復帰が期待でき，再犯の可能性を低下させることができる場合の 2 種類あるのが望ましいとしている[73]。日弁連も，処遇困難者も仮釈放にすべきであり[74]，仮釈放の消極化を避けるため，「再犯のおそれ」の基準については，「再び犯罪をするおそれが相当程度低く」等の表

---

70) 朝倉京一「仮釈放の原則化をめぐる一考察」更生保護と犯罪予防 50 号（1978）31 頁。
71) 伊福部舜児・前掲注(68)56 頁。また，米山哲夫教授も，「保護観察の効果を通じて仮釈放させるというのでなければ処遇主義の筋は通らない。規則はそこまで踏み出してはいない。」とする。米山哲夫・前掲注(31)162 頁。
72) 香川達夫「起訴猶予・執行猶予・仮釈放」荘子邦雄＝大塚仁＝平松義郎編『刑罰の理論と現実』岩波書店（1972）252 頁。
73) 更生保護のあり方を考える有識者会議・前掲注(34)19 頁。
74) 日本弁護士連合会・前掲注(51)5-6 頁。但し，日弁連は，重大再犯のおそれが極めて高いことが客観的に明らかな状況がある場合でも，仮釈放を認め，社会内処遇で更生させる努力をすべきだとしているが，この点は支持できない。

現に改めるべきであるとの意見を表明している[75]。現在の仮釈放の運用でも，B指標の受刑者や刑事施設への入所度数が多い者でも仮釈放が許可されており[76]，そうした意味では，現在の仮釈放審査における許可基準としての「再犯のおそれ」は意味を失っているとも言えよう。

　なお，仮釈放許可基準としての「再犯のおそれ」は，仮釈放期間の「再犯のおそれ」がないことを意味し，仮釈放期間が終了した後の「再犯のおそれ」までを意味しないとする考え方もあるといえばある[77]。しかし，仮釈放期間が数か月程度しかない我が国の場合，「再犯のおそれ」はこの短い期間の再犯だけを意味するという主張は，仮釈放が一時凌ぎの再犯防止制度だと言っているに等しい。

　実務家の中には，「再犯のおそれ」を感じながらも，仮釈放が更生に役立ち，社会の保護にプラスに働く公算が大きいと判断される場合には仮釈放を許可しているとする見解がある[78]。なかなか明言できないこととはいえ，実際の実務的感覚はむしろこれに近いものであろう。しかし，そうであるとすれば，尚更，法文との乖離があることになる。上記の運用が現実であり，これが望ましいとするなら，現在の逐次評価方式ではなく，旧規則のような総合評価方式としておいて，仮釈放許可基準の1つとして「再犯のおそれがないと認められること」ではなく，「再犯のおそれの有無」という形にしておく方が現状に合っているであろう。しかし，より望ましいのは，「再犯のおそれ」は，仮釈放の積極的許可基準とはせず，極めて再犯の危険性が高いと推測される場合に限って仮釈放を認めないとする消極的許可基準とすることである。

---

75) 日本弁護士連合会・前掲注(52)2-3頁。
76) 法務省『2016年矯正統計』e-Stat 表81，法務省『2016年保護統計—地方更生保護委員会』e-Stat 表14。
77) 昭和27年通牒では，「仮出獄期間中再犯の虞がないこと。」と規定されていた（第1(6)第1項第2号）。しかし，この文言は，「仮出獄期間を経過した後においては，再犯のおそれが考えられてもよいとの誤解を招く虞がある」として，昭和49年の旧規則で「再犯のおそれがないと認められること」に改められている。法務省保護局・前掲注(39)91頁。依命通達も，「『再び犯罪をするおそれ』には，仮釈放中の再犯のおそれ及び仮釈放期間経過後のおそれが含まれている」としている（第2の7(3)）。
78) 野中忠夫「仮釈放の運用と制度上の問題」朝倉京一ほか編『日本の矯正と保護—第3巻保護編』有斐閣（1981）35頁。

⑶ 「再犯のおそれ」と考試期間主義

　仮釈放は保護観察を通じて対象者の更生と再犯防止を図る制度であるから，「再犯のおそれ」を許可基準の1つにするとなると，なぜ「再犯のおそれ」がないにもかかわらず社会内処遇をする必要があるのかというパラドクスに陥る。このパラドクスを回避するためには，「再犯のおそれ」がないことは一応の心証で足りるであるとか，「再犯のおそれ」はあくまで「おそれ」であるなどとの説明が必要となってしまい，「再犯のおそれ」を許可基準とすることの問題が露呈することになる。仮釈放の目的を社会内処遇の機会付与と捉える以上，「再犯のおそれ」を許可基準とすることは難しくなるのである。

　このことは，仮釈放後の保護観察を残刑期間とする我が国のような残刑期間主義でも妥当するが，筆者が主張する考試期間主義によれば[79]，仮釈放に伴う保護観察は「処遇の必要性」，裏を返せば，「再犯のおそれ」に応じて決することになり，仮釈放は「再犯のおそれ」を前提としたものとなるので，「再犯のおそれ」のないことを仮釈放要件や許可基準とすることはナンセンスとなる。

　考試期間主義に対する批判は依然根強いが[80]，極めて短い残刑期間の束縛を，残刑の執行猶予という形で解消し，一定期間，仮釈放者の保護観察を行うことができる優れた制度であると考える。もしこの制度を導入することになった場合，新たな仮釈放の要件や許可基準の設定が必要であるが，その際，最も大きな見直しを迫られるのが「再犯のおそれ」の許可基準である。

4　保護観察相当性の内容

　犯罪者予防更生法下の旧規則でも，保護観察に付することが本人の改善更生のために相当であると認められるときに仮釈放を許すものとしていたが（第32条），当時は，4つの許可基準を総合的に考慮したうえで保護観察に付することが相当かどうか判断を行うという総合評価方式になっていたため，各許可基準と保護観察相当性の関係も漠然とし，「再犯のおそれ」が否定し切れない場合など，他の基準を完全に充足しない場合であっても，保護観察が相当であると

---

79) 孝試期間主義については，第3編第1章参照。
80) 金光旭「これからの犯罪者処遇（第2回）中間処遇及び刑執行終了者に対する処遇」ジュリスト1356号（2008）147-148頁，佐伯仁志『制裁論』有斐閣（2009）71頁等。

判断される場合には仮釈放を許すことができるとされていた。

　これに対し，社会内処遇規則は逐次評価方式を採りながらも，その依命通達では，保護観察相当性は仮釈放を許すことの包括的な要件であるとし，悔悟の情及び更生の意欲があり，再び犯罪をするおそれがないと認められた者について，総合的かつ最終的に実質的相当性を判断するものとしている（第2の7(1)エ）。つまり，「悔悟の情及び改善更生の意欲」と「再犯のおそれ」を充足した者について，改めて「総合的に」保護観察相当性を判断するというのであって，評価項目としても，「悔悟の情及び改善更生の意欲」と「再犯のおそれ」で評価した種々の事項に加え，「刑事施設又は少年院において予定される処遇の内容及び効果」及びその他の事項を考慮するものとしている（第2の7(4)）。

　しかし，受刑者本人の主観的状況や客観的状況は，「悔悟の情及び改善更生の意欲」や「再犯のおそれ」までの時点で評価し尽くされているはずであって，そのうえで「再犯のおそれ」がないとされているのであるから，保護観察相当性の評価において固有の評価内容がなければ，いくら「総合的評価」と言ったところで，その中身は空虚であり，許可基準としての意味がない。換言すれば，「再犯のおそれ」はないが，保護観察が改善更生から見て不相当とはどのような場合かを判断することができるような基準たり得るかということである。

　考え得るものとしては，引受人や帰住先を確保できない場合や，帰住地の地域住民による反発や排斥が予想される場合，帰住地域に住む被害者の心情を害するか，極端な場合，報復が懸念される場合等といった保護環境に関するものである。もっとも，従来，引受人の意欲や引受能力など引受人に関する状況は仮釈放許可基準のうちの「再犯のおそれ」の評価項目の1つとされており[81]，地域住民の感情や被害者感情も消極的許可基準たる「社会感情」で評価するものとされている。しかし，少なくとも，具体的な引受状況や帰住環境については保護観察相当性の判断基底に含めるべきであろう。

　そして，仮釈放に保護観察相当性という基準を設定するのであれば，評価順

81）吉永豊文＝林眞琴「仮出獄」大塚仁ほか編『大コンメンタール刑法［第2版］第1巻』青林書院（2004）662頁は，「再犯のおそれがないということは，受刑者の内面的な部分では悔悟の情とか更生の意欲というものと重複する面があるが，ここでは，さらに，本人の資質等に関する刑事施設の調査結果，帰住地の環境，引受人の意欲や引受能力，保護観察の体制等客観的・具体的な条件を含めて判定することになる」とする。

位のついた許可基準を複数設け，その最終段階を保護観察相当性とするより，むしろ旧規則のように，総合評価の基準たる保護観察の（必要性と）相当性を設定することの方が望ましいように思われる。仮釈放は，受刑者を裁判所が定めた刑期より早期に釈放する代わりに，受刑者を改善更生させ，その再犯を防止するための保護観察を行うことが目的であるから，その保護観察を行うことの相当性が最終的な許可基準となるべきだからである。そして，さらに言えば，これは最早「改悛の状」の許可基準の1つでも，包括的・総合的な許可基準でもなく，これこそが仮釈放の実質的要件たるべきである。

5 社会感情

⑴ 社会の正義感情

　仮釈放許可基準としての社会感情については，これまで十分な検討が加えられてきているとは言えないが，大凡，①社会の正義感情，②帰住地感情，③被害者感情の3つを内容とするとされている[82]。

　社会感情のうち，①の社会の正義感情は，「良識ある社会の正義感情」であるとか[83]，「社会の有する正義についての通念」と定義されている[84]。1931年（昭和6年）の仮釈放審査規程でも既に社会感情が審査項目に掲げられ，その第7条2項で「無期刑ニ處セラレタル者ニ付テハ特ニ社會ノ感情ニ照シ犯罪ノ情狀著シク憫諒スヘキモノナリヤ否ニ付審査スヘシ」としているほか，「慘酷，巧妙又ハ大規模ナル手段ニ依リ罪ヲ犯シタル者ニ對シテハ特ニ其ノ犯罪ニ對スル社會ノ感情ヲ注意スヘシ犯罪ニ因リ發生シタル危害特ニ大ナル場合ニ付亦同シ」（第11条），「地方的特色ヲ有スル罪又ハ世人ノ耳目ヲ聳動セシメタル罪ヲ犯シタル者ニ對シテハ特ニ地方ノ風習及假釋放ニ對スル感情ヲ審査スヘシ」

---

82) 氏家文一郎「仮出獄を許可する場合に要請される社会感情の是認について」保護月報 51号（1961）225-228頁。氏家氏は，社会感情の種類には，①被害者感情，②帰住地の感情又は犯罪地の感情，③法律感情，④一般の社会感情，⑤共犯者との均衡の感情があるとし，④は一部の特殊事件でのみ要求されることを除き，他の要素は全ての事件について充足することが求められるとする。同旨，野中忠夫・前掲注(78)35頁，法務総合研究所『研修教材平成15年版更生保護』（2003）200-201頁，吉永豊文＝林眞琴・前掲注(81)662頁。
83) 法務総合研究所・前掲注(82)200頁。
84) 吉永豊文＝林眞琴・前掲注(81)662頁。

（第13条）とされている。

　同規程の解説によれば，仮釈放においてはあくまで特別予防に重点が置かれるべきであるが，無期受刑者など重大事件の受刑者や罪状の悪い受刑者は，「罪質極めて重く社會を震駭せしるむに足る犯罪」であるから，その仮釈放審査においては「社會一般が未だその者に悪感情を有するや否や又社會一般がその事件を記憶して假釋放後本人が反って世の非難を受けることなきや否やを考慮」するだけでなく，刑の一般予防の作用も無視すべきでないとする[85]。さらに，地域に特有の犯罪を犯した受刑者や社会の耳目を聳動させ，社会を畏怖させた事件においては，特別予防のほか，一般予防の見地から社会感情を審査すべきであるとしている[86]。ここでは特別予防機能とともに仮釈放の一般予防機能が容認されているが，その一般予防機能の観点から考慮されるべき仮釈放の適否に関する社会の感情とは，正に正義が貫徹されているという社会の正義感情であろう。

　1974年（昭和49年）の旧規則に対する省令解説でも，「社会感情の是認は，刑罰の本質に照らしても要求されるところであり，仮釈放制度が社会の支持を受けるためにも必要なことであり，また，社会内処遇に移行した場合における処遇効果を期待する上においても必要な要件である」としている[87]。社会感情が，処遇（特別予防）のうえだけなく[88]，刑罰の本質からの要請であることが指摘されており，それは正に罪に応じた適正な刑罰の適用を求める正義感情を指しているものと考えられる[89]。現行の依命通達でも，「被害者等や地域社会の住民の具体的な感情は，重要な考慮要素となるものの，『社会の感情』とは，

---

85) 東邦彦・前掲注(24)168-169頁，178頁。
86) 東邦彦・前掲注(24)184-185頁。
87) 法務省保護局・前掲注(39)93頁。
88) 後半の社会内処遇の効果を期待するうえでの必要な要件とは，社会感情の一部たる帰住地感情を指しているものと思われる。
89) 野中忠夫「仮出獄と応当日」更生保護と犯罪予防3号（1967）33-34頁。平野龍一博士も，仮釈放に際して一般予防的観点を過大視してはならないが，社会が仮釈放制度に対して反感を持たないようにすることが制度の健全な発達には重要であるとされ，仮釈放許可基準としての社会感情を肯定される。平野龍一『矯正保護法』有斐閣（1963）100頁。また，加藤東治郎・前掲注(26)99頁は，社会感情は，刑の一般予防の機能を維持するために欠くことができないだけでなく，仮釈放の相当性の判断の客観性を保つための尺度として掲げられているとする。

それらの感情そのものではなく，刑罰制度の原理・機能という観点から見た抽象的・観念的なものである」としていることから（第2の7(5)ア），正に社会の正義感情ないし応報感情とも言うべきものであろう[90]。

　なお，関東地方更生保護委員会委員であった氏家文一郎氏は，社会感情に関する先駆的な研究の中で，社会感情の内容の1つとして「法律感情」なるものを掲げている[91]。わかりにくい用語であるが，「犯罪をしたことによってその行為者は非難されるべきでありその責任を問われてしかるべきであるという倫理感情を指すものとして理解される倫理感情又は正義感情」であって，「一言でいえば，言渡刑がどの程度まで執行されたかということである」と説明していることから，これも，罪に応じた仮釈放の適用がなされるべきであるという点で，応報感情又は社会の正義感情ということになろう[92]。

　氏家氏は，この法律感情とは別に，社会感情の種類として，「社会の耳目をしょう動した事件など特殊な事件についてだけ要請される社会感情」として「一般の社会感情」というものがあることを指摘している[93]。仮釈放審査規程でも，無期刑受刑者に対する社会の悪感情，重大事件や罪状の悪い受刑者，世間の耳目を聳動させた事件の受刑者に対する社会の感情に留意すべきとしており，これに類するものと思われるが，敢えて社会の正義感情と区別する意義はなかろう。

(2)　帰住地感情

　②の帰住地感情は，社会感情のなかでも，仮釈放後の保護観察や対象者の社会復帰のうえで考慮されるものである。①の社会の正義感情が，既に犯した犯罪行為に対する回顧的・応報的評価及びそれに基づく一般予防的評価であるのに対し，②の帰住地感情は，専ら展望的・個別予防的な面からの考慮されるべき社会感情の一側面である。仮釈放審査規程でも，社会の耳目を聳動させたよ

90）野中忠夫氏は，「基準でいう社会感情とは，地方委員会の良識によって濾過され客観化された，いわば『高次元の感情』である」とする。野中忠夫・前掲注(78)35-36 頁。

91）氏家文一郎・前掲注(82)226-227 頁。

92）古川健次郎「仮釈放と監獄法改正」犯罪と非行43 号（1980）15 頁も，「社会感情を考慮することはいかがという意見もあるが，この点は現在の我が国の国民感情からいって，仮出獄許可基準として当然考慮されてしかるべき要素であると思う」とする。

93）氏家文一郎・前掲注(82)227 頁。

うな事件の受刑者については，社会感情を一般予防の見地から仮釈放審査のうえで考慮すべしとしているが，それでも「受刑者の社會復歸を困難ならしむる點においても（中略）面白くない」としていることから[94]，そこには個別予防的な観点から社会感情を捉える視点がある。匿名社会化が進む今日でも，社会の耳目を集めた事件などでは，犯罪者の帰住に対し非常に強い反発や抵抗が見られる場合があり，そうした事件の受刑者を仮釈放にした場合，被害者を含めた帰住地住民に大きな不安を与え，本人の社会復帰に悪影響を及ぼすことが懸念されることから，帰住地感情が社会感情の一側面として考慮されているのである。

　しかし，現在の依命通達は，社会感情の判断に当たって地域住民の感情に留意すべきとしながら，社会感情は刑罰制度の原理・機能という観点から見た抽象的・観念的なものであって，地域住民の具体的な感情でないとすることから（第2の7(5)ア），こうした処遇環境としての帰住地感情は，そのままでは社会感情を構成しないということになる。

(3)　被害者感情その他

　③の被害者感情については，後で詳細に検討を加えるが，被害者等の具体的な感情は重要な考慮要素となるものの，社会感情はそれらの感情そのものではなく，地域住民の感情と同様，刑罰制度の原理・機能という観点から見た抽象的・観念的なものとされている（依命通達第2の7(5)ア）。従って，被害者が仮釈放に反対していることの一事をもって，一律に仮釈放を許さないとするのは適切でないとされている[95]。

　なお，氏家氏は，以上に掲げた社会感情の種類以外に，⑤共犯者との均衡の感情を考慮すべきとする。即ち，共犯のある事件については，共犯者間に均衡のとれた仕方で仮釈放を行わなければならないという意味での社会感情があるとする[96]。こうした基準の是非はさておくとして，共犯者との均衡感情が，共犯者はそれぞれの刑事責任に応じた刑が言い渡されており，仮釈放においても

94）東邦彦・前掲注(24)頁185頁。
95）法務総合研究所・前掲注(47)39頁。
96）氏家文一郎・前掲注(82)227頁。

その刑事責任の程度に応じた期間と順序で行わなければならないとするものであるとすれば，それはやはり社会の正義感情の一発現形態ではないかと思われる。

(4)　仮釈放の目的と社会感情

　　以上をまとめれば，現行法上，社会感情とは，社会の正義感情，帰住地感情それに被害者感情を刑罰制度の原理や機能から抽象的・観念的に捉えたものということになろう。結局，それは一言で応報感情ということになるのかもしれないが，いずれにせよ，このような社会感情を仮釈放の許可基準ないし「改悛の状」の判断基準とすることは適当でない。

　　第1の理由は，応報感情なり正義感情を仮釈放において評価することは，受刑者の改善更生や再犯防止という仮釈放の本質や機能にそぐわないからである[97]。量刑における予防の評価の在り方を巡る議論こそあれ，裁判で科される刑罰こそ犯罪者の罪責に応じたものである。従って，応報感情や正義感情ということを言うのであれば，裁判において公正に定められた刑の執行を刑事施設内で受けることこそが，最もそれに叶うはずである。それを，仮の釈放とはいえ，裁判所が定めた刑期以前に釈放することが，どのように応報感情や正義感情に叶うのか不明である。

　　さらに，満期以外で，どのような状態になれば応報感情や正義感情が仮釈放を是認するという状況と言い得るのか想定し辛い。氏家氏は，社会感情としての法律感情がどのような場合に「消却」されて，仮釈放が是認されるのかについて，「応当日は法律感情不是認が最高度にあるときで（中略）この状態はその後時の流れと平行して次第に消却されて法律感情是認に向かって進行し，且つ，その間に何等の行為を要しない」[98]とする。受刑者の努力も更生も関係なく，ただ刑期の進行だけで，刑の満期が来る前に応報感情や正義感情が満たされるときがあるというのである。そうであるならば，社会感情については何も個別に仮釈放の許可基準として審理する必要はないはずである。社会感情が，帰住

97）宮澤浩一・前掲注(64)8頁は，「社会感情を過度に考慮するのは，応報の考えから乳離れしていないことを意味する」とされる。
98）氏家文一郎・前掲注(82)231頁。

地感情や被害者感情を含め，「刑罰制度の原理・機能という観点から見た抽象的・観念的なもの」であるのなら，尚更である。しかも，氏家氏は，応当日（法定期間経過日）が最も法律感情が仮釈放を是認しない日であるというが，法は法定期間経過日での仮釈放も認めているのである[99]。

応報感情や正義感情は，仮釈放と相容れない概念である。「本人の更生のためであっても法律感情不是認の分野まで踏み込むことは越境である」[100]のであれば，仮釈放の制度は存在すべきでないことになる。仮釈放においては犯罪者の適正な処罰という側面も考慮しなければならないが，仮釈放の許否そのものに応報機能の充足を要求することは，仮釈放制度の自己否定に繋がるか，それでも仮釈放を認めたいがため応報の中身を偽ることになるかのどちらかである。

第2に，そうした応報感情といった要素は余りに抽象的で，漠然とし，摑み所がないため，具体的な仮釈放の許否を決するうえでの基準にはなり得ない。依命通達は，被害者等の感情，収容期間及び仮釈放を許すかどうかに関する関係人及び地域社会の住民の感情，裁判官又は検察官から表明されている意見その他の事項を考慮すべきであるとする（第2の7(5)イ）。しかし，それらの中には拮抗・対立する要素や，現実に把握することが困難な要素があり，それを総合して，抽象化することで，具体的な答えが出てくるとは考えられない。結局，それは仮釈放を決する地方更生保護委員会委員個人の見解か擬制にすぎない[101]。

仮に，仮釈放の許可基準たる社会感情がそうした抽象的・観点的な社会感情ではなく，「生の社会感情」であるとしても，問題は変わらないばかりか，さらに深刻なものとなる。こうした「生の社会感情」は，仮釈放の積極的な処遇機能を重視する立場からは，「個別化に障害を与えるもの，合理化，科学化に

---

99) 氏家氏とは反対に，法定期間の経過によって，特段の事情がない限り，社会感情が一応是認するとしているとする見解もある。桂正昭・前掲注(64)2-3頁。

100) 氏家文一郎・前掲注(82)232頁。

101) 岩井敬介・前掲注(56)50頁は，社会感情の評価には委員の倫理的評価が反映されやすく，また被害者の反応にも個人差があることを指摘したうえで，社会感情を全く考慮の対象外とすることはできないとしても，その限界と問題についての認識も必要であるとしている。他方，岡久雄・前掲注(40)29頁は，仮釈放を審理する者が「もろもろの事件の審理を，かさねるに従って，自然の内に，一般社会感情の認定についての『相場』のようなものができているように感ぜられる」とするが，そうした相場には何ら正当性の根拠がない。

反対のもの」として批判されるが[102]，社会感情を仮釈放許可基準として容認する立場からも，地方更生保護委員会委員の良識による「濾過を経ない『低次元の感情』」であって，判断の公正さが疑われるとされている[103]。そもそも，そうした「生の社会感情」は，そのような実体があるのかさえわからず，個々の受刑者毎にそうした社会感情が形成されているとも思えない[104]。

(5)　処遇環境としての帰住地感情

　　但し，仮釈放後の保護観察においては，対象者が帰住地において受け入れられ，地域住民との間で摩擦やトラブルが起きないよう生活させていくことが重要であるので，社会感情のうち帰住地感情は，本人の改善更生や社会復帰及び社会の安全を図るという仮釈放の機能には一応合致するものである。元中央更生保護委員会委員の西岡正之氏は，「改悛の状」を本人の社会適応能力の表徴として捉え，「社会感情が是認するということは，本人を社会自体が受け入れるということであり，そのことが本人の改善更生のための大切な要素」であるとする。そして，保護観察と結び付いた現行の仮釈放制度においては，「保護観察の円滑な実施によって本人の改善更生を図るには，本人の犯した罪に対し，あるいは本人が仮出獄を許されることに対して，社会の感情がこれを是認することが前提となる」とする[105]。

　　しかし，実際には，この帰住地感情でさえ，引受人自身の話や保護司の普段

---

102)　小川太郎（1980）・前掲注(1)43-44頁。小川博士は，また，社会感情は，刑罰の本質として刑事立法の上に取り込まれているものもあり，また犯罪直後のものなら裁判時の量刑に既に織り込まれているとして，これを仮釈放審理に取り込むのは二重評価になるとする。この見解に対し，岩井敬介氏は，社会感情を全く考慮の外に置くわけにはいかないとしながらも，仮釈放の運用が消極的にならないよう警告する。岩井敬介「仮釈放」吉永豊文＝鈴木一久編著『矯正保護法』ぎょうせい（1986）217頁，同「仮釈放と保護観察」石原一彦ほか編『現代刑罰法大系7巻—犯罪者の社会復帰』日本評論社（1982）335頁。

103)　野中忠夫・前掲注(78)35-36頁。

104)　米山哲夫教授は，「実際に社会の人々は，よほど関心のある人々を除けば，判決言渡し後の犯罪者の情況を知ることができないのであるから，彼らの感情とは犯罪の重大性，犯情等の見聞を基にした，つまりマスコミによって形成された感情ではないか」とされ，しかも「そのようなことはすでに量刑において考慮されている」とする。米山哲夫・前掲注(31)163頁。

105)　西岡正之「仮出獄許可の基準について—特に社会感情の是認を巡って」犯罪と非行43号（1980）83-85頁。

の生活の中で看取し得るものに止まり[106]，内容も事件のことがその地域で話題となることがあるかどうかという程度のものである。従って，地域住民の感情が沈静化しているように見えても，対象者の帰住を契機として，住民感情が吹き出る危険性はある。

　帰住地感情を仮釈放審理において全く無視してよいと言っているのでも，帰住地感情の悪い受刑者は仮釈放にすべきでないと言っているのでもない。重大事件である場合，帰住地感情は，表面的には問題がなくとも，潜在的に厳しいものがあって当然であり，そうした受刑者の仮釈放にあっては，帰住地を調整し，或いは保護観察の指導のなかで克服していくべきものである。極めて稀な，地域住民に多数の被害者が出たような事件の犯人で，日本のどこに受刑者を帰住させても住民の反対運動や排斥運動が起きることが懸念されるような受刑者の場合，そうした帰住地感情を仮釈放のうえで考慮しないわけにはいかないであろう。しかし，それは社会感情が仮釈放を是認するかどうかという基準として構成するのではなく，保護観察の相当性という基準として構成する方が望ましい。それを，依命通達のように，抽象的・観念的な応報感情等と一緒くたに扱うことは，却って判断基準としての意味を失わせる。帰住地感情が厳しいものがあったとしても，受刑者を社会にソフトランディングさせていくのが帰住地調整を始めとする生活環境調整や保護観察の役割のはずである[107]。それを満期釈放にすることで問題解決しているとすることの方が余程おかしい。

6　被害者感情

(1)　抽象化された被害者感情

　仮釈放の許可基準の１つである社会感情の中に被害者感情が含まれているというのが，これまでの通説的見解である[108]。

　1931 年（昭和 6 年）の仮釈放審査規程でも，既に「被害者及其ノ家庭ト本人

---

106)　仮釈放審理の際にも参考とされる生活環境調整報告書の中には「近隣の風評等」の項目がある。日本更生保護協会『［保護司のてびき］保護観察・生活環境の調整―関係書類の見かた・書きかた』（2009）152-159 頁。
107)　「雨が降れば，傘を貸さねばならない（中略）こういう積極的意図が施設，保護観察所，委員会にあれば，社会感情は考慮に足りないものになる。」小川太郎（1980）・前掲注(1)44 頁。

及其ノ家庭トノ感情」を保護関係の1つとして審査すべきとしている（第4条6号）。これは「被害者及其の家庭と本人及其の家庭との感情の險悪なることは本人の社會復歸を困難にならしむる場合」があるとして[109]，受刑者の社会復帰という観点から帰住地感情としての被害者感情を審査事項に加えたものである。また，同規程は，「財産ニ關スル罪ヲ犯シタル者ニ對シテハ特ニ其ノ犯行ニ因リテ生シタル損害ヲ賠償シ又ハ實害ヲ輕減スル爲努力ヲ爲シタルヤ否ヤヲ審査スヘシ」（第12条）と定め，財産犯以外の「殺人，傷害，其他の犯罪に於ける慰藉料等も，同一の精神を以て評価せらるべきもの」としている[110]。起草者の東邦彦氏は，仮釈放審理において被害者への損害賠償ないし実害軽減の努力を評価すべき理由は，「犯罪者の賠償的努力によって示された徴表的意義」に重点を置くからであるとしながら，「現実の損害賠償が爲された」という客観的意義も看過されるべきでないとしている[111]。これによる限り，被害者感情は，帰住地感情や損害賠償の事実という，極めて具体的な内容をもったものであることになる。

昭和27年通牒や1974年（昭和49年）の旧規則には仮釈放許可基準のうち社会感情だけが規定され，被害者感情に関する直接の明文規定はなく，旧規則は，釈放準備調査の事項の中に「被害弁償の措置」を挙げているに過ぎない（第16条1項5号）。ところが，旧規則を起草したとされる西岡氏は，その後の論文において，「この場合の被害者の感情は，被害者個人としての報復的な感情ではなく，社会感情として客観化された被害者の感情でなければならない。」[112]とし，それに先立つ1961年の氏家論文も，「被害者感情が是認されたか否かの判断は，特定の被害者個人が満足しているかどうかの主観的事実を指すのではない。勿論この個人感情は有力な素材となるけれども，仮出獄の審理の上で要請

---

108) 法務総合研究所・前掲注(82)201頁。正木亮博士は，既に1924年（大正13年）の時点で，明治41年9月司法省訓令第7号仮出獄及仮出場に関する取扱手続に言及しながら，「被害者に対する思念」を仮出獄の評価に加えるべきであるとしている。正木亮「自由刑執行上の仮出獄の価値」『犯罪と矯正』矯正協会（1969）50-51頁［初出，日本法政新誌21巻2,4,6号（1924）］。
109) 東邦彦・前掲注(24)162頁。
110) 東邦彦・前掲注(24)179-183頁。
111) 東邦彦・前掲注(24)180-181頁。
112) 西岡正之・前掲注(105)88頁。

されているのは，この素材を含めて社会常識として通用する客観的なものをいう」[113]としていることから，仮釈放許可基準たる社会感情のさらに一要素としての被害者感情は，この頃から，生の感情ではなく，社会常識のような客観的なものであると解されるようになっていたと考えられる。

そして，現在の社会内処遇規則は，仮釈放許可基準としての被害者感情を直接規定してはいないものの，依命通達は，先に示した社会感情同様，被害者感情についても，「刑罰制度の原理・機能という観点から見た抽象的・観念的なものであるということに留意して判断を行うこと」と規定している（第2の7(5)ア）[114]。つまり，仮釈放審理において考慮される被害者感情は，抽象化された，被害者が一般に抱くであろう感情であるというのである。

しかし，このような抽象化された被害者感情を仮釈放許可基準（の一要素）とするには問題がある。もっとも，それ以前に，実務上，被害者感情がこうした抽象化されたものとして評価されているかは疑問である。仮釈放実務では，長らく，一定の重大事件の受刑者の場合，被害者の心情や被害の影響などを調べる被害者等調査（かつての被害者感情調査）が行われてきているし[115]，2007年（平成19年）の犯罪者予防更生法の改正により仮釈放に係る被害者等の意見聴取制度（以下，「被害者意見聴取制度」という）が導入され，更生保護法にも引き継がれているが（第38条1項），それらの調査や聴取の対象となっているのは，紛れもない「生の被害者感情」である[116]。もし，仮釈放審理で評価対象となるのが抽象化された被害者感情であるならば，判決謄本などを基に，罪種や罪質の重大性などから被害者感情を「推測」すればよく，被害者等調査や意見聴取

---

113) 氏家文一郎・前掲注(82)233頁。
114) なお，社会内処遇規則は，仮釈放審理での調査事項に「被害者等の状況」を含めている（第18条3号）。
115) かつての被害者感情調査については，北澤信次「更生保護における被害者の視点」被害者学研究4号（1994）70頁以下，松本勝・前掲注(45)59頁以下，佐藤繁實「被害者と更生保護」法律のひろば53巻2号（2000）40-41頁，榎本正也「仮釈放と犯罪被害者」『講座被害者支援2─犯罪被害者対策の現状』東京法令出版（2000）328頁，松田慎一「更生保護行政における犯罪被害者への配慮について」家裁月報54巻5号（2002）16頁以下，松本勝「被害者感情調査と仮釈放審理について」矯正講座25号（2004）55頁以下参照。
116) 実際の仮釈放審理における被害者感情の評価の仕方などを見ると，そこで扱われているのは抽象的な被害者感情ではなく，生の被害者感情である。例えば，松田慎一・前掲注(115) 20-21頁。

を行う必要などないはずである[117]。

　さらに，刑罰制度の原理・機能の観点から抽象化され，一般化された被害者感情なるものの内容も定かでない。それは，一般化された時点で，被害者からは切り離され，一般市民の平均的な感情となるから，それは「社会感情」の実体である「社会の正義感情」や氏家氏が社会感情の一部と評価する「法律感情」と変わらないものとなってしまうのではないだろうか。

　また，被害者感情を「一般化」したり，「抽象化」するということ自体，ナンセンスであるばかりか，適切でない。そもそも，被害者が被った犯罪被害の内容や被害者への影響は，同じ罪種の被害でも，個々の被害者毎に異なり，だからこそ，被害者支援においても個別支援の原則[118]が重要とされているのである。そうした被害者個人の事情や個々の事件の特性を捨象して，被害者感情を把握することなどできないというべきであり，「強姦の被害を受けた人の感情はこの位のものであろう」などと勝手に被害者感情を忖度することは被害者に対する冒瀆でもあり，対応によっては被害者に2次被害を惹起しかねない[119]。仮釈放審理において生の被害者感情を評価に入れることには問題はあるが，抽象的な被害者感情という，曖昧で，意味不明な基準を持ち込むことの問題性はさらに大きい[120]。

　推測するに，被害者の感情を仮釈放審理の評価に加えることで仮釈放審理をより合理的かつ適正なものとしたいが，そうなると重大事件の場合，仮釈放を棄却する運用に傾く危険性があり，妥当でないことから，「一般化され，抽象化された被害者感情」のような曖昧なものを持ち出さざるを得なかったのではないかと思われる。

---

117)　被害者等調査の問題については，第4編第2章［初出「更生保護における被害者支援—釈放関連情報の提供と被害者の意見陳述を中心として(2)」犯罪と非行125号（2000）54-66頁］参照。

118)　犯罪被害者等基本法第3条2項が定める被害者支援の基本理念の1つである。

119)　岡久雄・前掲注(40)29頁は，「被害感情は，満期と同時に零になる性質のものであるということを頭において判断する必要がある」とする。社会内処遇規則のような抽象化された応報感情が満期で消却されるということを言いたいのかもしれないが，そうであるとすれば，応報感情ないし正義感情と同じことであり，とりたてて被害者感情を取り上げる必要はない。それ以前に，こうした被害者感情の擬制は不当である。

120)　松本勝氏は，具体的，生の被害者感情とすべきであるとする。松本勝・前掲注(45)67頁。

(2)　生の被害者感情

　それでは，「生の被害者感情」を仮釈放の許可基準やその一要素とすればよいかと言えば，それは尚更妥当ではない。犯罪によって被害者の受けた心の傷は極めて深く，刑事手続においても被害者の心情には最大限の配慮が必要である。しかし，そのことと，被害者に刑事手続上どのような地位を認めるかは，また別の問題である。

　繰り返し指摘するように，仮釈放は，社会の安全と犯罪者の改善更生・再犯防止のための制度であって，被害者への配慮は必要だとしても，被害者の立ち直りを図るための制度ではない。もし，仮釈放審理において被害者感情を考慮するとなれば，重大事件の受刑者については仮釈放など凡そ考えられないことになる[121]。ましてや，社会内処遇規則では社会感情が消極的要件となり，理論上，社会感情が仮釈放を是認しないときは仮釈放をすることができないというように改正したのであるとすれば，その一要素である被害者感情だけで仮釈放を否定することにもなりかねない。しかし，それでは仮釈放の存在意義が失われてしまい，本来，保護観察が必要な受刑者の仮釈放が不可能となってしまう。受刑者がいくら事件を真摯に反省し，改善更生を誓うと共に，犯した罪の損害回復に向けた可能な限りの努力をしている場合でさえ，決して癒されることのない被害者感情を理由に仮釈放を否定することになる。

　こうした見解は，被害者の立場を絶対視する者からは，被害者を蔑ろにするものとして非難されるかもしれない。しかし，被害者の保護や支援は，被害者の心情や意見に基づいて刑を量定したり，仮釈放の許否を決めたりすることではない。被害者にしてみれば，裁判所の量刑にさえ不服であるのに，そのうえ受刑者が仮釈放となったのではやりきれないであろう。しかし，仮釈放は恩典ではなく，更生の可能性のある一定の受刑者を仮釈放にすることで，その改善更生と再犯防止をより強固なものとするためのものであって，そのことは被害

---

121)　北澤信次・前掲注(115)80-85頁は，更生保護における被害者の地位の強化が，一般予防論や応報刑論（古典主義も新古典主義も）と結び付いて，これまで形成されてきた仮釈放の積極化や保護観察の処遇路線を破壊することを懸念する。松本勝氏は，再犯の危険性への危惧や被害者感情への配慮から，近年の仮釈放審理に「ちぢみ現象」（釈放後の再犯への危惧等から仮釈放が慎重になり過ぎること）が窺えると警鐘を鳴らす。松本勝・前掲注(115)68-69頁。

者の心情に反するものではないであろう。批判を恐れず言うなら，僅か数か月から6か月ほど受刑者の釈放を遅らせたことで，被害者に配慮したとか，被害者の支援だというのは，被告人を重罰にしたから被害者の支援は終わったと言う以上に，お手軽で無責任な被害者支援と言うべきであろう。

　また，被害者感情は社会感情という仮釈放許可基準の一要素に過ぎないのであるから，被害者感情を考慮しても，それだけで仮釈放の棄却に繋がるわけではなく，極端な運用とはならないとする反論もあろう[122]。確かに，旧規則下では，社会感情を含めた4つの許可基準を総合的に判断して仮釈放の許否を決する総合評価方式に拠っていたため，被害者感情が厳しくとも仮釈放は可能であったであろう。しかし，社会内処遇規則では社会感情が消極的許可基準に位置付けられることとなり，しかも被害者感情以上に厳しい社会感情がないとすると，この種の反論も説得力が感じられない。それでも仮釈放が許容されるとなれば，被害者感情という事情は，仮釈放上，機能していないに等しい。

(3)　被害者意見聴取制度と被害者の「仮釈放に関する意見」

　更生保護法は，廃止前に改正された犯罪者予防更生法の規定を継承し，仮釈放審理に際し被害者が希望する場合には被害者の意見と心情を聴取する被害者意見聴取制度を設けている（第38条1項）。これは，2005年（平成17年）に閣議決定された犯罪被害者等基本計画や翌年の有識者会議における提言を受けて行われた立法である[123]。従前の被害者等調査（旧・被害者感情調査）では，地方更生保護委員会が一定の基準に従って重大事件の受刑者を選定し，その被害者の心情や被害の影響を調査していたのに対し，被害者意見聴取制度では，被害者自身が意見聴取の申出を行うことができ，その場合，原則として地方更生保護委員会は，被害者の心情や被害の影響のみならず，仮釈放の許否に関する意見についても聴取するものとされている。

　問題となるのが，こうして聴取した被害者の仮釈放に関する意見，特に仮釈放の許否に関する意見の扱いである。これまで見てきたように，法令上，仮釈

---

122)　実務では，「著しく被害者遺族の感情を刺激しない」という判断で仮釈放を許可するという。北澤信次・前掲注(115)79頁，佐藤繁實・前掲注(115)43頁。

123)　犯罪被害者等基本計画（Ⅴ第3-1-27）。更生保護のあり方を考える有識者会議・前掲注(34)20-21頁。

放審理において評価されるのは，「生の被害者感情」ではなく，「抽象化された被害者感情」とされている。しかし，そうなると，被害者意見聴取制度で聴取した「生の」被害者の心情や仮釈放に関する意見の扱いに困ることになる。

　被害者意見聴取を定めた法が「仮釈放を許すか否かに関する審理を行うに当たり」と規定している以上，聴取した被害者の仮釈放に関する意見を仮釈放審理に用いることが想定されていると解さざるを得ないし，立法の前提となった犯罪被害者等基本計画や有識者会議の提言でも「仮釈放の審理をより一層犯罪被害者等の意見を踏まえたものとする」ことが制度の目的とされている[124]。そこに仮釈放許可基準を巡る解釈との矛盾がある。

　しかも，重大事件の被害者は仮釈放に反対するのが普通である。特に，地方更生保護委員会にまで出向いて被害者意見聴取に臨もうとする被害者が仮釈放に賛成ということはまず考えられない。しかし，被害者が仮釈放にいくら反対の意思表示をしたとしても，仮釈放において評価の対象となるのは「生の被害者感情」ではないし，その被害者感情でさえ消極的許可基準たる社会感情の一要素に過ぎないから，それだけで仮釈放が棄却されることはない。そもそも，仮釈放の審理をより一層犯罪被害者等の意見を踏まえたものとすべしとする有識者会議の提言でも，被害者が反対する限り一切仮釈放を認めないという運用に向かうことは，公平性も含め刑事政策的に望ましくないとしており[125]，そこに矛盾が内包されている。そうであるとすると，わざわざ仮釈放の許否に関する意見を聴いたところで，その意味は殆どないことになる。

　被害者意見聴取制度は，従来の社会感情の一要素を判断する被害者等調査の位置付けを超えるものであり，仮釈放審理の内容面での適正化と並んで，被害者の心情充足という，更生保護の目的とは異質な目的を含んだものと捉えざるを得ないとする見解がある[126]。仮釈放審理の適正化のためだけに被害者意見聴取制度という提案が出てきた訳ではないことは間違いないから，そこには，

124）　立法担当者は，被害者意見聴取において被害者から聴取した意見等は，仮釈放を許すか否かの判断において斟酌するとしている。吉田雅之「更生保護法の概要について」犯罪と非行 154 号（2007）51 頁，河原誉子「更生保護法における犯罪被害者等施策」法律のひろば 60 巻 8 号（2007）40 頁，同「更生保護法における犯罪被害者等施策」更生保護 58 巻 9 号（2007）28 頁，鎌田隆志「更生保護法の成立について」刑事法ジャーナル 10 号（2008）36 頁。
125）　更生保護のあり方を考える有識者会議・前掲注(34)21 頁。

被害者支援というもう1つの目的があることは確かである。

　しかし，考えてみなければならないことは，被害者意見聴取制度にいう「仮釈放審理の適正化」や「被害者の支援」が何を意味するのかということである。仮釈放の目的が社会内処遇を通じて対象者の改善更生と再犯防止を促すことにあるとすれば，「適正化」とは，その目的の達成に寄与することであろうし，「被害者支援」とは，利害関係者である被害者の安全や安心に資することであろう。しかし，仮釈放に対する被害者の反対意見を聞いて，仮釈放を棄却したり，延伸したりすることになれば[127)]，受刑者が満期釈放になるか，保護観察の期間がさらに短くなって再犯のリスクが高まることになるし，受刑者の拘禁期間を僅か数か月だけ延ばすことが被害者の安全や安心に繋がるとも思えない。むしろ，社会に戻した後も受刑者を適切に指導監督しながら，再犯を防ぎ，さらには被害者への贖罪に向けた指導を行っていく方が被害者の希望にも叶うのではないだろうか。反対に，わざわざ仮釈放の許否に関する意見を聴取する機会まで設けたのに，結局，殆どの仮釈放が許可となれば，被害者が疎外感や司法への不信感を抱くことになろう。仮釈放の許否に対する意見を被害者に述べる機会を与え，それを殆ど意味のない形でしか用いないことが被害者の支援だとは到底思えない。

　結局，仮釈放審理の適正化という面からも，被害者支援という面からも，仮釈放の許否自体の意見を被害者から聴取することは何ら望ましい結果を生まない。私見によれば，被害者意見聴取制度は，仮釈放の許否に関する意見ではなく，被害者が受けた被害の影響や心情，受刑者による報復や再被害への不安，損害賠償や謝罪など損害回復に関する被害者の要望等を聴取するものとし，3号観察における遵守事項の設定や指導監督のうえでの参考にするための制度とすべきである[128)]。さらに，心情伝達制度と融合した制度も検討に値するが，これについては第4編で詳述することとする。

---

126)　川出敏裕「更生保護改革への期待―更生保護法制定の意義と今後の課題」犯罪と非行154号（2007）14-15頁。
127)　佐藤繁実「仮出獄許可の基準における社会感情について」更生保護と犯罪予防11巻4号（1977）76頁は，社会感情は仮釈放を抑止的に機能すべきものではなく，むしろ促進的に機能すべきものと理解したいとするが，現実の社会ではそうはいかないであろう。
128)　第4編第2章（前掲注(117)54-66頁）参照。

7　犯罪（刑事責任）の重大性

　受刑者が犯した罪の重大性を仮釈放審理においてどう評価すべきかという問題がある。特に検討を要するのが無期受刑者である。無期受刑者は，死刑との間で量刑選択が争われたケースも含まれるなど，事案が極めて重大であるうえ，刑期がないため，仮釈放によってしか釈放があり得ないことから，犯罪の重大性に対する評価が仮釈放に大きく影響するからである[129]。

　そもそも，犯罪の重大性は，裁判時であると，受刑時であろうと，変わることがない。従って，もし犯罪の重大性が仮釈放に大きな影響を与える許可基準の１つであるとするなら，重大事犯の受刑者は，受刑開始当初から仮釈放の許否が大方決まっているということになりかねない。施設内処遇の成果と社会内処遇の必要性を見据えて行う仮釈放の目的や機能からすれば，こうした犯罪の重大性，即ち刑事責任の重大性を直接的な許可基準とすることは適当でない。近年の無期判決の中には，量刑理由において仮釈放を慎重に行うよう求める意見が付言として示されることがあるが[130]，これは仮釈放の方向性を裁判時に示したものにほかならず，受刑者の改善更生や再犯より，犯罪の重大性を中心に仮釈放を判断することを容認するものである[131]。

　また，1998 年に最高検察庁次長検事が発出した所謂「マル特無期事件」に関する依命通達[132]は，無期懲役受刑者の中でも特に犯情等が悪質な者の仮釈放審理において検察官への意見照会（求意見）が行われる場合，検察官は，「従

---

129)　無期受刑者の仮釈放については，2009 年に保護局長通達が発出されているが，仮釈放の許可基準については何ら定がない。「無期受刑者に係る仮釈放審理に関する事務の運用について（通達）」平成 21 年 3 月 6 日法務省保観第 134 号。

130)　典型例として，広島地判平成 18・7・4 刑集 63 巻 8 号 963 頁。太田達也「仮釈放の危機⁉ 無期受刑者の仮釈放」刑政 118 巻 1 号（2007）160-161 頁，城下裕二「無期刑受刑者の仮釈放をめぐる諸問題」犯罪と非行 161 号（2009）17-20 頁。

131)　なお，前注の広島女児殺人事件の差戻控訴審では，「刑の執行及び運用に関しては，裁判所の権限外の事項であるにもかかわらず，第 1 審裁判所が，上記のとおり希望という形をとっているとはいえ，仮釈放の運用について言及しているのは，必ずしも適切とはいえない」としている。判決要旨は広島高判平成 22・7・28 高検速報平成 22 号 161 頁にあるが，仮釈放に関する付言に対して判示した部分は LEX/DB にのみ掲載されている。ドイツの無期刑については，第 2 編第 1 章の小池論文参照。

132)　「特に犯情悪質等の無期懲役刑確定者に対する刑の執行指揮及びそれらの者の仮出獄に対する検察官の意見をより適正にする方策について」最高検検第 887 号平成 10 年 6 月 18 日（依命通達）。

来の慣行等にとらわれることなく，相当長期間にわたり服役させることに意を用いた権限行使等をすべきである」とし[133]，犯罪の重大性は仮釈放を抑制する方向で考慮するとしているだけでなく，そうした事件を，「マル特無期事件」として，判決確定後の段階で予め指定することとしている。

　こうした実務は仮釈放本来の趣旨に沿うものではないが，理屈のうえで犯罪の重大性は仮釈放許可基準のどこに位置付けられているのであろうか。仮釈放審査規程では，犯罪の重大性を一般予防的な観点から社会感情ないしその一要素たる正義感情又は法律感情として考慮している（第7条，第11条）。また，現行の依命通達でも，消極的要件たる社会感情が，抽象的・観点的な正義感情を基軸としていることから，犯罪の重大性がその1つの判断基底になると考えられる。また，依命通達は，「再犯のおそれ」を判断するに当たり，「犯罪の罪質，動機，態様，結果及び社会に与えた影響」を考慮すべきともしていることから（第2の7(3)ウ(イ)），犯罪の重大性は「再犯のおそれ」の評価にも影響を与えることになろう。もっとも，L指標（執行刑期10年以上の長期受刑者）受刑者にも犯罪傾向が進んでいないLA受刑者がいるように，重大な犯罪を犯した者の再犯性が必ず高いという訳でもない。

　一般に，犯罪の重大性には，被害者の数や被害の程度，社会に与えた影響といった客観的な「結果の重大性」の部分と，犯罪の罪質，動機，態様のうち犯罪者の犯罪性の発露として捉えることのでできる「行為者の問題性」の部分がある。このうち前者の「結果の重大性」が，先に記した通り，現行法の仮釈放基準にいう「再犯のおそれ」のほか，社会の正義感情・応報感情に影響を与える要因ということになろう。しかし，仮釈放は受刑者の改善更生と再犯防止を図るための処遇経過も踏まえて決すべきものであるし，社会の正義感情も仮釈放許可基準ないしその要素とすること自体が適当でないから，結果の重大性そのものをストレートに仮釈放審理に用いることは相当でない[134]。しかし，次節で述べるように，損害回復の努力など被害者に対する受刑者の態度を保護観

133）　通達の内容は非公開であるが，行政機関の保有する情報の公開に関する法律に基づく文書の開示請求に対する答申からも内容の一端を伺うことが出来る。情報公開・個人情報保護審査会平成15年4月1日（平成15年度（行情）答申第1号）。なお，朝日新聞2001年1月8日夕刊1頁。
134）　城下裕二・前掲注(130)17-20頁。

察相当性の判断基底とすることは認められると考えるので，「結果の重大性」はその中において評価し，またその限度に止めるべきであろう。即ち，重大な犯罪を惹起した者は，被害者に対し，それに応じた真摯な態度と内容の損害回復（広義）の努力をすることが求められるため，「結果の重大性」はその範囲で評価されることになる。

　これに対し，犯罪の重大性を示す犯罪の罪質，動機，態様のうち「行為者の問題性」の発露と考えられる部分については，依命通達のように，「再犯のおそれ」を評価する一要素となろう。しかし，筆者のように，「再犯のおそれ」を仮釈放の積極的許可基準とはすべきでないとする立場においては，消極的許可基準としての具体的・現実的な「再犯のおそれ」の評価に用いるか，次節で述べる保護観察の必要性・相当性の判断基底とすべきことになる。

V　仮釈放の実質的要件——試論

1　現実に機能する仮釈放要件の在り方

　現行刑法が定める仮釈放の実質的要件は余りに包括的・抽象的であり，実務における仮釈放（不）適格者の判定基準たり得ない。「改悛の状」の判断基準として許可基準なるものが必要になるのも，またそれを巡って見解の相違が生じるのも，実質的要件たる「改悛の状」が何でも入る「空箱」であるからである。しかし，それでも従来の実務に大きな混乱が生じてこなかったのは，結局，犯罪の性質，受刑者の特性，処遇状況，保護環境など様々な事項を調査して，ケース毎に妥当性（と安全性）を判断してきたからにほかならない。

　しかし，だからといって，刑法上の仮釈放要件やその判断基準（許可基準）が適当でよいということにはならない。やはり，仮釈放という制度の目的や機能，法的性質に即し，仮釈放の基準として現実に機能する実質的要件でなければ仮釈放の適正な運用を図っていくことはできない。そこで最後に，仮釈放の実質的要件とその具体的許可基準について試案を提示することとしたい。結論から述べれば，刑法には次のような仮釈放の実質的要件を定めるのが適当であると考える。

　現行刑法　　　第28条　懲役又は禁錮に処せられた者に改悛の状があるときは，（中略）

118

行政官庁の処分によって仮に釈放することができる。

現行法務省令　第28条　仮釈放を許す処分は，懲役又は禁錮の刑の執行のため刑事施設又は少年院に収容されている者について，悔悟の情及び改善更生の意欲があり，再び犯罪をするおそれがなく，かつ，保護観察に付することが改善更生のために相当であると認めるときにするものとする。ただし，社会の感情がこれを是認すると認められないときは，この限りでない。

刑法改正試案　第28条　懲役又は禁錮に処せられた者については，犯罪の情状，被害者又は事件に対する本人の態度，本人の性行，処遇の経過，更生の計画を考慮し，改善更生及び再犯防止のため保護観察が必要かつ相当であるときは，（中略）行政官庁の処分によって仮に釈放することができる。

2　仮釈放理念と実質的要件

　試案で示した個々の用語や概念は，暫定的なものであって，なお検討の余地がある。重要なことは，仮釈放の理念や目的から，適用の指針となるべき実質的要件が刑法で定められるべきだということである。そうした意味では，現在，法務省令たる社会内処遇規則に定められている許可基準程度の具体性をもった内容のものが，刑法上の実質的要件として定められるべきである。

　まず，現行の「改悛の状」という仮釈放要件は，元を辿れば，仮釈放を恩典と捉えていた時代に監獄内での行状として理解されていたものである。その後，刑事政策思潮が大きく変化する中で，仮釈放理念も大きく変貌を遂げたにもかかわらず，刑法改正は実現せず，仮釈放要件の「改悛の状」という文言も維持されたため，その具体的内容は下級法令における許可基準という形で意味付けされ，「改悛の状」はその許可基準如何によって変わりうる空虚な概念となった。そのことから考えると，この概念に様々な意味付けをしていくことは，最早適当でなく，新たな形で仮釈放の実質的要件を定めるべきである。

　そのうえで，受刑者を施設内処遇だけで完結させることなく，社会内処遇に繋げ，その改善更生を強固なものにし，再犯を防止することが仮釈放の目的であるとするなら，仮釈放の実質的要件も，そうした仮釈放の目的を明確に打ち出したものとすべきである。「改善更生及び再犯防止のため保護観察が必要かつ相当であるとき」という要件は，正にそうした仮釈放の理念と目的から導き出される内容である。「保護観察」という文言が具体的過ぎるのであれば，更生保護法（第1条）や社会内処遇規則の目的規定（第1条）等で用いられている表現に近い「社会内における処遇」でも構わない。我が国の仮釈放が必要的保

護観察制度を採り，保護観察以外の社会内処遇がないことから，そこに大きな違いはない。

　「再犯防止」のために保護観察が必要かつ相当であるときに仮釈放を認めるべきであるから，現行のような「再犯のおそれ」が（少）ないときにしか仮釈放をしないという発想とは全く異なる。仮釈放やその後の保護観察は，常に再犯のリスクがありながらも，社会内処遇によってそのリスクを低減・最小化するためのプロセスであって，一種のリスク・マネージメントでもある。従って，「再犯のおそれ」が極めて低い者は勿論，「再犯のおそれ」が認められる者でも，保護観察等の社会内処遇によって更生や再犯防止に寄与できる可能性がある場合は，仮釈放が認められることになる。しかし，再犯の具体的な危険性が極めて高く，社会内処遇によっても防ぐことができない可能性が極めて高い場合は，保護観察が相当でないとして，仮釈放を認めるべきではない。

　なお，「改善更生」と「再犯防止」は，同じ目的の両面であり，しかも順序に意味はない。更生保護法制定の際，目的規定における「再び犯罪をすることを防ぎ，又は非行をなくし」と，「善良な社会の一員として自立し，改善更生することを助けること」の，どちらか優先であるのかといった議論が見られたが，両者は車の両輪のようなものであって，この種の議論は空虚である[135]。また，再犯の防止という表現を用いたからといって，ケースワークを放棄し，監視中心の社会内処遇になるという懸念も杞憂である。

3　判断基底

　仮釈放による保護観察の必要性と相当性を判断するにあたって判断基底となるべき事項も刑法中に規定することが望ましい。ここでは，当面の案として，「犯罪の情状，被害者又は事件に対する本人の態度，本人の性行，処遇の経過，更生の計画」を掲げたが，具体的な表現は他日の課題としたい。

---

135)　同旨，太田達也「保護観察の改革課題」刑法雑誌 46 巻 3 号（2007）432 頁，藤本哲也「更生保護法成立の意義」法律のひろば 60 巻 8 号（2007）6 頁，同「更生保護法成立の意義と課題」刑事法ジャーナル 10 号（2008）27-28 頁，柿澤正夫「更生保護制度改革の提言と立法動向」刑法雑誌 47 巻 3 号（2008）472-473 頁。川出敏裕・前掲注（126）9-10 頁は，対象者の改善更生は再犯防止という目的の手段であり，更生保護法の中でどのような具体的措置を認めるべきかが本来の争点であるとする。

要点としては，第1に，社会内処遇規則のような漠然とした「再犯のおそれ」という判断基底は採用すべきではない。但し，再犯を計画している者や再犯を公言して憚らない確信犯的受刑者まで仮釈放にすることは，社会の安全を脅かすことになるので，「犯罪又は被害者に対する本人の態度，本人の性行，処遇の経過，更生の計画」などを考慮して，再犯防止の観点から保護観察が相当でないとして仮釈放を否定すべきである。試案でもそうした趣旨の運用が可能であると思われるが，有識者会議の提言のように[136]，「再犯のおそれがある場合にはこの限りでない」といったような消極的許可基準とすることも考えられる。但し，その場合，表現は，漠然とした「再犯のおそれがある場合」とするのではなく，「仮釈放により地域社会の安全を確保することが困難な場合はこの限りでない」とするか，「仮釈放により保護観察に付することが地域社会の安全確保に鑑みて著しく不相当な場合」などとすべきであろう。

　第2に，現在の社会内処遇規則のような「社会感情」のうち，抽象的・観念的な応報感情や社会の正義感情といったものは，既述の理由から，判断基底からは除外すべきである。「社会感情」のうちの「帰住地感情」については，受刑者が仮釈放となった場合に帰住できる唯一の帰住地に帰住した場合，当該地域の人々から立ち退き運動や排斥運動が起きることが高度に推測される場合には，「更生の計画」から「保護観察が不相当」であるとして，仮釈放を認めないことになる。しかし，帰住地や帰住先の調整によって，こうした事態を防止する努力がまず尽くされなければならず，安易な帰住地選定の結果，仮釈放が否定されないようにすることが重要である。

　第3に，観念的・抽象的な「被害者感情」は勿論，「生の被害者感情」や仮釈放の許否に関する被害者の意見は，判断基底とすべきではない。しかし，だからといって，被害者に関連した事情を一切考慮してはならないということではない。考慮すべきは，受刑者側の更生の状況から切り離された被害者感情という形ではなく，受刑者が，自分の犯した罪と真摯に向き合い，被害や被害者に対する広義の損害回復に向けてなし得る限りの努力や姿勢を示しているかどうかという事実である[137]。「被害者に対する本人の態度」から「保護観察が相

136）　更生保護のあり方を考える有識者会議・前掲注(34)19頁。

当」とはそうした状況を意味する。広義の損害回復とは，言うまでもなく，狭い意味での金銭的な賠償だけを意味するのではなく，被害者への真摯な謝罪や慰謝・慰霊の措置，被害者の視点に立った教育への参加や受講態度など，被害者の立ち直りや被害者の意思に報いる全ての活動を意味する。勿論，金銭的な賠償の有無等も考慮に入れるべきであるが，賠償額や口先だけの約束ではなく，賠償に向けた計画の立案や見舞金の送付など，受刑者の具体的な取り組み如何が評価の対象とされるべきである。なお，「被害者なき犯罪」の受刑者の場合は，「事件に対する本人の態度」が判断基底となる。

VI　効果検証の必要性

　本章では，これまで十分な理論的考察が行われてきていない仮釈放の実質的要件たる「改悛の状」とその判断基準たる許可基準について検討を加えた。そこで明らかになったことは，従来の実質的要件や許可基準は，仮釈放を謙抑的に適用し，安全な者だけを仮釈放にして，再犯者を出さないことに重点を置くような内容と構造になっているということである。その結果，効果的な保護観察が行われれば更生や再犯防止が期待できる者が仮釈放から排除され，満期釈放となり，最悪の場合，そのために再犯に至っている可能性がある。仮釈放の在り方を考えるにあたっては，満期釈放者も含めた釈放者全体の更生や再犯防止に配慮する必要がある。

　仮釈放とは受刑者を条件付で釈放し，指導監督や補導援護を行うことで社会での自律と自立を促し，その改善更生と再犯防止を図るものであることを改めて確認する必要がある。そうであるとすれば，社会内処遇に馴染まず，再犯の危険性が高度に予測される者は対象外にするとしても，仮釈放者の再犯リスクを最小化し，更生の可能性を最大化していくことが期待できる受刑者については，できる限り仮釈放にすることが望ましく，仮釈放の要件と許可基準もそれに応じたものとしなければならない。そうした視点に立ち，最後に暫定的な試

---

137)　個別化や科学化の観点から社会感情を仮釈放審理の評価に入れることに反対する小川太郎博士も，受刑者の損害賠償や謝罪の積極的意図などは，判決後に生じた事情であり，かつ個別化に適切なものとして，評価に加えてよいとする。小川太郎（1980）・前掲注(1)43-44頁。

案を提示した。

　しかし，試案のような要件や許可基準は，従来のような安全な仮釈放適格者を選抜する要件や許可基準に比べれば，選別能力は弱い。それは社会内処遇によって更生が期待できるかもしれない者をできるだけ排除しないためのものであるから，ある意味当然のことである。再犯リスクも高い。従って，試案の要件や許可基準を設ければそれで問題解決なのではなく，そこからが正に出発点となる。今後は，矯正処遇や仮釈放者に対する保護観察の効果検証を行い，一方で満期釈放者の再犯状況なども見据えながら，仮釈放不適格者の選定や仮釈放の時期（執行率）の在り方を模索していく不断の作業が不可欠である[138]。そうした検証が行われずして，いくら仮釈放の積極化を理屈から唱えても，現場で常に慎重かつ的確な判断が求められる仮釈放審理担当者の心に響くものはないであろう。処遇効果の検証と実務への還元が求められる。

---

138)　かつて仮釈放予測の研究が行われたことがあるが，受刑者の特性や受刑成績・行状，釈放後の環境によって仮釈放の適格者・非適格者の要因を分析しようとするものであって，矯正処遇や仮釈放後の保護観察処遇の内容を加味したものではなかった。西村克彦＝林知己夫『假釋放の研究』東京大学出版会（1955）。その後の調査として，伊福部舜児氏らの貴重な研究があるが，施設内処遇や保護観察の効果を意識はしているものの，調査項目としては，結局，作業成績であるとか帰住地環境といったものに止まり，保護観察自体の内容や成績などは考慮されていない。伊福部舜児＝泉信弥「仮出獄者の選択に関する研究」法務総合研究所研究部紀要15号（1972）313頁以下。また，近年，再犯防止対策との関係で，いくつかの処遇効果検証が行われている。法務省矯正局成人矯正課『刑事施設における性犯罪者処遇プログラム受講者の再犯等に関する分析　研究報告書』（2012），法務省保護局『保護観察所における性犯罪者処遇プログラム受講者の再犯等に関する分析について』（2012），山本麻奈＝松嶋祐子「性犯罪者処遇の現状と展望(2)性犯罪再犯防止指導の受講前後比較による効果検証について（その1）」刑政123巻10号（2012）86頁以下，同「同（その2）」刑政123巻11号（2012）70頁以下，法務総合研究所『法務総合研究所研究部報告55—性犯罪に関する総合的研究』（2016）131-137頁。

第 3 編

仮釈放と保護観察

第1章

仮釈放と保護観察期間
——残刑期間主義の見直しと考試期間主義の再評価——

I　仮釈放後の再犯と残刑期間主義の限界

1　仮釈放後の再犯リスク

　仮釈放後，短期間のうちに再犯を行う者が後を絶たない。仮釈放は「改悛の状」（刑法第28条）の一判断基準（仮釈放許可基準）として「再び犯罪をするおそれがない」（犯罪をした者及び非行のある少年に対する社会内における処遇に関する規則[以下，「社会内処遇規則」という]第28条）[1]者に許されるものであるから，仮釈放後の再犯は，一面で仮釈放者の選定の問題であり，更に遡れば刑事施設における矯正処遇の問題でもあって，これはこれで改善を要するが，その一方で仮釈放後の保護観察（3号観察）[2]が対象者の改善更生や再犯防止の点で十分に機能しているかということも検討されなければならない。

　それには，保護観察中の処遇内容が適切かということだけでなく，その期間が適切かということも含まれる。というのも，3号観察中の再犯等により仮釈

---

1)　旧法たる犯罪者予防更生法下における「仮釈放，仮出場及び仮退院並びに保護観察等に関する規則」でも，仮釈放の一許可基準として「再犯のおそれがないと認められること」が定められていた（第32条3号）。

2)　「3号観察」という表現は，従前，「仮釈放，仮出場及び仮退院並びに保護観察等事件事務規程」第2条12号で用いられていたが，更生保護法下でも「犯罪をした者及び非行のある少年に対する社会内における処遇に関する事務の運用について」第4-1(1)ウ（ウ）で用いられており，本章でも仮釈放者に対する保護観察を表す用語として並行して用いる。

放を取り消される者は4〜5%であるが[3]，仮釈放者が釈放後5年以内に再び罪を犯して刑事施設に収容される者の割合は30%近くに及ぶ[4]。この2つの数値のギャップは，再犯の有無を計る期間の差に由来する。即ち，仮釈放を取消し得るのは仮釈放後の保護観察期間だけであり，この間に再犯に至る者は4〜5%しかいないが，仮釈放後の保護観察期間を含め仮釈放から最大5年というスパンで計ると，再犯を行う者が30%にも及んでいるのである。

　これは，保護観察に一定の再犯防止効果があることを推認させるものであると同時に，仮釈放後の保護観察期間が再犯リスクの高い期間に比べ短すぎるということでもある。保護統計によれば，仮釈放者に対する保護観察の期間は，3月以内の者が全体の約40%を占め，6月以内の者となると全体の80%に及ぶ[5]。仮釈放者の再犯リスクが高い期間が仮釈放から5年あるにもかかわらず，現在の保護観察は数か月から半年程度しかカバーできていないのである。そもそも，数か月程度の保護観察では問題性の高い対象者の社会内での指導監督期間として不十分であると言わざるを得ず，補導援護が必要な場合でも，社会生活の定着には道半ばとなりがちであることは容易に想像できる。

2　残刑期間主義の限界

　その制度的背景となっているのが残刑期間主義である。我が国では，更生保護法が，「仮釈放を許された者は，仮釈放の期間中，保護観察に付する」（第40条）[6]として，仮釈放後の保護観察期間は執行刑期から執行済み刑期を除いた残刑期間とする残刑期間主義を採用している。この残刑期間主義に基づく仮釈放は，仮釈放を自由刑の一執行方法と捉える見解と親和性が高く，仮釈放は刑事施設から社会の中に自由刑の執行の場を移すものに過ぎないとみるため，仮釈放中も刑期が進行し，残刑期間の経過によって刑の執行満了となるため，保護観察も終了することになる。

---

3)　法務省『2016年保護統計—保護観察所』e-Stat 表42。
4)　法務省『2016年矯正統計』e-Stat 表64。
5)　法務省・前掲注(3)表12。
6)　犯罪者予防更生法では，第33条1項が「次に掲げる者は，この法律に定めるところにより，保護観察に付する」とし，第3号に「仮釈放を許されている者」という形で定められていた。

我が国の場合，受刑者のうち刑期 3 年以下の者が 80％近くを占めており，しかも仮釈放までに刑の 80％以上を執行してから仮釈放にする場合が仮釈放者の 80％を占めるため（執行率という）[7]，仮釈放後の保護観察期間は極めて短いものとなっている。刑期が長い場合は，ある程度残刑も長くなりそうなものであるが，我が国の場合，刑期が長くなればなるほど，即ち重大犯罪者であればあるほど，仮釈放を許可する場合，刑の大半を執行してから仮釈放にするという政策を採っているため，結局，残刑期間は短いものとなる。

ところで，受刑者の再入率を示す統計から読み取れる興味深い現象は，釈放後 3 年目以降の再入率が満期釈放者と仮釈放者で同じ傾向を辿るという事実である。仮釈放者は，曲がりなりにも「再犯のおそれ」が低いと評価され，満期釈放者よりも更生の可能性が高いと判断された者であるから，満期釈放者の再入率よりも低いのは当然として，3 年目以降も満期釈放者より再入率が平均的に低くなっていてもよさそうなものである。それが 3 年目以降の再入率が満期釈放者と仮釈放者で殆ど変わらなくなってくるということは，満期釈放者と仮釈放者の特性の違いというよりは，仮釈放者の 1 年目や 2 年目には満期釈放者にはない事情，即ち保護観察が実施されているが，その後は保護観察が終了してしまうことに起因するのではないかとも考えられるのである。

この仮説の検証はさておくとしても，保護観察に意味があるとすれば，仮釈放者の再入率が 5 年間で 30％近くに及ぶにもかかわらず，僅か数か月から半年程度の保護観察期間しかないことが問題であることは明らかである。犯罪者を社会に戻したうえで，自らを律しながら（自律），自ら生活の糧を得て生活していく（自立）ことを見守りつつ，必要な指導監督と補導援護を行うためにも，現在より長い保護観察期間を確保する方策が検討されるべきである[8]。

仮釈放の保護観察期間については，かつて改正刑法準備草案（以下，「準備草案」という）に始まる刑法改正作業の過程において議論された経緯がある。そ

---

7) 法務省・前掲注(4)表 70。
8) 宮澤浩一「わが国における仮釈放制度の意義と問題点―沿革を考え併せて」法律のひろば 37 巻 12 号（1984）8 頁。伊福部舜児氏は，保護観察の再犯抑止力が有効で，仮釈放であれば再犯率が低く，満期釈放であれば再犯率が高い類型の犯罪者に対しては，比較的長期の保護観察が必要であるとして，考試期間主義を提唱する。伊福部舜児『社会内処遇の社会学』日本更生保護協会（1993）180 頁［初出「仮釈放の原則化論について」更生保護と犯罪予防 25 巻 4 号（1991）16 頁］。

の際に提案されたのが，受刑者の処遇の必要性に応じて仮釈放後の保護観察期間（考試期間）の長さを決める考試期間主義である。この制度は準備草案から法制審議会刑事法特別部会小委員会参考案（以下，第1次案という）にかけて一度議論の俎上に上りながら，改正刑法草案で採用されず，当時の刑法全面改正作業が頓挫してからは，長らく論議されることもなかった。

しかし，仮釈放対象者や元仮釈放対象者の重大再犯を契機として，2005年（平成17年）頃より，更生保護制度改革の気運が高まり，「更生保護のあり方を考える有識者会議」においても仮釈放者の再犯率の高さが問題視され，十分な保護観察期間を確保すべきとの提言がなされている[9]。

さらに，2006年（平成18年），被収容人員の適正化を図ると共に，犯罪者の再犯防止及び社会復帰を促進するという観点から，社会奉仕を義務付ける制度の導入の可否等と並んで，中間処遇の在り方や刑事施設に収容しないで行う処遇等の在り方等の意見を求める諮問が法務大臣よりなされ，法制審議会に設置された被収容人員適正化方策に関する部会（以下，「部会」という）において様々な制度の検討が行われたが，そこにおいても考試期間主義が議論の俎上に上っている[10]。最終的に考試期間主義の採用には至らず，代わりに刑の一部執行猶予と社会貢献活動の導入が決まっている[11]。

刑の一部執行猶予は，刑事施設における実刑部分の執行に続いて，猶予刑に対する猶予期間が1年以上5年以下の間で設定されているため，釈放後の一定期間，受刑者に対し一定の心理的抑止効果を働かせることができるだけでなく，保護観察が付されていれば，一定の期間，積極的な社会内処遇を行うことができるため，残刑期間主義に基づく仮釈放制度の限界を克服することができるだけでなく，満期釈放後に何らの対応も取ることができないとう限界も克服することができる[12]。しかし残念なことに，刑の一部執行猶予は，要件が厳しく，適用範囲が極めて限られていることから，制度が導入された今日においても，全部実刑を科された受刑者の仮釈放期間が極めて短いという問題は残されたま

---

9) 更生保護のあり方を考える有識者会議『更生保護制度改革の提言―安全・安心の国づくり，地域づくりを目指して』(2006) 10頁，19頁，34頁。
10) 法制審議会被収容人員適正化方策に関する部会議事録〔以下，「被収容人員適正化方策部会議事録」とする。〕第12回18-20頁，第13回19頁，第14回24頁。
11) 被収容人員適正化方策に関する諮問第77号に対する法制審議会答申・要綱（骨子）。
12) 太田達也『刑の一部執行猶予―犯罪者の改善更生と再犯防止』(2014) 7-10頁。

まであり，考試期間主義の可能性を検討する必要性は依然として認められる。そこで，本章では，従来の残刑期間主義を見直し，考試期間主義の意義と導入の可能性について検討することとする。

　なお，残刑期間主義の限界については，近年，徐々にではあるものの次第に認知されるようになってきているが，その問題は，考試期間主義の採用ではなく，仮釈放の早期化や必要的仮釈放によって解決すべきとの見解がある。このうち必要的仮釈放の問題については次章で詳しく検討するため，ここでは仮釈放の早期化について検証したうえで，考試期間主義の検討に移ることにする。

II　代替策の検討──仮釈放の早期化

　仮釈放後に現在よりも長い保護観察期間を確保する最も簡便で，法改正の必要もなく，運用の改善で実施できる方法が早期の仮釈放である[13]。残刑期間主義を採る我が国では，釈放の時期を早め，刑の執行率を下げれば，自動的に残刑期間，即ち，仮釈放後の保護観察期間が長くなる。

　「更生保護のあり方を考える有識者会議」の提言においても，「仮釈放時期の決定に当たっては，対象者の円滑な社会復帰に必要にして十分な保護観察期間を確保することについても，可能な限り，意を用いるべきである」としていることから[14]，明言は避けているものの，仮釈放時期を従来よりも早めることによって保護観察期間を確保すべきとの見解に立つものと考えられる。また，日弁連も，『「更生保護のあり方を考える有識者会議」報告書に対する意見』（以下，『意見書』という）の中で，仮釈放の拡大とともに，早期に仮釈放することで保護観察期間を長くするべきとの見解を示している[15]。しかし，こうした仮釈放の早期化による保護観察期間の確保には，日本の実務及び制度的な面から問題が多い。

　第1に，宣告刑期が短い場合，いくら仮釈放の時期を早めようと保護観察期

13）例えば，加藤東治郎「更生の措置としての仮釈放」犯罪と非行43号（1980）111頁は，「刑期の5分の4を過ぎれば仮出獄を相当とされる者がすべて刑期の3分の2を経過した段階では仮出獄許可の基準には該当していなかったというのであろうか」として，社会内処遇の期間が限られ，保護観察の効果が薄いことを指摘している。

14）更生保護のあり方を考える有識者会議・前掲注(9)19頁。

15）日本弁護士連合会『「更生保護のあり方を考える有識者会議」報告書に対する意見』（2006）2頁。

間はいくらにもならず，特に受刑者の8割近くが3年以下の懲役刑で占められ
ている現状では尚更である。しかも，釈放後の再入率は2年目が最も高く，3
年目でも依然として高率であることから，再犯率の高いこれらの期間を早期の
仮釈放による保護観察でカバーすることは不可能である。実際，1983年（昭和
58年）に始まる仮釈放（当時は仮出獄）の積極化政策は，仮釈放率の増加だけで
なく仮釈放期間の伸長を図ることを目的としていたが[16]，その時期以降，僅か
に執行率の低下と保護観察期間の伸長が見られたものの，その変化は僅かであ
り[17]，仮釈放の早期化が現実には容易でないことは既に過去の実務が示す通り
である。それどころか，近年，刑の執行率が上昇してきており，仮釈放の早期
化とは全く逆行しているような状況である。

　第2に，全体として仮釈放の時期を早め，執行率を一律大幅に下げることは，
司法権による量刑の趣旨に照らした場合，果たして妥当なのかどうか問題なし
としない。ドイツのように裁判所（刑罰執行裁判所，行刑判事）が仮釈放を決定す
る仕組みを採る国であるならばまだしも，仮釈放の決定が行政権に委ねられて
いる我が国では問題が大きい。我が国では，有期刑の場合，刑期の3分の1を
経過した場合には行政官庁の判断により仮釈放できるとして，刑期のうち極め
て短い期間での仮釈放を認めてはいる。しかし，これは受刑者の個々の事情に
よっては極めて早い時点での仮釈放を認めることが相当な場合もあるからで
あって，仮釈放要件が短いからといって，全体として仮釈放を極めて早期の時
点で行うことが妥当ということにはならない。特に，長期受刑者は，犯情が重
く，処遇に一定の期間が必要であるから，これを早期に釈放することは容易で
ない。現在の実務でも，刑期が長くなるほど執行率を高くしている。

　仮に，裁判所が予防目的を重視した量刑を行うようにしたとしても，仮釈放

16）「仮出獄の適正且つ積極的な運用について」昭和58年11月30日法務省保観第371号保
　護局長通達，「仮出獄の積極的な運用について」昭和59年1月5日矯医第38号矯正局
　長通達。当時，法務省保護局観察課長であった岩井敬介氏によれば，このときの施策は，
　1982年に3.2か月に過ぎなかった平均仮釈放期間を5～6か月にまで引き伸ばし，50.8
　％に過ぎなかった仮釈放率を数％高めることを概ね1年以内に実現しようとするもので
　あったが，仮釈放期間の伸張はさほど進んでいないと述懐している。岩井敬介「仮出獄
　制度運用の現状と課題」法律のひろば37巻12号（1984）14-15頁。このほか，仮釈放
　申請の早期化に関する当時の状況については，瀬川晃『犯罪者の社会内処遇』成文堂
　（1991）207頁参照。
17）法務総合研究所『平成16年版犯罪白書—犯罪者の処遇』338頁，353頁。

に伴う保護観察期間を十分に確保することは到底できないし，やはり行為責任の枠を著しく越えるような量刑は適当でない。論者のなかには，常習犯については，再犯加重の規定を積極的に適用して長期の刑を言い渡し，その代わりに仮釈放を積極的且つ早期に行って，保護観察期間を確保すべきとの見解があるが[18]，同様に妥当でない。

第3に，施設内処遇の意義を軽視してはならない。犯罪者を一定期間社会から隔離して，不良交友等の犯罪環境や依存物質から遮断し，本人に落ち着いた環境の中で自らの行為を見つめ直させ，個々の受刑者の抱える問題に応じて，必要な技能や知識を習得させたり，本人の問題性を緩和するためのプログラムを受講させたりするとともに，社会に戻るに当たって帰住先となる環境の調整を図っておくことは極めて重要である。社会生活を送らせながら，対象者に自律と自立に向けた働きかけを行う保護観察の重要性は否定すべくもないが，日常生活を送りながら処遇を行うという社会内処遇の宿命的性質のため，定型性の高い処遇を長時間に亘って行うことは難しい。更生保護法により専門的処遇プログラムを特別遵守事項として設定できるようになり，2013年（平成25年）の更生保護法一部改正により社会貢献活動も導入されている[19]。しかし，保護観察対象者は就労や就学をしながら社会生活を営む必要があり，行動の大幅な制約を伴う処遇には限界がある。これに対し，自由刑には，社会からの隔離という意味もあるが，活動時間の確保が容易な施設の中で矯正処遇を行い本人の改善更生を図るという重要な役割があるのである。荒れた生活や犯罪の背景となった環境から隔絶した落ち着いた環境の中で，自らの行動と人生を見つめ直すと共に，これまで社会の中では得られなかった訓練や教育などを受けることには意義がある。

日弁連の『意見書』では，「施設収容は，できるだけ短くすべきである」とし，その根拠として，刑事施設収容による受刑者の非社会化と社会復帰の阻害という弊害を指摘する[20]。確かに，施設収容による職業や家族といった社会生活からの遮断は受刑者の社会復帰にとってマイナスの要因となり得るが，だか

18）百瀬武雄「高齢犯罪常習者の実態と刑事政策」罪と罰24巻3号（1987）15-17頁。
19）社会貢献活動に関する筆者の見解は，「刑の一部執行猶予と社会貢献活動」刑事法ジャーナル23号（2010）14頁以下。
20）日本弁護士連合会・前掲注(15)6頁。

らと言って，早期に釈放することだけが社会復帰や改善更生に資するというのは余りにも楽観的であり，また無責任でもある。日弁連のいう「社会内での指導・援助を徹底することで改善更生にも資する」[21]というのはその通りであり，だからこそ，筆者も指導監督や補導援護を行う保護観察期間を一定期間確保するべきとの主張をしているのである。しかし，受刑者は，社会で自由な行動を許されているときに罪を犯す結果になったのである。その背景には本人を犯行に至らせる過酷な環境があった場合もあるが（虐待，生活苦，障害等），同じような環境にあっても犯罪を犯さない者が殆どであることを考えると，やはり犯罪者には一定の問題性が認められるのであり，その者をただ社会に早く戻すだけで更生と再犯防止が図れるという主張には全く説得力を感じない。もし，社会の中における指導監督や補導援護だけで更生や再犯防止が図れるというのであるなら，自由刑を廃止して，全てプロベーションのような制度とすべしとの主張をすればよいのに，そうしないのはなぜか。やはり，施設内処遇には一定の意義を認めるべきである。

　以上の3つの理由から，仮釈放後の再犯率の高い期間をカバーするような保護観察期間を早期の仮釈放によって図る方法には限界があると言わざるを得ない。

Ⅲ　考試期間主義の概念

　仮釈放後により長い保護観察期間を確保するもう1つの方法が考試期間主義と呼ばれるものである。これは，受刑者の処遇の必要性や再犯の可能性に応じて仮釈放後の保護観察期間（考試期間）の長短を決めるものであり，従って保護観察期間は残刑期間と一致せず，残刑期間よりも長い保護観察期間を設定することも，また理論的にはその反対も可能である。

　残刑期間主義と考試期間主義の違いは，保護観察期間が残刑期間に拘束されるか否かにある。しかし，両者の本質的な差は，前者が仮釈放後も残刑を執行しているとみて，刑期が進行するのに対し[22]，後者は仮釈放を一種の残刑の執行猶予又は執行中止と捉え，条件付で残刑の執行を行わないことにある。その意味で，残刑期間主義は残刑執行主義，考試期間主義は残刑猶予主義又は残刑

21）日本弁護士連合会・前掲注(15)4頁。

中止主義と言うことができる。残刑執行主義を採りつつ考試期間主義を採ることは（保護観察を別個の処分として構成しない限り）不可能であるが，残刑猶予主義ないし残刑中止主義を採ったうえで残刑期間を考試期間とすることはできるものの，利点はない[23]。

　予てから残刑期間主義は仮釈放を刑の執行の一形態と見る説と，また考試期間主義は仮釈放を刑の一形態と見る説と，それぞれ親和性があると説明されてきた[24]。仮釈放が刑の執行の一形態であれば，仮釈放後も社会内で保護観察を受けながら刑期が進行し，残刑期間の経過によって刑の執行が終了することになるため，残刑期間主義に帰着する。これに対し，考試期間主義は，残刑期間に相当する期間を超えて保護観察を行うため，それは既に刑の執行の一形態であると見なすことはできず，その後の保護観察を含めた仮釈放を刑の一種だと見なすことになる。しかし，仮釈放の性質から仮釈放後の保護観察期間の在り方が必然的に導かれるわけではないことに注意する必要がある。刑の一形態という捉え方も概念的なものに過ぎず，実際は刑の執行の一形態であって，その下でも考試期間を採ることは可能であり，最終的には政策的判断である。

　いずれにせよ，裁判所によって宣告された自由刑の執行を仮釈放によって一部猶予又は中止し，その条件として一定の期間保護観察に付すことにすれば，保護観察は残刑期間の束縛から解放され，残刑期間を超えた保護観察期間の設定が可能になる。この場合の保護観察期間は，本刑たる自由刑とは別の執行猶予期間に相当するものとなり，海外では考試期間（Probezeit）と呼ばれ，我が国の第1次案では「仮釈放期間」という概念が設けられた。本章でも，海外の

22）仮釈放に伴う保護観察には保護観察の停止制度があり，保護観察の停止決定によって刑期が進行を停止し，保護観察の停止解除決定から刑期が進行を始めると規定されている（更生保護法第 77 条 5 項）。また刑法第 29 条 2 項の規定も刑期の進行が前提とさている。大塚仁ほか編（吉永豊文＝林眞琴執筆部分）『大コンメンタール刑法［第 2 版］第 1 巻』青林書院（2004）670 頁，674 頁。しかし，いくら「仮釈放の処分を取り消したとき（中略）釈放中の日数は，刑期に算入しない」と刑法で規定しても，一度，執行した刑を事実上二重に執行していることに変わりはないため，残刑期間主義はその意味でも問題がある。

23）改正刑法草案は残刑期間主義を採っているが，その説明書において「刑を執行していないのに刑期が進行するのは不自然であるので，執行猶予の場合に準じて仮釈放の期間という概念を採用することにした」とする。法務省刑事局『法制審議会刑事法特別部会・改正刑法草案—附同説明書』（1972）150 頁。

24）森下忠『刑事政策大綱』成文堂（1993）296-298 頁。

制度については考試期間，我が国の制度の検討においては仮釈放期間の用語を用い，特に仮釈放中の保護観察に言及する場合には保護観察期間の用語を適宜用いることにする。

　ドイツでは，仮釈放を「有期刑の残刑の執行猶予」(Aussetzung des Strafrestes bei zeitiger Freiheitsstrafe) と呼ぶように，残刑猶予主義を採用し，考試期間を 2 年以上 5 年以下（で且つ残刑期間以上）という一定の下限と上限の間で保護観察期間を設定することができる（ドイツ刑法典第 57 条 3 項）。これに対し，スウェーデンでは，原則として残刑期間を保護観察期間としつつ，当該期間が 1 年に満たない場合は 1 年としている（スウェーデン刑法典第 26 章第 10 条）[25]。つまり，あくまで残刑期間を考試期間としつつ，最低保護観察期間を確保しようというものであり，国によって 6 月，1 年，2 年などの立法例や，残刑期間に一定期間を加算する例がある[26]。前者は，従来，完全な考試期間主義と呼ばれ，後者は，残刑期間主義を考試期間主義によって修正した折衷主義と言われる[27]。本章では，ドイツのように一定の下限と上限の間で考試期間を決定する方式を，無制限の絶対的考試期間に対するものとして，相対的考試期間主義と呼ぶ。

　折衷主義も残刑相当期間を超えた考試期間を認めるため，残刑期間主義とは質的に異なり，考試期間主義の一種である。しかし，最低考試期間を 6 月といったように短くとると，刑期や執行率如何によっては残刑期間主義に近づくことにはなる。また，紛らわしい折衷主義もある。例えば，スイスの条件付釈放制度の場合，考試期間は残刑期間とするが，1 年以上 5 年以下でなければならないとされている（スイス刑法典第 87 条 1 項）。一見，ドイツの考試期間主義と類似しているようであるが，スイスの場合，あくまで考試期間は残刑期間であって，残刑期間が 1 年を下回るときは考試期間を 1 年とすることから，折衷主義に属するものである。従って，折衷主義と考試期間主義の差異は，あくま

---

25) 但し，スウェーデンは必要的仮釈放制度を採用している。坂田仁名誉教授によるスウェーデン刑法典の最新の邦訳が次の資料から得られる。坂田仁「スゥエーデン刑法典（試訳）—2006 年 1 月 1 日現在の正文(1)(2)(3・完)」法学研究 79 巻 10，11，12 号（2006）。寺村堅志ほか『法務総合研究所研究部報告 44—諸外国における位置情報確認制度に関する研究—フランス，ドイツ，スウェーデン，英国，カナダ，米国，韓国』(2011) 64-65 頁。

26) 森下忠・前掲注(24)297 頁。ANTON M. VAN KALMTHOUT & PETER J. P. TAK, SANCTIONS-SYSTEMS IN THE MEMBER-STATES OF THE COUNCIL OF EUROPE PART II (Kluwer, 1992).

27) 森下忠・前掲注(24)297 頁。

で原則として考試期間を残刑期間をとするか，残刑期間との連関を断ち切って，一定の期間の範囲内で自由に考試期間を設定できるかという点である。なお，スイスの場合，残刑期間が5年を超えるとき考試期間は5年を上限とするというものであって，この部分に限ってみれば，むしろ法定期間（5年）は考試期間を抑制する機能を果たしている。こうした残刑期間よりも短い考試期間を設定する考試期間主義を，以下では仮に消極的考試期間主義と呼ぶ。

　我が国の準備草案も，「余り短期間ではその（保護観察の―筆者註）効果をあげることが不可能である」との理由から，「保護観察期間は，残刑期間とする。但し，残刑期間が6月に満たないときは，6月とする」（第90条2項）と折衷主義を採用した[28]。準備草案では，仮釈放を「刑の執行を中止してその更生を期する」（第88条1項）であるとしていることから，残刑中止主義を採ったうえで，折衷主義を採用したものと考えられる。もっとも，準備草案中の「仮釈放を取り消したときは，釈放中の日数は，刑期に算入しない」（第91条3項）との規定は，残刑執行主義の下でのみ意味があるものであって，残刑中止主義では解釈に窮する。折衷主義はその後，第1次案まで受け継がれたが，刑事法特別部会での採決において採用されないことに決定され[29]，第2次草案から改正刑法草案までいずれも残刑期間主義によることとなった。

Ⅳ　考試期間主義と責任主義

　仮釈放を一定の要件の下で残刑の執行を猶予する制度とし，その執行猶予期間を仮釈放期間と位置付ければ，仮釈放期間は残刑期間の長短とは関係なしに設定することができ，仮釈放後の改善更生と再犯防止を目的とした長期の保護観察を行うことが可能となる。また，保護観察期間中の再犯や（重大な）遵守事項違反があった場合には執行猶予の取消しとして構成できるため，残刑相当期間経過後の仮釈放の取消しについても，理論的に説明ができる。

　しかし，こうした考試期間主義に対しては，1960年代以降の刑法改正作業の過程で，仮釈放を受ける受刑者にとって著しく不利益になると批判されてい

28）刑法改正準備会『改正刑法準備草案―附同理由書』（1961）168頁。
29）鈴木義男「刑法改正作業レポート(40)　仮釈放」ジュリスト453号（1970）126頁。

る[30]。折衷主義を採用した準備草案の理由書においても，「仮釈放者は，仮釈放後も，事実上変形された刑の執行を受けているものと考えられるとすれば，保護観察の期間は，残刑期間に限られるべきである」としながらも「保護観察の期間が残刑期間を超える場合を認めたことについては問題がないとはいえないが，保護観察は実質的に本人の利益となる面もあり，又6月の短期間であれば，それ程不当な人権侵害ともいえないので，刑事政策上の必要性を優先させたのである」[31]として，残刑期間を超える保護観察が人権侵害に当たる可能性を示唆しつつ，刑事政策的な必要性からこれを是認するとの立場に立っている。しかし，改正刑法草案では，「短い残刑期間を残して仮釈放になった者にとって不利益にすぎる」として[32]，折衷主義は採用されず，残刑期間の前に刑の執行終了を認める消極的考試期間主義の部分だけが残ることとなった。

確かに，保護観察は対象者に遵守事項を課し，保護観察担当者との面接や一定のプログラムの受講など対象者の自由を一部制限したり，一定の義務を付加する不利益処分としての側面を有するから，残刑の執行を終了した後に保護観察を行うものであれば人権侵害の誹りを免れない[33]。しかし，残刑猶予主義を採れば，残刑の執行そのものは猶予されているのであって，残刑を超えて刑の執行を行うものではなく，残刑相当期間以上の仮釈放期間が設定されていても，その期間を大過なく過ごせば残刑の執行が免除されるのであって，それをもって不当な人権の制約には当たるとは言えない[34]。全部執行猶予の場合，宣告刑期以上の猶予期間が設定されることが一般的であるが，それを人権侵害だと言う者はいないであろう。これに対してさえ，なお，全く執行を受けていない執行猶予の保護観察と一度執行を受けた後の保護観察とでは意味が違うとの批判

---

30) 当時の批判を紹介するものとして，平野龍一『犯罪者処遇法の諸問題［増補版］』有斐閣（1982）84頁，鈴木義男・前掲注(29)126頁，前田俊郎「仮釈放」森下忠編『刑事政策演習［増補版］』有信堂（1971）212頁。実際の批判的見解としては，前野育三「第1編第11章仮釈放」法律時報47巻5号（1975）96頁。なお，考試期間主義は褒賞としての仮釈放の意味を失わせ，施設内の秩序維持に支障を来すという，当時のもう1つの批判の根拠は，仮釈放の理念や意義の発展から，今日全く説得力を失っており，また妥当でもない。また，近年の批判として，佐伯仁志『制裁論」』有斐閣（2009）71頁，金光旭「中間処遇及び刑執行終了者に対する処遇」ジュリスト1356号（2008）147-148頁等。

31) 刑法改正準備会・前掲注(28)168頁。

32) 法務省刑事局・前掲注(23)150頁。

があるが[35]，適当な批判とは思えない。

　また，残刑期間を超えて考試期間を設定することは，判決の事後修正に当たるだけでなく，刑の加重に当たるとする見方もあろう。判決の事後修正に当たるかどうかは一旦さておくとして，残刑期間を超える考試期間を設定したことだけに着目すれば加重されているようにも見えるが，そこでは残刑の執行を猶予している点を看過している。従来，懲役6月の全部実刑と懲役6月の2年間保護観察付全部執行猶予を比べた場合は懲役6月の方が明らかに重いとされている[36]のと同様に，残刑期間6月を猶予し，2年の保護観察付の考試期間（仮釈放期間）を設定しても，それは加重には当たらない。そして，判決の事後修正に当たるかどうかであるが，それは考試期間の性質ではなく，予てから仮釈放は定期刑を不定期刑化する性質を有すると言われているように[37]，仮釈放という制度に由来するものである。もし，これが許されない判決の事後修正であるというのであれば，仮釈放制度を廃止するほかないが，それは不当であるので，筆者の主張するように，仮釈放と考試期間主義を法律で認めたうえで，仮釈放決定機関を裁判所に移すか，準司法的な性質をもった決定機関を作ることが考えられる（第Ⅵ節及び第5編第3章参照）。

---

33) 準備草案の折衷主義に対し「刑期を越えて自由の制限を受け，刑期経過後に取り消されて再び収監されるのは，受刑者の権利を侵害する」との批判があることを紹介するものとして，前田俊郎・前掲注(30)212頁。また，須々木主一『刑事政策』成文堂（1969）291頁は，施設外処遇を大胆に取り入れていくために考試期間主義の必要性は認めながらも，刑事政策の補充性の原理から個人に対する制約を極力回避することが必要であるとする。正木亮博士は，こうした準備草案が大きな誤解をしているとして，保護観察は利益処分であるとして，刑罰の変形も，不当な人権侵害も起きず，仮釈放後の再犯の危険期間である2年の保護観察期間を認めるべきだとする。正木博士は，刑が変更されているとか，延長されていると見るのではなく，「利益の更生保護」とする。従って，残刑期間が6月に満たないとき，保護観察期間を6月とした場合，6月を経過したら，「刑の執行が終わったものとする」とするのは罪刑法定主義の理念に反するという。正木亮「仮釈放に関する理論と実際」法律のひろば15巻2号（1962）28-29頁。しかし，「利益の更生保護」だからといって，強制である以上，それが罪刑法定主義違反に当たらないという理屈には無理がある。
34) 岩井敬介『社会内処遇論考』日本更生保護協会（1992）51頁［初出『現代刑事法講座7巻犯罪者の社会復帰』（1982）］も，残刑執行猶予主義を採ることで残刑期間を超えた保護観察期間の設定が可能になるとする。同旨，野中忠夫「仮釈放の運用と制度上の問題」朝倉京一ほか編『日本の矯正と保護—第3巻保護編』有斐閣（1981）37-38頁。
35) 平野龍一・前掲注(30)85頁参照。
36) 最小決昭和55・12・4刑集34巻7号499頁等。太田達也・前掲注(12)106-107頁参照。
37) 森下忠『刑事政策大綱［新版］』成文堂（1993）246頁。

なお，受刑者に刑事施設内での執行を望むか，考試期間主義の仮釈放を望むかの選択権を受刑者に与え，同意を要件とすればよいとする見解が指摘されている[38]。しかし，受刑者に仮釈放の同意権を与えてしまうと，社会内処遇が必要な受刑者が，保護観察を受けたくない余り，満期釈放を選んでしまうことになり，考試期間主義を採用する意義はおろか，仮釈放の意義まで失わせることになる。同意権を巡る議論は不当である。

　確かに，考試期間主義のような制度は，犯罪者に対する国家の介入をより高めることにはなる。しかし，そもそも刑罰や処分の制度が認められている以上，社会の安全を確保し，犯罪者の再犯を防止しつつ，その改善更生を図るため，合理的な目的と規制原理をもちつつ，そのあるべき姿を追究すべきであって，ときとして，それは非刑罰化やダイバージョンの方向に向かうべきときもあろうし，新たな刑事規制を創設する必要があるときもあるのは当然である。不利益批判の趣旨が，現行以上の刑罰や国家的介入をすることは全て不当であるという発想に立つものであれば，全く説得力を欠く。現在の残刑期間主義による仮釈放制度の下でも，仮釈放後，一定期間保護観察を受けた後，遵守事項違反等で仮釈放を取り消された場合，釈放中の日数は刑期に算入されないため（刑法第29条2項），残刑全ての執行を受けると，国家による介入の期間は刑期プラス取り消されるまでの保護観察期間ということになり，刑期以上の働きかけがなされているのである。

　また，本来，刑事施設内で残刑の執行を受けるべきところを，仮釈放によって残刑を猶予され，社会に早く復帰できるわけであるから，受刑者にとっても利益となるばかりでなく，保護観察には，指導監督ばかりでなく，補導援護の側面もあるのである。それとも，長い保護観察を受けるくらいであれば，満期まで刑事施設での執行を受刑者は望むであろうか。

　確かに，残刑を1日残して仮釈放にし，数年の保護観察に付するような極端なことが行われれば適切な運用とは言えないし，保護観察中の再犯や遵守事項違反があった場合にも，執行できる残刑が1日しかないことになるので，不良措置の扱いが難しく，再び施設に収監することによる社会生活の遮断は対象者

---

38) 伊福部舜児・前掲注(8)141頁［初出「仮出獄研究の課題と仮説」更生保護と犯罪予防22巻3号（1987）3頁］。

にとって負担が大きくなる。しかし，遵守事項違反の場合も，遵守事項の内容や違反の評価の仕方によって硬直的で不適切な仮釈放取消しは避けられるし，再犯の場合は，本人の更生が既に上手くいっていないのであるから，取消しは止むを得ず，それを不利益と言うことは妥当でなかろう。そもそも，仮釈放取消しで刑の執行を受けることによる負担や不利益は，考試期間主義に特有の問題ではなく，現在の仮釈放制度にも共通した問題である。

V 「仮釈放のジレンマ」問題

　考試期間主義のもう1つの問題は，満期釈放との矛盾をどう考えるかということである。即ち，改善更生の期待が高い受刑者が仮釈放後に保護観察を受けるのに，改善更生が困難な受刑者が満期釈放となって社会内で何らの指導や監督を受けることがないのは矛盾であることが古くから指摘されている[39]。筆者は，これを「仮釈放のジレンマ」と呼んでいる。この「仮釈放のジレンマ」は，考試期間主義に固有の問題ではなく，現在の残刑期間主義においても生じている問題であるが，考試期間を採用した場合，改善更生の可能性が高い受刑者が，仮釈放後，同じ刑期の満期釈放者よりも長期に亘って保護観察を受けることになるため，仮釈放のジレンマがより深刻化することになる。

　とはいうものの，「仮釈放のジレンマ」は，仮釈放と満期釈放のジレンマであり，満期釈放の問題であるため，これを釈放制度の枠において解消するには，満期釈放をなくすか，満期釈放にも釈放後の社会内処遇を付けるしかない。満期釈放をなくすためには，全ての受刑者を仮釈放にする必要的仮釈放制度を採用するほかないが，次章で検討するように，この制度には問題が多く，採用に値しない。

　一方，満期釈放者に対し社会内処遇を付ける方法としては[40]，ドイツの行状監督（Führungsaufsicht）やアメリカの一部の州及び連邦で導入されている二分判決（split sentence, bifurcated sentence）ないし監督付釈放（supervised release）等がある。行状監督は，故意犯による2年以上の自由刑や性犯罪による1年以上の自

39）米山哲夫「定期刑制度におけるパロールの限界」早稲田法学会誌34巻（1983）155頁，森下忠「多数回累犯者の処遇」罪と罰24巻4号（1987）28頁。

由刑が科された受刑者を満期まで刑を執行してから釈放する場合，再犯の危険性がないとして裁判所により免除されない限り，2年以上5年以下の範囲で社会内での監督に付するものであるが（ドイツ刑法第68f条）[41]，これは保安処分であるため，我が国では導入が困難であろう。これに対し，監督付釈放[42]や二分判決[43]はアメリカの連邦や一部の州で採用されている刑罰で，裁判において自由刑と釈放後の社会内処遇を組み合わせて言い渡す制度である。刑事施設での刑の執行と処遇に続いて，一定期間の社会内処遇を確保することができるこれらの制度は，「仮釈放のジレンマ」の解消に繋がるが，全ての自由刑が二分判決となれば，逆に仮釈放そのものが必要なくなることになる[44]。

　2006年（平成18年）から法制審議会被収容人員適正化方策に関する部会において再犯防止のための様々な制度が検討され，そこでも二分判決が検討の対象に上ったが，最終的に二分判決ではなく，刑の一部執行猶予が導入されることとなった。この刑の一部執行猶予も，対象となった受刑者については純然たる満期釈放がなくなるため，仮釈放のジレンマも刑の一部執行猶予が言い渡され

40）満期釈放者に対する保護観察の提案は，法制審議会刑事法特別部会における刑法改正の議論においても見られる。長島敦「刑法改正作業の現況と問題点」法律時報37巻1号（1965）40頁。高橋正己「戦後における累犯再入率の考察」植松正＝団藤重光ほか編『〈犯罪学年報第1巻〉累犯の研究』有斐閣（1960）56頁は，仮釈放者のみならず，一般の釈放者に対しても釈放後一律に保護観察を1年間行い得ることとし，必要に応じてその期間を通算5年までは更新できるように法律を改正することが望ましいとする。平野博士も，一種の考試期間主義を主張されながら，さらに満期釈放者に対する保護観察と遵守事項違反の場合の再収容制度も，法律上当然の効果として，或いは裁判のときに言い渡すとすれば決して採用できない案ではないとする。平野龍一・前掲注(30)91頁。また，太田達也「保護観察の実態と改善策」刑法雑誌47巻3号（2008）446-448頁。
41）行状監督は，触法精神障害者に対する精神病院収容処分等の執行を猶予するときの処分として行われる場合や，一定の罪種に対する付加的処分として科される場合もある。行状監督については，滝本幸一「ドイツにおける行状監督制度の現状について」罪と罰39巻3号（2002）55頁以下，岡上雅美「ドイツにおける行状監督制度とその運用」法制理論36巻2号（2003）47頁以下，Thomas Wolf（吉田敏雄訳）「ドイツ刑法における行状監督」法学研究41巻4号（2006）861頁以下等。
42）連邦では，1984年の包括的犯罪統制法の一部として成立した量刑改革法により導入されている。Sentencing Reform Act, Pub.L. 98-473, 98 Stat. 1999. 18 U.S.C. § 3583.
43）太田達也・前掲注(12)115頁以下で新旧の二分判決を紹介した。
44）アメリカでは，パロールを廃止した連邦や州では自由刑の執行に続く社会内処遇を確保する必要があったことから，監督付釈放や二分判決を導入したという経緯がある。太田達也・前掲注(12)135-136頁。Charles Doyle, Supervised Release (Parole): An Overview of Federal Law 1 (2015) には，「監督付釈放は連邦刑事司法制度におけるパロールの後継制度である」とある。

た者についてはほぼ解消されることになった。もっとも，刑の一部執行猶予の適用範囲は狭いため，刑の一部執行猶予が適用されない（しかも問題性の高い）受刑者については，依然として仮釈放のジレンマが生じることから，今後は，刑の一部執行猶予制度の拡大ないし自由刑と社会内処遇から成る他の自由刑の導入を模索しつつ，その対象とならない者については考試期間主義で対応することができるような仕組みとしていく必要がある。

Ⅵ 仮釈放審理・決定機関

我が国では，これまで「行政官庁」たる地方更生保護委員会が仮釈放の決定を担ってきている。これは，仮釈放が，裁判所が決めた刑を修正するものでも，ましてや新たな刑を科すものでもなく，自由刑の執行を単に刑事施設から社会内へと移すに過ぎない（刑の執行の一形態）と考えられていることとも無縁ではない。

これに対し，考試期間主義は，残刑の執行を猶予し，猶予期間に相当する考試期間ないし仮釈放期間を設定するものであるから，裁判所が定めた自由刑の事後的な修正と見ることもできないわけではない（刑の一形態）。そこで，こうした考試期間主義に基づく仮釈放の決定は，行うことが認められるとしても，それは裁判所が行うべきであって，「行政官庁」たる地方更生保護委員会が行うことは許されるべきでないとする見解が見られる[45]。実際，ドイツでは，行刑判事という司法機関が仮釈放の決定権限を有している。

しかし，それは，反対に，裁判所が仮釈放の決定機関となれば考試期間主義を採用する可能性があるということである。筆者も，考試期間主義の長所に鑑みた場合，そうした制度改革を行うことも充分にありうると考えている。もっとも，裁判所は受刑者に対する刑の執行や処遇を監督する立場にないので，裁判所に対し受刑者の「改悛の状」や考試期間を判断するうえでの情報を提供し，意見を具申する機関が必要となる。地方更生保護委員会以外の機関がこれを担うことは困難であるから，実際には，刑事施設の長が裁判所に仮釈放の申出を

---

45) 川出敏裕＝金光旭『刑事政策』成文堂（2012）246頁。部会においても，裁判所ではなく，行政委員会が考試期間主義に基づく仮釈放を決定することが問題視されている。法制審議会被収容人員適正化方策に関する部会会議議事録第12回20頁，第13回19頁，第14回24頁。

行い，地方更生保護委員会が仮釈放調査を行って，裁判所に意見を付して報告書を提出し，そのうえで裁判所が仮釈放の許否を決定するという流れになろう。このような制度が採用できればよいが，大規模な制度改正が必要となる。しかも，毎年，裁判所が1万4,000人以上の仮釈放案件を処理しなければならなくなり，負担の重さと手続の遅延が問題となり得る。また，ケースワーク機能をもたない裁判所が果たして仮釈放の判断を適切に行うことができるかということも考えてみる必要があるし，事実上，地方更生保護委員会の意見が決定的となり，裁判所の決定が形式的なものとなるという懸念もある。

　そうであるからということではないにしても，他方，考試期間主義の仮釈放制度においても行政機関が仮釈放の決定を行う余地がないかどうかも検討してみる価値はあるように思われる。例えば，恩赦としての刑の執行免除は裁判所が言い渡した刑罰（無期刑が多い）を一部変更するものであるが，これは法務省に置かれた中央更生保護審査会という行政委員会が法務大臣に申出をして決定することになっている。そうであれば，仮釈放においても，行政委員会たる地方更生保護委員会がその決定に当たることも理論的に不可能とは言えまい。準備草案においても，仮釈放は刑の執行を中止する制度に位置付けながら，その許否決定機関は依然として行政官庁としている（第88条1項）。さらに，私見では，地方更生保護委員会の委員の大半を保護観察官出身者とするのではなく，そこに学識経験者，医師，ソーシャルワーカーなど様々な分野の専門家が加わるようにすべきと考えているが[46]，それとの関連で，地方更生保護委員会に検察官やさらには裁判官が加わった構成にするというものも一案であると考える。

　それでも，なお司法機関の関与に固執するのであれば，例えば，裁判所が自由刑を言い渡すと同時に一定の仮釈放期間（考試期間）を付して残刑の執行を猶予することができる旨の宣告をしておき，実際の刑の執行段階において行政機関がその時期を判断する方法もあり得よう。罰金や科料の言渡しをするときは，完納できない場合の労役場留置の期間（の換算率）を定めて言い渡さなければならないとされているが（刑法第18条4項），これに準じた形とも考えられる。こうした制度は刑の一部執行猶予と類似したものになるが，違いは，刑の

46）更生保護のあり方を考える有識者会議・前掲注(9)20頁や日本弁護士連合会・前掲注(15)6頁でも，そうした提言がなされている。

一部執行猶予が予め刑事責任（プラス若干の予防）に基づいて実刑部分と猶予刑を定め，釈放される日が固定されているのに対し（仮釈放の可能性はあるが），ここでの提案は，残刑を猶予することができることだけを裁判所が宣告しておき，受刑者の改悛の状を評価しながら，刑の執行段階で地方更生保護委員会が仮釈放の許否と釈放すべき日，そして仮釈放期間を決めるところにある。

　仮釈放決定機関については，第5編第3章で詳しく検討する。

Ⅶ　仮釈放期間──保護観察期間

　考試期間主義を採るとしても，仮釈放期間つまり保護観察期間の在り方を考えなければならない。

　まず，第1に，折衷主義と相対的考試期間主義の何れを採るのかという選択がある。両者とも，残刑期間以上の仮釈放期間を設定することを認めることから，残刑期間主義とは本質的に異なるものである。ただ折衷主義は，あくまで残刑期間を仮釈放期間としつつ，それが余りに短期間で保護観察の実効性をあげ得ないため，止むを得ず，それを一部修正して残刑期間を超えても最低限度の仮釈放期間を確保しようとするものであって，考試期間主義でありながら，一種の修正残刑期間主義とも言うべきものである。これに対し，相対的考試期間主義は，残刑期間によらず，仮釈放者の処遇の必要性や再犯の可能性に応じて仮釈放期間を一定の幅の中で設定しようとするものである。

　もっとも，折衷主義も相対的考試期間主義も，法定保護観察期間の設定によっては，実質的にかなり近接した制度となり得る。折衷主義も仮釈放の最低期間を2年といったように長期に設定すれば，事実上相対的考試期間主義に近づき，反対に相対的考試期間主義も仮釈放期間を6月以上1年以下といったように短く設定すれば，実態としては折衷主義に近づく。ただ，折衷主義の場合，余り長期間の仮釈放期間を設定することは，本来，残刑を原則したことの意義が薄れてしまうので適当でなく，やはり，より柔軟に仮釈放期間を設定でき，比較的長期の仮釈放期間も可能となる相対的考試期間主義の方が優れていよう[47]。

　なお，もう1つの選択肢として，刑の執行を受けた期間だけは保護観察に付すという見解も見られる[48]。実際，準備草案では，保護観察期間については，残刑期間を原則とし，残刑期間が6月に満たないときは6月としながら，期間

経過の効力という規定を設け，これらの残刑期間ないし6月を経過したとき以外でも，仮釈放を許された後，刑の執行を受けた期間と同一の期間を経過したとき（但し，刑の執行を受けた期間が6月に満たないときは6月）にも刑の執行を終わったものとし，保護観察も失効するものとしている（第92条1項2号，4項）。これは，自由刑の執行を一定期間受けた者は社会の中で同じ期間だけの保護観察が必要であるという見解に基づくが，準備草案は残刑期間主義を併用することから，意味があるのは，刑期に比して早期に仮釈放が行われ，残刑期間が長期に及ぶ場合に，その経過前に刑の執行を終えるところにある。例えば，懲役10年で4年で仮釈放となった場合，残刑期間主義では6年間の仮釈放期間となるが，この規定により仮釈放後4年を経過した時点で刑の執行終了となる。しかし，それだけ早期の仮釈放がなされた場合，刑事施設で刑の執行を受けた期間だけの保護観察期間では短すぎるという場合もあるであろうし，反対に刑期が極めて長い者については，やや保護観察期間が長くなりすぎる嫌いがあろう[49]。

　相対的考試期間主義を採るとして，第2に検討を要するのは，仮釈放期間の法定期間をどの程度の幅にするかである。まず，法定期間の上限については，我が国の仮釈放者の再入率から考えると，ドイツのように5年以下とするのが望ましいであろう。有期刑受刑者に対し余りにも長期の仮釈放期間を設定することができるようにするのは，再犯のおそれが低い者に認められる仮釈放制度と矛盾するとの批判もあり得る。日本の平均刑期が短いことを考えると，確かに5年は長いかもしれない。しかし，有期刑の上限は30年であるため，ある程度長期の仮釈放期間の余地を残す意味はあるし，仮釈放の要件は充足するが，社会内での「お試し」（考試）期間たる仮釈放期間は少し長期で見る必要のある受刑者もいるであろう。また，実刑を受けた者より犯情が軽く，改善更生の度

47）森下忠名誉教授は，理論的には考試期間主義が優れているとしながら，採用には強い抵抗が予想されるとして，現実的な立法として折衷主義が妥当であるとしている。平場安治＝平野龍一編『刑法改正の研究1概論・総則―改正草案の批判的検討』東京大学出版会（1972）313-314頁。

48）平野博士は，準備草案が刑の執行を受けた期間と同一の期間を経過したとき刑の執行を終わったものとするという規定（第92条1項2号）を置いたことを踏まえ，当時のアメリカ模範刑法典の規定をも参考にしながら，こうした見解を展開されている。平野龍一『矯正保護法』有斐閣（1963）97-98頁，平野龍一・前掲注(30)91頁。

49）菊田幸一「仮釈放」宮澤浩一ほか編『刑事政策講座第2巻刑罰』成文堂（1972）246頁。菊田教授は，仮釈放期間の不定期化を提言される。

合いも高いはずの刑の執行猶予対象者でさえ，猶予期間が5年まで設定することが可能になっているのであるから，仮釈放者の残刑執行猶予期間の上限がそれより短くて良いという理屈にはなり難いとも言える。現在の残刑期間主義の下でさえ，数は極めて少ないが，有期受刑者の保護観察期間が3年を超える者がいることも考慮する必要がある[50]。

　第3に，法定期間の下限については，1年が適当であろう。折衷主義を採る準備草案は6月とし，第1次案は6月又は1年とするが，仮釈放後の再入率を考えると短すぎるであろう[51]。ドイツは2年であるが，我が国の平均刑期や執行率からして，全ての仮釈放者を2年以上の保護観察にすることは長すぎるように思われる[52]。我が国の新受刑者の約2割が刑期1年未満の者であるから1年でも長すぎるとの批判もあろうが，刑期別の再入率を見ると，刑期が1年以下の者も釈放後の再入率は2年目が最も高いことから[53]，やはり1年は必要であろうと思われる。

Ⅷ　消極的考試期間主義の是非

　個々の受刑者に対する実際の仮釈放期間は，この法定期間の下限と上限の間（1年以上5年以下）で，受刑者の改善更生の度合いや社会内処遇の必要性・相当性等を判断して決定することになる。そこで次に問題となるのは，残刑期間と

---

50)　法務省・前掲注(3)表12。
51)　準備草案の6月という保護観察期間は短すぎ，1年とすべきとする見解として，森下忠『刑法改正と刑事政策』一粒社（1964）90-91頁，前田俊郎・前掲注(30)215頁。1年や1年半では不足し，これより長い期間が必要である見解として，伊福部舜児・前掲注(8)169頁［初出「仮出獄と保護観察」犯罪と非行16号（1973）52頁］。これに対し，刑事裁判における量刑や矯正施設内の刑の執行等の実情から見て，保護観察期間を一挙に1年に引き上げることは困難であるという時期尚早論を採る見解として，佐藤豁「仮釈放と保護観察」法律のひろば13巻10号（1960）26頁。また，岡久雄氏は，たとえ仮釈放期間が短くとも（数日というケースもあるという），帰住するまでの「ヒモ」がつくなど改善更生に役立つことがあるし，刑務所での受刑者の管理に寄与するとして，短期の仮釈放を容認する。岡久雄「仮釈放の現状と問題点—審理過程よりみた」刑政76巻8号（1965）30頁。
52)　岡原昌男『司法研究報告書第24輯—假釋放制度の運用に就て』司法省調査部（1938）104-105頁は，少なくとも2年は必要とする。
53)　法務省・前掲注(4)表65参照。

仮釈放期間の関係である。考試期間主義では，仮釈放によって残刑の執行が条件付で猶予されるわけであるから，仮釈放期間は残刑期間とは関係なく設定できることになる[54]。全部執行猶予の期間が（宣告刑より長ければ）宣告刑とは必ずしも対応関係になく[55]設定されるのと同様である。

　ただ，残刑期間よりも短い仮釈放期間を設定することを認めるかどうか，即ち本章で言う消極的考試期間主義を認めるどうかが問題となる。ドイツでは，仮釈放期間は法定の上限と下限の間で決められるが，残刑期間を下回ってはならないとされ，消極的考試期間主義を採らない。既述の通り，我が国の準備草案は，仮釈放期間とは別に，期間経過の効力として，残刑期間（6月に満たない場合は6月）を経過したときのみならず，仮釈放を取り消されることなく仮釈放後，刑の執行を受けた期間と同一の期間を経過したとき（但し，刑の執行を受けた期間が6月に満たない場合は6月を経過したとき）は，刑の執行を終わったものとすることができるとし，この規定は改正刑法草案まで維持されている。これによれば，非常に早い時点で仮釈放となった場合，刑の執行を受けた期間が残刑期間より短くなることがあり得るため，残刑期間の経過前に刑の執行（と共に保護観察も）が終わることになる。

　考試期間主義が，社会内処遇の必要性に応じて保護観察期間を設定するものとの趣旨を徹底すれば，社会内処遇の必要性が少ない者は残刑期間よりも短い期間を仮釈放期間とする方が理論的な整合性がとれるようにも思われるし，考試期間主義を採り，宣告刑期からの制約を解いて，一定の範囲ながら自由に仮釈放期間を設定できるようにしておきながら，いざ仮釈放期間を残刑期間より短くするときのみ，宣告刑期の制約を持ち出してきてこれに抵抗することは些か均衡を欠くとも言える。

　しかし，仮釈放期間の法定期間を1年以上5年以下とすれば，残刑期間がそ

---

54) ただ実際の適用の場面では，仮釈放期間が法定の上下限の範囲内にあっても，①宣告刑と仮釈放期間との関係や②残刑期間（猶予された刑の期間）と仮釈放期間の関係が如何にあるべきかという問題がある。例えば，①宣告刑が6月であるのに，仮釈放期間が3年といったように宣告刑より遙かに長い仮釈放期間を設定することが妥当か，②残刑期間が1月であるのに，5年の仮釈放期間を設定することが適切か，ということである。構造的に考試期間主義の仮釈放と似ている刑の一部執行猶予における同種の問題については，太田達也・前掲注(12)37-38頁。

55) 大判昭和7・9・13刑集11巻15号1238頁。

の下限の 1 年より上回ることは，宣告刑が 1 年 6 月以上の者であり得るし，残刑期間が法定期間の上限である 5 年よりも上回ることも，理論上 7 年 6 月以上の者であればあり得ないわけではない。しかし，我が国の場合，一般に執行率が高く，刑が長くなればなるほど執行率が高くなるため，仮釈放の法定期間より長いような残刑期間が生じるような仮釈放が行われるのは，長期の受刑者が 1 年以上の残刑期間を残して仮釈放となる場合に限られるであろう。その場合でさえ，残刑期間は仮釈放期間の下限である 1 年より少し長い程度となろうから，敢えて消極的考試期間主義と銘打って採用するほど，意味のある短縮ができるわけではない。しかも，長期受刑者の問題性から社会復帰にはそれなりの時間を要することが予想されるから，仮釈放期間はせめて残刑期間を下回らないこととすることの意味はあろう。

IX　無期受刑者の仮釈放期間

　無期刑については，有期刑と異なる仮釈放期間の設定が必要となる。現在は残刑期間主義であるため，無期刑は残刑期間も無期となって，無期で保護観察が行われる。この保護観察を止めるためには，刑の執行免除の手続を取るしかないが，これは恩赦の 1 つであるため，きわめて例外的・謙抑的にしか行われず，実務でも 10 年から 20 年以上かかるのが普通である。高齢で仮釈放となった場合，再犯や遵守事項違反がなくとも，この手続を受けることができないまま亡くなることも多い。

　無期受刑者の仮釈放期間に関する諸外国の立法例としては，5 年（ドイツ），10 年（韓国），20 年（台湾）[56]などがある。ドイツは 5 年とかなり短いが，保安処分制度の存在は，別途，考慮しなければならないであろう。準備草案及び刑法草案では，無期刑を含め，仮釈放期間は残刑期間とされているが，仮釈放を取り消されることなく 10 年を経過したときは，刑の執行終了とすることができるとしていた（準備草案第 92 条 2 項，改正刑法草案第 85 条 2 項）[57]。この規定に対

56）ドイツ刑法第 57 条 a 第 3 項，大韓民国刑法第 73 条の 2 第 1 項，中華民国刑法第 79 条 1 項。

57）正木亮「仮釈放に関する理論と実際」法律のひろば 15 巻 2 号（1962）30 頁は，無期の刑の執行を 10 年で終わったものとするという制度を評価している。

し，前田俊郎教授は，準備草案の10年経過による刑の執行終了を現行制度からの一大進歩と評価しながら，10年という期間は犯罪学的に固定的に過ぎるとする。そのうえで，前田教授は，残刑期間をもって考試期間としながら，最低1年最高5年で刑の執行終了とし，無期刑の仮釈放者も5年で刑の執行終了とする制度を提案するが，固定的とする先の主張とは相容れない[58]。森下忠名誉教授も，刑の執行終了制度としてではあるが，無期の場合でも再犯の危険性が著しく低下する5年で良いとする[59]。

　この問題は，無期刑の本質や仮釈放要件としての法定期間の在り方と併せて検討を加える必要がある。通説ともいえる無期刑を終身刑と捉える終身刑説では刑の効果が終身及ぶため，それより短い仮釈放期間を設定して，刑の執行を終了したものとすることは難しい（はずである）。しかし，第2編第2章で詳しく論じたように，私見では，無期刑を終身刑とは捉えず，有期刑の上限を超えたところを短期とし，終身を長期とする不定期刑と見るべきであると考える。これであれば，無期刑に対して仮釈放後の仮釈放期間の制度を設け，仮釈放後，一定の期間，再犯や遵守事項違反がない場合に無期刑の執行を終了したことにする制度は充分に考えられる。

　一般に，不定期刑の場合，仮釈放期間は，長期が経過するまでとする方法以外にも，仮釈放を受けるまでと同じ期間するなどいろいろな方法があり得る。但し，仮釈放までと同じ期間する方法は，無期刑の場合，余りに保護観察期間が長期化するので適当でない。そこで，仮釈放後の一定期間を保護観察期間とし，仮釈放を取り消されずにその期間を経過した場合，刑の執行を終了したものとする方法が妥当である。

　無期受刑者の中にも，仮釈放後，再犯に至る者がいる。矯正協会附属中央研究所による調査によると，2001年（平成13年）の時点で全国の刑事施設に収容されていた無期受刑者913名のうち，仮釈放の取消しにより収容されている者は92名と10％となっている[60]。仮釈放から再入所までの期間を見ると，3年以内で48.9％，5年以内が67.4％，10年以内で84.8％となっており，10年を

58）前田俊郎・前掲注(30)216頁。
59）森下忠・前掲注(51)93-94頁。このほか，香川達夫教授は，無期の場合の残刑期の有限化が望ましいとする。香川達夫「仮出獄」団藤重光編『注釈刑法(1)』有斐閣（1964）234頁。

超えて入所する者は少ない。これは入所時を基準としていることから，取消手続の期間を考えると，再犯までの期間が 10 年以内の者が殆どである。

このように無期受刑者の再犯リスク期間が仮釈放後 10 年であり，釈放時年齢や平均余命，社会的自立に必要な期間などから極めて長期の保護観察期間が必要とは思われない。以上のことから，私見としては，差し当たり，10 年ないし 5 年以上 15 年以下の一定期間が適当ではないかと考えている。

X　保護観察と仮釈放の取消し

考試期間主義の下では，仮釈放期間中，対象者は保護観察に付されるのが普通である。しかし，仮釈放期間中に保護観察を行わないことも認める余地があるのかどうかも検討しておく必要がある。そもそも仮釈放は，再犯のおそれが低い者に対して行われるものであるので，社会内での指導監督や補導援護を受けずとも自力更生が可能と判断されるものに対しては保護観察に付さないとすることはむしろ当然とも言える。さらに，考試期間主義は対象者の処遇の必要性に応じて仮釈放期間を調整することを認めるものであり，その趣旨を徹底すれば，再犯の危険性が低い者に対しては，先に述べた残刑期間主義より短い仮釈放期間を認める消極的考試期間主義も理論的にはあり得るし，仮釈放期間を設定しつつ，その間，保護観察を実施しないこともあってしかるべきことになる。全部執行猶予の場合にも保護観察付と単純執行猶予があるように，残刑猶予主義としての仮釈放にも保護観察に付するものと，そうでないものがあってもよい。

もっとも，犯情が比較的軽く，宣告刑も短い全部執行猶予の場合と，実刑となった受刑者との差は考慮に入れなければならず，両者を全く同質に見ることはできないから，仮釈放の場合は，原則として仮釈放期間中，保護観察に付すことにしつつ，その必要がない者については，例外的に保護観察の対象外とするのが適当である。韓国では，1995 年に成人に対する保護観察制度を新設し，刑法中に執行猶予と仮釈放に伴う保護観察を導入したが，仮釈放については原則として残刑期間を仮釈放期間とし，保護観察に付するが，仮釈放を許可した

60）保木正和ほか「無期懲役受刑者に関する研究」中央研究所紀要 12 号（2002）32 頁。遵守事項違反による取消しが 16 名おり，再犯による取消しは 76 名である。

行政官庁が必要ないと判断する場合には保護観察を付さないこととした[61]。日本でも，準備草案は折衷主義，刑法草案は残刑期間主義と，それぞれ異なる仮釈放制度を採るが，その双方において残刑の期間中（改正刑法草案では，仮釈放の期間中），保護観察に付さないことを認めていた（準備草案第90条1項但書，改正刑法草案第83条2項但書）。

勿論，保護観察を行わない仮釈放者についても，保護観察官や保護司による指導監督や補導援護を受けないだけで，なお仮釈放期間中であることに変わりはないから，その間に再犯があった場合には，保護観察中の者と同様，仮釈放が取り消されることになる。

仮釈放取消後の再度の仮釈放は，現行法同様，これを禁ずる必要はないが，考試期間主義の下では，再度の仮釈放を認めうる状況がある場合でも，当然，より長期の仮釈放期間が設定されることになろう。

XI 考試期間主義と刑の一部執行猶予

2016年（平成28年）から施行された刑の一部執行猶予は，裁判所が，懲役又は禁錮を言い渡す場合において（宣告刑），その刑の一部（猶予刑）の執行を一定期間猶予し（猶予期間），猶予を取り消されずに猶予期間が経過した場合に，猶予されなかった刑（実刑部分）を刑期とする刑に減軽するという刑罰である。刑の一部執行猶予は，猶予期間中に再犯や遵守事項違反を起こせば猶予刑が取り消されるという心理的な強制力を働かせることができ，さらに，猶予期間中の保護観察が付されていれば，社会において積極的な働きかけを行うことができる。そのため，この刑に付された者は，満期による釈放がなくなるため釈放後に社会内処遇を付けることができないという満期釈放の限界を克服することができると同時に，裁判により実刑部分に続く猶予期間に保護観察期間が設定されていれば，たとえ仮釈放後の保護観察が短くても，一定の社会内処遇の期

61）韓国刑法第73条の2第2項。成人の場合，保護観察の要否を決めるのは，仮釈放審査委員会ではなく，別の保護観察審査委員会である。なお，韓国でも残刑期間主義を採るが，10年を超えることができないとして，一部，消極的考試期間主義を採る（同1項）。韓国の仮釈放については，法務省保護局（太田典子）『諸外国の更生保護制度(6) 大韓民国の更生保護』（2014）92-94頁。

図1　一部執行猶予と考試期間主義

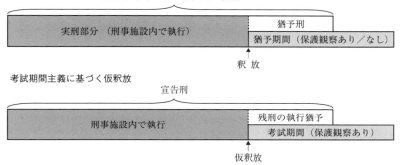

間を確保することできるため仮釈放の限界をも解消することができる。

　刑の一部執行猶予は裁判所が判決で予め宣告しておくのに対し，考試期間主義に基づく仮釈放は仮釈放決定機関が自由刑の執行の過程で決めるという点で決定的に異なるし，判断基準においても，刑の一部執行猶予が行為責任を中心に予防的判断を加味して行うのに対し，仮釈放の場合は，「改悛の状」という予防的判断を中心に行う点でも異なる。しかし，両者は，自由刑の最後の一部分の執行を猶予し，猶予期間を設定するという構造が酷似しており，刑事施設からの釈放後に一定期間の保護観察を確保することができるという点で共通している（図1）。

　そこで，刑の一部執行猶予が導入されれば，考試期間主義も必要ないようにも思われる。仮に全ての自由刑が刑の一部執行猶予の形で言い渡されるようになれば，考試期間主義は不要となる。しかし，導入された刑の一部執行猶予には，3年以下の懲役又は禁錮という宣告刑の制限があるほか，必要性・相当性の要件や厳しい前科要件（「薬物使用等の罪を犯した者に対する刑の一部の執行猶予に関する法律」による一部執行猶予を除く）が付されているため，適用されない者も多い。特に，更生に支障が生じる可能性の高い累犯者（薬物以外）や重大犯罪者には刑の一部執行猶予が適用されないため，依然として，仮釈放や満期釈放の問題は残る。それ故，刑の一部執行猶予が成立した今日においても考試期間主義を導入することには意味があるのであり，刑の一部執行猶予が適用されな

い事案においても，考試期間主義を適用することができれば，その適用範囲の狭さを補うことができるのである[62]。

XII　保護観察の充実

　考試期間主義の導入に当たって課題となるのは，保護観察の実施体制と内容である。考試期間主義を採用した場合，仮釈放期間が長くなるため，保護観察期間も長期化する。そうなれば，現在よりもさらに多くの3号観察が係属することになり，保護観察官と保護司の負担が重くなることは必死である。そこで，保護観察官を大幅に増員するなど，対象者数に応じた実施体制と人材確保に努めることが課題となる。

　また，保護観察の内容にも改革が必要となる。現在の3号観察は期間が短いため，保護観察担当者にとっては，対象者に十分な対応を取るだけの時間がないことがある反面，十分な対応をせずに済んでしまっている面がないわけでない。考試期間主義の採用により，仮釈放後の保護観察期間が相対的に長くなれば，対象者に「できること」が増える反面，「やらなければならないこと」も増える。自分の更生を見守る者がいること自体が再犯への反対動機の形成に役立っていることは十分にあり得るとしても，保護観察期間が長くなればなるほど，惰性を生じやすく，間延びした処遇となる危険性もある。全部執行猶予に付される4号観察が，事件の重大性が低い割に，3号観察に比して難しいと言われるのも，期間が長いという要因の影響が少なくない。

　私見では，刑事施設に収容されている時点から段階的に開放的処遇に移行し，最終的に仮釈放に繋げる段階的処遇が望ましいと考えているが，さらに仮釈放となった後も，対象者の特性と処遇の進展に応じて，保護観察の内容や密度を段階的に変える段階的保護観察制度を導入していくべきであり，一定の保護観察期間が確保できる考試期間主義に合わせて，こうした制度の導入も検討し，保護観察の内容をより充実させていく必要があると考える（本編第3章参照）。

62）太田達也・前掲注(12)59-60頁。

第 2 章

必要的仮釈放制度に対する批判的検討

I 必要的仮釈放を巡る議論の経緯

仮釈放の実質的要件である「改悛の状」については，更生保護法の施行に伴い 2008 年（平成 20 年）に許可基準と評価方法が改正されたが，仮釈放の適否を個別に審査するという制度の基本構造に変わりはなく，本章では，これを裁量的仮釈放と呼ぶことにする。これに対し，実質的要件の審査を行わず，刑期の経過という形式的要件の充足のみによって受刑者を仮に釈放するのが必要的仮釈放と呼ばれる制度である。古くは，国際刑法監獄会議でも検討の対象となり[1]，アメリカでは，1970 年以降，パロール制度の廃止や縮小に伴い必要的仮釈放が増加してきている[2]。日本でも 1960 年代以降の刑法改正作業の過程において提案され，1970 年代に始まる監獄法改正作業でも，善時制ないし善時的仮釈放の導入という形で議論されたことがある。しかし，必要的仮釈放にはいくつか大きな制度的問題があることが指摘され，刑法改正作業では草案作成以前の早い時点で姿を消し[3]，監獄法改正作業においても法制審議会の「監獄

---

1) 鶴岡千仞「第 12 回國際刑法及び監獄會議について」刑法雑誌 1 巻 3=4 号（1951）162-163 頁。しかし，同会議では必要的仮釈放に強い反対が表明され，結局，決議では採択されていない。平場安治＝平野龍一編『刑法改正の研究 1 概論・総則─改正草案の批判的検討』東京大学出版会（1972）311 頁。
2) *See, e.g.*, Bureau of Justice Statistics, Trends in State Parole, 1999-2000, at 1-4 (2000), Bureau of Justice Statistics, Probation and Parole 2015 (Revised) 22-23 (2017).

法改正の骨子となる要綱」に盛り込まれなかったこともあって[4]，その後殆ど取り上げられなくなった。

ところが，2002年（平成14年）に発覚した名古屋刑務所受刑者死傷事件を契機として再開された監獄法全面改正を巡る論議の過程で再び同制度の導入を求める主張が展開されたのに加え[5]，保護観察対象者の重大再犯を契機とした更生保護制度の見直し論議においても，必要的仮釈放の導入を求める見解が示されている[6]。また，2009年（平成21年）に取りまとめた要綱において刑の一部執行猶予と社会貢献活動の導入を提言した法制審議会被収容人員適正化方策に関する部会においても必要的仮釈放に関する検討が行われている[7]。

しかし，必要的仮釈放を肯定する見解については，従来と変わらぬ主張が繰り返されているだけで，かつて必要的仮釈放に対して加えられた批判さえ克服されていないばかりか，制度化に当たって検討されなければならない具体的な問題も全く論じられていない。必要的仮釈放には，仮釈放後の保護観察期間を確保するという意義が認められるものの，現実の制度論としては多くの問題が予想されるばかりか，看過できない本質的な矛盾や欠陥がある。にもかかわらず，仮釈放制度の在り方や改革について論ずる際，必要的仮釈放制度の主張が繰り返されることから，必要的仮釈放制度の問題と限界を批判的な立場から検討を加えるとともに，釈放後の再犯防止のうえでも同制度が殆ど無力に等しいことを指摘することとしたい。

---

3) 法制審議会刑事法特別部会が1970年（昭和45年）にとりまとめた参考案（第1次案）では必要的仮釈放の規定が置かれていたが（別案），翌年の第2次案作成の過程で必要的仮釈放の案は採用されないこととなった。鈴木義男「刑法改正作業レポート(40) 仮釈放」ジュリスト453号（1970）126頁。
4) 善時制は，法制審議会監獄法部会での審議の結果，採用されないこととなり，同部会が1980年（昭和55年）に決定し，法制審議会に報告した「監獄法改正の骨子となる要綱案」には盛り込まれなかった。法制審議会監獄法改正部会『監獄法改正の骨子となる要綱案説明書』法務省矯正局（1977）5-7頁，大芝靖郎「監獄法改正の審議状況〈第20回〉」法律のひろば33巻1号（1980）58-60頁，古川健次郎「仮釈放と監獄法改正」犯罪と非行43号（1980）9-11頁。
5) 日本弁護士連合会「行刑改革会議提言についての日弁連の意見」（2004）21頁，神洋明「受刑者処遇法と日弁連」自由と正義56巻9号（2005）21頁。
6) 日本弁護士連合会『「更生保護のあり方を考える有識者会議」報告書に対する意見』（2006）5頁。
7) 法制審議会被収容人員適正化方策に関する部会議事録（以下，「被収容人員適正化方策部会議事録」という）第12回16頁，19-20頁，第13回8-9頁，18-19頁。

II 必要的仮釈放の概念

1 真正必要的仮釈放

　実質的要件を考慮せず，一定期間の刑の執行により受刑者を刑期よりも早期に釈放する制度が必要的仮釈放である。これにはいくつかの類型が考えられる。

　1つは，刑期の6分の5や5分の4といった一定期間の刑の執行により自動的に仮釈放にするもので，必要的仮釈放の最も典型的な類型である。我が国の刑法改正作業において法制審議会刑事法特別部会の小委員会が作成した小委員会参考案（以下，「第1次案」という）の「別案」も，「2年以上の有期の懲役又は禁固に処せられた者が，執行すべき刑期の6分の5を経過したとき，又は不定期刑を受けている者が，長期の6分の5を経過したときは，仮にこれを釈放しなければならない」（第88条3項）と規定し[8]，この類型の必要的仮釈放を想定していた。こうした一定期間の刑の執行により自動的に仮釈放に付す必要的仮釈放を，ここでは真正必要的仮釈放と呼ぶことにする。もっとも，「別案」でも，「但し，明らかに釈放後再び罪を犯すおそれがあるときは，この限りでない」として除外事由を認め，全ての受刑者を例外なく仮釈放することにしていたわけではないから，これを完全な必要的仮釈放と言いうるかどうかは疑問がある。

2 善時的仮釈放

　これに対し，もう1つの必要的仮釈放が，善時制（good-time system）と組み合わせる形で行われるものであり，主にアメリカで採用されているものである。刑事施設での行状がよく，遵守事項違反による懲罰を受けていない者や，処遇プログラムに積極的に参加し，成果を上げている者に対し一定の日数を善時（good time）として認め，その合計分だけ早く刑事施設から釈放するものである[9]。もっとも，アメリカでも，州毎に，刑種や罪種によって付与する善時の

---

8)　法務省刑事局『刑法改正資料(1) 法制審議会刑事法特別部会小委員会参考案（第1次案）』(1970) 35頁。法制審議会被収容人員適正化方策に関する部会では，具体的な制度論にまで突っ込んだ議論は行われないまま，不採用となっているが，そこで念頭に置かれているのは，こうした真正必要的仮釈放制度である。被収容人員適正化方策部会議事録第12回16頁。

基準が異なるなど極めて複雑な仕組みとなっているほか，処遇や作業の成績も他の委員会が実質的な審査を行うなど，裁量を完全に排除した形式的なものではない[10]。

このような善時制を組み合わせた必要的仮釈放を，本章では**善時的仮釈放**と呼び，必要に応じ真正必要的仮釈放と区別して議論することにする。日本の「第1次案」の「B案」は，「2年以上の有期の懲役又は禁固に処せられた者が，刑事施設内において善行を保持し，執行すべき刑期の6分の5を経過したときは，他の法律に定めるところにより，仮にこれを釈放しなければならない。」[11]と規定し，善行保持を要件に加えているが，善時日数を加算していくのではなく，善行保持を要件として刑期の6分の1に相当する期間だけ釈放を早める制度が想定されているから，真正必要的仮釈放制度に当たる。

これに対し，善時的仮釈放を提案しているのが日弁連である。日弁連は，1975年（昭和50年）に「刑事拘禁法要綱」（以下，「要綱」という）を公表した際，

---

9) 今日の善時制の基準は非常に複雑で，簡単に記述できないが，大凡の善時日数の基準を見ると，月30日以上の善時を認める州として Alabama (75 days per 30 days), Illinois (1 day per day), Louisiana (35 days per 30 days), North Carolina (1 day per day), Oklahoma (60 days), Texas (30 days per 30 days), West Virginia (1 day per day), 20日以下 Nevada (20 days), New Jersey (16 days), South Carolina (20 days), 15日以下 Colorado (15 days), Connecticut (12 days), New Hampshire (12.5 days), South Dakota (6 months per year), Wyoming (15 days), 10日以下 Kentucky (10 days), Maryland (10 days), Massachusetts (7.5 days), Rhode Island (10 days), Tennessee (8 days), 5日以下 Delaware (3 days), Maine (4 days), Michigan (5 days), Missouri (2 months per year), 刑期の50% Washington, 刑期の3分の1 Alaska, New York (one-seventh for determinate sentence), 刑期の20% Kansas, Oregon。*See* Michael M. O'Hear, *Sovling the Good-Time Puzzle: Why Following the Rules Should Get You Out of Prison Early*, 2012 WIS. L. REV. 195, 231-236 (2012).

10) 例えば，ニューヨーク州では，定期刑，不定期刑（無期刑を除く）のいずれにおいても善時制の適用が認められており，受刑者の行状や処遇成績を考慮して行政の委員会が決定する。善時の上限は，定期刑の場合は刑期の7分の1，不定期刑の場合は刑期の3分の1である。N.Y. Correct. Law §803 (1). 条件付釈放（conditional release）とは，この善時の日数分だけ満期日より早期に釈放する制度であり，定期刑では最も早くて刑期の7分6，不定期刑で長期の3分の2で条件付釈放となる。この条件付釈放が，ここで言うところの善時的仮釈放となる。N.Y. Penal Law §70.40 (1) (b).

11) 法務省刑事局・前掲注(8)35頁。この法制審議会刑事法特別部会小委員会の必要的仮釈放の案の内容は殆どが小川太郎博士の提案であるという。伊福部舜児「仮釈放の原則化論について」更生保護と犯罪予防100号（1991）7頁。小川博士は，「再犯のおそれはあっても，施設内処遇に適応したことを考慮する意味で善時的仮出獄に付することはできるし，それは再犯の低減にいくらかでも寄与することであろう」と主張される。小川太郎「仮出獄の思想」犯罪と非行43号（1980）45頁。

賞遇の項目の中で「善時釈放」の制度を提案している[12]。その内容は，「刑期6月以上の受刑者が入所後3月を経過した後の月初以後の行状につき，善行を保持して1月を経過したと認められるときは，その1月ごとに5日を善時日数とすること」としたうえで，「受刑者は，善時日数の累積日数を刑期終了日から逆算して縮減した日から3日以内に（刑法第28条に規定する）行政官庁の処分があったものとして，仮に釈放される」というものである。

　法制審議会監獄法改正部会においても，弁護士委員の提案により「善行釈放」と呼ばれる善時的仮釈放制度の議論がなされているが，そこでは善時日数は月3日の割合とする案（乙案）が土台とされていた[13]。それに対応してか，日弁連の「『監獄法改正の骨子となる要綱』に対する意見書」（以下，「意見書」という）でも善時日数は月3日とされたが[14]，1984年（昭和59年）の「監獄法改正に関する対策本部試案」（以下，「試案」という）では再び月5日の割合に戻され[15]，さらに1992年（平成4年）に作成された日弁連の「刑事被拘禁者の処遇に関する法律案」（以下，「刑事処遇法案」という）では，「1年を超えて事故に該当することなく経過した年数1年ごとに，前項の日数［筆者注　善時日数］に1日を加算した日数とする。ただし，1月につき10日を超えることはできない」として，長期受刑者への善時日数の特別加算を追加している[16]。

　もっとも，これらの提案は，監獄法改正の中でなされたものであり，仮釈放制度の根幹を定める刑法改正に焦点を当てたものではない。そのため，「要綱」や「意見書」では，善時日数を刑期終了日から逆算して得られる日に刑法第28条で言うところの行政官庁の処分があったものとみなし，また無期刑の場合は，その刑期を20年とみなすというみなし規定を置き，刑法に基づく従来の裁量的仮釈放制度と併存させることを前提としている[17]。

---

12) 日弁連司法制度調査会「刑事拘禁法要綱説明書」自由と正義27巻9号（1976）74-75頁。
13) 法制審議会監獄法改正部会・前掲注(4)5-7頁，大芝靖郎・前掲注(4)58-59頁，古川健次郎・前掲注(4)11頁。
14) 日本弁護士連合会「『監獄法改正の骨子となる要綱』に対する意見書」自由と正義33巻1号（1982）60頁。
15) 瀬戸英雄＝海渡雄一「開かれた行刑をめざして─日弁連拘禁二法案対策本部試案の概要」自由と正義36巻2号（1985）171頁。
16) 日本弁護士連合会「刑事被拘禁者の処遇に関する法律案（日弁連・刑事処遇法案）」自由と正義43巻4号（1992）88頁。

3 社会内処遇付自由刑

　この他，アメリカでは，自由刑に社会内処遇を組み合わせて言い渡すタイプの刑罰を導入している州があるが，そうした社会内処遇付きの自由刑を言い渡された受刑者が釈放される場合に必要的釈放（mandatory release）と扱われる場合がある。

　アメリカでは，公正モデル[18]の隆盛や量刑忠実法（truth-in-sentencing）[19]の施行に伴ってパロールの縮小や廃止が進み，代わって社会内処遇付の自由刑が導入されることが多くなっている。連邦でも，1984年の量刑改革法によりパロールが廃止され，定期刑を中心とした刑罰体系が構築された際，1987年11月1日以降に行われた連邦犯罪に対して定期刑を科す場合には，定期刑終了後に監督付釈放（supervised release）と呼ばれる5年以下の社会内処遇を行うこととされた[20]。

　州でも，例えば，ニューヨーク州では，1995年と1998年の量刑改革法[21]に

17）但し，「試案」や「刑事処遇法案」では，「受刑者が，法務省令で定める事故に該当することなく，刑期1月を経過するごとに5日の割合で刑期満了の日から逆算し，その日をもって仮に釈放するものとする」として，みなし規定になっていないことから，善時的仮釈放の日をもって地方更生保護委員会が仮釈放の決定を行うのか，委員会は関与せず，当該日に委員会の仮釈放決定があったものと見なすのか，明確でない。

18）ANDREW VON HIRSCH, DOING JUSTICE: THE CHOICE OF PUNISHMENTS (New York, Hill and Wang, 1976).

19）量刑忠実法は，量刑真実法とも呼ばれ，裁判所が言い渡した自由刑の刑期にできるだけ忠実に刑務所の中で執行することを義務付ける法律のことである。1980年代から州で制定が始まり，1994年には，連邦政府が，一定の暴力犯罪の受刑者が宣告刑の85%以上の執行を刑務所の中で受けることを義務付ける量刑忠実法を制定ないし実施した州に対しては州刑務所建設又は増築のための補助金を支給する制度を設けている。量刑忠実法は，結果として，パロールや不定期刑の廃止に方向に作用する。Paula M. Ditton & Doris James Wilson, Truth in Sentencing in State Prisons (Bureau of Justice Statistics, 1999).

20）Sentencing Reform Act of 1984, Pub. L. 98-473, §212 (a) (2), 98 Stat. 1999 (1984). 18 U. S. C. §3583 (2004). 監督付釈放の期間は，クラスAとBの重罪で5年以下，クラスCとDで3年以下，クラスEと軽微な犯罪を除く軽罪で1年以下となっている。制度については，United States Sentencing Commission, Federal Offenders Sentenced to Supervised Release (2010), Charles Doyle, Supervised Research (Parole): An Overview of Federal Law (2015), United States Sentencing Commission, Guidelines Manual 2016 (2016) 等参照。

21）Sentencing Reform Act of 1995, 1998. 特に，1998年の州法は，殺人被害者の名を冠して Jenna's Act と呼ばれている。同法については，Al O'Connor, 1998 Legislative Review, Public Defense Backup Center Report, Vol.XIII, No.7 (1998) に詳しい。

より暴力的重罪に対する定期刑においては裁量的仮釈放たるパロールが廃止され，代わりに自由刑の一部として一定期間の釈放後監督（post-release supervision）を裁判において科す制度が導入されている[22]。そうした受刑者が刑事施設から釈放され，社会内監督に移るときも，パロール委員会の審査・決定を経ずに釈放となるためか，必要的な釈放という概念で捉えられることがある。ウィスコンシン州やフロリダ州など州で採用されている二分判決（split sentence, bifurcated sentence）なども，その意味では同様であろう。

しかし，これらの社会内処遇付の自由刑は裁判所が判決の際に言い渡すもので，言い渡した自由刑の執行の過程で事後的に他の行政機関が釈放を決定するものではないことから，必要的仮釈放とは異なる。但し，真正必要的仮釈放と社会内処遇付の自由刑は，自由刑と社会内処遇を組み合わせるという点では共通している面があることから，本章の最後において，両者の相違点と必要的仮釈放の問題性について言及することにする。

4　その他

日本では，仮釈放「原則化」論という主張も見られる[23]。論者の一人である朝倉京一氏は，必要的仮釈放は改正刑法草案に至る慎重な審議の後否決されたことを考えれば，現行の仮釈放制度を維持し，仮釈放の原則化は将来の立法論として残すことで足りるとしている。その意味するところは，裁量的仮釈放制度の下，犯罪者の社会復帰を援助するため，できるだけその適用を積極化していくことであって，必要的仮釈放の導入を直ちに主張するものではない。それでも，朝倉氏は，必要的仮釈放の制度化を完全に否定しているわけではなく，「累犯者については，更生の意欲に乏しく，再犯のおそれが大きい」という「事実は，パロールとしての仮釈放制度の下にあっては，保護観察として行われる強力な社会復帰の援助によって，まさに克服されなければならない」[24]と

22）N.Y. Penal Law §70.45 (5) (2015). 定期刑についても善時制の適用があり，刑期の最大7分の1が短縮され，釈放後，定期刑に付されている釈放後監督が行われる。ニューヨーク州の刑罰と釈放制度については，Columbia Human Rights Law Review, A Jailhouse Lawyer's Manual 959-974 (9th ed. 2011) に詳しい。
23）朝倉京一「仮釈放の原則化をめぐる一考察」更生保護と犯罪予防50号（1978）30頁。
24）同上31頁。

していることから，改正刑法草案の常習累犯に対する不定期刑制度（改正刑法草案第58条・第59条）の導入を前提としている節はあるものの，再犯の可能性が高い者も含めた仮釈放の運用を提唱し，問題は保護観察によって対応すべきだとしている点では，必要的仮釈放の主張と共通するところがある。

Ⅲ　必要的仮釈放の意義とその批判的考察

1　公正・公平且つ客観的な仮釈放の実現

　真正必要的仮釈放は，仮釈放機関が個別に実質的要件の具備を審理し，許否を決定する裁量的仮釈放と異なり，一定刑期の経過をもって自動的に仮釈放に付すことから，公正且つ公平な仮釈放判断に繋がるとされる。善時的仮釈放も，善時日数の判定は行われるものの，所内規律違反の有無だけを見れば，形式的・客観的な判断となる（但し，懲罰の適用には裁量や実質的判断が入り込む余地はある）。

　日弁連も，当初，「『善時釈放』は，現行法の仮釈放に善時制の精神と長所を加えるもの」であり，「これによって，懸案の仮釈放請求権の問題の解決に一歩を進めようとするものである」と説明するに止めていたが[25]，その後，法制審議会監獄法部会においてなされた説明では，「善行保持という比較的に客観的判定が可能な基準によって，一定期間の仮釈放を認めるものとすることが，仮釈放制度の公平な運用を期するために有効である」としている[26]。また，「意見書」においても，善時制を累進処遇制度廃止後の受刑者の「関心と協力」を確保するという秩序維持の措置と位置付けたうえで，今日の地方更生保護委員会の仮釈放審理が恣意的で，不公平なものであり，職員へのゴマスリやスパイ行為に走る受刑者が早期仮釈放を得ているため，無事故・無違反という客観的な指標を用いる善時制と仮釈放を連動させることが，「受刑者にとって不公平感を払拭させ，善行に励ませる最良の方策である」としている[27]。「要綱」では，「善時釈放とは，『無事故釈放』のことであると割り切った」とまでして

25）日弁連司法制度調査会・前掲注(12)75頁。
26）法制審議会監獄法改正部会・前掲注(4)6頁，大芝靖郎「監獄法改正の審議状況〈第7回〉」法律のひろば31巻2号（1978）61頁。
27）日本弁護士連合会・前掲注(14)60頁。

いる[28]。

　もっとも，日弁連は，「何等の事故にも該当せずに長期間善行を保持することは，受刑者にとっては必ずしも容易なことではありませんから，善時日数の確保という目的のために，事故を避けながら生活することが，忍耐力や責任感を養うことにな」[29]るとしていることから，善時制を刑事施設内での秩序維持のための手段としてだけではなく，そこに最低限ではあるが処遇として一定の意義を見いだしていることも否定できない。しかしながら，日弁連は，受刑者に申請権がなく，刑事施設からの申出と情報提供により実質的に仮釈放が左右される現行の仮釈放制度は，受刑者の施設迎合的な態度を助長するだけでなく，その許可基準も客観的に判断することが困難であり，地方更生保護委員会の審理が恣意的なものとなっているという前提に立ったうえで，善時制は所内での善行保持と秩序維持に資すると共に，所内で無事故・無違反の受刑者に対して自動的に釈放日を短縮することで，公正・公平・客観的な仮釈放を実現することを導入の主たる根拠としていることは確かである。

　しかし，日弁連の言う仮釈放審理の公正さという前提に，まず問題がある。現在の地方更生保護委員会による仮釈放が個別審査制である以上，そこに裁量の余地があることは疑いもなく，善時的仮釈放の方が仮釈放日の決定が客観的・機械的になることは確かであろうが，そのような仮釈放は，審理の形式面・手続面において公正であるというだけで，対象者の再犯防止や社会復帰の面において公正であるという保障はどこにもない。法務総合研究所が行った調査でも，重大犯受刑者の懲罰の有無は再犯率とは関係がなく，懲罰のない者でも再犯率が高いことが示されている[30]。

　仮釈放は受刑者の改善更生と再犯防止を図るため裁判所が言渡した刑期より早期の釈放を行うものであって，許否の判断が形式的・客観的であればそれで足りるという類のものではない。犯罪者処遇の原則として個別処遇が謳われ

---

28) 日弁連司法制度調査会・前掲注(12)75頁。
29) 日本弁護士連合会拘禁二法案対策本部『解説・日弁連刑事処遇法案―施設管理法から人間的処遇法へ』（1994）87頁。柳本正春「善時制度の導入について(2)―現場職員の立場から」刑政76巻10号（1965）65頁も，「自分の本心から出たものでなくとも，偽りの心から又打算の心から出たものでも，善行したり，善いことを云うのは意味がある」とされる。
30) 法務総合研究所『平成22年版犯罪白書―重大事犯者の実態と処遇』（2010）276頁。

（刑事収容施設法第 30 条），仮釈放もその一方策である以上，そこには個々の受刑者の事情や問題性に応じた裁量的判断がなされてしかるべきであり，後は実務の中で判断の妥当性・的確性を高める努力が続けられればよい。新応報刑論（just desert）や公正モデルの潮流の中で，それまで拡大されてきた不定期刑やパロールの適用が批判された 1970 年代中盤のアメリカの状況とは全く異なる。

　さらに，現行仮釈放制度に対する批判として，「刑務所内部には，仮釈放申請目前の受刑者に喧嘩をしかけて，その仮釈放をつぶしてしまうような心ない同囚もいないわけでない」として，これを「制度の歪み」とするものがあるが[31]，これは制度の欠陥でも何でもない。善時的仮釈放でも仮釈放直前に他の受刑者から喧嘩をけしかけられ，これに応じてしまえば，懲罰となり善時は全て没収され，善時的仮釈放は行われなくなるので，状況は全く同じである。懲罰に処するか否か，善時を没収するか否か喧嘩の状況等を判断して適切に対応すればこうした事態は防げると言われるかもしれないが，それ自体が正に「個別的審査」であり，これは現行の仮釈放制度でも同様である。逆に，善時的仮釈放にしたからといって，懲罰や善時の付与においてそうした個別審査が入り込む余地はいくらでもあるのである。

　さらに，アメリカの善時制では，単に規律違反や懲罰の有無だけでなく，処遇プログラムへの積極的参加や処遇成績を善時制評価の基準にしている。そうなれば，最早，善時制の審査さえ純粋に客観的とは言えず，実質的な評価が行われていることになる。そうであるとすれば，現行の仮釈放制度のように，処遇の成否や更生の可能性等を総合的に審理するほうが，より合理的であり，合目的的である。

　仮釈放が刑事施設からの情報提供によって実質的に左右されているとか，委員会の審理が恣意的なものとなっているという主張は，実際の実務を正しく捉えているとは思えない[32]。それはさておくとしても，現在の仮釈放制度が受刑者の施設迎合的な態度のみを助長するものとして批判しておきながら，受刑者の施設内の態度だけで善時の決定をすることから，それ以上に受刑者の施設迎合的な態度を助長するおそれのある善時制を主張するのは自己矛盾である[33]。

31）海渡雄一「仮釈放について」季刊刑事弁護 37 号（2004）153 頁。

「仮釈放を得ようと思えば，まず刑事施設の担当者に好印象を持たれなければならないことを知っていますから，その面前においては表面的な繕いをしなければなりません。また，施設の担当者は仮釈放を梃子にしながら，施設の規律維持をはかったり受刑者に服従を求めます。したがって，本来の制度目的である改悛の情［筆者注 原文ママ］）や再犯の可能性とは必ずしも結びつかない事情で，運用される弊害が生じます」[34]という日弁連の批判は，そのまま善時（的仮釈放）制度にも当てはまるのである。この点につき，「意見書」は，仮釈放の審理が化学分析のように明確なデータをもって示されることなどあり得ず，「無違反状態の継続は，現在のところ最も客観的なデータである」から，「結果として迎合的受刑者がこの制度の恩恵を受けることになって実態とのズレが生じても，それは現行審査制度における同様の実態とのズレといずれが大きく，いずれが小さいということはできない」としている[35]。しかし，裁量的仮釈放に比べ，個別審査の精度を上げうる工夫や余地のない善時的仮釈放の方が「実態とのズレ」が小さいということは考え難い。

　一方，善時制は所内の善行保持や秩序維持に資するというが，そうした制度は何も善時制に限ったものではない。例えば，監獄法下での累進処遇も受刑者の善行保持や秩序維持に資するものであるし，刑事収容施設及び被収容者等の処遇に関する法律（以下，刑事収容施設法という）での優遇措置も同様である[36]。善時制は，釈放時期の早期化に結びつくため，受刑者の善行保持に効果があることは想像に難くないが，だからといって，受刑者の善行保持や秩序維持のた

---

32) 日弁連は，仮釈放審理が「恣意的，不公平」とする一方で仮釈放の運用が「画一的・機械的」と批判し（日弁連司法制度調査会・前掲注(12)78頁），主張に整合性が見られない。なお，「刑務官の専恣を招き従って受刑者の形式的偽善を招来せしめるおそれがないかということが一つの論点とされる。併し乍らこれは仮釈放審査委員会或は刑務委員会の問題であり又刑務官にその人を得るという教養の問題であって，仮釈放そのものの本質に関する問題ではないと思われる」という岩崎二郎教授の指摘は示唆的である。岩崎二郎「仮釈放について─裁判と行刑との関係をめぐって」法書時報8巻8号（1956）19頁。
33) 伊福部舜児氏は，仮釈放の原則化によって，地方更生保護委員会が廃止される結果，仮釈放を申請する刑事施設の評価とは異なる，社会防衛的観点も含めた第三者的観点からの審査がなくなり，施設での規律違反の有無といった形式的評価に流れるため，要領のよい者から順次仮釈放の候補になると批判する。伊福部舜児・前掲注(11)8-9頁。
34) 日本弁護士連合会拘禁二法案対策本部・前掲注(29)86頁。
35) 日本弁護士連合会・前掲注(14)60頁。

めだけに善時制（善時的仮釈放）を導入すべきことにはならない。仮釈放には，受刑者の改善更生と再犯防止を目的とした処遇としての固有の意義と役割があるべきであり，所内での善行保持や秩序維持のみを根拠として仮釈放制度の在り方を論ずべきではない。そもそも，所内での善行保持を理由として仮釈放の時期を決するという発想は，仮釈放を一種の恩恵と見る立場と実質的に大差ないことになる。

2　拘禁刑の弊害回避

　他方，自由刑の本質とも言うべき身体の拘束に伴う弊害を問題視し，これを最小化する義務を国家は有するとして，「一般的で絶対的な拘禁期間の短縮化」に結びつく仮釈放制度を導入しなければならないという立場から必要的仮釈放の導入を主張する見解もある[37]。こうした自由刑純化論の立場は，自由刑という刑罰そのものに対し懐疑的であるにもかかわらず，これに代わる刑罰を見いだせないためにやむを得ず自由刑を適用しているという発想が根底にあるように思われるが，自由刑のもつ意義を全く評価しないばかりか，自由刑には弊害があるから早く出すのがよいという単純な理屈があるだけで，説得力を欠く。こうした理屈を採るのであれば，自由刑を廃止し，それに代わる社会内刑（community punishment）か社会内処遇を提唱すればよいはずである。にもかかわらず，善時の累積で僅かばかり早期に釈放する善時的仮釈放の主張に留まることは，中途半端の感を拭えない。日弁連による必要的仮釈放制度提案の理由にもこうした早期の仮釈放という意図が感じられるが[38]，早期に釈放することだけで良好な社会復帰が実現するというのでは余りにも楽観的であるとともに，処遇困難者についても，「英知を絞って（中略）特別な対策を模索する」[39]とす

36）しかし，新法の優遇措置が，評価基準や方法，優遇措置の内容からして，従来の累進処遇の弊害や問題を克服した新たな「処遇」制度と評価するには苦しく，累進処遇同様，施設の秩序維持のための方策という域を出ていないのは残念である。太田達也「刑事施設・受刑者処遇法下における矯正の課題—矯正処遇を中心として」犯罪と非行146号（2005）20-22頁。

37）武内謙治「仮釈放制度の法律化と社会化—必要的仮釈放制度と任意的仮釈放制度の提唱」『21世紀の刑事施設—グローバル・スタンダードと市民参加』日本評論社（2003）231-231頁。

38）日本弁護士連合会・前掲注(6)4頁。このほか，海渡雄一・前掲注(31)153頁，神洋明・前掲注(5)21頁。

るだけで何ら具体的な提言もないのでは、受刑者の利害のみを考慮し、社会の安全や被害者への配慮に欠けるばかりか、受刑者自身の「真の意味での」社会復帰にも関心がないと評されても仕方なかろう。

3 必要的仮釈放本来の意義

以上のような必要的仮釈放の提案理由はいずれも説得力を欠くものである。もし必要的仮釈放制度に意義があるとすれば、それは原則として全ての受刑者に対して保護観察を実施することができるという点にこそ求めるべきであり、それが必要的仮釈放の最大にして、且つもっとも説得力のある提案理由である。平野龍一博士は、必要的仮釈放には疑問を呈されるが、同制度の意義を「刑の執行が終わってはじめて釈放できるような危険な犯罪人が全く保護観察を受けることなくただちに野放しになるという事態、あるいは刑期満了の直前に釈放されてごく僅かの期間しか保護観察を受けないという状態は防止される」と正当にも指摘されている[40]。

このことは、矯正処遇の本質と限界に照らすとさらに明確となる。つまり、矯正処遇には独自の意義と重要性が認められるが、自由拘束下での処遇であることに変わりはなく、この状態で社会復帰や更生を見極めることには限界があると言わざるを得ない。筆者は、矯正処遇の過程においても、処遇の展開と本人の改善更生の度合いに応じて開放度を高めながら処遇を行う段階的処遇を提唱しているが[41]、自由刑である以上、それでもやはり一定程度の自由制限はある。

しかし、受刑者が満期釈放となってしまえば、社会復帰の様子を見極めることも、指導監督や補導援護を行うことも不可能となる（更生緊急保護は本人が希望する場合に限られる）。僅かな残刑期間を残して仮釈放となった場合も、程度の差はあれ、同様の問題が妥当する。そこで、段階的処遇の最終段階として、受

---

39) 日本弁護士連合会・前掲注(6)6頁。
40) 平野龍一『犯罪者処遇法の諸問題』有斐閣（1963）87頁、野中忠夫「必要的仮釈放制度とその問題点」更生保護と犯罪予防10号（1968）2頁も、必要的仮釈放「制度が導入されると、満期釈放者も、残刑期間が極めて短い仮釈放者もいなくなる。すべての受刑者に、アフターケアとして相当期間の保護観察を用意することができること、これが必要的仮釈放制度の最大眼目である」と指摘する。
41) 太田達也・前掲注(36)23-24頁。

刑者に大幅な自由と自律の機会を与え，自らの意思により，遵法的な生活を送ることができるかどうか観察するとともに，更生や社会復帰に必要な指導と援助を行うことが重要であり，こうした社会内処遇の機会を設ける制度が仮釈放と見るべきである。

　これは処遇としての仮釈放制度が発展するなかで唱えられた仮釈放の目的ないし機能に関する基本的な思想であるが[42]，やはりこれが仮釈放の本質とあるべき姿を正確に捉えているように思われる。「畳上の水練」という言葉があるが，畳の上（刑事施設）でいくら水泳（社会復帰）の練習をしても泳ぐことができるようにはならず，また泳ぐことができるようになったかどうかも確かめることができないのであり，最終的にはやはり水の中（社会）でしか泳ぐ練習と成果の確認をすることはできない[43]。このように，受刑者に対し社会の中で更生を図るための機会を与え，その状況を見極める期間を設けるのが仮釈放であるとすれば[44]，必要的仮釈放は，施設内での善行保持の結果として与えられる消極的な措置に止まるものではなく，全ての受刑者に保護観察を行うための自由刑必須の過程として位置付けられるべきことになる。

　刑法改正作業において必要的仮釈放が提案された理由も，正にここにある。「第 1 次案」で同制度の案が盛り込まれた理由を，後の改正刑法草案の説明書は，「受刑者の改善更生のためには刑事施設内における矯正処遇だけでは十分でなく，これに引き続いて一定期間の施設外処遇を行うことが是非とも必要であるという考えに基づき，通常の仮釈放を相当とする事情の認められない受刑

---

42) 司法省調査課『司法資料 67 号 仮 釈 放』（1925）104-105 頁。こ れ は，Wolfgang Mittermaier, Die Voraläufige Entlassung in Vergleichende Darstellung der deutschen und ausländischen Strafrechts (1908) の邦訳である。朝倉京一・前掲注(23)13，29 頁。また，国連も 1954 年に公刊した『パロールとアフターケア』のなかで同様の見解を示している。平野龍一・前掲注(40)85-87 頁参照。

43) 宮澤浩一名誉教授は，「自由を大幅に制限し，奪っている環境で，社会復帰の訓練をするのは，床の上で水泳の練習をさせることに似ている」という G・ラートブルフの言葉を引用して，社会内処遇の意義を説明されている。宮澤浩一『刑事政策講義ノート』成文堂（1998）48 頁。

44) 仮釈放に関連し，岩崎二郎教授は，「総じて犯罪者の教育ということは彼の復帰すべき社会において行われることが本来理想とせらるべきもの」であるのは，「何故ならば犯罪は犯人の社会的不適応性の最も端的且つ鮮明な具現とみるべきものであるが，この適応性の有無は彼が現実の社会におかれてこそ最もよく錬磨せられ且つ与えることができるものだからである」とする。岩崎二郎・前掲注(32)26 頁。

者についても，刑期の一定割合を経過すれば必ず仮釈放の処分をし，保護観察その他の方法によって本人の社会復帰を円滑にしようとするもの」であると解説している[45]。

日弁連も，2005年に発生した保護観察対象者の重大再犯を契機とした更生保護制度の見直し論議の過程において公表した『「更生保護のあり方を考える有識者会議」報告書に対する意見』において，従来のような善行保持や仮釈放審理の不公正さといった理由からではなく，処遇困難者を含めた全ての者に保護観察を行うためという理由から原則仮釈放又は善時的仮釈放を主張している[46]。

さらに，必要的仮釈放は，更生に支障が予想される受刑者が満期釈放となり，釈放後，何らの指導監督や補導援護も受けず，一方で更生の可能性の高い受刑者が（早期に釈放されるものの）社会内での処遇を受けることになるという仮釈放のジレンマを解消（ないし緩和）することができる。我が国では，満期釈放者の釈放後5年間の再入率が5割近くに達するにもかかわらず[47]，現行の仮釈放要件の下では再犯のおそれが高い受刑者を仮釈放にすることができず，満期釈放とならざるを得ないことから，却って社会内での監督も援護もできないという限界と矛盾が放置されてきている。こうした問題に対処するにはいくつかの制度が考えられるが，最も簡便な対処法が必要的仮釈放であり，これにより，理論上，全ての受刑者が仮釈放となり，満期釈放者がいなくなるため，仮釈放のジレンマが解消されることになる。「第1次案」でも，必要的仮釈放の根拠の1つとして，「満期釈放となるような受刑者については，釈放後も観察を行う必要がいっそう大きいこと」が主張されている[48]。

筆者の最終的な見解としては必要的仮釈放制度を支持できないが，必要的仮釈放に意義があるとすれば，この全ての受刑者に対し一定期間保護観察を実施

45) 法務省『刑法改正資料(6) 法制審議会改正刑法草案 附同説明書』（1974）153頁，鈴木義男・前掲注(3)122頁。
46) 日本弁護士連合会・前掲注(6)5-6頁。もっとも，仮釈放審査の恣意性・不公正さを提案理由とする意見は，依然として見られる。海渡雄一・前掲注(31)153頁。
47) 法務省『2016年矯正統計』e-Stat 表64。
48) 鈴木義男・前掲注(3)122頁。この他，必要的仮釈放を採用すれば，通常の仮釈放もかなり早く行われるようになり，残刑期間が長くなって，十分な保護観察を行うことができるようになるとの主張もなされているが，これは運用如何によるであろう。

できる点と，仮釈放のジレンマを理論上解消できる点に求めるべきであると考える[49]。なお，必要的仮釈放制度は採用し難いとしても，現行の自由刑制度を前提とする以上，裁量的仮釈放制度の下でもできるだけ多くの受刑者を積極的に仮釈放にしていく運用には賛成である。

Ⅳ　必要的仮釈放の問題と限界

1　必要的仮釈放に対する従来の批判

　必要的仮釈放については，古くから様々な問題が指摘されている。①事実上，刑期の短縮と同じ効果をもち，一定の刑期を定めて刑を言い渡した判決の趣旨に反するか，宣告刑のもつ意義が薄れる，②一定の期間の経過によって必ず釈放されることになれば，必要的仮釈放を見越した量刑が行われるようになり，刑が重くなる可能性がある，③再犯の可能性の高い犯罪者までも刑期満了前に釈放することになり，社会の安全にとって脅威となる，④仮釈放を許すかどうかの判断は個々の受刑者毎に具体的な事情を考慮して行うべきであって，刑期の一定部分の経過によって機械的に釈放するのは仮釈放の本質に反する，⑤現行の裁量的仮釈放の運用が鈍くなり，必要的仮釈放が常態化することになって，処遇の個別化を図ることも，受刑者の改善更生を喚起することも困難になる，との批判がなされている[50]。

　また，善時的仮釈放又はその前提となる善時制についても，⑥施設の規律秩序維持又は管理運営の報償又は制裁の手段として運用されやすい，⑦受刑者の内面的改善，人格態度の変容よりも，むしろ，施設内における表面的な服従迎合を助長し，必ずしも社会復帰への確実な予測が得られない場合でも，施設によく適応し得たことによって，これを早く釈放するという誤りに陥るおそれがある，⑧受刑者が巧妙な計算によって表裏ある行動を反復し，或いは改善更生への主体的努力を示さず，消極的態度に終始することになれば，行刑処遇の基

49)　本編第 1 章［初出「仮釈放と保護観察期間―残刑期間主義の見直しと考試期間主義の再検討」研修 705 号（2007）10, 17 頁］。
50)　平野龍一・前掲注(40)87-88 頁，野中忠夫・前掲注(40)6 頁以下，鈴木義男・前掲注(3)122-123 頁，前田俊郎「仮釈放」森下忠編『刑事政策演習［増補版］』有信堂（1971）211 頁，平場安治＝平野龍一編・前掲注(1)311 頁。

本原理たる「処遇の個別化」に反し，又はこれを阻害する結果を招く，などの批判がある[51]。このうち①と②は裁判と仮釈放との関係から，③と⑦が再犯防止又は社会の安全確保の観点から，④⑤⑥⑧が犯罪者の個別処遇の観点から問題点を指摘したものと言え，それぞれ，それなりの説得力がある。

　もっとも，必要的仮釈放の論者からすれば，次のような反論があり得よう。①に対しては，かつて仮釈放の不定期刑化機能や罪刑法定主義，三権分立との関わりで論じられた仮釈放自体に内在する問題であって，「必要的」仮釈放固有の問題ではない，②に対しては，現在，刑期の3分の1の経過という仮釈放の形式的要件があるからといって，それを考慮して量刑を行っているわけではない，③と⑦に対しては，保護観察がつかない満期釈放の方がむしろ社会にとって脅威となるし，善時的仮釈放であれば，善時判定の際に善行に関する評価を行うことで，所内でさえ行状が悪いような危険性の高い受刑者は仮釈放の対象からは除外されるとも言える（但し，所内で行状がよくても再犯可能性の高い犯罪者については，この説明は妥当しない），④に対しては，仮釈放の本質をどのように捉えるかの見解の相違である，⑤と⑧については，現行の仮釈放の運用が消極的になるか，処遇の個別化が図れなくなるかは，いずれも制度の運用次第であって，必要的仮釈放そのものを否定する根拠とはなり得ない[52]。

　これらの反論に対し再反論することは十分可能であるが，本章では従来の議論をただ繰り返すより，必要的仮釈放には，これまで論じられることのなかった，制度の本質や実施上のより重大且つ致命的な問題と限界があることを指摘することにしたい。

2　満期釈放回避の限界

　まず，第1に，必要的仮釈放最大にして唯一の長所と目される，満期釈放をなくし，全ての受刑者に保護観察を付すことができる，という点にも自ずと限界があることである。

　確かに，真正必要的仮釈放を採れば，原則として満期釈放者はいなくなるが，

51）平野龍一・前掲注(40)92-93頁，法制審議会監獄法改正部会・前掲注(4)5-7頁。大芝靖郎・前掲注(4)58-60頁，大芝靖郎・前掲注(26)61-62頁，古川健次郎・前掲注(4)8-12頁，柳本正春・前掲注(29)67-68頁。
52）野中忠夫・前掲注(40)6頁以下。

善時的仮釈放の方は，受刑者の反則行為と懲罰によって仮釈放の適用除外者，つまり満期釈放者が出る蓋然性が極めて高く，そのため必要的仮釈放とはとても言えない。刑事施設内で遵守事項違反を繰り返し，懲罰を何度も受ける受刑者や，たまたま必要的仮釈放の直前に懲罰を受けた受刑者は，善時を没収され，満期釈放となってしまうからである[53]。

　善時的仮釈放の論者は，善時制が採用されれば，受刑者は早期の釈放を望むであろうから，善行保持が図られ，多くの受刑者が仮釈放されることになると主張するかもしれない。しかし，現行の裁量的仮釈放制度の下においても懲罰の回数や仮釈放直前の懲罰は仮釈放審理に重大な影響を与えるが，それがわかっていながら受刑者の遵守事項違反が後を絶たないという現実を考えると，善時的仮釈放を導入したとしても，その適用を受けない受刑者が必ず存在するであろうことは容易に想像できる。現在の刑事施設における懲罰の適用状況からすると[54]，少なからぬ受刑者が満期釈放となるか，善時的仮釈放が認められるとしても，その時期はかなり遅くなる可能性が高い。

　結局，善時的仮釈放の下では満期釈放者が出ることは避けられず，保護観察が付けられないことから，必要的仮釈放の意義が相当失われることは間違いなく，他の欠陥をも考慮すると制度としての魅力は殆どない。

3　除外事由や個別審査の矛盾性

　必要的仮釈放は，改善更生や再犯の可能性についての個別審査を行わず，全受刑者を仮釈放にして，保護観察に付することを本質的な特徴とする。従って，期間の経過（真正必要的仮釈放）や懲罰の有無（善時的仮釈放）以外の個別審査が必要となるような実質的要件を設けたりすることは，その本質から外れることになる。特に，かつての日弁連のように仮釈放における個別審理の不公平性・不公正さが必要的仮釈放の提案理由である場合には，こうした個別審査を前提とするような除外事由を設けることは絶対に認められないはずである。

　しかし，刑法改正の「第1次案」の「B案」と「別案」では，刑期2年以上

53）必要的仮釈放の支持者からも，善時的仮釈放のこの点は「不徹底」であると批判される。野中忠夫・前掲注(40)14頁，同「仮釈放の運用と制度上の問題」朝倉京一ほか編『日本の矯正と保護—第3巻保護編』有斐閣（1981）37頁。
54）法務省・前掲注(47)表93，表94，表95。

という形式的除外事由を置くほか，「別案」では，更に，再犯のおそれがある者は対象から除外するという実質的要件（除外事由）が定められていたため（第88条3項），必要的仮釈放を認めるか否かで事実上の個別審査が行われることになる。「再犯のおそれ」の代わりに，「特にこれを不相当とする事情が認められる場合」としたところで[55]，問題は同じであり，こうなると，結局，現行の裁量的仮釈放と大差ないことになってしまう。

　やはり，満期釈放者をなくし，全ての仮釈放者に対して保護観察を確保するという必要的仮釈放の本来の意義からすれば，個別審査が必要となるような実質的要件は勿論，形式的な除外事由も満期釈放者を多く出すことになるので認められないはずであり，それを少しでも修正した時点で必要的仮釈放の意義が失われてしまうことを忘れてはならない。

　また，善時的仮釈放は，懲罰の有無という極めて客観的な基準によって判断が行われ，裁量や恣意が働く余地がないかのように言われるが，懲罰の付加自体，機械的に行っているわけではなく，その適否の判断過程で裁量が多分に働いている。刑事収容施設法においても，「懲罰を科するにあたっては，懲罰を科せられるべき行為（中略）をした被収容者の年齢，心身の状態及び行状，反則行為の性質，軽重，動機及び刑事施設の運営に及ぼした影響，反則行為後におけるその被収容者の態度，受刑者にあっては懲罰がその者の改善更生に及ぼす影響その他の事情を考慮しなければならない」（第150条2項）としている。それとも，善時的仮釈放の論者は，受刑者の僅かな反則行為に対しても「客観的」に懲罰を科すべきだというのであろうか。また，アメリカの善時制では，規律違反や懲罰の有無だけでなく，処遇プログラムへの積極的参加や処遇成績を善時日数の評価に加えているが，これなどは，相当程度，実質的な判断が必要であり，形式的判断とはいかない。

　なお，「第1次案」の刑期2年以上という除外事由にしても，根拠が曖昧である。「第1次案」の審議過程において刑期2年以上の受刑者に限定するという案が出てきた理由は，一定程度以上の長期受刑者の方が保護観察という社会内処遇を必要とするということのようであるが[56]，何もアフターケアが必要な

55）野中忠夫・前掲注(40)13頁。

のは刑期の長い受刑者に限らず，比較的軽微な事件を繰り返す高齢者や障害を
もった受刑者を想定すれば容易に理解できるように，刑期が比較的短い受刑者
も同様である。

4 裁量的仮釈放との併存と執行率

　必要的仮釈放に一本化するとなると，除外事由のない真正必要的仮釈放なら
ともかく，善時的仮釈放では，懲罰が科されるなどして善時的仮釈放が認めら
れなかった受刑者は満期釈放となってしまう。また，更生の可能性が高いため，
裁量的仮釈放があれば早期の仮釈放が受けられたであろう受刑者でも必要的仮
釈放の時期まで仮釈放ができず，却って仮釈放が遅くなってしまうこともあり
得る。結局，必要的仮釈放だけに一本化するということは考えにくく，裁量的
仮釈放をどうしても併存せざるを得ないことになる。

　確かに，必要的仮釈放と裁量的仮釈放の併存は，全受刑者を仮釈放に付し，
保護観察を行うという必要的仮釈放の目的からすれば，むしろ合理的である。
更生の可能性の高い受刑者は必要的仮釈放よりも早い時期に裁量的仮釈放に付
し，裁量的仮釈放の対象とならなかった受刑者に対しても一定の期間経過後に
必要的に仮釈放することで，全受刑者に保護観察の機会を与えることができる
からである。日弁連も，基本的には現行の仮釈放を維持し，善時的仮釈放との
併存を想定している[57]。しかし，かつての日弁連のように，現行の裁量的仮釈
放の審理が恣意的で不公正なものであるからという理由で善時的仮釈放を主張
するのであれば，裁量的仮釈放の併存を認めるのは矛盾以外の何物でもない。

56）野中忠夫・前掲注(40)21頁も，「必要的仮釈放制度は，長期受刑者に対してこそふさわ
　　しい」とする。
57）日本弁護士連合会・前掲注(6)は，仮釈放を原則化すべきとするだけで，この点を明確
　　にしないが，従来の監獄法改正の議論の中では，善時的仮釈放と裁量的仮釈放の併存を
　　主張していた。日本弁護士連合会拘禁二法案対策本部・前掲注(29)87頁。なお，古く
　　善時制の採用を主張した小川太郎博士は，善時制と仮釈放の併用を前提としていたが，
　　これは当時，短期の仮釈放が多く行われていたため，非予測的要素によって釈放を決め
　　る善時制を導入することによって，仮釈放を犯罪予測的要素を考慮したものに純化する
　　ためであった。小川太郎「パロールの運用と善時制について」矯正論集（1968）矯正協
　　会669頁以下。柳本正春氏も，青少年や初犯者に対する保護観察に重点をおくため，賞
　　遇として与えられているとしか思われない，保護観察もまともにできない当時の短期仮
　　釈放の分を善時制に振り分けることを提案している。柳本正春・前掲注(29)66頁。

174

表 1　必要的仮釈放の執行率

執行刑期	善時的仮釈放			真正必要的仮釈放		
	善時 (最大)	仮釈放までの執行期間 (最小)	執行率	短縮期間	仮釈放までの執行期間	執行率
2 月	5 日	1 月 25 日	91.7%	10 日	1 月 20 日	83.3%
3 月	10 日	2 月 20 日	88.9%	15 日	2 月 15 日	83.3%
6 月	25 日	5 月　5 日	86.1%	1 月	5 月	83.3%
1 年	1 月 20 日	10 月 10 日	86.1%	2 月	10 月	83.3%
2 年	3 月 18 日	1 年　8 月 12 日	85.0%	4 月	1 年 8 月	83.3%
3 年	5 月 24 日	2 年　6 月　6 日	83.9%	6 月	2 年 6 月	83.3%
5 年	10 月 21 日	4 年　1 月　9 日	82.2%	10 月	4 年 2 月	83.3%
10 年	2 年 1 月 10 日	7 年 10 月 20 日	78.9%	1 年 8 月	8 年 4 月	83.3%
20 年	4 年 7 月 10 日	15 年　4 月 20 日	76.9%	3 年 6 月	16 年 6 月	83.3%
30 年	7 年 1 月 10 日	22 年 10 月 20 日	75.6%	5 年	25 年	83.3%

注：善時的仮釈放の善時日数は 1 月につき 5 日とし，善時日数が 10 日になるまで 1 年毎に 1 日ずつ加算する方式で計算。真正必要的仮釈放は刑期の 6 分の 5 で仮釈放するとした場合。

　さらに，必要的仮釈放と裁量的仮釈放の併存を認めるとなると，既に指摘した通り，裁量的仮釈放が必要的仮釈放に吸収され，却って仮釈放が遅くなるか，裁量的仮釈放が消極的になる危険性がある。そこで，必要的仮釈放に吸収されないようにするため，裁量的仮釈放を相当早い時期に認めなければならないことになる[58]。真正必要的仮釈放の場合，刑期の一定割合分だけ早く仮釈放にするため執行率は常に一定であり，仮釈放の時期を刑期の 6 分の 5 とすれば，執行率は常に 83.3％であるのに対し，毎年，善時日数を特別加算する善時的仮釈放の場合は刑期が長くなるにつれて執行率が小さくなる（表1）。特に，日弁連が提唱するような善時日数が 10 日になるまで 1 年毎に 1 日ずつ特別加算する方式を採ると，執行率は 90％台から最高 70％台まで低下する[59]。そうした中で，裁量的仮釈放を必要的仮釈放に吸収されない程度に早くしようとすれば，

---

58)　野中忠夫・前掲注(40)13 頁は，「更生困難者が刑期の 6 分の 5 経過で仮釈放を許されるとすれば，更生の見込みの高い者は，やはりそれより早く仮釈放を許されるのでなければ，条理に反する」とする。
59)　善時的仮釈放で年毎の善時日数の特別加算を行わず，刑期の最初から最後まで善時日数を月 5 日といったような固定した割合とすると，刑期が長い受刑者でごく僅かに執行率が下がるものの，殆どの受刑者の最低執行率は 86％前後で余り変わらず，刑期の 6 分の 5 とする真正必要的仮釈放とも大差ないことになり，善時的仮釈放としても魅力ある内容とはならない。

執行率は 70％以下にまで下げなければならないことも考えられる。しかし，裁量的仮釈放の執行率を平均的にここまで下げなければならないのは問題である。

　刑法の仮釈放要件が刑期の 3 分の 1 になっているにもかかわらず，実際の執行率が 70％から 90％（平均は約 80％）となっていることを問題視し，より早期での仮釈放を求めている論者からすれば[60]，こうした実務こそが理想的だとするのかもしれない。しかし，刑法が刑期の 3 分の 1 での仮釈放を認めているのは，受刑者の中に刑期の 3 分の 1 という期間で仮釈放を認めてもよい者があり得ると考えているからであって，平均的に受刑者をそうした時期に仮釈放することを想定しているわけではない。また，毎年善時日数を特別加算する善時的仮釈放では，長期刑になるほど執行率が低くなるが，これは刑期が長くなるほど執行率が高くなるように運用されている現在の仮釈放実務とは大きく異なる[61]。裁量的仮釈放を併存させる場合，重大犯である長期受刑者を，いくら個別審査を行うからといって，常にこれよりも低い執行率で仮釈放にしなければならないのは硬直的に過ぎる。刑期の後ろから必要的仮釈放に追い立てられる形で裁量的仮釈放の時期を決めることが妥当とは思われない。

5　遵守事項と仮釈放取消し

　必要的仮釈放も仮釈放である以上，仮釈放対象者は保護観察（3 号観察）に付されることになる[62]。そうなれば，仮釈放対象者には一般遵守事項と特別遵守事項が設定され，対象者は保護観察中，その遵守を義務付けられることになるが，問題は果たして通常の 3 号観察と同様の遵守事項の枠組みを維持できるかどうかである。

60）例えば，日本弁護士連合会拘禁二法案対策本部・前掲注(29)86 頁。
61）法務省・前掲注(47)表 70。
62）かつての「要綱」では，「善時釈放」に当たっては保護観察を裁量的なものとしていたが（日弁連司法制度調査会・前掲注(12)75 頁），これでは必要的仮釈放の唯一の意義も失われるうえに，法制審議会監獄法改正部会でも「善時釈放の対象者に再犯のおそれのある者が予想されることにかんがみ疑問である」との批判がなされている。大芝靖郎・前掲注(26)61 頁。『「更生保護のあり方を考える有識者会議」報告書に対する意見』では，仮釈放を原則化（必要的仮釈放）した場合にも，仮釈放後には必ず保護観察を行うことを念頭においている。日本弁護士連合会・前掲注(6)5-6 頁。

更生保護法上，一般遵守事項には，「再び犯罪を犯すことのないよう，又は非行をなくすよう健全な生活態度を保持すること」という善行保持の条項があるが（第50条1号），これは，現行仮釈放制度が，「改悛の状」という要件と，それを具体化した「悔悟の情と更生の意欲」，「再犯のおそれのないこと」，「保護観察が相当であること」という具体的許可基準を充足することが前提となっていればこそ設定可能な遵守事項である。しかし，真正必要的仮釈放の場合，全く改悛の状のない受刑者や再犯の可能性の高い受刑者も全て対象になってくるし，善時的仮釈放にしても，所内で善行保持に努めてさえいれば，更生には支障が予想される受刑者も対象になるため，こうした一般遵守事項に抵触する者が相当数出るものと予想される。

　ましてや，我が国の刑事施設には多くの暴力団受刑者がおり，その殆どが暴力団からの離脱を拒否している。そのため，暴力団員受刑者の大半は仮釈放の対象となっていないが，必要的仮釈放を採用すると，これらの者も仮釈放となり，保護観察に付されることになる。すると，組に戻った時点で善行保持違反ということになってしまい，仮釈放が取り消されかねない。また，特別遵守事項には犯罪性のある者との交際を禁じる項目があり（第51条2項1号），暴力団員なら当然に設定されなければならない遵守事項であるから，やはり仮釈放後，組に復帰した時点で特別遵守事項違反となる。

　結局，暴力団受刑者は，必要的に仮釈放にしても，たちまち遵守事項違反で仮釈放が取り消されることになるが，取消しになることが高度に予想されながら仮釈放にし，また実際にそうなるという問題は，単に運用上の問題であるとか，特定の受刑者集団に対する問題というより，制度自体に内包されている構造上の問題であって，政策論的に不適切な制度と言わざるを得ない[63]。

　この問題に対処するには，「別案」の「但し，明らかに釈放後再び罪を犯すおそれがあるときは，この限りでない」といったように，必要的仮釈放に除外事由を認めるか，必要的仮釈放対象者に対する保護観察には裁量的仮釈放対象

63）矯正処遇や仮釈放，保護観察の将来的な制度改革を考えるうえで暴力団受刑者の存在が常に障害となるとしても，これまで暴力団の存在を許してきた日本の社会的背景や，暴力団員の個々の犯罪に対する対応しか行ってこなかった司法制度の在り方にメスも入れず，矯正や更生保護だけで問題を解決しようとすること自体がおかしいことも確かである。

者とは異なる遵守事項を設定できるようにするほかない。しかし，実質的要件や除外事由を認めると，必要的仮釈放を認めるか否かで個別審査が行われることになり，結局，現在の裁量的仮釈放と実質的に変わらないものとなってしまう。一方，必要的仮釈放対象者には，犯罪性のある者との交際禁止や労働従事など通常の対象者であれば当然設定されるような特別遵守事項を設定しなくてもよいということになれば，保護観察の根本を歪めることになりかねない。

　このような必要的仮釈放の問題は，改善更生や保護観察の相当性を個別に審査しない必要的仮釈放制度の本質に由来しており，それだけに制度として修正の見込みがない欠陥であり，こうした点からも必要的仮釈放は採用し得ない。

6　再度の仮釈放

　必要的仮釈放においては，仮釈放が取り消された者に対し再度の仮釈放を認めるか否かという再度の仮釈放も問題となる。現行法では再度の仮釈放を禁じる規定がないため，再度の仮釈放が容認されており，実務では保護観察期間の長い長期受刑者などで適用される場合がある[64]。必要的仮釈放といえども仮釈放に変わりはないので，仮釈放後の保護観察期間中に遵守事項違反ないし再犯があれば，当然にこれを取り消して，対象者を再収容することになるが[65]，問題は，その後，当該受刑者に対して再度の仮釈放を認めるか否かである。

　現行の仮釈放制度は，再度の仮釈放が許容されているとはいえ，個別審査であるから，仮釈放が取り消された受刑者の「改悛の状」を総合的に審査して，再犯のおそれがある場合や更生に支障が予想される場合には，仮釈放を認めずとも問題はない。特に，再犯や遵守事項違反により仮釈放が取り消されたのであるから，再度の仮釈放判断はより慎重なものとなろう。

　これに対し，必要的仮釈放は，基本的に受刑者の更生や再犯の可能性に関する個別審査を排除し，一定期間の刑期の経過か，善時的仮釈放の場合は所内での善行保持を要件として機械的に仮釈放にするものであるから，後者の場合，所内の善行が保持されていれば，再犯により仮釈放を取り消された者に対して

64）法務省・前掲注(47)表 67 によれば，仮釈放取消刑の執行（新たな刑の執行を伴うものも含む）を受けていて釈放された受刑者のうち，仮釈放となった者は 27％である。
65）日本弁護士連合会拘禁二法案対策本部・前掲注(29)87 頁も，これを容認する。

さえ，「善時的」に仮釈放にすることになるのか不明である。真正必要的仮釈放の場合も，初度の仮釈放時に要件たる法定期間を既に経過しているので，仮釈放時期の判断に困る。

　しかし，初度の仮釈放の際に再犯を行っていながら，仮釈放を原則的に認めなければならないのは，やはり不適当であろう。そこで，再度の仮釈放の場合は，必要的仮釈放とせず，個別に審理することにせざるを得ない。そうなると，裁量的仮釈放の修正できない瑕疵を指摘しておきながら，これによることになるし，結果として満期釈放者が出ることになる。

　暴力団受刑者や確信犯受刑者の場合には，さらに不都合なことになる。必要的仮釈放の下では，こうした受刑者も全て仮釈放にして，保護観察を行うことになるが，そうなると直ちに遵守事項違反となって，仮釈放が取り消されるが，その場合に，再度，仮釈放にするとなれば，仮釈放→遵守事項違反→取消し→仮釈放→遵守事項違反→取消しの循環に陥ってしまう。刑期が短ければこの循環もせいぜい一巡に留まるが，刑期が長いと，この悪循環が繰り返される事態が生じてしまう。こうした不都合を生じさせないためには，結局，必要的仮釈放制度の下では再度の仮釈放を抑制するか，個別審理を行うことにせざるを得ないが，前者の場合には，結果として満期釈放の者が生まれることになるし，後者の場合にも，形式的・機械的審査が維持できないことになり，「必要的」仮釈放を貫くことができない。

7　無期受刑者への適用

　無期受刑者の場合にも困難な問題がある。即ち，真正必要的仮釈放にしても善時的仮釈放にしても，刑期の満了日から一定の期間を差し引いて得られた日に仮釈放を許すものであるから，満期日を想定できる有期刑の場合には問題がないが，満期という概念のない無期刑の場合，扱いに困ることになる。そのため，「第1次案」の「B案」や「別案」では，いずれも対象を有期の受刑者に限定している[66]。

　これに対し，日弁連の提唱する善時的仮釈放では，「要綱」以来，一貫して

66）法務省刑事局・前掲注(8)35頁，鈴木義男・前掲注(3)121頁。

無期の受刑者については刑期を 20 年と見なすものとしている[67]。これは，当時の刑法において有期刑の上限が 20 年であったことに対応しているものと思われ，現在であれば，無期刑を刑期 30 年と見なすことになるのかもしれない。このように，無期刑の観念的な刑期を有期刑の上限を根拠に求める考え方を，ここでは自由刑上限説と呼ぶ。

　一方，現行法上，無期刑に対する仮釈放の形式的要件である法定期間が 10 年であり，有期刑の法定期間が刑期の 3 分の 1 となっていることから，善時的仮釈放の適用上，無期刑が 10 年の 3 倍の 30 年の有期刑に相当するという見方ができ，これを仮釈放要件説と呼ぶことにする。法制審議会監獄法改正部会で善時的仮釈放が議論された際，無期刑の刑期を有期 30 年と見なして釈放日を算出することとされていたが（乙案），そこではこの仮釈放要件説によっていた[68]。

　しかし，算出根拠が何にせよ，無期刑は無期刑であって，いくら仮釈放に限定しているとはいえ，無期刑を 20 年（又は 30 年）の刑と見なすのには無理がある。特に，終身刑をもたない我が国においては，無期刑には，量刑において死刑と無期刑の選択が問題になったような限りなく死刑に近いものから，有期刑の上限に近いものまでかなりの幅がある。それを，一律，20 年ないし 30 年として仮釈放日を決定する必要的仮釈放は，処遇の個別化を無視しているに止まらず，宣告刑の趣旨をも歪曲している。仮に，無期受刑者と懲役 30 年の受刑者が同じように善時日数を貯めていくと，22 年 10 月 20 日が経過した同じ日に仮釈放になることになってしまう。裁量的仮釈放で個別審理をした結果，両者が同じ日に仮釈放になることはあってもよいが，機械的な計算で両者が同じ日に仮釈放になるとすれば，量刑上の評価を蔑ろにしていると言われても仕方

---

67) 日弁連司法制度調査会・前掲注(12) 74 頁，日本弁護士連合会・前掲注(14) 60 頁，瀬戸英雄＝海渡雄一・前掲注(15) 171 頁，日本弁護士連合会・前掲注(16) 88 頁，日本弁護士連合会拘禁二法案対策本部・前掲注(29) 87 頁。

68) 法制審議会監獄法改正部会・前掲注(4) 6 頁，大芝靖郎・前掲注(4) 58-59 頁，古川健次郎・前掲注(4) 11 頁。仮釈放の要件は現行刑法制定以来変わっていないことから，日弁連が善時的仮釈放の適用に際して無期刑を 20 年と見なす根拠は，仮釈放要件説ではなく，やはり自由刑上限説にあることは確かであろう。仮釈放要件説にしても，仮釈放の形式的要件たる法定期間は仮釈放の最低条件を定めたに過ぎず，ここから逆算（3 倍）して無期刑の「刑期」を導き出すことはできない。

がない。やはり，無期は無期であって，有期刑とは質的に異なるのである。

　こうした有期刑への換算を認めることが妥当でないとすれば，後は，無期刑には必要的仮釈放を認めず，裁量的仮釈放のみに限定する方法しかない。無期刑には仮釈放以外の釈放はないのであるから，全ての受刑者ではなく，受刑者の全ての釈放を仮釈放にすることにはなるため，必要的仮釈放の趣旨には適うことになるのかもしれない。しかし，日弁連のように裁量的仮釈放の不公平性を批判しているとなれば，この制度はやはり採り得ないことになるし，そもそも，無期受刑者は重大事件であったり，問題性の極めて高い者であるから，機械的に仮釈放を決定する仕組みには不適切であると言わざるを得ない。

8　保護観察の実施体制

　必要的仮釈放は，仮釈放後の保護観察においても大きな障害が予想される。

　まず，3号観察対象者の増加である。近年の仮釈放率は50％から58％台であるから[69]，真正必要的仮釈放であれば現在の倍近い受刑者が，また善時的仮釈放でも現在より多くの受刑者が保護観察に付されることになる。これほどの数の保護観察対象者を現在の体制でカバーしていくことは困難と言わざるを得ない。勿論，人的体制に不備があるのであれば，その改善に向けて努力するのが本来であって，そうした不備を理由に制度の在り方を論ずることは適当でないし，必要的仮釈放の実施にはさほど保護観察官の増員は必要ではないという意見もある[70]。

　しかし，問題はそれだけに止まらない。必要的仮釈放により，従来，仮釈放の対象となってこなかった問題性の高い受刑者が仮釈放となり，保護観察に付されることになる。その中にはこれまで満期釈放となってきた，暴力団構成員や精神障害者といった処遇困難者も含まれ，保護観察官はこれまで扱ったことのないような犯罪者の保護観察を実施しなければならなくなるのである[71]。保護司に指導監督を委ねることが困難な対象者も増えると思われ，その場合は，保護観察官の直接処遇となろうが，とても現在の体制では対応できないであろ

---

69)　法務省『平成28年犯罪白書—再犯の現状と対策のいま』（2016）65頁。
70)　野中忠夫・前掲注(40)15頁，24頁。しかし，この見解は，従来と同じように保護観察の大部分を保護司に委ねることを前提としたものであり，必要的仮釈放の対象となる者の処遇上の困難さと負担の重さを考慮していない。

う。

　もっとも，これも，従来から問題の少ない受刑者のみ仮釈放とし，本当に問題のある受刑者については放置してきたことのつけであって，必要的仮釈放制度固有の問題というより，処遇困難者に対する保護観察体制の強化という更生保護の基本的課題ではある。しかし，必要的仮釈放を制度化するに当たっては，こうした実務上の体制をどう強化していくかを検討したうえでなければならないことも確かである。導入された刑の一部執行猶予においても，保護観察付の場合，実刑部分の終了後，直ちに保護観察を行わなければならないことから，似たような問題があると言えばある。但し，一部執行猶予については，量刑において，予防上の相当性が考慮されることから，保護観察が極めて困難であったり，相当でなかったりする場合には，量刑の選択肢から外される可能性はあろう。

9　保護観察期間

　必要的仮釈放を巡る最後の問題は，仮釈放後の保護観察期間にある。

　現行の仮釈放制度は，残刑期間主義（刑期から既に執行した期間を引いた残刑期間を仮釈放者の保護観察期間とする制度）を採用していることから，平均刑期が短く，執行率の高い我が国では，残刑期間が極めて短く，仮釈放対象者は僅かな期間しか保護観察に付されない。しかし，仮釈放対象者の刑事施設への再入率は極めて高く，釈放後5年以内に刑事施設に収容される者は30％近くに及ぶ[72]。この保護観察期間の短さと再犯率の高さが現行仮釈放制度における最大の問題の1つと言ってよい[73]。一方，仮釈放が認められず，満期釈放となった者に対しては，本人の申出に基づく更生緊急保護を除くと何らの指導も監督も行い得ず，満期釈放者の5年以内の再入率は50％に及ぶ。

　必要的仮釈放は，従来であれば満期釈放となったような受刑者や極めて保護

71）伊福部舜児・前掲注(11)9-12頁は，仮釈放の原則化が行われれば，従来満期釈放されていた数多くの受刑者に保護観察を実施しなければならず，中には仮釈放取消しを行って社会防衛をせざるを得ない場合がかなりの数になること，また仮釈放後に転居する者が続出し，処遇計画とは無縁な保護観察が行われることを憂慮している。
72）法務省・前掲注(47)表64。
73）本編第1章（前掲注(49)3-6頁）。

観察期間の短い仮釈放受刑者に対し，一定期間の保護観察を実施することができるところに意義がある。しかし，既に述べたように，必要的仮釈放を採用しても，満期釈放者を完全になくすことはできないだけでなく，予想される執行率の高さからして，確保できる保護観察期間には限度がある。真正必要的仮釈放の場合，刑期の一定割合分だけ早く仮釈放にするから執行率は常に一定であり，「Ｂ案」や「別案」のように刑期の6分の5とすれば，執行率は常に83.3％となる（表1）。善時的仮釈放の場合の執行率は，刑期が長くなるにつれて執行率が小さくなるが，それでも80％台から70％台の間である。日本の受刑者の約8割が刑期3年以下の者で占められているが[74]，例えば刑期3年の受刑者が懲罰を全く受けなかった場合，善時日数は5月24日（執行率83.9％），真正必要的仮釈放の場合は6月（83.3％）ということになる。この期間が仮釈放後の保護観察期間に相当するので，刑期3年の受刑者の場合，保護観察期間はせいぜい6月ということになる。これでは現在の運用とさほど変わらない。

　十分な保護観察期間が取れるのは，刑期が20年（表1の善時的仮釈放で4年7月10日，真正必要的仮釈放で3年6月）や30年（善時的仮釈放で7年1月10日，真正必要的仮釈放で5年）と刑期が極めて長い場合に限られる。しかし，これでさえ，善時的仮釈放の下では，刑期の途中で一度でも懲罰を受けると，善時日数＝保護観察期間は著しく短縮されてしまう。結局，必要的仮釈放では，善時日数の割合をいくら高くしようと，長期刑を除き，再犯のリスクが高い釈放後3年という期間をカバーするような保護観察期間を確保することはできず，釈放後の再犯率の問題に対応することができない。

　勿論，3号観察の期間の短さは残刑期間主義に由来し，必要的仮釈放自身の欠陥ではない。こうした仮釈放後の再犯率の高さと保護観察期間の短さに対応するためには，残刑期間主義を止め，考試期間主義（仮釈放者の更生や再犯可能性に応じて保護観察期間を決める制度）を採用するほかなく[75]，理論的には，必要的仮釈放を採用したうえで考試期間主義を採ることも可能ではある。森下忠名誉教授は，必要的仮釈放には否定的ながらも，「もし，必要的仮釈放の制度を採用しようとするのであれば，一方では，受刑者の同意の有無にかかわらず，他

74）法務省・前掲注(47)表20。
75）本編第1章（前掲注(49)11-25頁）。

方では，仮釈放期間を残刑期間とは別個に定めて，仮釈放を行い，これに保護観察を付するのでなければ，意味はない」とされる一方[76]，仮釈放後の保護観察について折衷主義（仮釈放者の保護観察期間を原則として残刑期間としつつ，それが一定期間に満たない場合，一定期間の保護観察期間を取る制度）を採れば，必要的仮釈放を採らずとも，裁量的仮釈放のみで事足りるともされている[77]。つまり，考試期間主義か折衷主義を採用すれば，仮釈放後の残刑期間が短くても，一定の保護観察期間を確保できるので，必要的仮釈放制度がなくとも，裁量的仮釈放の運用次第で，更生に支障が予想される受刑者でも刑期の大半を執行したうえで仮釈放することができ，満期釈放者を大幅に減らすことも可能であるということであろう。

　しかし，そもそも必要的仮釈放の論者は少なからず仮釈放の早期化に関心があるだけに[78]，保護観察期間が残刑相当期間を超えて（刑期を超えているわけではないことに注意）設定されることにも否定的であるものと思われるし，そもそも仮釈放から個別審査を排除することが目的の必要的仮釈放に，受刑者の「改善可能性等に応じて個別に」考試期間（仮釈放期間）を設定する考試期間主義は相容れないと言うべきであろう。従って，もし必要的仮釈放を採るが故に残刑期間主義に固執することになれば，現行仮釈放制度の大きな欠陥に対処することができず，これを放置することになる。そうした点からも必要的仮釈放制度を支持することはできない。

V　必要的仮釈放と社会内処遇付自由刑の相違

　自由刑の受刑者に対し一定期間の保護観察を確保することができる制度には，必要的仮釈放のほかに，刑の一部執行猶予や二分判決等の社会内処遇付自由刑がある。施設内処遇と社会内処遇を組み合わせることで受刑者の改善更生と再犯防止を図るという目的の点でも，自由を剥奪する自由刑と社会内で指導や監

76）平場安治＝平野龍一編・前掲注(1)311頁。法制審議会被収容人員適正化方策に関する部会においても，委員から同様の意見が僅かに示されている。被収容人員適正化方策部会議事録第13回18頁。

77）森下忠『刑法改正と刑事政策』一粒社（1964）89頁。

78）日本弁護士連合会・前掲注(6)4-5頁，海渡雄一・前掲注(31)152-153頁。

督を行う社会内処遇から成るという構造の点でも，必要的仮釈放と社会内処遇付自由刑は共通する。

　しかし，必要的仮釈放は，刑事責任プラス予防的考慮によって裁判所が適正に量定した自由刑の一部を刑事施設において一律に執行しないことを当初より想定した刑の執行制度であるのに対し，一部執行猶予などの社会内処遇付自由刑は，裁判所が刑事責任と予防的考慮に従って一定の自由刑と一定の社会内処遇を量定して宣告し，それに従って執行する刑罰であるという点である。裁判所が宣告した刑をそのままの形で執行しないのは裁量的仮釈放も同様であるが，必要的仮釈放はどのような受刑者に対してもそれが一律に行われることが問題である。

　さらに，真正必要的仮釈放は，実刑部分と仮釈放期間の割合が固定されているため，刑を宣告した時点で，3分の2で必要的仮釈放なら2対1，6分の5なら5対1といったように施設内処遇と社会内処遇の期間の割合が決まってしまい，必ずしも適切な社会内処遇の期間を確保することができない。これに対し，社会内処遇付自由刑は，裁判所が，刑事責任に対する評価を基礎としながら，予防的要因も考慮し，施設内処遇と社会内処遇の比率を変動させることができる点で弾力性に富む[79]。

　以上のように，実刑部分と社会内処遇の組み合わせから成る一見類似した制度でも，社会内処遇付の自由刑と異なり，必要的仮釈放には本質的な問題を内包している。

VI　釈放に続く社会内処遇確保の重要性

　本章では，刑法改正や監獄法改正の場で議論された後，一旦は下火となったものの，刑事収容施設法制定や更生保護改革の中で再び議論の俎上に上ることとなった必要的仮釈放制度の問題点と限界を指摘した。問題の根源は，受刑者の社会内処遇相当性を個別に審査しないという必要的仮釈放制度の本質にある。仮釈放には，形式的要件と実質的要件を定めたうえで，仮釈放の許否を個別に

79）もっとも，予防的判断をどこまで実刑部分と猶予刑の割合に反映してよいのかなど，量刑上の課題もある。

審理するという構造が不可欠と言わざるを得ない。必要的仮釈放にも社会内処遇を確保するという意義があることは確かであるが，本章で掲げたような理論的及び実務的問題の解消が期待できない以上，制度として採用することは困難である。

　しかし，今後も裁量的・個別的仮釈放制度を維持するとなれば，満期釈放者が出ることになるが，満期釈放者の高い再犯率や仮釈放のジレンマを放置するわけにはいかない。導入された刑の一部執行猶予も問題の一部解決に繋がるが，対象者は限られていることから，刑事施設からの釈放に続いて一定期間の保護観察を確保するための制度を整備することが急務である。

第3章

矯正と保護を貫く段階的処遇
——開放的処遇と中間処遇の再編成
並びに遵守事項の改正——

I　段階的処遇の必要性

　仮釈放は，自由刑の執行終了前に受刑者を仮に釈放し，一定期間，社会内処遇を行うことで対象者の改善更生と再犯防止を図るものである。刑事施設に受刑者の身柄を拘束し，生活時間の全般に亘って処遇を行い得る状態から，いきなり指導も監督も援護もない形で釈放（満期釈放）するのではなく，刑の執行終了前に自律的な社会生活を営ませながら一定の指導監督や補導援護を行う，いわば「お試し期間」（考試期間）を設ける制度が仮釈放である。自由刑の実刑を受ける者は重大な犯罪を行ったか，犯罪を繰り返してきたような問題性の高い者であるうえ，刑事施設への収容によって家族関係や就労に大きな影響があることから，社会復帰に当たっては，こうした中間的・過渡的な処遇を行う仕組みが不可欠である。

　しかし，刑事施設における受刑者の処遇密度レベルが「1」であり，刑の執行終了後が「0」であるとすれば，自由制限も殆どなく，保護司との月2回の面接が原則という仮釈放中の保護観察の処遇密度は「0.1」といった感じであり，刑事施設における処遇密度との落差が激しい。勿論，このレベルの指導や監督を受けつつ後は自律的な生活を送ることで更生を図ることができる受刑者もいよう。しかし，仮釈放後の再入率を見る限り，「0.1」のレベルまで処遇密度を落とすことが望ましくない受刑者がいる一方で，もう少し高い処遇密度であればより早い段階から開放的処遇ないし仮釈放に移行することができる受刑

者がいることも確かである。そこで，刑事施設収容中から処遇成果や社会復帰の見込みを見ながら開放度を高めた処遇（開放的処遇）を行い，その成果を踏まえたうえで仮釈放にしてゆくという段階的処遇を行うことが望ましい。刑事施設の「1」から仮釈放後の「0.1」にするのではなく，刑事施設収容中からも拘禁度や処遇密度のやや低い「0.8」や「0.7」程度の開放的処遇を実施する一方，仮釈放後も，中間施設における「0.5」や「0.4」レベルの処遇を経て，通常の保護観察である「0.1」に移行し，最終的に自立した生活を送っていくような制度設計を考えるべきである。

国連の1955年（昭和30年）被拘禁者処遇最低基準規則[1]においても，「受刑者が社会生活へ段階的に復帰することを確実なものとするため，刑の終了前に必要な措置が取られることが望ましい。この目的は，事案に応じ，同じ施設又は他の適切な施設において編成される釈放前制度又はある種の監督の下での試験的釈放によって達せられ得るが，この監督は，警察に委任してはならず，効果的な社会的援助と連携すべきである」と規定している（第60(2)）。この規定は，2015年に採択された被拘禁者処遇最低基準規則，所謂マンデラ・ルール[2]においても維持されている（第87）。また，1990年（平成2年）の非拘禁措置最低基準規則（東京ルールズ）においても，「施設化を回避し，犯罪者の早期の社会再統合を支援するため，権能を有する機関は，その処分において，裁判後の広範な拘禁代替策を有するものとする」として，パロールのほか，帰休制，ハーフウェイ・ハウス，外部通勤や外部教育等を掲げている（第IV-9）[3]。しかも，こうした非拘禁措置は，「可能な限り早い段階で考慮されるものとする」とされている。段階的処遇の導入は，こうした国連規則の遵守という点でも望ましい。

---

1) 1955年ジュネーブで開催された第1回国連犯罪防止及び犯罪者処遇会議で採択され，1957年の国連経済社会理事会で承認されている。Standard Minimum Rules for the Treatment of Prisoners, the Economic and Social Council, Resolutions 663 C (XXIV) of 31 July 1957 and 2076 (LXII) of 13 May 1977.

2) United Nations Standard Minimum Rules for the Treatment of Prisoners (the Mandela Rules) E/CN.15/2015/L.6/Rev.1. ただ，マンデラ・ルールでは，「同じ施設」が「同じ刑務所」となっている。ピーナル・リフォーム・インターナショナル（Penal Reform International）が編集し，監獄人権センター（Center for Prisoners' Rights）が翻訳した資料が同団体から公開されている。

3) United Nations Standard Minimum Rules for Non-custodial Measures (The Tokyo Rules), General Assembly Resolution 45/110 of 14 December 1990.

II　段階的処遇の概念

　段階的処遇は，我が国でも，かつて監獄法改正の過程において導入が検討されている。1976 年（昭和 51 年）に法務省が法制審議会に対し監獄法改正の諮問第 31 号を行った際に示した「監獄法改正の構想細目」のなかで，「(1)個別的処遇計画の実施上相当と認められる受刑者は，その処遇の成果その他社会復帰の見込みに応じて，段階的に自由の制限を緩和し，自主性と責任を増大させ，閉鎖的な処遇環境から順次開放的な処遇環境の下に移行させるように処遇するものとする。(2)右の段階的処遇の実施に関し必要な事項は，法務省令で定めるものとする」として段階的処遇の導入を構想している[4]。もっとも，監獄法改正で示された段階的処遇は行刑累進処遇令に基づく累進処遇との関連性があることが示唆されており，累進処遇の破綻を指摘しながらも，一定の優遇措置の必要性を肯定している。結局，刑事施設法案では，自主性の促進（第 48 条，後に第 49 条）という，段階的処遇本来の趣旨とは異なったものに変質している[5]。

　以上のことからもわかるように，従来用いられてきた段階的処遇は矯正処遇の一概念であり，刑事施設の中だけに適用されるものであったが[6]，刑事施設収容中に開放度を高めた処遇を段階的に行うだけでなく，仮釈放となった後も，同じ処遇密度のレベルを維持するのではなく，保護観察の状況を見ながら，遵守事項や処遇の内容を段階的に変化させていく手法が導入されるべきである。筆者は，矯正処遇から仮釈放後（刑の一部執行猶予の実刑部分の終了後も同様）の保護観察に至る全ての過程で段階な処遇を行うべきだと考えており，本書ではこれを段階的処遇と呼ぶことにする。かつての累進処遇や現在の優遇措置は，こうした段階的処遇とはその本質を異にし，ここでの検討対象とはしない。

　なお，刑事施設等の施設内処遇と保護観察等の社会内処遇の「中間」におい

---

4)　法務省矯正局編『資料・監獄法改正』矯正協会（1977）257 頁。
5)　刑事施設法案と監獄法との対照資料においても，刑事施設法案における「自主性の促進」と対比される監獄法（制下）の規定として累進処遇が示されている。法務省矯正局『刑事施設法案・現行法令監獄法改正の骨子となる要綱対照表』（1982）44-48 頁。
6)　「受刑者処遇の基本制度としては（中略）円滑な社会復帰に資するための閉鎖的処遇から一定の規制の下における開放的な処遇への移行による段階的処遇等の制度が要請される」とする。法務総合研究所『昭和 51 年版犯罪白書―最近の犯罪と犯罪者の処遇・時代の変遷と犯罪』（1976）146 頁。

て行われる処遇という意味で「中間処遇」という概念があり，「中間的処遇」の語が用いられることもある。その「中間」ないし「中間的」の意味するところは様々であり，厳密な定義があるわけではない。しかし，大別すれば，外出，外泊，帰休（furlough），外部通勤（work release）など刑事施設収容中に行われる開放的処遇を指す場合，半拘禁（semi-detention），半自由（semi-liberty），週末拘禁，在宅拘禁（house arrest, home incarceration），刑の一部執行猶予，二分判決（split sentence）といった部分的な自由剥奪を伴う自由（制限）刑を指す場合，応急の救護や更生緊急保護等，刑事施設から釈放後にハーフウェイ・ハウスや更生保護施設等の中間施設へ一時的に帰住させる場合が挙げられる[7]。いずれも自由刑や施設内処遇を前提としつつも，受刑者の早期の社会適応を促すため，社会において一定の処遇を行うという点で共通する。そうした意味で，中間処遇は段階的処遇を実現するための具体策の1つということになる。

　我が国でも，1978年（昭和53年）から長期受刑者を対象とした中間処遇と呼ばれる制度が導入されている。これは，無期受刑者及び長期受刑者（執行刑期が10年以上の者）のうち，手続に同意した者を，仮釈放後1か月間，更生保護施設に帰住させ，社会生活に必要な種々の手続や社会適応訓練を行い，円滑な社会復帰を図る制度である。長期に亘る刑事施設収容で生じた「刑務所化」（prisonization）を解消し，減退した物心両面における社会適応能力を高めることが目的である。具体的には，長期受刑者が釈放後に就労生活その他の社会生活を送るうえで必要な準備を集中的に行うための制度といえる。義務や強制ではなく，受刑者の同意を得たうえで行う任意の処遇であるが，受刑者は中間処遇に同意すれば仮釈放になりやすいと考え，仮釈放を得たいがために同意している面がないとも言えない。

　この中間処遇制度は，本章で提案する段階的処遇を構築する上で重要な視座を提供するものであるから，以下ではまずこの中間処遇制度の課題を検討し，最後に筆者なりの段階的処遇の構想を示すこととしたい。

7）　2006年（平成18年），法務大臣から中間処遇を含めた刑事施設に収容しないで行う処遇等の在り方についての意見を求める諮問が行われ，法制審議会の部会における検討に基づいて答申がなされ，最終的に刑の一部執行猶予と社会貢献活動が導入されている。経緯については，太田達也『刑の一部執行猶予―犯罪者の改善更生と再犯防止』慶應義塾大学出版会（2014）参照。

III 中間処遇制度の概要と課題[8]

1 中間処遇制度の経緯

　中間処遇は，1978 年（昭和 53 年）に策定された「長期刑仮釈放者中間処遇等実施要領」（以下，「旧要領」と称する）により，翌 1979 年から実施されたものである。但し，当初の中間処遇には様々な弊害もあったことから，1986 年（昭和 61 年）に，実施対象者及び実施施設の拡大，保護観察官による面接調査の強化，仮釈放時期決定における中間処遇の有無の考慮，中間処遇実施者用の特別遵守事項の設定，中間処遇の実施期間の短縮（3 か月から 1 か月へ），中間処遇内容の具体化等を盛り込んだ最初の改正が行われている[9]。

　2000 年（平成 12 年）には中間処遇を含む長期刑仮釈放者に対する処遇全般を見直した新たな「長期刑仮釈放者処遇等実施要領」が定められ（以下，「新要領」と称する），同年から実施されている[10]。新要領では，長期刑仮釈放者に対する 1 年間の重点的処遇や保護観察官の複数担当制，被害者に対する慰謝の措置，仮釈放取消申請の際の保護観察所長の意見添付や無期刑仮釈放者に対する仮釈放取消後の保護観察官面接調査開始時期の決定及び再度の仮釈放時期に関する意見添付など長期刑仮釈放者に対する措置が設けられたほか，中間処遇についても重要な制度改革が行われている。特に，指定施設を L 指標刑事施設の最寄りの更生保護施設に限らず，広く全国の処遇に適した施設に大幅拡大することによって，中間処遇終了後の帰住地に最寄りの更生保護施設など対象者の改善更生のために適当と認められる更生保護施設において中間処遇を実施することなどが定められた。

　その後，2008 年（平成 20 年）に更生保護法が施行されたため，それに合わせ

---

8)　本節の中間処遇に関する記述は，太田達也「更生保護施設における処遇機能強化の課題と展望」犯罪と非行 132 号（2002）61-69 頁における中間処遇の章に依拠しながらも，その後の制度の変遷や筆者の新たな構想を基に大幅に加筆修正して再構成したものである。

9)　中間処遇制度発足の経緯と背景については，藤野隆「長刑期仮出獄者の中間処遇―その試行段階から現状まで」犯罪と非行 80 号（1989）66 頁以下が正確且つ詳しい。

10)　新要領の簡単な紹介が，保護局観察課「長期刑受刑者に対する仮釈放の審理及び仮釈放者に対する処遇等の充実に関する通達の改正について」更生保護 53 巻 2 号（2002）18 頁以下にある。

た新たな「長期刑仮釈放者処遇等実施要領」が制定され[11]，現在はこれに基づいて中間処遇が実施されている。

2 中間処遇の運用

中間処遇制度の運用状況としては，旧要領下では新受人員が毎年100人以下で，50人を切ることもあったが[12]，1986年の要領改正により選定率・対象者共に増加し，平成に入ってから新受人員は概ね100人台となっている[13]。2015年の中間処遇開始人員は，無期刑で8人，有期刑で93人である。当年の，無期受刑者の仮釈放は11人（うち初度の仮釈放9人，仮釈放取消刑の仮釈放2人），L指標受刑者の仮釈放者は119人（無期を除くと有期は108人）であるから[14]，長期受刑者の大半が中間処遇の対象になっていると言えよう。

特に近年は無期受刑者の仮釈放が厳格となり，仮釈放の時期も以前に比べ確実に遅くなっていることから[15]，社会生活との隔絶が長い分，社会適応訓練としての中間処遇の重要性は増しているものと考えられる。

3 中間処遇の課題

(1) 中間処遇の実施場所

更生保護施設は，本来，帰住先のない者に対し一時的な住居を提供しつつ，就労支援や帰住地の調整を行うものであるが，中間処遇の場合，帰住地（最終帰住地という）があるにもかかわらず，更生保護施設を第1帰住地としていることから，最終帰住地が中間処遇施設から遠方である場合，就職活動をすることが困難となる。新要領の施行前は中間処遇指定施設が少なかったことから[16]，特にこの弊害が大きかったものと思われる。しかも，旧要領時代は中間処遇が

11）「長期受刑者に対する仮釈放の審理及び仮釈放者に対する処遇等の充実について」平成20年5月9日保観第337号法務省保護局長通達。長期受刑者は法定期間経過日に36条調査を開始することとされている。
12）財団法人日本更生保護協会『更生保護便覧'87［改訂版］』（1987）70頁。
13）財団法人日本更生保護協会『更生保護便覧'04［第6版］』（2004）69頁，法務省『法務年鑑平成27年』（2016）175頁。
14）法務省『2015年矯正統計』e-Stat 表69，表80。
15）法務省保護局「無期刑の執行状況及び無期刑受刑者に係る仮釈放の運用状況について」（2016）。

3 か月もあったため，最終帰住地での社会復帰が遅れるという問題があった。新要領の施行により，中間処遇施設が増加し，こうした弊害は小さくなったものと思われるが，段階的処遇においても，後述する新たな中間処遇を導入する場合，最終帰住地との位置関係や就職活動の利便性は考慮しなければならないであろう。

(2) 中間処遇の内容

　中間処遇の内容については，保護観察所毎に実施細則が定められ，中間処遇施設では実務経験を基にした処遇計画が設けられている。ただ，大凡，その内容は，社会生活訓練，就労指導・支援，最終帰住地の環境調整，被害者への贖罪指導の 3 つに大別されると言ってよい[17]。社会生活訓練としては，住民登録や健康保険等各種手続，社会見学が行われている[18]。就労指導や支援は，通常の更生保護施設において行われているものが基本となるが，中間処遇施設が最終帰住地から遠方の場合，最終帰住地における就職関連の情報提供や採用面接への参加等も必要となろう。

　また，長期受刑者の場合，犯した罪が重く，受刑者家族の生活にも大きな影響を与えているほか，長期の受刑の間に引受人の家族関係にも結婚や世代交代といった変化が生じているため，引受意思が揺らいだり，引受けに不安を感じていたりする場合がある[19]。そこで，中間処遇施設という実社会の中で真面目に更生に励む姿を見せ，引受人の不安を軽減し，最終帰住地への社会復帰を円滑に進める必要がある[20]。こうした環境調整は，対象者が社会にいるからこそ

---

16) 1987 年の時点で中間処遇実施施設に指定されていた更生保護施設は 20 に過ぎない。財団法人日本更生保護協会・前掲注(12)71 頁。2001 年の時点では一挙に 64 施設に増え，2015 年末現在では 72 施設となっている。法務省・前掲注(13)262 頁。

17) 近年の中間処遇の実例として，青木純一「長期刑仮釈放者を受け入れる中間処遇実施施設として」更生保護 68 巻 7 号（2017）34 頁以下。

18) 交通機関の試乗や日用品等の買い物体験については，刑事施設の釈放前指導で行う場合もある。運転免許証の再交付も，今は刑事施設内でできるようである。

19) 島田耕平「長期刑仮釈放者のための中間処遇の実施」更生保護 52 巻 6 号（2001）36-37 頁に様々な事例が分類されている。

20) 同旨，吉田研一郎「長期刑受刑者の社会復帰—中間処遇制度について」更生保護 45 巻 8 号（1994）20-21 頁，久保博務「長期刑仮出獄者の処遇について」更生保護と犯罪予防 121 号（1996）16 頁。吉田氏が説かれるように，帰住地の担当保護司の役割も重要である。

できる中間処遇ならではのものである。具体的には，引受人による中間処遇施設への面会訪問と対象者の引受人宅訪問や宿泊体験が中間処遇として盛り込まれて良いであろう[21]。

また，長期刑仮釈放者は，大半が生命犯であり，遺族の被った被害は甚大であることから，被害者への謝罪や損害賠償など損害回復の問題が残されたままとなっている場合が少なくない。その意味で，新要領が長期刑仮釈放者の処遇の1つとして「被害者等への慰謝の措置や被害弁償」を明示的に規定したのは画期的なことであった。心情伝達制度ができた今日，仮釈放後の保護観察の過程で被害者から心情や要望を突きつけられる場合もあることから，中間処遇や保護観察の間に対象者が今後社会の中で被害者に対しどのような贖罪を行っていくべきかについて改めて助言をする必要がある[22]。

(3) 中間処遇の期間

中間処遇の実施期間については，制度上1か月とされているが，1か月を短いとする見解もある[23]。しかし，中間処遇の期間が1986年の改正で当初の3か月から1か月に短縮されたのは，現行の処遇内容からしてそれほど長期間が必要でないこと，対象者の生活が不安定のまま置かれ，心情が安定しないこと[24]，就労など社会復帰が遅れる場合があること，早期の帰住を希望する引受人の対象者や更生保護施設に対する不信感を生むことがあること[25]，中間処遇が施設にとって負担となることなどの事情があったことには留意すべきである。

しかし，これは中間処遇を長期受刑者に対する社会復帰準備期間として位置付けた場合の期間であるから，次節で提案する段階的処遇における中間処遇制

---

21) 中間処遇中の一時帰省や親族の実施施設訪問については，法務省保護局観察課「中間処遇制度について」更生保護37巻6号（1986）42頁以下や垣花鷹志「中間処遇の現実と課題―東京保護観察所における実施経過をふまえて」更生保護と犯罪予防80号（1986）56-58頁参照。なお，1986年の改正で規定された中間処遇中の外泊が，新要領下では許可から承諾事項に改正されている。
22) 中間処遇における贖罪指導の一例としては，青木純一・前掲注(17)36頁参照。
23) 守山正「更生保護会の模索―犯罪者に対する社会内居住施設の在り方をめぐって」犯罪と非行73号（1987）62-63頁，廣川洋一「中間処遇の歩みと展望」更生保護と犯罪予防98号（1990）45-46頁。
24) 法務省保護局観察課「中間処遇制度について」更生保護37巻6号（1986）47頁。
25) 刑務所から仮釈放されたのに，なぜ帰ってこないのかと不信に思う家族がいるという。

度に再編成する場合，1か月という期間は余りに短いと言わざるを得ない。受刑者の抱える問題性や社会復帰の見込みに応じて期間は異なるであろうが，例えば数か月から6か月といった期間くらいを段階的処遇における中間処遇とする必要はあろう。勿論，そのためには，仮釈放後に一定の保護観察期間を確保するための考試期間主義が導入されるべきである。

Ⅳ　段階的処遇制度の構想

1　中間処遇制度の拡大

　現行の中間処遇制度は，長期受刑者の社会復帰にとって重要な準備期間となっているが，中間処遇において最も重要な点は，刑事施設から釈放されたばかりの受刑者が社会の中で不安を抱えながら孤立して生活していくのでなく，処遇者であり支援者でもある者が見守るなかで生活をしながら，問題があれば指導を受け，困難があれば支援を受けることができる環境に置かれていることであると考える。こうした環境と社会内処遇は，何も長期受刑者にのみ必要なものではなく，仮釈放となる他の受刑者にとっても有効な場合が多いであろう。例えば，仮釈放直後からいきなり自立生活を始め，月2回の保護司の面接を中心とした通常の保護観察では社会復帰が心許ないという者や，従来の仮釈放基準と一般的な保護観察では仮釈放に不安が残るが，仮釈放後の中間処遇を前提とすれば仮釈放とすることができるという者等である。特に若年者については，仮釈放直後の就学・就労等には不安が多く付きまとい，対人関係でもトラブルを生じやすい時期であるので，この時期を大過なく過ごすことが，その後の更生のうえで極めて重要である。

　こうした者については，最終帰住地があろうと，いきなり自立生活をさせるのではなく，一旦，更生保護施設や自立更生促進センターに帰住させ，一定期間施設に在住しながら，施設職員や保護観察官による指導監督を受け，安定した社会生活が営めることを確認した後に，最終帰住地での生活に移行するということが考えられてよい。即ち，処遇密度のレベルを「1」から，いきなり仮釈放後の「0.1」とするのではなく，更生保護施設等での指導監督と補導援護のある「0.5」や「0.4」の期間を経た後に，時期を見て，次に述べる段階的な保護観察の「0.2」や「0.1」に移行させるのである。これが筆者の提案する段

階的処遇制度における仮釈放後の一般的な中間処遇のイメージである[26]。

　例えば，薬物依存のある受刑者は，処遇密度の低い保護観察では薬物の再使用に至る危険性が高いことから，まずは中間処遇として，更生保護施設で生活しながら，認知行動療法等を継続的に行い，しかる後に社会において継続的に保護観察を受けていくことが，薬物からの離脱に有効であると考えられる。東京にある女性の更生保護施設である両全会では，2011年（平成23）度から，在会中から薬物依存離脱指導を開始し，本所から退会した後も関連施設で生活しながら，通所処遇の形で3年に亘って薬物依存離脱指導を行うプログラム「ローズ・カフェ」を実施している[27]。また，北九州の自立更生促進センターでは薬物依存のある保護観察対象者を居住させ，他機関との連携を図りながら重点的な処遇を行っている[28]。こうした両全会や自立更生促進センターの取り組みも一種の中間処遇と言えよう。このほかにも，歪んだ性的傾向をもった性犯罪者，クレプトマニア等，刑事施設から釈放された後も継続的に専門的な処遇を行うことが改善更生と再犯防止のうえで望ましい受刑者がいることから，中間処遇をこうした類型の受刑者に拡大していくことが望まれる。

　2009（平成21）年から，法務省と厚生労働省の連携により，高齢又は障害のある受刑者のうち，釈放後の住居がなく，福祉サービスが必要且つ本人が希望する者を刑事施設と保護観察所が選定したうえで，全国の都道府県に設置されている地域生活定着支援センターが受入先の福祉施設をコーディネートし，釈放後，直接又は更生保護施設を経て福祉施設等に帰住させる特別調整及び地域生活定着促進事業が行われている。こうした要保護犯罪者に対する更生保護施設の活用も中間処遇に位置付けられよう。

　しかし，段階的処遇における中間処遇は，特定の類型の受刑者やプログラム

26）被収容人員適正化方策に関する部会でも刑事施設から中間処遇施設を経て社会へという構想に支持が集まっている。被収容人員適正化方策に関する部会議事録（以下，「被収容人員適正化方策部会議事録」とする）第5回（2007年3月23日）7頁，13頁等，第12回（2008年2月4日）12-13頁等。

27）小畑輝海「自立準備ホーム『ホームみどり』の発足―自立へ向けての新たなサポート体制の誕生」刑政122巻12号（2011）36頁以下，同「女性更生保護施設『両全会』における出所者等の社会復帰支援の現状と課題」法律のひろば66巻8号（2013）43頁以下。

28）田島佳代子「更生保護法施行後の保護観察―保護観察と生活環境の調整の現状」法律のひろば66巻6号（2013）15頁以下，西崎勝則「制度導入に向けた更生保護における実施体制の整備の取組」法律のひろば66巻11号（2013）33頁。

を前提としなければならないわけではない。更生保護施設や自立更生促進センターという「社会」の中において「現実味の伴った」リアルな生活指導と就労支援等を行いながら生活の安定度を見極めたうえで，通常の保護観察に移行させてゆくということが中間処遇として重要である。その意味で，中間処遇は，限られた仮釈放者に対する制度ではなく，より多くの受刑者を対象とした一般的な制度として活用していくべきである。だからといって，全ての受刑者に対し中間処遇を必須のものとしなければならないわけではない。対象者の社会復帰の見込みや引受人の監護能力，同居家族の有無等から中間処遇が必要ないと判断される場合，これを経ずに，次の段階的保護観察に直接移行することがあってよい。

　いずれにせよ，相当数の中間処遇施設が必要となることは間違いない。自立更生促進センターは，保護観察官が常駐して直接に処遇を行う国立の施設（保護観察所やその支部）であるから，より重点的な処遇を行う必要がある受刑者の中間処遇先としての役割が期待されるが[29]，センターは，現在，北九州と福島の２箇所にしかないことから（北海道沼田町と茨城県の就業支援センターを除く），これを管区毎に１箇所設置することが望ましい。更生保護施設にしても，現在よりも多くの数が必要となるが，更なる新設は地域住民の反対等から困難が予想される。簡単な解決策はないが，同センターがむしろ地域の安全に資する施設との理解を得ていくしかない。自立準備ホームが役割の一部補うことも考えられるが，犯罪者の更生に特化した施設ではない NPO 法人や社会福祉法人が中間処遇そのものを担う施設とするのは現段階では難しかろう。自立準備ホームに居住しながら，更生保護施設や自立更生促進センターで通所処遇を受けることは考えられる。

2　指導監督の主体と特別遵守事項の在り方
　中間処遇の導入に当たっては，最終帰住地や引受人との関係，就労支援，処遇期間等，上述したような長期受刑者に対する中間処遇制度の知見を生かした制度設計を行う必要がある。

29）但し，そうした機能を自立更生促進センターにもたせようとした結果，地域住民のより大きな反発を招いた現実は直視しなければならない。

しかし，新に考えなければならないのが中間処遇の法的構成である。現在の中間処遇は，仮釈放処分に当たって地方更生保護委員会が更生保護施設を居住すべき住居として特定し（更生保護法第39条3項），当該住居（施設）に居住することを一般遵守事項として設定する形を取っている（同第50条1項4号）。しかし，現在の中間処遇は受刑者の同意を前提としているため，これを拒むこともできる。中間処遇の実施に当たっても，更生保護施設は，法律上，補導援護の「社会生活に適応させるために必要な生活指導」として行うことができるだけで（同第58条6号），対象者の生活状況に問題があった場合でも一般的な助言指導を行い得るに止まり，後は保護観察官又は保護司の指導に拠るほかない（同第50条1項2号）。しかし，本章で提案する段階的処遇としての中間処遇については，受刑者にこれを義務付ける形を取り，処遇においてもより積極的な指導を行い得るようにする必要がある。

　そのためには，更生保護施設に「（法務大臣が指定する施設，保護観察対象者を監護すべき者の居宅その他の改善更生のために適当と認められる特定の場所であって，宿泊の用に供されるものに）一定の期間宿泊して指導監督を受けること」（同第51条2項5号）といった特別遵守事項を設定する必要がある。しかし，現在，「法務大臣が指定する施設」として設定することが可能な施設は自立更生促進センターに限られている[30]。それは，当該遵守事項が，単なる居住場所の指定だけではなく，当該場所で指導監督を受けることが前提とされているためである[31]。自立更生促進センターは，保護観察所又はその支部であり，保護観察官が常駐しているため法的に指導監督（及び補導援護）が可能である。これに対し，法律上，更生保護施設は保護観察上の指導監督を行うことが認められていない。そのため，同号の遵守事項において更生保護施設を法務大臣が指定することも，「その他の改善更生のために適当と認められる特定の場所」と見なすこともできないのである。

　現行法制上，保護観察には指導監督と補導援護という2つの作用があるとされる。前者は対象者の再犯を防止し更生を図るため対象者と接触を図って行状

30）法務省告示第305号（平成21年7月1日）により北九州自立更生促進センターが，法務省告示第192号（平成22年4月26日）により福島自立更生促進センターが，それぞれ指定されている。

31）法務総合研究所『研修教材平成26年版更生保護』（2014）142頁。

を把握しつつ，設定した特別遵守事項を遵守し，或いは生活行動指針に従って生活・行動するよう必要な指示その他の措置をとり，必要に応じて特定の犯罪的傾向を改善するための専門的処遇を実施する権力的・監督的作用であるのに対し，後者は保護観察対象者が自立した生活を営むことができるようにするための支援的・福祉的作用とされている。更生保護法は，保護観察の指導監督と補導援護は国家公務員たる保護観察官ないし保護司に行わせることとし（第61条1項），補導援護に限って，「保護観察対象者の改善更生を図るため有効かつ適切であると認められる場合には」，「更生保護事業を営む者その他の適当な者に委託して行うことができる」（同2項）としている。そのため，更生保護施設を含め，他の個人や機関が，保護観察官等から委託を受けて指導監督を行うことができないという法的立て付けになっているのである。近年，更生保護施設は，SSTや薬物依存防止指導を始め様々な処遇を行っているにもかかわらず，法的にはあくまで補導援護における「社会生活に適応させるために必要な生活指導」（同第58条6号）として行っているに過ぎない。

　そもそも，保護観察の指導監督を保護観察官と保護司に限定してきたのは，指導監督が対象者の行動を監督したり，制約したりすることもできる権力的・監督的作用であることから国家公務員がこれを行うことが本来的であり，かつ望ましいことと（国家性），保護観察官が「医学，心理学，教育学，社会学その他の更生保護に関する専門的知識」（第31条2項）を有する処遇の専門家であると考えられてきたからであろう（専門性）。しかし，PFI刑務所のように，従来国固有の作用と見られてきた業務も，極めて権力性の強いものを除き，民間に委託することができるという考え方が支持されるようになった今日，保護観察においても，特別遵守事項の設定や取消し，原処分取消しの申出といった対象者の義務や自由の制限に直接的に関わるものを除く指導監督の一部を民間に委託することが絶対に認められないとする理屈は立ちにくい。専門性にしても，長年，犯罪者の改善更生と社会復帰に従事してきた更生保護施設の知見だけでなく，近年は専門的な処遇を実施する更生保護施設もあることから，その専門性が同じ民間たる保護司（法的には非常勤の国家公務員）に比して低いとは考えられない。近年は，薬物依存回復訓練を薬物依存症リハビリテーション施設等に委託することが行われているが，それを補導援護における生活指導と位置付ける方が奇妙である。更生保護法第61条1項を改正し更生保護施設（やその他の

専門機関）に対し指導監督を委託することができるようにしたうえで更生保護施設での居住と指導監督を特別遵守事項に設定できるようにすることが望ましい[32]。後者については特に法改正は必要なく，法務大臣が更生保護施設を第51条2項5号の施設に指定すれば済む話である。

　前述した通り，自立準備ホームをこの施設に指定することは現時点では難しいであろう。考えられることは，こうした施設に居住しながら，指導監督ではなく，生活指導等を受けることを義務付ける新たな特別遵守事項を設けるか，或いは，自立準備ホーム等への居住指定のみの特別遵守事項を設けることである。但し，単なる居住指定は，「保護観察対象者の改善更生のために特に必要と認められる範囲内」（更生保護法第51条2項本文）という特別遵守事項の要件を満たすかどうか疑問がないでもないが，それはどの程度，段階処遇としての中間処遇に意義を見いだすかによろう。

3　中間処遇終了後の段階的保護観察

　中間処遇は，仮釈放（ないし一部執行猶予実刑部分終了）後における段階的処遇の一部を構成するものである。しかし，中間処遇が終わった後の保護観察においても処遇密度を段階的に変えていく仕組みも考える必要がある。ここでは，仮にこうした処遇を段階的保護観察と呼ぶことにする。現在，保護観察においては段階別処遇なる制度が導入されているが，これは対象者を改善更生の進度や再犯可能性の程度及び補導援護の必要性等に応じて4段階に区分し，段階に応じて保護観察官の関与の程度や接触頻度を変えるものである[33]。これに対し，ここでいう段階的保護観察は，特別遵守事項の内容や保護観察担当者の関与度を時系列的・段階的により密度の濃いものから軽いものへ段階的に変更していく処遇を意味する。

　更生保護施設での中間処遇を受けた者であれば，退所後も一定期間は施設へ

32）特別遵守事項に居住指定できるようにすることが中間処遇の現実的な方法であるとの意見がある一方，更生保護施設の受入意思の問題も指摘されている。被収容人員適正化方策部会議事録第5回（2007年3月23日）6頁，8頁。しかし，現在の中間処遇制度でも，対象となる更生保護施設の代表者の意見を聴いたうえで中間処遇実施施設として指定している。
33）鎌田隆志＝宮澤由紀「段階別処遇による体系的な保護観察の実施」更生保護59巻6号（2008）51頁以下。

の通所処遇を行い，しかる後に一般の保護観察に移行することが考えられる。保護観察にしても，当初は保護観察官による直接処遇を比較的高頻度で行い，生活が安定しているようであれば，保護司による面接中心に切り替え，さらに問題が無ければ，面会の頻度をさらに少なくするといった過程を経るようにする。薬物依存のある対象者については，現在の薬物乱用防止プログラムのように[34]，当初は処遇密度の高い内容を行い，それが修了した場合はフォローアップ的な処遇内容に切り替えて，最終的には解除することが望ましい。

　時系列的と書いたが，一方向的なものではなく，逆行もあり得る。ある段階での処遇密度では更生に支障が生じかねないという場合には，対象者の問題性に合わせて特別遵守事項を設定し直し，ときには中間処遇に戻し，更生保護施設や自立更生促進センターでの居住と処遇を指定することもありうる。こうすることで，刑事施設に再収容することなく，社会生活を維持しながら，更生に向けて再チャレンジさせることも可能となる。一種の原処分（仮釈放）の取消猶予である。現在の段階別処遇も処遇段階の変更が可能であるので，中間処遇との関係や通所処遇を除けば，基本的な構造は同じであり，運用によって段階的処遇の実施が可能であろう。

　但し，以上のような段階的処遇は，現在のような残刑期間主義に基づく仮釈放では凡そ保護観察期間が足りない。そこで，本編第1章で提案したような考試期間主義を導入することが前提となる。しかし，仮に考試期間主義が採用されずとも，一定の保護観察期間が確保できる場合で，対象者の問題性や社会復帰の見込み等から適当と認める場合は，中間的処遇を含む段階的処遇の適用は充分検討に値する。

4　開放的処遇の拡大

　本章で提案する段階的処遇には，仮釈放後の保護観察だけでなく，刑事施設収容中から社会生活への適応能力と自律性を養うための開放的処遇を行うことも含まれる[35]。刑事施設収容中の矯正処遇を「1」とすれば，処遇密度のやや

34）2016 年（平成 28 年）から，従来の覚せい剤事犯者処遇プログラムに替えて，新たに薬物再乱用防止プログラムが実施されている。押切久遠＝山下麻実「更生保護における薬物事犯者施策について」犯罪と非行 181 号（2016）166 頁以下。

低い「0.8」や「0.7」程度の開放的処遇を実施し，その成果を見極めたうえで仮釈放とし，その後の中間処遇や段階的保護観察に順次移行していくのである。矯正から保護に亘って開放度を高めながら処遇密度の異なる処遇を展開していく処遇こそが段階的処遇の全体像である。

　具体的には，現在の外出・外泊，外部通勤作業制度，釈放前指導を拡充することが考えられる[36]。外出・外泊については，これまでにも，企業の採用面接に参加するために外泊を許可した例や，ハローワークへの就職相談や更生保護施設又は親族訪問のために外出した例などがあるが[37]，適用件数は極めて少なく，外部通勤作業も，一部の施設の極めて限られた受刑者に対し，仮釈放前の短期間，実施されているに過ぎない[38]。

　その原因として，要件が厳しいこと，適格者が少ないこと，適切な外部事業所が少ないこと，逃走等の不測の事態に対する対処方法を整備しておく必要があること，矯正管区，保護観察所，地元警察署，検察庁等関係機関からの了解や協力を得なければならないこと，地元住民の理解が重要であること，等が挙げられる。開放的処遇の拡大にはこれらの課題を解決していかなければならず，現実問題として適格者や外部事業所の確保には容易ならざるものがあることも確かである。しかし，開放的処遇の要件については，現在，(1) 開放的施設において処遇を受けていること，(2) 第1種又は第2種の制限区分に指定されていること，(3) 仮釈放を許す決定がされていること（刑事収容施設法第96条1項，第106条1項，刑事施設及び被収容者の処遇に関する規則［以下，刑事施設規則という］第

---

35) 矯正における段階的処遇の提案として，太田達也「刑事施設・受刑者処遇法下における矯正の課題─矯正処遇を中心として」犯罪と非行146号（2005）23-24頁。
36) 菊田幸一博士も，仮釈放と外部通勤や帰休制等の中間処遇との結合を提案される。菊田幸一「仮釈放」宮澤浩一ほか編『刑事政策講座第2巻刑罰』成文堂（1972）250頁。土井政和教授も，受刑者に外部プログラムへの参加促進を提唱される。土井政和「刑事施設における社会的援助と市民参加」刑事立法研究会編『21世紀の刑事施設─グローバル・スタンダードと市民参加』日本評論社（2003）72頁。
37) 法務省矯正局「矯正の現状」法曹時報68巻11号（2016）122頁。
38) 刑事収容施設法施行後から2016年（平成28年）5月末までの実績は，外出121件，外泊15件に過ぎない。外部通勤作業については，同年4月末の時点で，実施庁10庁，適用者21人に止まる。法務総合研究所『平成28年版犯罪白書』（2016）56頁。しかし，近年，B指標やL指標施設で開放的処遇を実施する試みも始まっている。「特集・犯罪傾向の進んだ受刑者を対象とした外部通勤・外出・外泊」刑政127巻9号（2016）74頁以下。

57 条，第 65 条），のうち何れかという厳しい要件が課されており[39]，さらに外泊については 6 か月以上執行されていることも必要である（刑事収容施設法第 106 条但書）。制度論的には，これを一部緩和することが考えられる。特に，本章で提案する段階的処遇実現のためには，仮釈放決定より前の段階において開放的処遇を行うことを検討すべきであるから，(3)の要件は，せいぜい「仮釈放を許すことができる期間を経過していること」といった刑事収容施設法第 96 条 1 項や第 106 条 1 項の内容に止めるべきである。なお，開放的処遇拡大の方向性は刑事収容施設法施行 5 年目の見直しにおいても指摘され，GPS 機器の携帯や装着の活用による運用の拡大が提言されている[40]。GPS 機器の活用については，2011 年には法令の整備が行われているが（刑事施設規則第 57 条の 2，第 65 条の 2)[41]，GPS を装着するから安心して開放的処遇が実施できるというものではないと思われるし，却って開放的処遇本来の意義や機能が失われかねない[42]。

　開放的処遇の拡大に当たっては，手続面での制度改革も考えられる。思うに，開放的処遇の運用が消極的にならざるを得ない最大の原因は，受刑者が逃走を図ったり，犯罪を行ったりすることに対する刑事施設側の危惧感であろう。刑事施設長として，万が一のことを考えるのは当然であろうし，事故が発生した場合には責任追及の対象にもなろう。そうした中で開放的処遇の拡大を外部の者が主張するのは無責任であると言われても仕方あるまい。第 1 編第 2 章で述べたように，仮釈放のみならず開放的処遇もリスク管理の問題であるが，実際に逃走や再犯が起きれば，マスコミはこぞって刑事施設を批判するであろう。

---

39) これらの要件のうち 1 つを具備すればよいとされているが（林眞琴＝北村篤＝名取俊也『逐条解説刑事収容施設法』有斐閣（2010）472 頁，517-518 頁)，施設によってはこれらの全てを満たすことを選定条件としているところもあるようである。向井康修「網走刑務所における外部通勤作業について」刑政 127 巻 9 号（2016）76 頁。
40) 法務省＝警察庁『刑事収容施設及び被収容者等の処遇に関する法律の施行状況について』（2011）15-16 頁，18 頁。
41) GPS 装置の装着に加え，又はそれに代え GPS 機能付の携帯電話を携帯させているという。向井康修・前掲注(39)77 頁，岸田和幸「LB 施設における外出外泊の実施について」刑政 127 巻 9 号（2016）96 頁，藤田雅久「外出について」同 104 頁。
42) 太田達也「刑事施設における受刑者処遇の課題と展望—刑事収容施設法施行 5 年を経過して」法律のひろば 65 巻 8 号（2012）57 頁。外出・外泊又は外部通勤作業の受刑者に GPS 装置を装着させることについての反対意見として，日本弁護士連合会「刑事施設及び被収容者の処遇に関する規則の一部を改正する省令案」に関する意見（2011 年 3 月 25 日）。

にもかかわらず，ただ開放的処遇の拡大を唱えても，実効性が上がらないのは無理もない。

　そこで，段階的処遇を構築するうえで，開放的処遇についても，決定権者を刑事施設長から他の機関に移すことが考えられる。現実的な案としては，仮釈放やその取消しの決定機関である地方更生保護委員会が担うというのは如何であろうか[43]。刑事施設側で決めることのできる外出・外泊制度を維持しておきたいというのであれば，外出・外泊とは別の帰休制度のような制度を設け，これと外部通勤作業の審理・決定を委員会の所管とすることでもよい。刑事施設長は，帰休や外部通勤が適当だと考える場合，委員会に申出を行い（職権審理も認める），委員会がその許否と遵守事項の決定を行うのである。

　開放的処遇の内容としては，外部での研修や教育等に参加することを目的とした外出ないし帰休も考えられる。現在の外部通勤作業でも職業訓練を目的としたものが可能であるし（刑事収容施設法第 96 条 2 項），外出でも，「その他その釈放後の社会生活に有用な体験」（同第 106 条 1 項）を目的とすることができるため，就労先の事業所の見学等は可能である[44]。しかし，社会復帰に有用で，且つ社会内でしか行われていない，又は社会内で行うことが極めて有用な研修や教育であれば，外部通学制度や処遇を目的にした外出・外泊を導入することが検討されてしかるべきである。

　外泊や外部通勤の際に更生保護施設や自立更生促進センターを宿泊先とすることも検討に値する。現在の限定的な開放的処遇の状況のなかで，こうした施設を活用した中間処遇の実現性を疑問視する向きもあるが[45]，むしろ更生保護に特化した中間施設での宿泊を前提とすれば外泊や外部通勤が実施可能な例もあると思われ，実施の意味は充分あろう。

---

43) 中尾文策氏も，外部委員から成る評議機関としての刑務委員会を設けて，仮釈放のみならず，外部通勤や外泊等の開放的処遇の決定に関与させることを提案している。中尾文策「刑務委員会(2)」刑政 53 巻 10 号（1940）15-17 頁。

44)「受刑者の外出及び外泊に関する訓令」平成 18 年 5 月 23 日矯成訓第 3357 号法務大臣訓令第 3 条。林眞琴＝北村篤＝名取俊也・前掲注(39)519-520 頁。

45) 金光旭「中間処遇及び刑執行終了者に対する処遇」ジュリスト 1356 号（2008）144-145 頁は，開放的処遇の重要性を指摘しながらも，外出・外泊，外部通勤作業が低調な段階での釈放前中間処遇は時期尚早であるとするが，むしろ中間処遇施設を活用することでこれらの開放的処遇を活性化させるという方向であるべきであろう。

5 段階的処遇の体制整備

　段階的処遇を実現するためには人的体制と情報共有の体制を整備する必要がある。まず，人的体制としては，受刑者を矯正から保護へ，そして再犯の場合はまた矯正へと継続的に指導できる仕組みを考案する必要がある。現在は，受刑直後の生活環境調整の段階で保護観察官（主任官）と担当保護司が決まるが，ごく稀に保護司が受刑者の面会にいくことがあることを除けば，直接的な関与は仮釈放後の初回面接からとなる。そして，短い3号観察期間が過ぎれば，主任官や担当保護司との関係も終わってしまう。少なくとも保護観察対象者にとっては，自分の人生をあっという間に通り過ぎていく刹那的な関係に過ぎず，自分の人生に向き合ってくれるような存在とは思えないであろう。しかし，それでは対象者への指導も感銘力も覚束ない。受刑施設と帰住先の地理的関係，保護観察官の地区担当制，保護観察官や保護司の定年等，難しい問題は多々あるが，同じ保護観察官や保護司が，矯正の段階から受刑者の社会復帰準備に関わり，保護観察を行った後，万が一再犯に及んだ場合，受刑後の帰住先が同じであるなど可能な限り，同じ受刑者を担当できるような仕組みが望ましい[46]。特に，保護司はメンターのような存在になることが理想である[47]。そのためには，刑事施設の収容先にも配慮する必要がある。しかも，中心となる保護司のほかに，医師，保健師，公認心理士，弁護士，税理士，キャリア・コンサルティングといった様々な領域の専門家が各自の専門の立場から，その範囲内で対象者の指導や支援を担うチーム制のような制度とすべきである[48]。

　さらに，矯正と保護の間での処遇に関する情報共有が必要である。現在は，性犯罪処遇プログラム等ごく一部の処遇において矯正と保護の間で連繋が図られているに止まる。そこで，矯正処遇の過程で得られた成果や受刑者の問題についての情報が仮釈放後の保護観察担当者に伝わるようにする仕組みが必要である。さらに，前回の保護観察の成否を次回の受刑時における矯正処遇や保護

---

46) 矯正から保護に亘って受刑者の支援を行う新たなソーシャル・ワーカーの制度を提案するものとして，土井政和・前掲注(36)70-71頁。
47) 韓国には保護司に相当する法愛委員（かつての犯罪予防自願奉仕員）や更生保護施設のと対象者との「結縁」という取組みがある。法務省保護局（太田典子）『諸外国の更生保護制度(6) 大韓民国の更生保護』(2004) 37-38頁。
48) 太田達也「更生保護法施行5周年『現状と課題』」更生保護学研究4号 (2014) 37-39頁［太田達也報告部分］。

観察に反映させるという機能が弱い。現在，保護観察の記録は担当保護観察所に保管されているだけで，再犯時の保護観察所には送付されず，記録の取り寄せも殆ど行われていない。つまり，過去の保護観察における成果や問題点が次の矯正処遇や保護観察に全く活かされていないのである。さらに酷いことに保護観察の記録は 10 年又は 5 年で廃棄処分となっている。そこで，矯正処遇や保護観察の成果や課題といった処遇情報のコアの部分だけでもデータベース化し，矯正と保護の間で情報共有するシステムを構築する必要がある[49]。

　以上，本章では矯正と保護を貫く段階的処遇を提案したが，そのイメージを示したものが図 1 である。

49）太田達也「刑事施設・受刑者処遇法下における矯正の課題─矯正処遇を中心として」犯罪と非行 146 号（2005）12 頁，同・前掲注(48)39-40 頁。

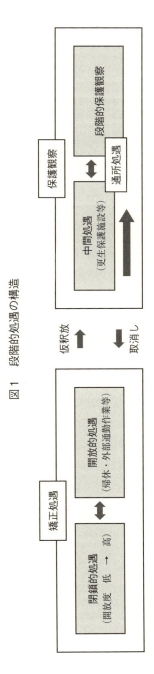

図1　段階的処遇の構造

第 4 編

仮釈放と被害者の法的地位

第1章

更生保護と被害者支援

I　更生保護における被害者支援の展開

　我が国における被害者支援は，この20年余りで大きく前進することとなった。警察は，1980年（昭和55年）に犯罪被害者等給付金支給制度を導入したのを皮切りに，1996年（平成8年）に被害者対策要綱（現在の犯罪被害者支援要綱）を策定し，被害者連絡制度を始めとする様々な被害者支援制度を打ち出している。検察庁も，1999年（平成11年），被害者等通知制度を全国統一基準の下で運用を開始したほか，訴追や公判の過程において被害者を支援する被害者支援員を導入している。さらに，2000年（平成12年）以降は，刑事訴訟法や少年法の一部改正に加え，犯罪被害者等の権利利益の保護を図るための刑事手続に付随する措置に関する法律の制定等により，刑事手続の過程における被害者の保護や手続参加の制度が整備されるに至っている。

　しかし，当時の刑事手続における被害者への情報提供や手続参加を巡る一連の改革は捜査から公判までのものが中心で，刑や処分の執行過程における被害者支援の制度は殆ど見られなかった。矯正や更生保護においては依然として犯罪者の改善更生と社会復帰にのみ関心が向けられ，犯罪被害者への支援は，犯罪者の社会復帰に資するか，少なくとも犯罪者の社会復帰の妨げにならないという条件の下でしか行われてこなかった。

　しかし，捜査から公判において被害者への情報提供や手続参加を認めておきながら，刑や処分が確定した後では一切認められないとすることに合理的な根

拠は見い出し難い。特に，受刑者の釈放や社会内処遇は被害者の安全や損害回復にも関わることから，その過程で被害者に一定の情報提供を行ったり，手続関与を認めたりすることは，被害者支援のうえで当然の配慮と言わねばならない。受刑者の釈放や少年院収容少年の出院は，被害者にとって「過去の被害」ではなく，「現在の利害」に関わることなのである。

1990年代になると研究者や実務家の間で犯罪者処遇における被害者支援の必要性・重要性が徐々に指摘されるようになったが[1]，大きな転機となったのは2004年（平成16年）の犯罪被害者等基本法の成立であった。同法が，「国及び地方公共団体は，犯罪被害者等がその被害に係る刑事に関する手続に適切に関与することができるようにするため，刑事に関する手続の進捗状況等に関する情報の提供，刑事に関する手続への参加の機会を拡充するための制度の整備等必要な施策を講ずるもの」（第18条）と規定したことから，この規定を受けて策定された2005年の第1次犯罪被害者等基本計画において，判決や保護処分確定後の加害者情報の犯罪被害者等に対する提供の拡充，犯罪被害者等の心情等を加害者に伝達する制度の検討及び施策の実施，受刑者と犯罪被害者等との面会・信書の発受の適切な運用，犯罪被害者等の意見等を踏まえた適切な加害者処遇の推進，犯罪被害者等の視点を取り入れた交通事犯被収容者に対する更生プログラムの整備，仮釈放における犯罪被害者等に対する安全への配慮の充実，犯罪被害者等の意見を踏まえた仮釈放審理の検討及び施策の実施，矯正施設職員及び更生保護官署職員に対する研修等の充実等の施策が一定の期限を付して実施されることとなったのである[2]。

一方，愛知県や青森県で起きた保護観察対象者による重大事件の発生を契機として，2005年（平成17年）に「更生保護のあり方を考える有識者会議」（以下，「有識者会議」という）が設置され，翌2006年に公表された最終報告において，更生保護における様々な改革に関する提言が行われ，その中で，仮釈放におい

---

1) 早い時期での指摘として，宮澤浩一「犯罪者処遇と被害者の視点」罪と罰22巻2号（1985）45頁以下がある。1993年に開催された第4回日本被害者学会においても，シンポジウムのテーマに「犯罪者の矯正保護における被害者の視点」が選ばれ，活発な議論が行われている。「共同研究―犯罪者の矯正保護における被害者の視点」被害者学研究4号（1994）55頁以下。

2) 犯罪被害者等施策推進会議『犯罪被害者等基本計画』（2005）。

ても被害者の意見を聴取する手続を明定すべきことが提案されている[3]。

　これら一連の動きを受けて，2007年（平成19年）6月，更生保護法（平成19年6月15日法律第88号）が成立し，仮釈放及び仮退院の審理における被害者の意見聴取制度（以下，「被害者意見聴取制度」という）と保護観察対象者に対する被害者の心情伝達制度（以下，「被害者心情伝達制度」という）が導入されるに至った。実際には，同法の附則に基づいて犯罪者予防更生法と執行猶予者保護観察法に同様の規定を設けることで2007年12月1日から先行して制度が実施され，2008年6月1日，同じ規定が設けられた更生保護法の施行により同法に引き継がれている。また，受刑者や少年院収容少年の処遇や釈放について被害者に通知する情報提供の制度（以下，「加害者処遇情報提供制度」という）も，2007年の法務省局長通達により導入されるに至っている[4]。

　かくして更生保護の領域においても被害者支援の制度が整備されることとなったが，その実施状況は，被害者等通知制度を除くと，必ずしも順調とは言えず，制度の構造や内容にその原因の一端があるように思われる。また，刑事手続における被害者支援の重要性が認知されるに至った今日でさえ，矯正や保護における被害者支援に対しては依然として否定的な見解も根強い。そこで，本編では，更生保護における被害者支援の重要性を確認し，具体的な施策として被害者意見聴取制度と被害者心情伝達制度を取り上げ，検討を試みることにする。仮釈放や保護観察に関する被害者への情報提供の必要性については，別稿にて詳細に論じたことがあるが[5]，これについては，2007年の加害者処遇情報提供制度により枠組みが整備されたため，若干の課題は残されているものの[6]，ここでは扱わないこととする。

---

3)　更生保護のあり方を考える有識者会議「更生保護制度改革の提言―安全・安心の国づくり，地域づくりを目指して」（2006）20-21頁。
4)　「被害者等に対する加害者の処遇状況等に関する通知について」平成19年11月22日刑総第1576号刑事局長・矯正局長・保護局長依命通達。
5)　太田達也「被害者に対する情報提供の現状と課題」ジュリスト1163号（1999）18頁以下，同「犯罪被害者支援の国際的動向と我が国の展望」法律のひろば53巻2号（2000）4頁以下，同「更生保護における被害者支援(2)―釈放関連情報の提供と被害者の意見聴取を中心として」犯罪と非行125号（2000）37頁以下。
6)　課題については，井田良＝太田達也編著『いま死刑制度を考える』慶應義塾大学出版会（2014）153-155頁に若干の言及をしておいた。

Ⅱ　更生保護における被害者支援の理念

　具体的な施策の検討に入る前に，何故，仮釈放を含む更生保護の領域においても被害者の地位や支援に配慮する必要があるのかという，更生保護における被害者支援の理念ないし意義について改めて確認しておきたい。というのも，更生保護は犯罪者処遇の過程であり，被害者に対し積極的な支援を行うことは犯罪者の社会復帰を困難なものにしかねないとの危惧感から，これを消極に解する見解が依然として見られるからである。

　この点につき，アメリカでは，アメリカ・プロベーション・パロール協会 (The American Probation and Parole Association) が 1995 年に公表したモデル構想が社会内処遇（community correction）において被害者支援を実施すべき理由を掲げているのが参考になる[7]。それは，単に「正しいこと」(right things to do) であるというだけでなく，プロベーションやパロール機関が，被害者のニーズや関心に関わる犯罪者関連の情報を有しており，これらの情報を提供することで被害者の不安や葛藤を解消できること，犯罪者処遇の経験から被害者のニーズに応えることのできる社会資源についての情報を有していること，被害者はプロベーションやパロール機関の支援者となり得ること，被害者に対する支援を行うことでプロベーションやパロール機関が公共の利益に貢献していることの理解を広く社会から得られること，刑事和解等を通じて犯罪者に対しては一定の処遇効果が，また被害者自身に対しても癒し効果が得られることであるとする。つまり，更生保護における被害者支援は，「被害者の安全・安心」と「犯罪者の改善更生」の双方に資するというのである。

1　被害者の安全確保と不安軽減

　被害者が受けた被害や損害は，一生かかっても回復できないほど深刻な場合が少なくない。裁判の確定という出来事は，被害者にとって 1 つの「節目」にはなり得ても，問題の「終結」ではあり得ず，特に被害の回復という点からすれば，犯罪者に対する刑事責任の確定は殆ど意味をなさないといっても過言で

---

7)　American Probation and Parole Association, Results-Driven Management Implementing Performance- Based Measures in Community Corrections 105-106 (1995).

14

はない。また，被害者の中には，現実的な危険性の有無にかかわらず，犯罪者との再会や報復に怯えながら，犯罪者以上に息を殺した生活を迫られている者も少なくない[8]。にもかかわらず，一旦，犯罪者が刑に服すると，国の関心は専ら犯罪者の処遇や社会復帰に向けられ，被害者は顧みられなくなる。その結果，被害者は，国家から放置されたことによる疎外感から次第に孤立し，被害の回復どころか，心の傷を深めることにもなりかねない。

　現実に再被害の危険性のある被害者もいる。ストーカーや DV 事案では釈放された加害者が元被害者に対し再び加害行為をする危険性が高く，性犯罪の事案でも，受刑者が釈放後に通報や告訴をした元被害者を逆恨みして再加害行為に及んだケースがある[9]。

　ここに更生保護における被害者支援の必要性と意義がある。受刑者の（仮）釈放情報を被害者に提供する仕組みは被害者の安心と安全を図ることに繋がるし，生活環境調整（帰住調整）や保護観察において被害者の安全を確保するよう配慮することもできる。制度的に限界はあるが，被害者への損害回復に一定の形で関与することもできる。更生保護に関連した業務の範囲内でも被害者の抱える不安の軽減を図り，あるいは再被害の防止や損害回復に資することができるのである。

　勿論，被害者との接触や対応においては細心の注意を払う必要がある。以前より生活環境調整，仮釈放調査，恩赦調査等において被害者等調査（かつての被害者感情調査）が行われてきているが，被害者との接触によって精神的負担をかけることもあり，事後的なフォローもないことから，被害者に 2 次的な被害を与えるおそれすらある。更生保護業務における被害者への接触や支援におい

---

8)　内閣府『平成 27 年版犯罪被害者白書』（2015）8 頁以下。

9)　強姦致傷，窃盗，恐喝未遂を犯し，「警察に言えばどんな目に遭うかもしれないぞ」と被害者を脅して逃走した被告人が，事件を警察に通報され，逮捕されたことに激しい憤りを覚え，その恨みを晴らすために被害者を殺害しようと決意し，7 年間の懲役執行を経て 1997 年に満期で出所した直後（服役先の北海道から東京への移動期間も含めて 2 日後）から被害者宅を探し始め，凶器の包丁やその他周到な準備をした後，被害者宅を探し出したうえ，「7 年前の事件のことは覚えているか」と脅しながら，被害者を刺殺し，所持品を盗んだ事件が発生し，後に被告人には死刑が確定している。東京地判平成 11・5・27 判時 1686 号 156 頁，東京高判平成 12・2・28 日判時 1705 号 173 頁，最小判平成 16・10・13 裁判集刑 286 号 357 頁。この事件の後，警察庁によって再被害に関する調査が行われている。警察庁刑事企画課「再被害事件の実態調査結果」（1997）。

ても，2次被害を防ぎながら被害者の立ち直りに資するような支援を行うこと
が求められるのである。

2　犯罪者の「真の」社会復帰

　従来，矯正や更生保護の領域において被害者への支援が行われてこなかった
最大の原因は，被害者の支援と犯罪者の社会復帰処遇は両立し得ず，被害者の
厳しい感情が持ち込まれると報復的な処遇になりかねないとの見解が支持され
てきたからにほかならない[10]。犯罪者処遇は，被害者の応報感情を克服したと
ころに（こそ）成り立ちうるとするとする見解さえ見られた[11]。

　また，被害者が求める損害賠償や損害回復[12]は，民事の問題であって，矯正
や更生保護の過程でこれを扱うことは民刑分離の原則に反するとの誤解があっ
ただけでなく[13]，被害者による損害回復の要求は就労もままならない出所者の
社会復帰にとっては阻害要因であるかのような雰囲気がかつての矯正保護に
あったことも否定し難い事実である。

　「報復的な処遇」や「被害者の応報感情を克服した処遇」が何を意味するの
かは明らかでないが，社会復帰とは犯罪者自らが引き起こした被害や被害者の
存在を忘れることでは決してない（"Rehabilitation never means forgetting victims and
their suffering"）[14]。被害者の被った損害や苦悩を正しく認識し[15]，被害者の損害
回復に向け真摯に努力することこそが真の社会復帰であり[16]，それに向けた適

10）　土井政和「行刑における被害者の観点」法政研究 56 巻 3=4 号（1990）199 頁以下，北
　　澤信次「更生保護における被害者の視点」被害者学研究 4 号（1994）84 頁，「共同研究
　　―犯罪者の矯正保護における被害者の視点：討論」被害者学研究 4 号（1994）91 頁の
　　墨谷葵教授発言，山口昭夫「被害者と犯罪者処遇」法律のひろば 53 巻 2 号（2000）
　　32-33 頁。また，瀬川晃教授は，「被害者の視点を欠く社会復帰の試みは，刑事政策と
　　して不十分」としながらも，「被害者の視点を包摂した犯罪者処遇」は社会復帰を阻害
　　する「両刃の剣としての要素を併せもっている」と注意を喚起される。瀬川晃「矯正保
　　護における被害者の視点―共同研究の序論として」被害者学研究 4 号（1994）55-56 頁。
11）　佐藤繁實「被害者と更生保護」法律のひろば 53 巻 2 号（2000）45 頁。
12）　本編では，「損害回復」の語を，金銭的な損害賠償だけでなく，謝罪なども含めた広い
　　意味での損害回復を指すものとして用い，特に金銭的な賠償としての「損害賠償」ない
　　し「弁償」の語と区別することにする。
13）　日本型の民刑分離思想を指摘し，それからの脱却を唱えたものとして，太田達也「被害
　　者支援の現状と課題―アジアからの報告」財団法人矯正協会『犯罪被害者に関わる諸問
　　題講演録』財団法人矯正協会（2004）9-13 頁。

切な指導を行うことは，「民事」の問題でも，ましてや「報復的処遇」でもない。国家刑罰権を前提とする現代の国家において，被害者感情のみで処罰や処遇を決定したり，処遇官自身が被害者や市民の抱く応報感情に溺れてしまったりしてはならないことは当然の話である。

　そもそも，被害者への支援というのは，被害者感情をそのままダイレクトに刑事手続や刑の執行に持ち込むことではない。被害者のもつ被害者感情を徒に誇張して，犯罪者の社会復帰処遇に対する脅威論ばかりを唱える見解は，被害者の立直りだけでなく，犯罪者の社会復帰にとっても何ら資するところがないばかりか，有害でさえある[17]。犯罪者処遇という絶対的使命の名の下に被害者への支援が否定されることがあってはならないのと同様に，被害者支援の名の下に犯罪者の社会復帰が否定されるようなことがあってはならないのである。

　しかし，国が犯罪者に対し社会復帰のための様々な支援を行う傍らで，被害者が放置されているとしたら，人々はこれを不正義とみなし，司法に対する信頼ばかりか，犯罪者処遇に対する理解さえも失われかねない。そうなれば，人々によって主張されるのは感情的な犯罪者の厳罰論だけとなろう[18]。犯罪者の社会復帰にとって社会の人々の理解が不可欠であるとすれば，こうした被害者にも配慮した社会復帰処遇が行われてこそ，市民の社会内処遇に対する理解が得られるというものである[19]。

---

14) VICTIMS AND CRIMINAL JUSTICE: ASIAN PERSPECTIVE 113-114（Tatsuya Ota ed., Keio University Hogaku Kenkyu Kai, 2003）. 太田達也「犯罪被害者支援の国際的動向と我が国の展望」法律のひろば 53 巻 2 号（2000）13 頁以下，同「刑事施設・受刑者処遇法下における矯正の課題—矯正処遇を中心として」犯罪と非行 146 号（2005）18 頁。
15) 但し，犯罪者の中には自己の罪の重圧に苦しんでいる者がおり，そうした者に被害者の苦悩を押しつけることは，犯罪者——特に少年——を精神的に追い込んだり，自棄を起こさせたりするという危険性があることには注意しなければならない。
16) 同旨，田本勇「仮釈放審理における被害者の問題—その審理過程での加害者の贖罪意識と被害者感情との交叉の試み」更生保護と犯罪予防 107 号（1992）1-2 頁，松本勝「保護観察と犯罪者処遇」『講座被害者支援 2　犯罪被害者対策の現状』東京法令出版（2000）336 頁。田中一哉「更生保護における被害者問題への対応」『更生保護の課題と展望』日本更生保護協会（1999）636 頁は，従来の更生保護実務の中にも，被害者感情の融和や被害者との和解へ向けた配慮抜きには対象者の改善更生を実現できないとする考え方があったと指摘する。
17) 西村春夫「今，被害者学の中心課題とは何かと問われて—三者関係修復に正義はあり」被害者学研究 10 号（2000）1-2 頁の指摘を参照のこと。
18) 船山泰範＝清水洋雄＝中村雄一編『スタッフ刑事政策』こぶし社（2000）250 頁。

III 海外における更生保護と被害者支援

日本の制度について検討する前に，国際機関やアメリカの更生保護における被害者支援の位置付けについて概観しておくことにする[20]。

1 国際機関の立場

1985 年に国連で採択された「犯罪及び権力濫用の被害者のための司法の基本原則に関する宣言」[21]においては，被害者に対する情報提供や刑事司法手続における意見陳述など被害者に対する支援を包括的に規定するに止まり，更生保護における被害者の支援や法的地位については特に言及がない。しかし，この宣言を実務において具体化するための指針を定めた 1998 年の『被害者の司法のためのハンドブック』においては，更生保護における被害者支援についても様々な制度の創設と実践が奨励されている[22]。特に，処分確定後の被害者支援プログラムとして，少なくとも直接的支援，情報提供，精神的支援を実施すべきであるとしている。このうち直接的支援としては，損害賠償命令の執行やプロベーション取消手続への参加に加え，パロールや恩赦審理手続への被害者参加が奨励され，パロール審理日程を事前に通知したうえで，被害の影響や遵守事項（保護命令や帰住地制限等）について意見を陳述する機会を被害者に認めることとしている。さらに，被害者が希望又は同意する場合には，被害の影響に

---

19) 宮澤浩一「更生保護と被害者」更生保護 32 巻 3 号（1981）12-13 頁。

20) この分野で先行するアメリカでは，プロベーションやパロールにおける被害者支援の形態を，(a) 釈放情報等の提供（notification），(b) 被害者意見陳述（victim impact statement - VIS），(c) 損害賠償命令（restitution），(d) 被害者・加害者和解又は調停プログラム（victim-offender mediation, victim impact panel）に分けるのが一般的である。See, e.g., Office for Victims of Crime, Promising Victim-Related Practices and Strategies in Probation and Parole (1999). ここでは，特に，釈放情報の提供と被害者意見陳述を中心に取り上げる。

21) United Nations Declaration of Basic Principles of Justice for Victims of Crime and Abuse of Power, A/RES/40/34 (1985).

22) HANDBOOK ON JUSTICE FOR VICTIMS ON THE USE AND APPLICATION OF THE UNITED NATIONS DECLARATION OF BASIC PRINCIPLES OF JUSTICE FOR VICTIMS OF CRIME AND ABUSE OF POWER 20, 41, 67-68, 71-74 (1998). なお，ハンドブックの邦訳として，警察庁犯罪被害者対策室（諸澤英道監）『国連宣言の導入および適用に関する被害者のための司法のハンドブック』(1998) がある。

関するグループワーク（victim impact panel/class）や被害者＝加害者調停（victim-offender dialogue and mediation）のようなプログラムを実施・監督すべきとする。一方，情報提供としては，処分確定後の被害者の権利に関する一般的な情報提供のほか，受刑者の地位や所在，パロールを含む釈放日，逃走，死亡等について被害者への情報提供を求めている。

さらに，近年，被害者の支援に関する国際条約の締結を目指して，世界被害者学会（World Society of Victimology）[23]が中心となって草案作りが進められている。これまでに公表された草案には更生保護に関する特別の規定はないが，被害者に危険がある場合においては被告人の保釈や受刑者の釈放に関する通知を被害者が受けられるよう加盟国が必要な措置をとることや，刑事手続全般に関する包括的条項ながら，被害者の個人的利益に関わる手続において，被害者の見解や懸念が表明され，考慮されることを認めるべきであるとの規定が置かれている[24]。但し，被害者の意見陳述については，被疑者・被告人の権利を損なわないことと，加盟国の刑事司法制度に則した制度であるべきとの前提条件が付されている。

一方，ヨーロッパにおける司法や人権の分野で大きな影響力を有する欧州評議会（Council of Europe）も，1985 年に「刑事法及び刑事手続の枠における被害者の地位に関する勧告」[25]を策定している。ヨーロッパの国際法における被害者の法的地位は，被害者への情報提供，2 次被害や再被害からの保護，直接支援など，比較的穏やかな内容となっており，刑事手続への参加などは極めて制限された内容となっているのが特徴である。この 1985 年の勧告も，刑事手続のあらゆる過程において，被害者は，自己の状況，権利及び尊厳にしかるべく配慮をした方法で意見の表明を求められるべきであるとの一般規定が置かれて

---

23) 世界被害者学会は，1979 年にミュンスターで開催された第 3 回国際被害者学シンポジウムにおいて設立された被害者学の国際学会である。世界被害者学会については，宮澤浩一「世界被害者学会について（第 7 回国際被害者学シンポジウム）」罪と罰 29 巻 2 号（1992）9 頁以下に紹介がある。

24) Draft 8 February 2010 on UN Convention on Justice and Support for Victims of Crime and Abuse of Power, Article 5 (2) (b), Article 7 (3).

25) Council of Europe Committee of Ministers Recommendation R (85) 11 of the Committee of Ministers to member states on the Position of the Victim in the Framework of Criminal Law and Procedure.

いるに過ぎず，更生保護の領域でも，裁判所が宣告猶予やプロベーション等に金銭的な条件を付することが可能な場合は，被害者に対する損害賠償を重視すべきであるとしている程度である。

欧州評議会が2006年に策定した「犯罪被害者の支援に関する勧告」でも[26]，被害者支援の内容は抽象的・包括的なものに止まる。更生保護との関連では，加盟国が再被害や報復から被害者を保護するための措置をとるべきことや，被告人の保釈や受刑者の釈放について被害者に通知する決定がなされるよう必要な措置をとるべきとの規定があるに過ぎない。

欧州連合理事会（the Council of European Union）が2001年に策定した「刑事手続における被害者の地位に関する決定」[27]でもほぼ同様の内容が見られる。ただ，この決定の内容をさらに拡大するため，2012年に策定された「犯罪被害者の権利，支援及び保護の最低基準を定める指令」[28]は，被害者の支援や保護にやや厚く，内容も具体的になっているのが特徴である。情報提供についても，被害者に危害が加えられる危険やリスクがある場合に限らず，勾留中の被疑者・被告人や刑務所に収容されている受刑者が釈放されたり，逃走したりしたときには，遅滞なくその事実について被害者に通知する機会を設けることを加盟国に求めている。但し，手続参加については，不起訴決定に対し意見を述べる権利など刑事手続の過程で意見を述べることができるという一般規定があるに止まる。

この他，公的機関によるものではないが，ヨーロッパ各国の被害者支援団体が加盟している「被害者サービスのためのヨーロッパ・フォーラム」（当時の名称。2007年に「被害者支援ヨーロッパ」に改称）[29]が1996年に公表した「刑事司法手続における被害者の権利に関する声明」[30]において，受刑者の釈放に関する情報提供を受ける権利とともに，自由刑の代替刑やパロールの遵守事項の中に被害者との接触を禁止する条項を含めるべきことが謳われている。しかし，声明

26）Council of Europe Recommendation (2006) 8 of Committee of Ministers to member states on Assistance to Crime Victims.

27）The Council of EU, Council Framework Decision 2001/220/JHA of 15 March 2001 on the Standing of Victims in Criminal Proceedings.

28）Directive 2012/29/EU of the European Parliament and of the Council of 25 October 2012 establishing minimum standards of the rights, support and protection of victims of crime, and replacing Council Framework Decision 2001/220/JHA.

では，犯罪者の処分を決定する責任を国家が引き受けるということが犯罪被害者の基本的権利として認識されるべきであり，処分決定の責任を被害者に戻すことによってこの権利を侵害する如何なる試みも行われるべきではないとして，被害者に刑事手続への積極的な関与権を認めることには反対の姿勢を表明している[31]。欧州評議会や欧州連合のような国際機関ではなく，ヨーロッパ各国の民間被害者支援団体の連合体の見解ではあるが，ヨーロッパにおける被害者支援の基本的理念を示すものとして重要であろう。

2　アメリカにおける更生保護と被害者支援

1)　連邦

　アメリカでは，1982年に犯罪被害者大統領諮問委員会が設置され，同年末に策定・公表された最終報告書において，量刑に関する裁判所の裁量権を制限し，宣告刑を忠実に執行することが被害者の利益にも繋がるとしてパロールの廃止を提言し，廃止されるまではパロール審理手続について被害者に通知するとともに，パロール審理に被害者が出席して被害の影響について陳述することを認めるべきであるとしている[32]。

　また，同年には「被害者及び証人保護法」が成立し，刑事司法制度における犯罪被害者と証人の公正な待遇に関する連邦ガイドラインの策定・実施が定められることとなったが，その際，被害者等に対し受刑者の釈放を含む刑事手続

---

29) フォーラムについては，宮澤浩一「被害者支援のためのヨーロッパ・フォーラム」罪と罰35巻4号（1998）37頁以下，立谷隆司「被害者サービスのためのヨーロッパ・フォーラム」罪と罰36巻4号（1999）69頁以下，宮澤浩一「被害者サーヴィスのためのヨーロッパ・フォーラムについて」警察学論集52巻8号（1999）19頁以下，中西章「被害者サーヴィスのためのヨーロッパ・フォーラム第13回会合の概要について」警察学論集52巻8号（1999）31頁以下，M・グリューンヒューゼン（太田達也訳）「ヨーロッパにおける被害者学の動向—被害者サービスのためのヨーロッパ・フォーラムを中心として」被害者学研究10号（2000）3頁以下に紹介がある。

30) European Forum for Victims Services, Statement of Victims' Rights in the Process of Criminal Justice (1996). フォーラムは，その後，1998年には「犯罪被害者の社会権」を，また1999年には「サービスの基準に対する被害者の権利に関する声明」を公表している。*See* European Forum for Victims Services, The Social Rights of Victims of Crime (1998), European Forum for Victims Services, Statement of Victims' Rights to Standards of Service (1999).

31) M・グリューンヒューゼン（太田達也訳）・前掲注(29)15-18頁。

に関する迅速且つ事前の通知を行うべきことが謳われている[33]。これに基づき，1983年に「被害者・証人の支援のためのガイドライン」が連邦司法長官によって公表され，数度の改正を経て，現在は，2011年版が適用されている[34]。ガイドラインには，受刑者の釈放やパロール審理の通知等に関する「被害者へのサービス」（services to victims）と被害者の「権利」（victims' rights）について規定されているが，これらは1990年の被害者権利賠償法の規定を土台としたものである。

　1990年の被害者権利賠償法は，「犯罪統制法」の一部として成立したもので，被害者の権利を明文で規定し，その1つとして，被害者には犯罪者の拘禁と釈放について情報提供を受ける権利があることを定めている[35]。また，「被害者に対するサービス」の1つとして，連邦刑事司法機関の被害者支援担当職員は，被害者に対し，捜査や訴追手続における他の事項と並んで，刑罰の内容とパロール法定期間経過日を通知するとともに，公判終了後は，受刑者のパロール審理日程，逃走，外部通勤，帰休，その他の釈放，拘禁中の死亡についてできる限り早期に通知するものとしている[36]。もっとも，同法で規定された更生保

32) President's Task Force on Victim's of Crime, Final Report 17-18, 29-31, 83-85 (1982). 被害者の利益のためにもパロールを廃止すべきであるという提言はかなり極端な見解であるが，アメリカでは，1970年代中盤以降，公正モデルの立場からパロールの廃止が進んだことから，こうした一連の流れの中で理解すべきである。その後，アメリカでは，裁判所が宣告した自由刑の刑期をできるだけ忠実に執行することを求める量刑忠実法（truth-in-sentencing law）と呼ばれる法律が連邦や各州で制定されるようになる。Paula M. Ditton & Doris James Wilson, Truth in Sentencing in State Prisons (Bureau of Justice Statistics, 1999).

33) Victim and Witness Protection Act of 1982, Pub.L. No. 97-291, §6, 96 Stat. 1256 (1982).

34) Office of the Attorney General, Attorney General Guidelines for Victim and Witness Assistance 2011 Edition (2012).

35) Victim' Rights and Restitution Act of 1990, Pub.L. No.101-647, § 502, 104 Stat. 4820 (1990). 同法では，犯罪被害者の権利として，(1) 公正且つ被害者の尊厳とプライバシーを尊重した対応を受ける権利，(2) 訴追された犯罪者から合理的な保護を受ける権利，(3) 裁判手続について通知を受ける権利，(4) 被害者が公判で他の証言を聞いた場合に被害者の証言が事実関係について影響を受けると裁判所が決定する場合を除き，犯罪に関する全ての公開裁判手続に出席する権利，(5) 事件について検察官と協議する権利，(6) 損害賠償を受ける権利，(7) 犯罪者に対する事実認定，量刑，自由刑及び釈放について情報を受ける権利を規定する。(6)にある「損害賠償」は，刑事裁判において裁判所が犯罪者に支払を命ずる被害者への損害賠償（restitution）を意味する。以下，アメリカの連邦法や州憲法，州法においても同様である。

36) Id. §503.

護に係る被害者の権利や支援の内容はこうした情報提供に止まり，刑事手続への関与権については特に言及されていない。

　被害者の権利については，後の 2004 年に制定された犯罪被害者権利法によって内容が改められている[37]。同法は，「全ての者に対する正義法」(Justice for All Act) の一部として制定され，1990 年の被害者権利賠償法により被害者補償と支援の章に設けた被害者の権利規定を廃止して，連邦刑事訴訟法中に新たな被害者の権利を定めるものである[38]。主な改正点は，「直接の被害」(directly harmed) から「近接して被害を受けた」(proximately harmed) 者にまで犯罪被害者の範囲を拡大したことと，刑事手続における意見陳述権を認めたことである。そこで，更生保護の領域においても，パロール手続や犯罪者の釈放について通知を受ける権利のほか，パロール手続における意見陳述が権利として認められるに至っている。

　さらに重要なことは，この法律が，被害者の権利をより実効性のあるものとするため，裁判所において被害者の権利が認められなかった場合，被害者が異議申立や上級裁判所への不服申立を行うことを認めたことと，被害者の権利保障をより具体的且つ確実なものとするため，司法省に被害者の権利に関する異議申立などを受理・調査する機関を設置するとともに，被害者支援を怠る職員に対する研修や懲戒の制度を設けたことである[39]。

---

37) Crime Victims' Rights Act of 2004, Pub. L. 108-405, title I, §102, 118 Stat. 2261 (2004).

38) 18 U.S.C. § 3771 (2004)。被害者の権利として，(1) 被告人から合理的な保護を受ける権利，(2) 被告人の犯罪に対する公開裁判手続，パロール手続，又は被告人の釈放又は逃走について合理的，正確且つ時宜を得た通知を受ける権利，(3) 他の証言を聞いた場合に被害者の事実関係についての証言が変わると明白且つ説得的な証拠を得たうえで裁判所が決定する場合を除き，公開裁判手続から排除されない権利，(4) 釈放，訴答及び量刑を含む地方裁判所での公の手続又はパロール手続において合理的に意見を聴取される権利，(5) 刑事事件について検察官と協議する合理的な権利，(6) 法律に規定に基づき十分且つ時宜を得た損害賠償を受ける権利，(7) 合理的な遅滞なく手続を受ける権利，(8) 公正且つ被害者の尊厳とプライバシーを尊重した対応を受ける権利を規定する。2015 年の改正で，新たに，(9) 答弁取引又は起訴猶予の合意について時宜を得た方法で通知を受ける権利，(10) 本条の権利と 1990 年被害者権利賠償法の第 503 (c) 条に規定されるサービスについて告知を受け，司法省被害者権利オンブズマン事務所の連絡先の提供を受ける権利の 2 つが追加されている。Justice for Victims of Trafficking Act of 2015, Pub.L. 114–22, §113 (a) (1), 129 Stat. 240 (2015).

39) 18 U.S.C. §3771 (2004). 簡単な紹介として，U.S. Department of Justice, Office of Justice Programs, Office for Victims of Crime, OVC Fact Sheet: The Justice for All Act (2006).

もっとも，アメリカの連邦では，1984年の量刑改革法により，1987年11月1日以降に犯罪を行った連邦犯罪者に対してはパロールが廃止されたため[40]，現在，連邦パロール委員会（U.S. Parole Commission）は，同日以前に犯罪を行った刑期1年以上の受刑者や2000年8月5日以前に犯罪を行ったコロンビア特別区の受刑者に対するパロール審理等ごく限られた職務に従事しているに止まる[41]。このように連邦の管轄では，パロールそのものの適用が限られているため，連邦受刑者のパロール審理に対する被害者の関与も限定されたものとなっている。とはいえ，前述したように，受刑者にパロールの適用がある場合，その審理の通知を希望する被害者には施設から事前に通知が行われ，さらに希望する場合は，被害者はパロール審理に出席して意見を述べるか，委員会へ意見書を提出することができる。

2) テキサス州
(1) 被害者の権利

テキサス州では，1979年にアメリカで第27番目の犯罪被害者補償制度を創設した後[42]，1985年には刑事訴訟法を改正して犯罪被害者の権利を法定している[43]。その1つとして，被害者及びその近親者又は後見人には，受刑者のパロール手続について通知を受ける権利に加え，パロールに先立ち決定機関である恩赦パロール委員会（the Board of Pardons and Paroles）に対し委員会が考慮すべき情報を提供する権利[44]と，被害者意見陳述書（victim impact statement）を恩赦パロール委員会に考慮してもらう権利が認められている[45]。前者は，被害者が恩赦パロール委員会に対し意見を述べたり，意見書を提出したりするものであるのに対し，後者は，訴追後に提出した被害者意見陳述書をパロール審理において考慮することを求めるものである。

さらに，テキサス州では，1989年に州憲法が改正され，被害者の権利が州

---

40) Sentencing Reform Act of 1984, Pub. L. 98-473, §218 (a) (5), 98 Stat. 2027 (1984). 但し，パロールに代わって，裁判所が自由刑と合わせて社会内処遇を言い渡す監督付釈放制度（supervised release）が導入されている。*Id.* §212 (a) (2).

41) United States Parole Commission, FY 2016 Performance Budget Congressional Submission 4-5 (2015).

42) Elly Del Prado Dietz, *The Texas Crime Victims' Compensation Act*, 60 Texas Bar Journal 320 (1997).

憲法上の権利としても規定されるに至っている[46]。これにより，(a)被害者は，(1) 刑事司法手続を通じ，公正且つ被害者の尊厳とプライバシーを尊重した対応を受ける権利，(2) 刑事司法手続を通じ，被疑者・被告人から合理的な保護を受ける権利を有するとともに，(b)被害者からの請求に基づき，(1) 裁判手続について告知を受ける権利，(2) 被害者が公判で他の証言を聞いた場合に被害者の事実関係に関する証言が影響を受けると裁判所が決定する場合を除き，全ての公開裁判手続に出席する権利，(3) 検察局の代表者と相談する権利，(4) 損害賠償（命令）を受ける権利，(5) 犯罪者の事実認定，判決，拘禁刑，釈放に関する情報を受ける権利が州憲法上の権利として保障されることとなった。

　被害者の法律上の権利のうち意見陳述権は憲法上の権利とはされていないが，

---

43) Acts 1985, 69th Leg., ch. 588, Sec. 1, eff. Sept. 1, 1985. 現行の規定では，犯罪被害者に以下の権利が認められている。Tex. Code Crim. Proc. §56.02. (a)(1) 訴追への協力から生じる危害や脅迫に対し法執行機関から適切な保護を受ける権利, (2) 被告人の保釈金の決定にあたって被害者等の安全をマジストレイトに考慮してもらう権利, (3) 上訴を含む裁判手続や期日の変更・延期及び上訴の決定について通知を受ける権利, (4) 保釈，犯罪捜査手続，答弁取引，賠償，上訴，パロール等含む刑事司法の一般的手続について通知を受ける権利, (5) 判決前調査を行うプロベーション機関に対し被害者が受けた犯罪の影響についての適切な情報を提供する権利, (6) 被害者補償や医療費の支払に関する情報を受ける権利と社会サービス機関への紹介を受ける権利, (7) 受刑者のパロール手続や釈放について通知を受け，恩赦パロール委員会に対し考慮すべき情報を提供する権利, (8) 犯罪者及びその家族並びに他の証人とは離れた安全な待合室又はそれらの者との接触を避ける予防手段を証言の前に提供される権利, (9) 証拠として用いる必要のなくなった被害者の所有物の迅速な還付を受ける権利, (10) 正当な欠勤が認められるよう，手続への協力や証言の必要性について検察官から雇用者に通知をしてもらう権利, (11) テキサス司法省の被害者支援部局が調整を行う被害者＝加害者調停を求める権利, (12) 被害者意見陳述及び刑事司法制度におけるその目的について通知を受ける権利，並びに被害者意見陳述を行使し，量刑若しくは司法取引に基づく合意の前に検察官及び裁判官によって，又はパロールの前に恩赦パロール委員会によって考慮してもらう権利, (13) 17 歳未満の暴力・性的暴力の被害者又は DV の被害者について，被告人が要求した休廷が被害者に与える影響を裁判所に考慮してもらう権利, (14) 死刑事件において，弁護側が要求した被害者接触専門家の派遣に関する費用の支出を裁判所が許可した場合，被害者との接触についての説明書を裁判所から郵便で受ける権利と，被害者等が同意する場合を除いて，被害者接触専門家の接触を受けない権利及び被害者接触専門家からの連絡を受ける被害者支援実施者を指名する権利, (b)裁判官の許可を得たうえで全ての公開裁判手続に出席する権利。この他，性暴力，性的虐待，ストーキング，人身売買の被害者について特別な権利が認められている。Tex. Code Crim. Proc. §56.02.

44) Tex. Code Crim. Proc. §56.02 (7).

45) Tex. Code Crim. Proc. §56.02 (12) (B).

46) Tex. Const. § 30.

受刑者のパロール手続や釈放について通知を受ける権利は州憲法上の権利として保障されている。もっとも，テキサス州憲法は，裁判官，検察官，警察官及び法執行機関が州憲法に列挙された権利を認めず，又は認めることができなかったことに対し法的責任を負わないとする法律を立法府が制定することを容認しており，被害者も，これらの権利を行使する地位は有するものの，当事者として刑事手続に参加したり，処分を争ったりする地位はないとされた[47]。この州憲法規定を受けて，刑事訴訟法の被害者権利条項も，州の法執行機関は被害者にこれらの権利が実務上可能な範囲で認められるようにすればよいとしたうえで，州憲法と同様の規定を置いている[48]。

(2) パロール手続への関与

刑事訴訟法上の被害者権利条項によれば，テキサス州において被害者がパロール手続に関与する方法には，訴追後に被害者が提出した被害者意見陳述書を用いるルートと，恩赦パロール委員会に対して被害者が意見陳述を行うルートの二つがある。

テキサス州において，被害者は，被疑者が訴追された後，検察局の被害者支援コーディネータ（Victim Assistance Coordinator）[49]を通じて被害者意見陳述書を提出することができる。その場合，被害者意見陳述書は検察官による司法取引や量刑において考慮されることになるが，被害者意見陳述書は，裁判の段階に止まらず，被告人がプロベーションを言い渡された場合には，プロベーションを担当する部署に送付され，被害者への通知やプロベーション取消手続で用いられる一方，被告人が自由刑を科された場合には，矯正施設課に送付され，被害者への通知に使われるほか，パロール審理が行われる場合に考慮されるものとされている[50]。これが前者のルートである。

これに対し，もう１つのルートとして，被害者は，恩赦パロール委員会の合議体に対し陳述書若しくは抗議文（protest letter）を提出し，又は委員と直接面

---

47) Tex. Const. § 30 (e). 刑事被告人も，被害者の権利やサービスの不行使又は行使不能を上訴理由や有罪後の人身保護法令の根拠とすることはできない。
48) Tex. Code Crim. Proc. §56.02 (c), (d).
49) Tex. Code Crim. Proc. §56.04. 検事が管轄毎に任命し，被害者への支援に当たる担当者をいう。

会し，犯罪，受刑者及び被害者への犯罪の影響についての意見を陳述することができる[51]。被害者本人のほか，被害者の後見人，遺族又は代理人等による陳述書の提出や意見陳述も認められている。有資格者が複数人いる場合は，有資格者全員によって選ばれた1人の者に限って委員と面会することができる。但し，パロールの是非に関する陳述書を提出できる人数には制限がない。

被害者意見陳述書或いはパロール審査段階で被害者から提出された陳述書や抗議文は，パロールの許否を決定するうえでの判断材料となるほか[52]，パロール対象者の特別遵守事項を決める際の参考となる。例えば，対象者には，釈放後，犯行時の居住地か，他州の住民であった場合は犯行地への居住が法定遵守事項（mandatory conditions）として定められるが，恩赦パロール委員会の合議体は，被害者の生活や安全を守ることを目的として，それ以外の帰住地を指定することができる[53]。また，合議体は，裁量的遵守事項（discretionary conditions）として，損害賠償の支払を命ずることができるほか[54]，ストーカー犯罪者の場合は，釈放後，被害者と直接・間接に連絡を取り，被害者の住居や職場，被害者の子供が通っている学校やデイ・ケアセンター等に接近しないよう命ずることもできる[55]。

3）カリフォルニア州
(1) 被害者の権利

1965年にアメリカで初の犯罪被害者補償制度を創設したカリフォルニア州では[56]，1982年に州民投票を経て州憲法改正が実現し，被害者の権利条項が

---

50) Texas Crime Victim Clearinghouse, Texas Department of Criminal Justice, Victim Services Division, Information Regarding the Victim Impact Statement and Your Rights: It's Your Voice (2014), Texas Crime Victim Clearinghouse, Texas Department of Criminal Justice, Victim Services Division, Victim Impact Statement Recommended Processing Procedures. 量刑の段階でプロベーション・オフィサーが判決前調査報告書を作成する場合には，提出されている被害者意見陳述書も参考にするほか，被害者が新たに意見陳述を行うこともできる。
51) Tex. Gov. Code §508.153.
52) Tex. Gov. Code §508.153 (c).
53) Tex. Gov. Code §508.181.
54) Tex. Gov. Code §508.222.
55) Tex. Gov. Code §508.190.

追加されている[57]。被害者が犯罪者から損害賠償を受ける権利を内容とするものであるが，社会の安全が最重要課題として保護・促進されるよう，重罪に当たる行為を行い，何の罪もない被害者に損害を与えた者が適切に拘束され，裁判所で審理され，十分に処罰されるという，より基本的な期待をも含むものであると定めている[58]。当時のカリフォルニア州憲法は，犯罪被害者に刑事手続における様々な権利を保障するというより，犯罪者の適切な処罰により，社会の安全を守ることが被害者の権利保障にも繋がることを確認し，宣言するに止まるものと言えよう。但し，1982年の州憲法改正に際して州法も改正され，量刑手続やパロール審理に関する告知を受ける権利及びパロール審理や量刑手続に参加し，意見を陳述する権利が制定法上の被害者権利として規定されるに至っている[59]。

　さらに，州法上の被害者の権利は，1986年の刑事法改正により[60]新たな章が追加され，より具体的且つ広範に規定されることとなった[61]。更生保護の領域ついても，パロール適格の審理及び意見陳述の権利に関する通知と殺人受刑者の釈放・外部通勤プログラムにおける所在又は逃走に関する通知が権利として規定されたが，さらに1988年の刑事法改正により[62]，新たにパロールの予

56）立法初期の邦訳として，熊谷烝佑「米国カリフォルニア州における被害補償の規定試訳」大谷實＝宮澤浩一編『犯罪被害者補償制度』成文堂（1976）175頁以下がある。

57）California Proposition 8, Victims' Bill of Rights (1982).

58）Cal. Const. art.1, §28 (a), (b) (1982). その他，1982年のカリフォルニア被害者権利章典は，(c)学校生徒と職員が安全で平和なキャンパスに通う権利，(d)既存の証拠法則には影響しないという前提の下で，公判前や事実認定手続後の申立てや審理を含む全ての刑事手続において関連性のある証拠を排除されない「証拠に忠実な」権利（right to Truth-in-Evidence），(e)死刑事件を除き，公共の安全を第一義的に考慮し，十分な保証の下で保釈をすること，(f)あらゆる刑事手続において，被告人の前科を証言の弾劾や刑の加重のため無制限に使用するものとすることを規定している。

59）Cal. Penal Code §1191.1, §3043 (1982).

60）Stats 1986 ch 1427 § 1.

61）Cal. Penal Code §679.02 (1986). 被害者の権利として，(1)証人尋問中止による裁判手続変更の通知，(2)検察官による終局処分の通知，(3)量刑審理及び意見陳述の権利に関する通知，(4)少年重罪事件の処分決定審理及び意見陳述の権利に関する通知，(5)パロール適格の審理及び意見陳述の権利に関する通知，(6)殺人受刑者の釈放・外部通勤プログラムにおける所在又は逃走に関する通知，(7)証人手当・旅費に関する通知，(8)民事賠償の権利や被害者補償の機会に関する情報提供，(9)窃盗や横領被害品の迅速な還付，(10)刑事手続の迅速な処理が規定されている。

62）Stats 1988 ch 137 § 1.

定に関する通知が権利として認められている[63]。

　憲法上の被害者の権利についても，2008年の犯罪権利章典法（通称「マーシー法」）が州民投票でも可決されたことにより再び州憲法が改正され，州憲法上の被害者の権利規定が大幅に拡大・強化されることとなった[64]。従来，更生保護の領域における被害者の権利は制定法上の権利に止まり，州憲法上の権利とされていなかったが，2008年の憲法改正法により，パロール又は他の有罪後の釈放手続の合理的な告知を受ける権利とそれらの手続に出席する権利，有罪後の釈放決定において意見を陳述する権利，被告人・受刑者の釈放予定日及び釈放又は逃走について通知を受ける権利，全てのパロール手続について通知を受ける権利，パロール手続に参加する権利，パロール審理委員会（Board of Parole Hearings）に予め情報を提供し，考慮してもらう権利，パロール又はその他の釈放について告知を受ける権利が憲法上の権利とされるに至っている[65]。

(2)　パロール審理への関与

　カリフォルニア州では，定期刑受刑者に対するパロールは廃止されており，パロールはパロールを可とする無期刑[66]においてのみ認められることから，被害者も受刑者が無期刑の場合にのみパロール手続の通知や参加が認められることになる。

　被害者は，事前に申請書を提出するか，自動被害者通知サービス（Automated Victim Notification Service: VINE）[67]に登録しておくことよって，パロール審理について事前に通知を受けることができ，そのうえでパロール審理手続に出席して

63）Cal. Penal Code §679.02 (a) (11) (1988). さらに，その後，数度の改正で，(12) 公判前処分の通知，(13) 一定の性犯罪の裁判に関する通知，(14) 一定の性犯罪者に対するプロベーション命令と釈放日の通知，が被害者の権利として規定されるに至っている。Stats 1995 ch 411 § 2, Stats 1998 ch 928 § 2.

64）California Proposition 9, Marsy's Law (2008).

65）Cal. Const. art.1, §28 (b) (7), (8), (12), (15) (2008). 規定の仕方から，やや内容の重複がある。

66）原語では life sentence であるが，パロールを可とする場合と不可とする場合があることから，パロールを可とする life sentence をここでは無期刑と訳することにする。

67）電話やインターネットを通じて被害者や証人が登録しておくことによって，受刑者の収容状況を確認したり，将来の釈放に関する通知を自動的に受けたりすることができるシステムである。ニューヨーク州の VINE システムについては，太田達也・前掲注(5)25頁参照。

意見を陳述することができる[68]。

　パロール審理での意見表明は，被害者や遺族が出席して行ってもよいし，弁護士たる代理人を立てることもできる。1990 年からは，被害者が付添人を指名することができることや[69]，審理に出席する代わりに，被害者の見解を記録した書面，カセットテープ，ビデオテープ，CD-ROM や DVD 等に保存した書面を提出することが認められるようになっている[70]。また，委員会によるパロール審理は刑務所内で行われるため，被害者には，物理的・精神的に負担がかかる。そこで 1997 年からは，ビデオ会議方式によって刑務所以外の場所において被害者がパロール審理に参加することができるようになっている[71]。

　パロール審理委員会は，パロールの許否を決定するに当たって，被害者の陳述を解釈せずに考慮するほか[72]，被害者の意見を踏まえ，被害者への接近禁止や被害者の居住地への居住を禁止するなどの遵守事項を設定することができる。受刑者の帰住予定地は，身柄拘束前に居住していたカウンティが原則とされているが，その決定に当たっては，被害者や証人の保護と地域の安全を最優先とし，種々の事情を考慮したうえで他のカウンティを帰住先とすることができる[73]。重罪たる暴力犯罪の受刑者については，被害者が希望し，パロール審理委員会又は矯正社会復帰局（Department of Corrections and Rehabilitation）が被害者の生活や安全を保護するために必要と認めた場合，被害者の居住地から 35 マイル以内の場所には帰住させないことができる[74]。

　また，脅迫，ストーカー，性的虐待，ハラスメント，DV 等の犯罪者がパロールの適用を受ける場合，被害者の請求により，パロール審理委員会は，被害者に対する更なる脅迫行為，ストーキング，性的虐待，ハラスメント，暴力行為を禁止する保護命令，被害者との接触・連絡禁止命令，被害者や被害者の住居・職場への 100 ヤード以内の接近禁止命令，被害者の住居からの退去命令に従う旨の遵守事項を付することもできる[75]。

68）Cal. Penal Code §3043 (2015).
69）Cal. Penal Code §3043.1 (2015). Added by Stats 1990 ch 278 §2.
70）Cal. Penal Code §3043.2 (2015). Added by Stats 1990 ch 278 §3.
71）Cal. Penal Code §3043.25 (2015). Added by Stats 1997 ch 902 §4.
72）Cal. Penal Code §3043 (d) (2015).
73）Cal. Penal Code §3003 (b) (2015).
74）Cal. Penal Code §3003 (f) (2015).

3　外国制度の評価

　2007 年（平成 19 年）に我が国において被害者意見聴取制度や加害者処遇情報提供制度ができるまでは，アメリカのパロール審理における意見陳述制度や通知制度は大いに参考になるものであった[76]。しかし，我が国でも同様の制度が導入されるに至った今日では，パロール関連の情報提供や意見陳述を州憲法上の権利として保障している点を除くと，アメリカにおける制度との格差が相当程度解消されたことは確かであり，参照する意義が薄れたことは否めない。

　しかし，それでも，なおアメリカの制度には参考にすべき点があるように思われる。例えば，テキサス州では被害者への損害賠償をパロールの遵守事項とすることができるし，同州やカリフォルニア州では，被害者の保護を目的として，遵守事項により居住地指定ができるが，これらはいずれも我が国では認められていないものである。

　また，テキサス州では，パロール審理の時点で被害者が意見陳述を行うことができるだけでなく，量刑手続における被害者意見陳述書が，刑の確定後，その内容に応じて，矯正やプロベーションの担当機関に送られ，被害者への通知やパロール審理において用いられるという仕組みがある。これによって，犯罪被害の影響や犯罪者に対する被害者の要望を処遇機関が把握することができ，後の処遇や処分決定の参考にすることができる。アメリカの刑事施設が被害者の状況や意見を踏まえた施設内処遇を行っている例を聞いたことはないが，自由刑の執行の早い時点で，矯正処遇の担当部署が被害者の情報を得ていることは，単にパロールの許否を決めるためだけではなく，被害者の状況や意見を矯正処遇にも反映させることができるという点で優れているように思われる。

　制度の異なる我が国において同様の仕組みを直ちに設けることは難しいが，自由刑の執行開始の時点で犯罪被害の全体像や被害者の意見を把握し，矯正処遇や仮釈放の際の参考にするという観点からは，仮釈放審理における被害者意見聴取制度や保護観察（3 号観察）における心情伝達制度を前倒しすることも考えられる。そこで，次章以下では，我が国における被害者意見聴取制度と心情伝達制度の問題点を検討したうえで，今後の在るべき姿を模索することとしたい。

75）Cal. Penal Code §3053.2 (a) (2015).
76）当時のアメリカの制度を紹介したものとして，太田達也「更生保護における被害者支援(1)—釈放関連情報の提供と被害者の意見聴取を中心として」犯罪と非行 124 号（2000）23 頁以下。

第 2 章

仮釈放と被害者意見聴取制度

I　制度の二面性

　2007 年（平成 19 年）6 月，更生保護法が成立し，仮釈放及び仮退院の審理における被害者の意見聴取制度（以下，「被害者意見聴取制度」という）の規定が新設されたが，同法の附則に基づいて犯罪者予防更生法にも同様の規定が追加され，同年 12 月 1 日，更生保護法の施行に先立ち，施行された。犯罪者予防更生法は，翌 2008 年 6 月 1 日，更生保護法の施行に伴って廃止され，被害者意見聴取制度は更生保護法に引き継がれるに至っている。

　この一連の法整備は，2004 年（平成 16 年）に犯罪被害者等基本法が成立し，「国及び地方公共団体は，犯罪被害者等がその被害に係る刑事に関する手続に適切に関与することができるようにするため，（中略）刑事に関する手続への参加の機会を拡充するための制度の整備等必要な施策を講ずるもの」とされ（第 18 条），これを受けて策定された 2005 年の第 1 次犯罪被害者等基本計画において，「仮釈放の審理をより一層犯罪被害者等の意見を踏まえたものとすることについて，犯罪被害者等による意見陳述の機会を設けることを含め検討し，2 年以内を目途に必要な施策を実施する」[1] とされたことが背景にある。

　さらに，愛知県や青森県で起きた保護観察対象者による重大事件を契機とし

---

1)　犯罪被害者等施策推進会議『犯罪被害者等基本計画』V- 第 3-1-(27)。

て「更生保護のあり方を考える有識者会議」（以下，「有識者会議」という）が設置され，その最終報告において，仮釈放審理を被害者の意見を踏まえたものとし，被害者の意見を聴取する具体的方法・手続を明定すべきであるとされたことが実際の立法に繋がっている[2]。

　導入された被害者意見聴取制度は，受刑者の仮釈放又は少年院収容少年の仮退院に関する意見や被害に関する心情を述べたい旨の申出があったとき，仮釈放や仮退院の審理を行う地方更生保護委員会（以下，「委員会」という）が当該意見等を聴取するものである。それは，仮釈放をより公正且つ適正なものにするための制度であると同時に，被害者の手続関与制度としての側面をもつ。

　しかし，そうした犯罪者の再犯防止と被害者の支援という二面性を有するがゆえに，仮釈放の本質に抵触するおそれがある一方，被害者の「真の利益」に繋がり得るかという疑問もある。筆者は，かつて自由刑（や保護処分）の執行過程における被害者の意見聴取制度を提唱したことがあるが[3]，その内容は実現した被害者意見聴取制度とは質的に異なるものである。そこで，本章では，まず従来からの実務慣行である被害者等調査制度の問題点を指摘したうえで，仮釈放審理における被害者意見聴取制度の問題点とあるべき姿を検討することとしたい。

　なお，本章では，我が国の制度に対しては特に被害者意見聴取の用語を用い，海外の制度や一般の制度を論ずるときは，適宜，被害者意見陳述の語を用いることとする。

II　被害者等調査制度の概要と問題点

1　仮釈放手続と被害者等調査

　アメリカやイギリスなど海外では，パロール審理の際に被害者が被害者意見陳述書（victim impact statement – VIS）又は被害者身上供述書（victim personal

---

2)　更生保護のあり方を考える有識者会議「更生保護制度改革の提言―安全・安心の国づくり，地域づくりを目指して」（2006）20-21 頁。
3)　太田達也「更生保護における被害者支援(2)―釈放関連情報の提供と被害者の意見聴取を中心として」犯罪と非行 125 号（2000）37 頁以下，榎本正也「仮釈放と犯罪被害者」『講座被害者支援 2　犯罪被害者対策の現状』東京法令出版（2000）329 頁。

statement – VPS）を提出し，又は口頭で陳述を行うことが認められているが，我が国では，仮釈放審理において被害者が主体的・積極的に被害の影響や仮釈放についての意見を述べる機会は与えられてこなかった。しかし，仮釈放の実質的要件たる「改悛の状」（刑法第 28 条）の判断基準（許可基準基準）として，悔悟の情及び改善更生の意欲，再犯のおそれ，保護観察の相当性を順次判断し，さらに社会の感情が仮釈放を是認すると認められるときに仮釈放を許すものとされており（犯罪をした者及び非行のある少年に対する社会内における処遇に関する規則第 28 条，以下，「社会内処遇規則」という），このうちの社会感情には被害者感情が含まれているとするのが従来の実務であるため[4]，被害者の感情も仮釈放の許可基準の一要素とされ，そのため被害者の状況についても調査の対象とされてきた。

まず，受刑者が刑事施設に収容されると，受刑者の処遇調査として刑執行開始時調査が行われるが，その際，「被害者等の状況」についても調査項目とされ[5]，その結果は，身上調査書として当該刑事施設の所在地を管轄する委員会と帰住予定地の保護観察所長に送付される（社会内処遇規則第 7 条）。身上調査書の送付を受けた保護観察所では，保護観察官と保護司をそれぞれ主任官と担当者に指名して生活環境調整を実施するが（更生保護法第 82 条，社会内処遇規則第112 条），この生活環境調整においても，「被害者等の状況」について調査するものとされている（社会内処遇規則第 113 条 1 項 5 号）。

刑事施設長による仮釈放の申出後に委員会が行う仮釈放調査においても，調査項目に「被害者等の状況」が含まれている（社会内処遇規則第 18 条 3 号）。また，委員会は，仮釈放の申出によらず仮釈放の審理を開始することができるが（更生保護法第 35 条），その判断のため必要があると認めるときは調査を行うことができる（同第 36 条）。これが，かつて犯罪者予防更生法時代の仮釈放準備調査に相当する 36 条調査である。更生保護法下においては，この 36 条調査や委員会主体の仮釈放審理を積極化することが企図されているが，ここでも「被害者等の状況」が調査項目となっている（社会内処遇規則第 17 条 1 項）[6]。

4) 法務総合研究所『研修教材平成 15 年版更生保護』（2003）201 頁。
5) 「受刑者の処遇調査に関する訓令」平成 18 年 5 月 23 日矯正訓第 3308 号法務大臣訓令及び「受刑者の処遇調査に関する訓令の運用について」（依命通達）平成 18 年 5 月 23 日矯正第 3309 号矯正局長依命通達別紙様式 7 参照。

特に，重大事件において必要と思料される場合には，生活環境調整や仮釈放
調査の一環として，被害者の感情についての調査が行われる。この調査が，か
つて**被害者感情調査**と呼ばれ，現在は**被害者等調査**として行われているもので
ある[7]。委員会所属の保護観察官が被害者に連絡を取り，被害者が同意する場
合に，対面若しくはその他適当な方法により，被害者の現在の状況を調査する
ものである。調査結果は，仮釈放審理のみならず，保護観察における参考資料
ともなる。また，被害者等調査は恩赦上申のための調査においても行われるこ
とがある。

　しかし，この被害者等調査には様々な問題がある。被害者意見聴取制度の導
入によって解決された部分もあるが，被害者意見聴取制度導入後も被害者等調
査は廃止されていないことから，依然として解消されない問題も残されている。
そこで，まず，被害者等調査の問題点を整理し，検討を加えることにする。

2　調査の性格

　被害者等調査は，あくまで仮釈放調査（ないし生活環境調整）の一環として行
われるものであるため，被害者側が主体的に心情や意見を述べることができず，
アメリカのように被害者に意見表明権が認められているわけでも，意見表明の
機会が保障されているわけでもない。そのため，被害者が意見陳述を希望した
としても，そうした機会が与えられるとは限らず，反対に，事件についてそっ
としておいて欲しいと願う被害者にまで調査担当者が連絡を取ることになり，
被害者に2次的な被害を与えることすらあり得る[8]。被害者は調査の「客体」
であって，「主体」ではない[9]。調査された被害者の心情は受刑者の改善更生
と再犯防止を図るための仮釈放を決定するうえでの判断材料であり，被害者は

---

6)　犯罪者予防更生法下の仮釈放準備調査では「被害弁償の措置」が調査項目とされていた
　　（仮釈放，仮出場及び仮退院並びに保護観察等に関する規則第16条5号）。しかし，更
　　生保護法では，こうした民事的な事項は，保護観察対象者の更生に関係のない事項とし
　　て，調査項目に明記することは避けられ，「被害者等の状況」という表現になっている。

7)　「被害者等調査の方法等について（通達）」平成13年3月14日法務省保観第150号（以
　　下，「被害者等調査に関する通達」という）に基づく。

8)　更生保護のあり方を考える有識者会議・前掲注(2)20頁。

9)　榎本正也「仮釈放と犯罪被害者」『講座被害者支援2　犯罪被害者対策の現状』東京法令
　　出版（2000）328頁も，「被害者（遺族）は本人に対する措置を実施するために必要な
　　調査を受けるという位置付けを与えられているに止まる」と指摘する。

「調査される」のであって，「発言することができる」のではない。被害者等調査という用語が既に制度の性格を物語っている。

　これに対し，2007 年に導入された被害者意見聴取制度により，被害者は，仮釈放審理に際して主体的・積極的に心情を述べることができるようになっただけでなく，仮釈放の許否についての意見まで聴取してもらう機会ができたことから，被害者が仮釈放審理に全く関わることができないという問題はほぼ解消されたと言ってよい。

　しかしながら，被害者等調査の制度は廃止されたわけではないから，意見聴取を希望しない被害者にファースト・コンタクトを取ってしまう問題は残されている。この問題を解決するためには，被害者等調査制度を廃止するか，制度の趣旨や実施時期を改めた制度に転換するしかない。これについては後述する。

3　調査の対象者

　被害者感情は，仮釈放許可基準の一要素であり，委員会が仮釈放審理において参考にする情報の 1 つであるから[10]，どのような被害者に対して被害者等調査を行うかは委員会の判断によることになる。一般に，被害者等調査は，委員会の内規により対象となる被害者の範囲が決められており，例えば，中部地方更生保護委員会では，①被害者が死亡し，又は加療 6 月を超える被害を受けているとき，②被害額が 1,000 万円以上のとき，③その他仮釈放の審理に必要と認められるときを調査対象事件とし，裁判所や身上調査書等の資料により示談成立，被害弁償，慰謝の措置等が明らかである場合，並びに性犯罪，暴力団の抗争事件等による被害で調査することが不要又は不相当と認められる場合には調査を省略することができるものとされている[11]。

　委員会によって，多少，調査対象は異なるものと思われるが，いずれにせよ，委員会側の基準によって選別した一部の被害者に対してのみ被害者等調査が行われているため，意見聴取を希望する被害者や希望しない被害者の範囲とは当然ズレが生じることになる。事件が重大であれば被害者等調査の必要性が一般

---

10)　既に第 2 編第 3 章において仔細に検討したように，省令によれば，仮釈放許可基準の 1 つである被害者感情は被害者の「生の感情」ではないとされており，そうなると被害者等調査や被害者意見聴取制度の存在意義が失われかねない。

11)　松本勝「社会感情再考—被害者感情を中心として」犯罪と非行 112 号（1997）59 頁。

的に認められるというのは理解できるが，事件が重大であるからといって被害者が必ず意見聴取を希望するというわけではないし，その反対もまた然りである。被害者の感情や要望が犯罪や刑の軽重で決まるわけではない。また，和解成立が調査除外事由の1つとされているが，損害賠償について和解が成立しているからといって，被害者感情が融和しているとは限らない。和解内容には大いに不満ながら，被害者の事情から止むを得ず和解していることが実際にはいくらでもある。

　さらに，委員会の内部基準に基づき調査対象とする場合でも，実際に調査が行われるかどうかはかなりの偶然性に左右される。被害者が調査を拒否する場合は除くとして，重大事件の被害者は事件後の生活事情や近隣との関係などから転居してしまう場合が少なくなく[12]，被害者が転居先不明で調査が不可能な場合があるし，重大事件の受刑者は公判期間も刑期も長く，被害者等調査が行われる時点までに被害者や遺族が死亡していることも十分にあり得るからである。こうした調査対象の限定や偶然性は，仮釈放許可基準の一要素として被害者感情を評価することの妥当性にも関わる。

4　調査の方法

　被害者等調査の方法にも問題がある。かつては，担当保護司が被害者の近隣に居住していて調査可能な場合には保護司が調査を行うこともあったが，保護司は被害者支援について何らの研修も受けておらず，そもそも対象者（犯罪者）の生活環境調整や保護観察を担当する者が被害者と面会したり，心情を調査したりすることは，役割葛藤を生ずる危険性があり，適当でない。実際には，担当保護司が被害者と直接面会する例は少なく，風評調査の形で行われる場合が多かったようであるが[13]，風評などという正確性を欠いた情報を基に被害者の

12）例えば，法務総合研究所『法務総合研究所報告 7―犯罪被害の実態に関する調査』（2000）25-26 頁参照。
13）法務省が編集した保護司向けの古い研修教材では，「犯罪や非行の内容（例えば強姦事件など）によって，直接被害者等の感情を調査することが好ましくないと認められる事案については，近隣者の言動や風評などから本件犯罪が被害者等のその後の生活にどのような影響を及ぼしているかを察知する程度に止めるべきである」とされていた。法務省保護局編『保護司のための保護観察・環境調整類の進めかた』財団法人日本更生保護協会（1995）21 頁。

状況を調査することは以ての外であり，保護司が風評を求めて被害者の近隣の者から話を聞いて回ったりすれば，被害者に2次被害を与えかねない。その後，被害者等調査は原則として保護観察官に行わせることになっているが，例外的に，保護司が被害者等調査を行う場合もある[14]。

　被害者等調査の時期についても問題がある。被害者等調査は，仮釈放調査にせよ，36条調査にせよ，自由刑の執行が始まってかなりの期間が経過して時点で行われることになる。被害者等調査を行うのは重大事件の場合であるから，一般に受刑者の刑期は長く，刑期が長いほど執行率が高い我が国の仮釈放の運用では，被害者等調査は刑の執行からは勿論，捜査や公判の期間をも含めると，事件発生から相当な歳月が経過してから調査が行われることになる。無期刑や30年の刑期であれば，事件発生から40年近く経過して，突然，委員会か保護観察所が被害者に連絡を取ることになるので，被害者に心理的な動揺をもたらし，場合によっては2次被害すら招きかねない。2007年（平成19年）12月から，被害者等通知制度が大幅に改正され，受刑者等の処遇状況についての情報提供が可能となったが[15]，そうした情報提供を受けていない被害者であれば，事件発生から何年も何十年も経ったある日，突然，「調査」の依頼が舞い込むことになる。被害者は事件から歳月が経っても決して事件のことを忘れるわけではないが，それでも，長期間，被害者に何らの対応もしないまま，こうした調査を唐突に行うことは得策ではない。ましてや調査後，何らのアフター・ケアもないとすれば，これほど無責任なことはない。

5　調査の内容

　被害者等調査は，仮釈放許可基準の1つである社会感情の一要素たる被害者感情を調査するものとされているから，基本的に，被害者が犯罪によって受けた被害の内容やその影響，損害賠償・和解成立の有無，被害者の心情等が調査

14）被害者等調査に関する通達・前掲注(7)。
15）「被害者等通知制度実施要領について」平成11年2月9日刑総第163号刑事局長・矯正局長・保護局長通達，平成19年11月22日刑総第1574号にて改正。「被害者等に対する加害者の処遇状況等に関する通知について（依命通達）」平成19年11月22日刑総第1576号刑事局長・矯正局長・保護局長依命通達，「被害者等に対する加害者の処遇状況等に関する通知の運用について（通知）」平成19年11月22日矯成第6759号矯正局成人矯正課長通知。

内容となる。実務で用いられている被害者等調査報告書の様式を見ると，調査内容は，被害の実情（事件当時の治療日数・金額等，現在における事件の影響・後遺症等），慰謝の状況等（謝罪の有無・内容，謝罪を受ける意思の有無・理由），被害弁償の状況等（被害弁償の有無・状況，保険や犯罪被害者等給付金の受給状況），加害者側の誠意の有無，被害者等の心情・意思（犯罪者に対する感情等，犯罪者への伝達事項，犯罪者との接触希望の有無，犯罪者への情報通知の同意の有無）等となっている[16]。

　慰謝・被害弁償の状況，（被害者から見た）加害者側の誠意の有無は，受刑者の「悔悟の情」や「再犯のおそれ」を判断する材料にもなり，調査内容として意義が認められるが，難しいのは被害者感情と呼ばれる被害者の心情・意思である。被害者感情とか被害者の心情というのは，一般に事件によって被害者や家族が受けた辛い心情や生活への影響を吐露したものであろう。この被害者感情を仮釈放制度の中でどのように扱うべきかという根本的な問題については，第2編第3章で既に詳しく論じたが，少なくとも現在の実務では仮釈放許可基準の一要素とされているので（抽象的・観念的な被害者感情とされるが），被害者等調査でも調査項目となっている。

　問題は，この被害者感情の中に仮釈放に対する意見が含まれるのかということである。そもそも，仮釈放と被害者の感情には相容れないものがあり，被害者にとって仮釈放は受け入れ難いものであるから，言わば当たり前の内容を調査することになるばかりか，仮釈放の決定を被害者の意見に関わらせることになれば，受刑者の改善更生や再犯防止という仮釈放の機能が否定されかねない。逆に，わざわざ仮釈放の意見を聞いておきながら，実際には仮釈放が棄却されることは殆どないのであるから，被害者に失望感や徒労感を与えかねない。

　そうした理由からか，従来の被害者等調査実務においては，仮釈放の許否に関する被害者の意見は直接の調査対象とはされていない。そもそも，2007年（平成19年）に仮釈放の審理開始や決定等について被害者へ情報提供[17]ができるようになる前は，仮釈放の手続が進んでいることを被害者に通知することができなかったことから[18]，被害者等調査に際して仮釈放目的の調査であることを

16）被害者等調査に関する通達・前掲注(7)。
17）櫛引唯一郎＝藤原尚子「被害者等に対する加害者の処遇状況等に関する通知について」刑政119巻12号（2008）23頁以下。
18）太田達也「被害者に対する情報提供の現状と課題」ジュリスト1163号（1999）25-28頁。

被害者に正式に伝えることもできず，仮釈放の許否について被害者に直接尋ねることは想定されていなかった。

　そうはいっても，実際には，被害者等調査に際し委員会の職務内容は被害者に説明せざるを得ないから，これによって，事実上，被害者には仮釈放審理が行われているか，近い将来，行われることが伝わってしまうため，被害者が仮釈放についての意見を発言することが多かったことは想像に難くない。その場合，報告書に「被害者は仮釈放に反対するほど被害者感情は悪い」とか，よりストレートに「被害者は仮釈放に反対している」と書くか，仮釈放の意見には全く触れないかは担当の保護観察官次第であろうが，被害者等調査自体の歯切れの悪さは否定しようがない。

　これに対し，被害者意見聴取制度では，「仮釈放に関する意見」を直接聴取することができるようになったため，少なくともこうした歯切れの悪さは解消されることとなった。もし，被害者意見聴取を申し出ていない被害者に対し被害者等調査を実施する場合で，被害者が仮釈放の意見を述べたいとした場合，担当官から被害者に被害者意見聴取制度が利用できることを伝え，それに切り替えることも可能であるし，実務でもそうした方法が取られる場合がある。残された問題は，目的も聴取内容も異なる2つの制度を互いにどのように位置付けるかということであるが，より本質的な問題は仮釈放の意見を被害者に直接表明させることの是非である。そこで，以下では，第1章で概観したアメリカの制度も参考にしつつ，日本における被害者意見陳述制度について検討することとする。被害者意見聴取制度は少年院からの仮退院の審理にも適用があるが（更生保護法第42条），以下では，受刑者に対する仮釈放のみについて論じることとする。

Ⅲ　被害者意見聴取制度の意義と問題点

1　制度の意義・目的

(1)　仮釈放審理の精緻化・適正化

　仮釈放の審理に際し犯罪被害の影響や被害者の心情を聴取し，考慮することで，仮釈放の決定においてより適正な判断をすることができる。被害者は公判の段階で被害の影響や心情について陳述する機会もあるが，犯罪被害の影響は，

被害直後の短期的なものだけでなく，長期的なものや公判後新たに生じたものもあることから，仮釈放審理の段階で被害者に改めて陳述の機会を認めることには固有の意義が認められる[19]。例えば，公判段階では全治 3 か月との診断であったものが，その後，深刻な後遺症が残ったとか，PTSD などの精神的被害から失職を余儀なくされた，などである。被害者は，そうした被害を招いた受刑者が釈放されることに不安を感じていたり，生じた損害について賠償を望んでいたりする場合がある。仮釈放の審理機関が被害者の状況や被害者の要望を把握することで，受刑者の帰住地調整や特別遵守事項（又は生活行動指針）の決定等において適切な判断をすることができるのである。しかし，ここでいう仮釈放の適正化とは，被害者から仮釈放への反対意見を聴いて仮釈放を否定することではないことに注意する必要がある。

(2) 被害者の心情充足と損害回復

　被害者は，犯罪による身体的・精神的被害に苦しんでいるにもかかわらず，その心情を吐露する機会も少なく，それが被害からの回復を遅らせる一因にもなっている。たとえ家族や友人，カウンセラー等に相談する機会があったとしても，犯罪者に対する刑事責任を追求し，刑を執行する「公式の」刑事手続が被害者不存在のまま進められていくことで，被害者は国家から無視されているとの疎外感を抱くようになり，これが被害者の回復を遅らせたり，阻害したりする原因にもなる。刑事手続において自分の被害体験や感情を話す機会を正式に与えられることは，それを希望する被害者にとって healing 効果を有している。刑の執行過程である仮釈放手続においても，希望する被害者に意見陳述の機会を認めることで，被害者の心情の安定と充足に繋がり得る。

　さらに，裁判所で言い渡した刑期より早い段階で身柄の拘束を解く仮釈放は，保護観察を通じて受刑者の改善更生と再犯防止を図るものであるが，被害者にとっては，再被害や加害者との遭遇といった危険をはらむものである。そこで，被害者の抱える不安や要望を聴取し，帰住地の調整や特別遵守事項等の設定の

---

19) 実例として，関東地方更生保護委員会事件管理班「意見等聴取制度を実施した事例について」更生保護 66 巻 10 号（2015）28 頁以下，岩井敬介『社会内処遇論稿』日本更生保護協会（1992）50 頁は，判決以降の可変事項もあるとしている。

際に考慮することで被害者の安全確保や不安軽減を図ることができる。

　また，仮釈放によって社会に復帰した受刑者は，被害者に対し直接謝罪したり，就労により収入を得ることによって被害者に損害賠償をする現実味が増すことになる。そこで，謝罪や損害賠償を希望する被害者が，意見聴取を通じて，その意思を委員会に伝えることによって，それに対応した特別遵守事項[20]や生活行動指針を設定し，或いは保護観察の実施上の参考事項として保護観察所長に伝えることができる。

　このように，被害者意見聴取は，仮釈放審理の適正化だけでなく，被害者支援のうえでも重要な意味を有している[21]。被害者意見聴取が，犯罪被害者等基本法や犯罪被害者等基本計画において提案されたのも正にそのためである。

2　制度に対する批判

(1)　二重評価の問題

　被害者意見聴取において被害者が陳述する内容には，被害者が受けた被害の内容や影響，犯罪者に対する要望，仮釈放の是非や遵守事項等に関する意見がある。一般に，更生保護法の被害者意見聴取の対象である「被害に関する心情」（更生保護法第 38 条 1 項）とは，このうち前二者を指すものと思われる。このうち被害の内容や影響については，公判において陳述の機会を認めたうえに，仮釈放審理の段階において再び被害者に陳述の機会を与えることは，犯罪被害の影響を量刑と仮釈放審理の段階で二重に評価することになるとの批判がある[22]。

　こうした批判の裏には，被害者意見聴取の結果を仮釈放の許否に直結させるという前提があるように思われるが，こうした前提そのものが不適切であるばかりでなく，被害者意見聴取の意義のところで指摘したように，量刑と仮釈放

---

20) 但し，更生保護法下では被害者への損害賠償を特別遵守事項に設定することはできなくなった。
21) 川出敏裕教授は被害者意見聴取には従来の更生保護の目的を超えた部分があることは否定し得ないとするが，当然であろう。川出敏裕「更生保護改革への期待―更生保護法制定の意義と今後の課題」犯罪と非行 154 号（2007）14-15 頁。
22) 小川太郎「仮出獄の思想」犯罪と非行 43 号（1980）44 頁。Julian V. Roberts, *Crime Victims, Sentencing, and Release from Prison*, THE OXFORD HANDBOOK OF SENTENCING AND CORRECTIONS, 104, 116 (2012).

の段階では被害の異なる側面が評価の対象になり得るとの反論が可能であるし，量刑の段階で被害者の意見陳述がなされたとしても，裁判所が言い渡した刑の満期よりも早い段階で行政機関が身柄の拘束を解くわけであるから，そうした処分に際し，改めて被害者が不安や要望を述べることは，二重評価には当たらないと言えよう。

(2) 情報の関連性

　他方，仮釈放の是非や遵守事項等に関する「被害者の意見」（同第 38 条 1 項）については，仮釈放の許可基準を判断するうえで関連性（relevancy）がないとの批判がある。即ち，仮釈放の許可基準は受刑者の地域社会に対する危険性（再犯のおそれ）と社会復帰の可能性であるとしたうえで，被害者の仮釈放に関する意見はこうした再犯の危険性や社会復帰の可能性の評価とは関連性がないことから，これを認めるべきではないとする[23]。イギリスでも，パロールは犯罪者の地域社会に対する危険性に基づいて判断がなされるものであり，パロールの是非に関する被害者の意見はこれに当たらないとして，被害者身上陳述では認められていない[24]。

　しかしながら，被害者の仮釈放に関する意見が全て仮釈放許可基準と関連性がないとは言えない。被害者が仮釈放に反対する理由の 1 つに受刑者からの報復や再被害のおそれがあるが，被害者への再加害の危険性は一般的な再犯の危険性に含まれるとされ，仮釈放審理に関連性があるとされているし[25]，被害者の不安や損害回復の要望は特別遵守事項や生活行動指針の設定にも関わる。我が国の仮釈放許可基準においても，消極的要件（許可基準）とはいえ，被害者感情を考慮するとされていることから，関連性が認められていると言えよう。

　但し，被害者の仮釈放に関する意見に関連性が認められるからといって，仮釈放の是非を直接聴取することが妥当かどうかはまた別の問題であり，仮釈放

---

23) *Id*. at 115-116.
24) Ministry of Justice, Code of Practice for Victims of Crime (2015) 33 [hereinafter cited as Code of Practice]. Hamish Arnott and Simon Creighton, Parole Board Hearings: Law and Practice 21, at 213-215, 236 (3rd ed. 2014). 法務総合研究所（河原田徹）『研究部資料 41 イングランド及びウェールズの保護観察所における被害者支援調査』（1997）18 頁等。
25) Julian V. Roberts, *supra* note 22, at 115. *See also* Hamish Arnott and Simon Creighton, *supra* note 24, at 213.

が是か非かより，むしろその意見の根拠となる再被害の危険性や帰住への不安を聴取することに意味があるものと思われる。

(3) 適正手続保障

　被害者が語る犯罪被害の様々な影響の中には，被害による影響とは直接関連性がないものも含まれている可能性がないわけではないが，受刑者が被害者意見聴取の内容に異議を差し挟もうにも，仮釈放審理機関に行った被害者の意見陳述の内容が受刑者に開示されていないことから，被害者意見陳述には適正手続の保障が及んでいないとする批判がある[26]。

　しかし，公判段階における被害者意見陳述においては，アメリカでも反対尋問が保障されているわけではない[27]。ましてや仮釈放は受刑者の権利ではなく，情報不開示により受刑者が被る不利益よりも被害者の保護や支援の利益が上回ると考えられることから，被害者意見陳述の内容を受刑者に開示しないこととしたところで適正手続に反するとは言えない。ただ，私見では，仮釈放棄却理由のうち一部の情報は受刑者に開示するようにすべきであると考えている。しかし，被害者の意見陳述の内容が受刑者に開示されることとなれば，受刑者の不満や恨みが被害者に向く危険性があるばかりか，そのために被害者が意見陳述に躊躇することも充分に考えられ，制度の趣旨を没却しかねない。被害者意見陳述の内容を被害者の同意なしに受刑者に開示することは適当でない[28]。

　もっとも，本章の最後や次章で提案するように，被害者意見聴取制度と被害者心情伝達制度と統合し，被害者が希望する場合には，被害者から聴取した内容のうち被害の影響や損害回復の要望について受刑者に伝達するという制度は検討に値しよう。

---

26) Julian V. Roberts, *supra* note 22, at 117-118.
27) National Crime Victim Law Institute, National Survey of State Victim Impact Statement Laws and Whether Defendant has Right of Cross-Examination with Respect to Victim Impact Evidence (2010). 日本の被害者意見陳述では，意見陳述の趣旨を明確にするため訴訟関係人は被害者等に質問することができる（刑事訴訟法第 292 条の 2 第 4 項）。
28) イギリスでは，パロールの被害者身上陳述書も，通常，受刑者に開示されている。但し，開示が被害者やその家族に重大な危害を及ぼすおそれがあるか，被害者に非常に大きなマイナスの影響があると思われる場合，被害者は非開示の請求をパロール委員会に行うことができる。Code of Practice, *supra* note 24, at 34. HAMISH ARNOTT AND SIMON CREIGHTON, *supra* note 24, at 21, 215, 236.

(4)　仮釈放手続の応報化

　被害者の意見陳述や意見聴取の制度で最も懸念されているのが，仮釈放審理に被害者感情が過度に持ち込まれることで仮釈放制度が応報的な色彩を帯び，仮釈放が認められる余地が極めて少なくなるのではないかということである。特に，アメリカや日本では，被害の内容や影響に止まらず，仮釈放の是非に関する意見陳述まで認められており，一般に重大事件の被害者は仮釈放に否定的であるとすれば，仮釈放が認められにくくなるおそれがないとは言えない。

　実際，アメリカではこの点に関する調査が実施されており，アラバマ州において実施された調査では，被害者がパロール委員会に異議を申し立てる書面を提出するか，パロール審問に被害者が出席した場合，パロールの棄却率が有意に高くなっていることが明らかにされている[29]。

　但し，アメリカがパロール審理における被害者の積極的関与を認めるようになったことの背景には，被害者支援や被害者の権利を巡る一連の動きがあるとしても，公正モデルや法と秩序政策の影響のなかでパロールの適用が縮小・制限されてきたという経緯とも決して無縁ではないように思われる。誤解をおそれずに言うならば，アメリカの場合，仮釈放の応報化以前の問題として，1970年代以降，裁量的仮釈放の消極化や必要的仮釈放への転換といった大きな潮流があり，仮釈放審理への被害者の関与がその中に埋没する形で問題視されてこなかったとも考えられる。

　いずれにせよ，被害者の意見が仮釈放やパロールの決定に直結するような制度であれば，仮釈放手続の応報化という指摘は十分に根拠のあるものとなろうが，我が国の仮釈放許可基準では被害者感情を限定的にしか評価しないことにしているため，上記のような懸念は杞憂であろう。

(5)　被害者への2次被害

　仮釈放審理への手続関与には被害者の心情充足に寄与する面がある一方，仮釈放決定に際し，被害者が期待したような決定が出なかった場合，却って被害者に挫折感や徒労感を味わわせるおそれもある。仮釈放が被害者の意見によっ

---

29) Brent L. Smith et al., *The Effect of Victim Participation of Parole Decisions: Results from a Southeastern State,* 8 CRIMINAL JUSTICE POLICY REVIEW 56, 64-67 (1997).

て決まるわけではないにもかかわらず，そのことを被害者が必ずしも十分に理解したうえで意見聴取に臨むわけではないことから，こうした問題が生じ得る。

　イギリスでは，パロール審理において被害者の不安等は聴取するものの，これは遵守事項の判断に用いるためであって，パロールの許否そのものには影響を与えないという方針が採られ，被害者には事前にその旨をよく説明しておくこととされている[30]。

　日本の被害者意見聴取においても，仮釈放の決定によって被害者に2次被害を与えないよう，予め[31]，被害者に対し，仮釈放制度の意義と再犯リスク，帰住地調整とその限界（被害者の居住地域から必ずしも遠方にできない場合がある），特別遵守事項の内容とその限界（損害賠償を遵守事項に設定できないという）などを十分に説明したうえで，意見聴取を希望するかどうかの判断ができるようにすることが肝要である。

3　被害者意見聴取制度の概要

(1)　制度の性格

　法律上，委員会は，仮釈放を許すか否かに関する審理を行うに当たり，被害者等から，審理対象者の仮釈放に関する意見及び被害に関する心情を述べたい旨の申出があったときは，当該意見等を聴取するものとする，とされており（更生保護法第38条1項），被害者に意見聴取についての主体性を認めている。これは，被害者等調査が被害者を調査の客体とし，委員会の調査対象ではない被害者からは，たとえ意見陳述の希望があっても，機会を与えないことにしているのと大きく異なる。また，意見聴取を希望する被害者だけに対象を限定したのは，意見聴取そのものが被害者にとって精神的な負担となるものであり，一律に意見を聴取するとなれば2次被害を生じさせることにもなりかねないからである[32]。

　しかし，被害者意見聴取は被害者の権利ではない。我が国では，刑事手続に

---

30)　法務総合研究所（河原田徹）・前掲注(24)67頁。
31)　被害者意見聴取に来た被害者に対し，委員会が仮釈放の意義等を説明したりすることは望ましい運用ではない。
32)　河原誉子「更生保護法における犯罪被害者等施策」法律のひろば60巻8号（2007）39頁。

おける被害者の地位を権利として構成することには消極的であり，それは被害者意見聴取についても同様である。しかし，より現実的な理由は，権利化することによって，意見聴取が不相当な場合にも聴取を実施せざるを得ない場面が生じることになるからであろう。もっとも，法は，被害者等から申出があったときは，「聴取するものとする」として，原則，聴取を行うものとしていることから，限りなく権利に近いものと言えよう。

例外は，「当該被害に係る事件の性質，審理の状況その他の事情を考慮して相当でないと認めるとき」（同但書）である。被害に係る事件が暴力団同士の抗争事件であるなど，被害者が実質的に被害者とは言えない場合が想定されているが[33]。この他にも，被害者の数が極めて多く，全員からの聴取が仮釈放審理に著しい遅延をもたらす場合や，既に同一人物から過去に被害者意見聴取を行った場合等が考えられる。但し，夫婦や兄弟姉妹など同じ親族内の遺族でも，意見が異なる場合も考えられるから，親族ということだけを理由に一律不相当とするのは適当でなかろう。

(2) 被害者の範囲

被害者意見聴取の対象となる被害者は，原則として，仮釈放の審理対象となっている受刑者が刑を言い渡される理由となった犯罪により害を被った者である。刑事裁判で被害者として認定された者である必要がある。

被害者の法定代理人，被害者が死亡している場合や被害者の心身に重大な故障がある場合には，その配偶者，直系の親族若しくは兄弟姉妹が対象となり得ることは，刑事訴訟法など他の法令において被害者に準じる者として被害者に代わり一定の地位が認められる場合と同様である。被害者が死亡している場合や心身に重大な故障がある場合，一定の親族に意見聴取を認めるのは，それらの親族が，被害者の死に対する無念や心情を代弁できる立場にあるだけでなく，自らも被害者の死により大きな精神的・経済的被害を受けていることから，仮釈放に際して，その心情を吐露する機会を設ける必要性があることは被害者本人と同様だからである。

---

33) 河原誉子・前掲注(32)40 頁，保護局被害者等施策推進プロジェクトチーム「更生保護における犯罪被害者等施策の実施」更生保護 58 巻 12 号（2007）31 頁。

(3)　聴取の内容

　被害者から聴取する内容は，審理対象者の仮釈放に関する意見と被害に関する心情である。被害に関する心情は被害者等調査でも調査の対象となっていたが，被害者意見聴取では，被害者等調査と異なり，仮釈放に関する意見も聴取の対象となる点で大いに異なる。仮釈放に関する意見には，仮釈放の許否そのものに関する意見のほか，仮釈放が許される場合の仮釈放の時期，特別遵守事項や生活行動指針の内容，帰住地についての意見等が含まれる。

(4)　聴取の手続

　法律上，被害者意見聴取は地方更生保護委員会が行うことになっているが，委員会を構成する委員をして行わせることができ（社会内処遇規則第 25 条 1 項），実際にはそのようにして行われている。

　被害者意見聴取の申出は，委員会に対して行うことが原則である。しかし，委員会は全国に 8 か所しかないことから，法は，被害者等の居住地を管轄する保護観察所の長に対し申出をすることを認め，申出の際に制度に関する説明を被害者にしたり，筆記困難な被害者に代わって意見の書面を代筆するなど，意見聴取を円滑に実施するための事務を保護観察所長に嘱託することができるとしている（更生保護法第 38 条 2 項）[34]。

　意見聴取は，委員会（の委員）が被害者等の口頭による陳述を聴取して書面（意見等記述書）を作成する方法のほか，当該意見を記した書面の提出を受け，又は委員会の保護観察官をして被害者等の陳述の内容を録取させることにより行うこともできる（社会内処遇規則第 25 条 2 項）。保護観察官が被害者等の陳述の内容を録取したときは，意見等録取書を作成し，これを当該被害者等に読み聞かせて，誤りがないことを確認したうえで署名押印を求めるものとされている（犯罪をした者及び非行のある少年に対する社会内における処遇に関する事務規程第 17 条 3 項）。

　意見聴取をするときは，申出をした被害者等に対し，聴取や録取の日時及び場所を通知しなければならない（社会内処遇規則第 26 条 1 項）。書面で意見を提出

34）河原誉子・前掲注(32)40 頁。

するときは，その提出先や提出期限を通知する。意見聴取を不相当として聴取しないことにしたときは，申出をした被害者等に，その旨を通知しなければならない（同2項）。

(5) 仮釈放に関する意見等の評価

　聴取した仮釈放に関する意見や被害に関する心情は，仮釈放の許否の判断において考慮されるほか，仮釈放を許す場合の特別遵守事項や保護観察実施上の参考事項の設定に用いられるとされる。

　しかし，被害者感情は仮釈放の消極的許可基準である「社会感情」の一要素に過ぎないことから，被害者意見聴取では仮釈放に関する被害者の意見や心情を聴取するとしながら，仮釈放の意見を含む被害者感情を仮釈放審理においてどのように評価すべきかは必ずしも明らかではない[35]。しかも，仮釈放の許可基準の一要素たる被害者感情は「刑罰制度の原理・機能という観点から見た抽象的・観念的なものである」とされており（犯罪をした者及び非行のある少年に対する社会内における処遇に関する事務の運用について第2の7(5)ア），被害者意見聴取や被害者等調査で明らかとなる「生の被害者感情」ではない。ここに制度の矛盾がある。

　また，仮釈放の意見には仮釈放の許否に関する意見も含まれるが，被害者は仮釈放に反対するのが普通であるから，被害者意見聴取において敢えて仮釈放（の許否）に関する意見も聴取するとしておきながら，被害者の意見だけで仮釈放を決めるわけではないし，そうであってはならないから，その扱いに困ることになる。イギリスの場合，パロール委員会の決定は犯罪者の再犯リスクに基づいてなされるので，釈放の是非についての意見を被害者身上供述書に含めることはできないとされている[36]。仮釈放における被害者の意見聴取を提言した我が国の有識者会議の報告書でも，「なお，犯罪被害者等が反対する限り一切仮釈放を認めないという運用に向かうことは，公平性も含め刑事政策的に望ま

35）岩井敬介『社会内処遇論稿』日本更生保護協会（1992）50頁は，社会感情の評価には委員の倫理的評価が反映されやすく，また被害者の反応にも個人差があることを指摘したうえで，社会感情を全く考慮の対象外とすることはできないとしても，その限界と問題についての認識も必要であるとしている。
36）Code of Practice for Victims of Crime 33.

しくないと考えられ，聴取した犯罪被害者等の意見をどのように審理に反映させるのか等については，慎重に検討する必要がある」としている[37]。

　旧法時代の実務であるが，仮釈放の時期を遅らせる延伸という形で被害者感情を考慮する場合があるとされる[38]。しかし，無期や長期刑受刑者といった重大事件の場合は被害者感情が厳しい場合が多いであろうから，そうしたケースについては少なからず仮釈放の時期を遅らせるということになるのであろうか。しかし，そうなると，重大事件については，そうした仮釈放の時期が「相場」となってしまい，被害者感情を調査した結果，仮釈放時期を特に遅らせるということにはならないであろう。実際，仮釈放の時期をどの程度遅らせているかは明らかでないが，ごく僅かな仮釈放時期の延期であれば，その差が，被害者にとっても，犯罪者（の処遇・社会復帰）にとってもどのような意味があるのか疑問である。

　被害者も，仮釈放への反対意見を表明しながら，結局，仮釈放が認められたとなければ，努力が徒労に終わったと落胆しかねないのではないか。それとも，やれるだけのことはやったと肯定的に評価してくれるものであろうか。また，実務では仮釈放の意見陳述に来た被害者に仮釈放の意義を説くことがあると聞くが，仮釈放に対し被害者の理解を得ようとすることは，許されないことではないが，下手をすると，被害者に2次被害を与えかねない。

　思うに，被害者意見聴取制度に被害者の支援という目的があるとしても，それは仮釈放を認めないことや仮釈放時期を僅かに延伸することではない。仮釈放審理に際して被害者のためにできることがあるとすれば，被害者の要望やニーズを帰住地の調整や特別遵守事項の設定，保護観察実施上の処遇内容において配慮することである[39]。仮釈放の精緻化・適正化とは，仮釈放に否定的な被害者の意見を入れて，仮釈放を抑制することではない。それでは満期釈放が増えたり，仮釈放期間が短くなったりするだけで，却って受刑者の再犯リスクが高まりかねない。再犯が起きれば，加害者に二度と犯罪を行って欲しくない

37）更生保護のあり方を考える有識者会議・前掲注(2)20頁。
38）佐藤繁實「被害者と更生保護」法律のひろば53巻2号（2000）43頁。
39）被害者意見聴取の結果を仮釈放や仮退院の保護観察に活かした例として，水谷修「更生保護における犯罪被害者等施策のうち，意見等聴取制度及び心情伝達制度に関する事例研究について」研修753号（2011）77頁以下。

表1 被害者意見聴取と被害者等調査の相違

	被害者意見聴取	被害者等調査
制度の意義・目的	仮釈放審理の適正化 被害者の支援	仮釈放審理の適正化
対象者	被害者の申出に基づく	委員会による選定
被害者の位置付け	主体	客体
内容	仮釈放に関する意見 被害に関する心情	被害者の心情
仮釈放への影響	極めて限定的	極めて限定的

という被害者の切なる願いにも反することになる。仮釈放は，被害者の安全確保と立直りに配慮しつつ，受刑者の社会復帰と再犯防止にもっとも資する形で行われるべきものなのである。

Ⅳ 新制度の提案——自由刑の執行過程における意見聴取制度

1 自由刑の執行過程における被害者意見聴取

　以上のことから，仮釈放の許否そのものについての意見を被害者から聴取するという制度は廃止すべきであると考える。被害者に意見を陳述する機会を設けるのであれば，それは仮釈放の許否に関する意見ではなく，事件により被害者が受けた様々な被害とその影響，受刑者による再被害や釈放に対する不安，損害賠償や謝罪など損害回復に関する被害者の要望，受刑者に対する処遇上の要望（仮釈放の許否以外）等を聴取するものとすべきである。

　仮釈放審理が始まった時点で被害者に意見陳述の機会を与える仕組みにも問題がある。仮釈放前になってから被害者の心情や意見を聴いても，仮釈放審理や保護観察に活かすことはできても，刑事施設における矯正処遇に活かすことはできない。保護観察とて，刑期の残り僅かな時点で被害者の要望を聴いたところで，それを踏まえた処遇を行うには時間的余裕がなさ過ぎる。受刑者の釈放に対する被害者の不安を聴取するにしても，刑事施設における受刑者の処遇経過がわからないままでは，漠然としたものに止まろう。被害者意見聴取制度の実施件数が，毎年，200件から300件台に止まっているのも[40]，仮釈放とい

う刑の執行の最終段階において行うという制度の構造とも無縁ではないように思われる。

　そこで，仮釈放審理に際しての意見聴取という制度を改め，希望する被害者には自由刑の執行当初から意見聴取の機会を認めるという制度に改めるべきであると考える。刑確定後の早い段階で被害者に意見聴取を希望するかどうかの意思確認を行い，希望する被害者に限って，被害者の心情や損害回復に関する意見等を聴取するというものである。

　こうすることで，刑事施設側としても処遇要領の決定や処遇の実施において被害者の心情や要望を参考にすることができるし，受刑者にとっても，被害者に対しどのような形で贖罪や損害回復を行っていくことが必要なのか自覚することができる。この意見聴取は，仮釈放審理のために行うものではないが，被害者からの意見聴取結果を踏まえたうえで行われた矯正処遇の成果や本人の状況は当然に仮釈放審理において評価の対象になり得る。少なくとも，仮釈放審理の段階になってから仮釈放に関する被害者の意見を聴くより，はるかに建設的である。

　意見聴取は，被害者の希望があれば，刑の執行開始後間もない時点だけでなく，刑の執行過程において行うことも認めるべきである。被害者の状況や受刑者に対する要望が変わることもあり得るし，矯正処遇を通じて受刑者の方が変わることも，また変わらないこともあるからである。

　その際，自由刑や矯正処遇の内容，仮釈放制度の趣旨について予め被害者に十分説明を行っておくことが必要である。特に，意見聴取は，仮釈放の許否を決めるためのものではなく，受刑者に対し矯正処遇や保護観察を行ううえでの参考にすることが目的であることを明確に伝えておかなければならない。刑事施設における受刑者の状況についても被害者に伝えておく必要がある[41]。被害者等通知制度の改正により，2007年（平成19年）から受刑者（及び少年院収容少年）の処遇状況に関する通知が行われているが[42]，この制度により被害者に通知されているのは，刑務作業名や改善指導名，制限区分，優遇措置の区分，褒賞や懲罰の状況等かなり形式的な情報である。しかし，被害者が知りたいのは，

40）法務総合研究所『平成28年犯罪白書―再犯の現状と対策のいま』（2016）291頁。

受刑者がどのような名称の改善指導を受けているかであるとか，優遇措置は何類かといったことではなく，受刑者が処遇に対しどのように取り組んでいるかや本当に更生に向け努力しているのかという事実である。そうした処遇状況には観察者の主観が入りやすく，難しい面もあるが，やはり被害者にとっては重要な情報である。

2　心情伝達制度との統合

　新しい被害者意見聴取制度においては，被害者の心情や状況，損害回復の要望，受刑者の処遇に対する意見等が聴取の対象となるが，被害者からの申出がある場合，そのうち被害者の心情や損害回復の要望を受刑者に伝える制度が検討されて良い。受刑者は，自らが犯した罪の大凡の結果については知っていても，事件の後に被害者やその家族に生じた事実（度重なる治療，恒久障害の固定，PTSD の発症，失職・退学，家族の離散等）については殆ど知ることがない。筆者がかつて行った調査でも，集団リンチ事件の受刑者達は被害者が完全介護を要する恒久障害を負ったことすら知らずに自由刑の執行を終えていたケースがあったが[43]，受刑者が自分達の犯した「被害の全体像」すら知らないままでは真の更生が果たせるとは思えない。「社会復帰とは，被害者の苦悩を忘れることでは決してない」[44]。犯罪者の社会復帰は，被害者が受けた被害の実態を正しく理解するところから始まると言うべきである。

41）日弁連も，更生保護法案に対する意見書において，仮釈放審理に際しての意見聴取と関連して，裁判から仮釈放審理までは相当期間が経過しており，その間に受刑者の状況が変化するのが一般であり，被害者の意見も裁判の時からは変化があるはずであるとして，受刑者の同意のもとで，被害者に対し改善更生の経過等，受刑者側に発生した事情を知らせるべきであるとする。日本弁護士連合会「更生保護法案に対する意見書」（2007）1頁，5頁。但し，刑事裁判までの被害者の意見は，既に量刑において斟酌されているので，刑事裁判確定後の情報に限るべきであるとする。このうち受刑者の処遇状況に関する通知において受刑者の同意を要件とすることは，適切でない。そうなれば，被害者が通知を希望していることを受刑者に知られてしまうし，受刑者が殆ど同意しないことも予想されるため，制度の実効性がなくなる。

42）保護局被害者等施策推進プロジェクトチーム・前掲注(33)34-36 頁。

43）太田達也「矯正における修復的司法の展望と課題―『修復的矯正』の実現に向けて」矯正教育研究 49 巻（2004）4 頁。

44）Victims and Criminal Justice: Asian Perspective 113-114 (Tatsuya Ota ed., Keio University Hogaku Kenkyu Kai, 2003). 太田達也「刑事施設・受刑者処遇法下における矯正の課題―矯正処遇を中心として」犯罪と非行 146 号（2005）18 頁。

被害者の心情等を受刑者に伝える制度としては，被害者意見聴取制度とともに 2007 年（平成 19 年）に導入された被害者心情伝達制度がある。これは，保護観察対象者について，その被害者から申出があるとき，保護観察所長が，被害者の心情，被害者等の置かれている状況又は保護観察対象者の生活若しくは行動に関する意見を聴取し，保護観察対象者に伝達するものである（更生保護法第65 条 1 項）。しかし，同制度は，保護観察を受けている対象者に対して被害者が行使するものであるため，自由刑の実刑を言い渡された受刑者に対しては，刑事施設における長い服役を経てからしか心情伝達を行うことができない。そのため，刑期が長い場合，犯罪被害の現実や被害者の心情を受刑者に理解させるという点で遅きに失するばかりか，矯正処遇に活かすことができないという限界がある。また，満期釈放となり，保護観察を受けない受刑者に対しては，そもそも心情伝達を行うことができない。

　そこで，私見では，自由刑が科された受刑者については，被害者の申出に基づき，刑の執行の比較的早い段階で受刑者に対し心情伝達を行うような仕組みを導入すべきと考えている。そして，刑の執行初期段階で被害者から意見聴取を行うような制度を導入するのであれば，これを心情伝達制度と統合することも考えられる。つまり，被害者からの申出に基づき，刑の執行初期の時点で被害の影響や被害者の心情，受刑者の処遇に関する意見，損害回復の要望，将来の釈放時の不安や要望などを聴取すると共に，被害者が希望する場合には，そのうち被害者が希望する事項を適切な時期に受刑者に伝達するというものである。勿論，被害者は制度を利用しないこともできるし，意見聴取だけ申し出て，心情伝達を希望しないこともできる。反対に，心情伝達だけを希望することも認められよう。

　これにより被害者の心情や状況を踏まえて矯正処遇を行うことが可能となると同時に，被害者が希望する場合には，釈放事由にかかわらず，被害者の心情を受刑者に伝達することができる。また，仮釈放審理においても，矯正処遇の経過や被害者の要望を踏まえたうえで帰住地調整や特別遵守事項・生活行動指針の設定を行うことが可能となる。

3　新制度下での被害者等調査

　残る問題は，新たな意見聴取制度を導入した場合における被害者等調査の扱

いである。新しい意見聴取制度も，被害者からの申出を基本とするから，全ての受刑者について行われるわけではない。従って，被害者からの意見聴取が行われていない場合は，仮釈放審理に際して被害者の事情を考慮することが難しくなる。被害者意見聴取を導入した今日においても被害者等調査を廃止していないのもそのためであろう。その意味では，新制度の下でも被害者等調査を存続させることも考えられなくもない。

　しかし，この問題は，被害者に新たな意見聴取制度を利用する機会が十分に保障されていれば自ずと解消に向かうものと思われる。即ち，新制度の存在を被害者に告知するようにしておけば，被害者等調査を行う余地は実質的に小さくなろう。現在でも，加害者の処遇状況に関する通知を行う被害者に対しては，被害者意見聴取制度について案内を行っている。新制度も，遅くとも自由刑が確定する時点までに告知し，希望者には執行の初期の段階で最初の意見聴取の機会を認めるものであるから，現在の被害者意見聴取制度より多くの被害者に利用される可能性が高く，その分，被害者等調査の必要性は低くなろう。

V　多機関連携の必要性

　本章では，被害者等調査や被害者意見聴取制度の限界を指摘し，刑の執行過程における被害者意見聴取制度の提案を行うとともに，被害者心情伝達制度と統合した制度の可能性についても言及した。最後に，これらの制度を実現するうえで取り組むべき課題を指摘しておきたい[45]。

　まず第1に，矯正と保護の連携が重要である。現在，被害者意見聴取制度や被害者心情伝達制度は委員会と保護観察所が所管しているが，本章で提案したような被害者意見聴取制度を導入するとしても，業務の性質からいって，やはり担当は更生保護官署になろう。しかし，被害者意見聴取を通じて得られた情

---

45) 被害者意見陳述制度を提案した拙稿では，(1) 被害者支援に対する保護観察官及び保護司の意識と技能の向上，(2) 保護観察所又は地方更生保護委員会における被害者専門部署の設置，或いは被害者支援担当官の配置，(3) 被害者支援の民間団体との連携，(4) 矯正・保護関係法令における被害者関連規定の整備の4つを課題として掲げた。太田達也・前掲注(3)79-80頁。このうち，被害者支援団体との連携を除く(1)，(2)，(4)については，その後実現している。

報を刑事施設に収容されている受刑者の処遇に活用するためには，更生保護官署と刑事施設の連携が不可欠である。

　第2に，被害者支援団体との連携・協力関係を確立することが必要である。被害者意見聴取制度や被害者心情伝達制度の目的の1つが被害者の支援であるとしても，更生保護官署の本来の職責は犯罪者の社会内処遇であり，被害者支援の専従ではない。仮釈放や保護観察との関連で被害者に配慮することはできても，フォローアップや長期的な支援にまで更生保護官署が関わることはできない。そこで，被害者支援の民間団体や医療機関と連携し，必要に応じ，被害者を紹介する仕組みを整える必要がある。

　こうした矯正や被害者支援団体との協力体制が整備されてこそ，意見聴取制度や被害者心情伝達制度本来の機能が発揮されるものと思われる。

第 3 章

保護観察と被害者心情伝達制度

I　制度の背景と法整備

　2004 年（平成 16 年）の犯罪被害者等基本法が「犯罪被害者等がその被害に係る刑事に関する手続に適切に関与することができるようにするため（中略）刑事に関する手続への参加の機会を拡充するための制度の整備等必要な施策を講ずるものとする」（第 18 条）と規定し，これに基づいて策定された第 1 次犯罪被害者等基本計画が犯罪被害者等の心情等を加害者に伝達する制度の検討及び施策の実施と犯罪被害者等の意見等を踏まえた適切な加害者処遇の推進を求めたことを受け，2007 年（平成 19 年）に犯罪者予防更生法と執行猶予者保護観察法が改正され，保護観察対象者に対する被害者心情伝達制度（以下，単に「心情伝達制度」という場合がある）が導入された。当該 2 法は同年に制定され翌年から施行された更生保護法に統合されたことから，被害者心情伝達制度も同法に引き継がれている[1]。

　被害者心情伝達制度は，保護観察対象者について，その被害者から申出があ

---

1)　制度導入当時の紹介として，吉田雅之「更生保護法の概要について」犯罪と非行 154 号（2007）40 頁以下，河原誉子「更生保護法における犯罪被害者等施策」法律のひろば 60 巻 8 号（2007）38 頁以下，保護局被害者等施策推進プロジェクトチーム「更生保護における犯罪被害者等施策の実施」更生保護 58 巻 12 号（2007）28 頁以下等。また，久保貴「更生保護における犯罪被害者等施策の取組」犯罪と非行 164 号（2010）79 頁以下も参照のこと。

るとき，保護観察所長が，被害に関する心情や被害者の置かれている状況又は保護観察対象者の生活若しくは行動に関する意見を聴取し，保護観察対象者に伝達する制度である（更生保護法第65条1項）。しかし，被害者意見聴取制度同様，この制度には犯罪者の処遇と被害者の支援という2つの側面があることから，本来的に難しい課題をはらんでいるほか，保護観察対象者のうち特に刑事施設から仮釈放となった3号観察対象者は，実施時期や効果という点で問題が大きいように思われる。そこで，本章では，仮釈放対象者を主に念頭に置きながら，被害者心情伝達制度の問題点を検討し，将来の在り方について考察することにしたい。

Ⅱ　被害者心情伝達制度の概要

1　制度の目的と二面性

　この制度は，被害者の心情や状況，保護観察対象者の生活や行動に対する意見を被害者から聴取し，保護観察対象者に伝えることによって，保護観察対象者の改善更生と再犯防止をより確実なものにすると同時に，被害者の立直りや損害回復に資することを目的とするものである。つまり，保護観察対象者に対する処遇としての側面と，犯罪被害者に対する支援としての側面を合わせもつ。

　犯罪者は，事件の真相を一番よく知るはずの者であるにもかかわらず，事件によって被害者が受けた被害やその後の詳しい状況については知らないことが多い。公判での証拠調べや被害者意見陳述，被害者参加を通じて被害者の状況がある程度被告人に伝わるはずであるが，立証事実に関わらないことや公判後に生じた被害者の事情などについて被告人は知らないことの方が多い。被害後，被害者が何年にも亘って手術や治療を受けていること，子供を殺害されたあと夫婦が離婚し，家族が離散したこと，犯罪被害による影響から失職したり事業に失敗したことなど，全て犯罪被害から派生した被害（筆者はこれを「間接的被害」と呼ぶ）でありながら，こうした「被害の全体像」を犯罪者は知る機会もなく，また知らせる制度も存在しなかった。

　そうした被害の真実を犯罪者に知らせることは「報復的な処遇」であるとして批判されることすらあった[2]。しかし，犯罪者の社会復帰とは，自らの犯した罪を忘れることではなく，それを正しく認識することから始まることだとす

れば，犯罪者の刑や処分が確定し，それを執行する過程において，適切な形で「被害の全体像」を対象者に理解させることは正に更生の出発点と言うべきである[3]。自らが行ったことさえ知らないようでは，職業訓練や教科教育をいくら受けようが，それは「真の更生」たり得ない。被害者心情伝達制度は，そうした観点から，犯罪被害者の実情を理解させ，犯罪者の内省や悔悟の情を深めさせるための処遇としての意義を有する。

　また，被害者心情伝達制度は，犯罪被害や被害者に関する正確な情報を保護観察官に提供することにもなるため，犯罪被害の実態を踏まえたより適切な処遇に資することになる。保護観察官は，刑事施設からの身上調査書や生活環境調整において事件の概要を把握することになるが，刑事施設での処遇調査結果には受刑者から聴き取った主観情報も混在しているため，「事件あるいは事故の客観的事実が加害者によって都合よく歪曲され」ている場合があり，その結果，「歪曲されたまま処遇を行うという大問題がある」という[4]。保護観察官は，心情伝達を通じて被害の実態や被害者の心情を知ることができ，保護観察に活かすことができる。

　一方，被害者心情伝達制度は，被害者の立直りを促す被害者支援の面を有する。犯罪被害者，特に重大な犯罪被害を受けた者の中には，犯罪によって受けた被害の現実を犯罪者に伝えたいという想いをもつ者が少なくない。しかし，公判中は勾留され，刑が確定すると刑事施設へ収容される犯罪者に被害者が自らの思いを伝える機会はなく，それが被害者の回復を遅らせる要因の1つとなっている。公判では被害者による意見陳述制度があるが（刑事訴訟法第292条の2，少年法第9条の2），これは裁判所に対し被害者が意見を陳述する制度であって，被告人に対して意見や心情を述べるものではない。また，2007年（平成19年）の刑事訴訟法改正により被害者参加制度が導入され，被害者参加人は意見陳述に必要な範囲で被告人質問を行うことができるようになった（刑事訴訟法第

2)　土井政和「行刑における被害者の観点」法政研究56巻3=4号（1990）199頁以下等。
3)　VICTIMS AND CRIMINAL JUSTICE: ASIAN PERSPECTIVE 113-114 (Tatsuya Ota ed., Keio University Hogaku Kenkyu Kai, 2003). 太田達也「刑事施設・受刑者処遇法下における矯正の課題—矯正処遇を中心として」犯罪と非行146号（2005）18頁。
4)　西崎勝則「更生保護における犯罪被害者等施策について」伊藤冨士江編著『司法福祉入門—非行・犯罪への対応と被害者支援［第2版］』上智大学出版（2013）325頁，338頁。

316条の37)。しかし，この制度も被害者の心情や意見を被告人に伝えることを目的とするものではない。これに対し，被害者心情伝達制度は，被害者が犯罪者に伝えたい心情や意見を間接的ながら保護観察対象者に伝えることで被害者の心情充足と回復を図ることができる。

　また，被害者の心情を犯罪者に伝えることだけが被害者の心情充足に繋がるわけではない。被害者は，保護観察官に心情や意見を聴取してもらい，心情等聴取書を作成する過程を通じて自らの感情を整理し，犯罪者等に対する気持ちの整理をつけることができる[5]。犯罪者に対する刑が確定したとしても，被害者の事件や犯罪者に対する思いは錯綜したままであったり，時によって変化したりするのが普通である。そうした複雑に絡み合った感情が被害者の立直りや回復を阻害することもある。被害者心情伝達の聴取においても，被害者は気持ちを整理したうえで保護観察所を訪れるわけではない[6]。被害者は，被害者担当官や被害者担当保護司の支援を受けながら，心情等の聴取を受ける過程において，自らの感情を見つめ直し，整理していくことができる。被害者心情伝達制度は，聴取の過程そのものにも被害者の立ち直りに資する効果が期待できるのである。但し，言いたいことを言うだけで被害者の心情が満たされるわけではない。被害者が納得のいくまで工夫を重ねて作成した心情等聴取書の内容が犯罪者に伝達され，被害者の思いが犯罪者に伝わったことが実感できることが重要である[7]。

　被害者心情伝達制度は，以上のような犯罪者処遇と被害者支援という，2つの異なる目的を有する。しかし，この2つの目的は常に両立するとは限らず，制度の運用において難しい問題を生じることがある。例えば，犯罪者の状態や状況から心情伝達を控えざるを得ない場合もあり得るし，被害者の心情を伝えたことで犯罪者の更生意欲を却って削ぐおそれもないわけではない。このことは被害者心情伝達の相当性判断において問題となり得るし，心情伝達の結果を保護観察にどう活かすかということとも関係する。

---

5)　井坂朱実「犯罪被害者等施策における実践―名古屋保護観察所の取組」更生保護と犯罪予防 152 号（2010）325 頁。
6)　同上。
7)　同上。

2 制度の特色

　海外では，自由刑の執行や保護観察における修復的司法のプログラムとして，受刑者や保護観察対象者との対面や対話を被害者に認めるものがある[8]。

　これに対し，日本の被害者心情伝達制度は，公式的には修復的司法の制度とはされていないうえに，保護観察対象者と被害者を直接対面させるものではなく，保護観察官が間に入り，被害者から聴取した被害者の心情等を間接的に保護観察対象者に伝え，伝達の事実と対象者の様子を被害者に通知するものである。そのため，修復的司法のプログラムのような犯罪者と被害者との直接対話と異なり，被害者の生の声や感情が伝わりにくいという限界がある反面，重大事件の被害者が厳しい被害者感情を犯罪者にぶつける結果，それを受け止めきれない犯罪者を絶望させて，更生の意欲を失わせ，あるいは逆に犯罪者を反発させて，被害者の心情を害したり，被害者への謝罪や賠償の意欲をなくしたりするリスクを回避できるという利点がある。

　もっとも，心情伝達制度も複数回の心情伝達を禁ずる規定はなく，実務でも再度の心情伝達を行うケースが見られるほか，定期的に心情伝達を行った事例もあることから[9]，修復的司法的な運用を行うことも可能である。

3 対象となる被害者

　心情伝達を行うことができる被害者の範囲は，(1) 被害者，(2) 被害者の法定代理人，(3) 被害者が死亡した場合又は心身に重大な故障がある場合には，その配偶者や直系の親族又は兄弟姉妹である（更生保護法第 65 条 1 項本文）（本章では，以下，単に「被害者」という）。この場合の被害者とは，保護観察対象者が刑若しくは保護処分を言い渡される理由となった犯罪若しくは刑罰法令に触れる行為により害を被った者である。従って，厳密には，公訴事実や非行事実に含まれていない事件の被害者がいたとしても，被害者心情伝達の申出を行うことはで

---

8) 太田達也「ベルギーにおける修復的司法と矯正の取組み（後）」112 巻 9 号（2001）58 頁以下，同「『修復的矯正』の実現に向けて―台湾・更生團契の試み」刑政 115 巻 2 号（2004）44 頁以下，同「矯正における修復的司法の展望と課題―『修復的矯正』の実現に向けて」矯正教育研究 49 巻（2004）3 頁以下。

9) 西崎勝則・前掲注(4)341 頁以下，左近司彩子「更生保護における犯罪被害者」日本被害者学会第 28 回学術大会（2017 年）シンポジウム「犯罪者処遇における犯罪者の更生と被害者の回復」報告（被害者学研究 28 号掲載予定）。

きない。この範囲に該当する被害者が複数いる場合，一緒に心情聴取を行うことができる場合は問題ないが，異なる心情や意見をもつ被害者が複数いる場合，それぞれの被害者からの申出に対応する必要がある。

最も重要なことは，犯罪者が保護観察の対象となり，現に保護観察を受けていることが必要である。保護観察には，保護処分としての保護観察処分を受けた少年に対するもの（1号観察），少年院仮退院者に対するもの（2号観察），仮釈放者に対するもの（3号観察），保護観察付執行猶予者に対するもの（4号観察）があり（更生保護法第48条），そのいずれでも構わない。しかし，売春防止法に基づく補導処分としての婦人補導院から仮退院となった者に対する保護観察（5号観察）の場合は，被害者を観念できないため，被害者心情伝達制度の対象とされていない（売春防止法第26条2項で更生保護法第65条を準用していない）。

また，現に保護観察が行われていなければならないため，仮釈放や少年院仮退院の前，仮釈放期間終了後や少年院退院後は，被害者心情伝達を行うことはできない。日本の場合，仮釈放は残刑期間主義を採用しており，保護観察期間が2か月から半年程度と短いため，被害者心情伝達を行う期間はかなり限られている[10]。被害者等通知制度もあるため，被害者は保護観察の比較的初期の段階で被害者心情伝達の申出を行っているようであるが，仮釈放の場合，これほど保護観察期間が短いと，申出や伝達の機会を逸する被害者もいるのではないかと推測する。また，たとえ被害者心情伝達を行っても，その後の保護観察において，心情伝達の結果を踏まえた処遇を十分に行うことができない。自由刑の実刑となった受刑者に対しては，別途，心情伝達の機会を考える必要がある。

これに対し，執行猶予に付される保護観察は1年以上5年以下と長いが，対象者の状況が良く，保護観察が仮解除（刑法第25条の2第2項）されてしまうと，やはり心情伝達を行うことはできなくなる。これは，保護観察処分少年に対する良好措置としての保護観察の解除や仮解除（更生保護法第69条・第70条），少年院仮退院者の不良措置としての戻し収容（同第71条・第72条）や良好措置としての退院決定（同第74条），仮釈放者に対する不良措置としての仮釈放取消

---

10) 伊藤冨士江教授等の調査によれば，心情伝達の申出の時点で保護観察の残期間が3か月以内だったケースが42％を占めている。伊藤冨士江＝中村秀郷「更生保護における犯罪被害者等施策の現状と課題—心情伝達制度の全国の実施状況の分析を中心に」上智大学社会福祉研究39号（2015）6頁。

し（刑法第 29 条）の場合も同様である。

4　手続

　被害者心情伝達は，被害者からの申出に基づいて行われる。被害者は，検察庁が行っている被害者等通知制度により犯罪者が仮釈放や保護観察に付されたことを知ることができるため，これに合わせて心情伝達の申出を行うことができる。かつて日本では，犯罪者の個人情報保護や社会復帰への配慮から被害者に対し犯罪者の刑や保護処分の執行状況に関する情報提供を認めてこなかったが[11]，2007 年（平成 19 年）の通達により被害者等通知制度が拡大され，仮釈放や仮退院の審理開始や結果，保護観察や処遇状況に関する事項を被害者に通知することができるようになっている[12]。

　心情伝達の申出は，原則として，保護観察対象者の保護観察を所管する保護観察所の長に対して行うものとされているが，遠方の場合もあるので，被害者の居住地を管轄する保護観察所の長に対して申出を行うことも認められている。その場合，保護観察対象者の保護観察を所管する保護観察所の長は，被害者の居住地を管轄する保護観察所の長に対し，申出の受理や心情の聴取に関する事務を嘱託することになる（更生保護法第 65 条 2 項）。

　心情の聴取は，原則として，被害者が口頭で心情を陳述し，被害者担当官たる保護観察官がそれを録取して書面を作成するが（心情等聴取書），被害者は自らが作成した文書（心情等記述書）を提出することもできる（犯罪をした者及び非行のある少年に対する社会内における処遇に関する規則第 72 条──以下，「社会内処遇規則」という）。心情の聴取は，被害者担当官等が支援しながら被害者が陳述した内容や希望する内容を書面にする必要があり，被害者担当官の判断で勝手にその内

---

11)　太田達也「被害者に対する情報提供の現状と課題」ジュリスト 1163 号（1999）18 頁以下，同「犯罪被害者支援の国際的動向と我が国の展望」法律のひろば 53 巻 2 号（2000）4 頁以下。
12)　「被害者等通知制度実施要領について」平成 11 年 2 月 9 日刑総 163 号刑事局長・矯正局長・保護局長通達，平成 19 年 11 月 22 日刑総 1574 号にて改正。「被害者等に対する加害者の処遇状況等に関する通知について（依命通達）」平成 19 年 11 月 22 日刑総 1576号刑事局長・矯正局長・保護局長依命通達，「被害者等に対する加害者の処遇状況等に関する通知の運用について（通知）」平成 19 年 11 月 22 日矯成 6759 号矯正局成人矯正課長通知。

容や趣旨を変えることは許されない。但し，脅迫や自殺教唆など犯罪を構成する内容のほか，著しい差別や侮辱など不適切な表現がある場合には，被害者に説明し，表現の訂正を求めることになろう。

　難しいのは，被害者の感情をどのように聴取ないし書面化するかということである。被害者の厳しい感情をそのまま書面にすることで，保護観察対象者の反発や無視を招き，却って被害者の心情を傷つけることもあり得る。被害者が精一杯感情を抑えて静かに語りかける内容の方が対象者の心に響くこともあろう。かといって，被害者の感情を過度に抑えた内容にした結果，被害者に不満を残りしたり，対象者に被害者の真意が伝わらなかったりするおそれもある。現場では，被害者の心情や保護観察対象者の状況を踏まえた聴取や伝達が心がけられているという[13]。

　録取した内容が被害者の意図にそぐわないものになっていないよう，聴取後，作成した心情等聴取書を被害者に読み聞かせて誤りのないことを確認したうえで，署名押印を求めることとされている（犯罪をした者及び非行のある少年に対する社会内における処遇に関する事務規程第73条1項──以下，単に「事務規程」という）。また，聴取に当たっては，予め聴取した心情の全部又は一部を伝達しないことがあることを説明するものとされている（更生保護法第65条1項但書，事務規程第75条）。

　聴取した心情の伝達は，心情等聴取書又は心情等記述書を朗読して行う（事務規程第76条）。伝達は，余り時間を空けずに行うことが望ましいため，聴取後速やかに行うものとされている。実務上，保護観察対象者の処遇上特別の事情がない限り，伝達は聴取から1週間以内が望ましいとされるが，聴取と伝達が異なる保護観察所で行われる場合や対象者の都合もあり，遅くとも1か月以内には伝達しているようである。保護観察対象者が所在不明の場合や精神的に不安定な場合などは，3か月の範囲で調整を行い，3か月を経過しても伝達ができない場合は，改めて被害者の意見を聴いたうえで判断するものとされている。

　心情の伝達を行った場合にも，また心情の伝達をしないこととした場合にも，被害者に対してその旨を通知しなければならない（社会内処遇規則第76条）。伝

---

13) 井坂朱実・前掲注(5) 323頁以下では，被害者担当官と被害者担当保護司，主任官の間で細やかな配慮が行われていることが紹介されている。

達を行った場合には，伝達の日も通知するほか，被害者が希望する場合には，伝達した被害者の心情に対する保護観察対象者の反応や伝達希望事項を被害者に通知することができる。

5　心情聴取・伝達の相当性

　被害者からの申出がないのに心情伝達が行われることはないが，被害者から申出があったからといって，必ず心情伝達が行われるわけではない。更生保護法は，被害者等からの「申出があったときは，当該心情等を聴取し，当該保護観察対象者に伝達するものとする」（第65条1項本文）としていることから，申出がある場合，原則として心情伝達が行われることになるが，その但書において「その伝達をすることが当該保護観察対象者の改善更生を妨げるおそれがあり，又は当該被害に係る事件の性質，保護観察の実施状況その他の事情を考慮して相当でないと認めるときは，この限りでない」（同但書）と定め，改善更生を妨げるおそれと諸種の事情から不相当な場合に，被害者心情伝達を行わないことを認める。

　「改善更生を妨げるおそれ」は，被害者心情伝達制度が犯罪者処遇を目的の1つとしていることから生ずる制約である。保護観察対象者は，刑や処分が確定したり，施設から出たばかりで，今後の生活に大きな不安を抱えている場合が多く，犯した罪の意識に苛まれている者もいる。これに対し，被害者の心情には厳しいものがあるのが普通であるから，そうした被害者の生の感情をぶつけた場合，対象者を精神的に追い込んで絶望させてしまうおそれもあるし，反対に心の余裕がないため，被害者の心情を受け止められず，敢えて無視したり，受け流したりしてしまうこともある。それでは保護観察対象者の更生にとってマイナスであるだけでなく，被害者にとっても不幸な結果となる。

　かといって，保護観察対象者の改善更生だけを至上命題とし，被害者の厳しい心情をただ遮断するだけでは，被害者に2次的な被害を与えるだけでなく，保護観察対象者の真の意味での更生もおぼつかない。ただ，実際，どのような場合に「改善更生を妨げるおそれ」があるのかを判断するのは容易でないことから，極めて精神的に不安定となっているような非行少年の場合を除くと，改善更生の観点から心情伝達が相当でないという場合はかなり限られていよう。

　また，被害者心情伝達は，被害者からの心情の聴取と保護観察対象者への心

情の伝達という 2 つの過程から成ることから，伝達の相当性のほか，聴取その ものの相当性判断も行われる。しかし，一般に，聴取そのものが「改善更生を 妨げるおそれ」があるということは想定し難いことから，「事件の性質」や犯 罪者の特性上，当初より伝達が困難か著しく不相当ということが明らかな場合 などが該当しよう。例えば，暴力団同士の抗争事件や，被害者への報復の危険 性があるような事案が考えられる。

「保護観察の実施状況」から不相当な場合というのは想定しにくいが，「その 他の事情」としては，保護観察対象者の近親者が死亡した直後であるとか，病 気や精神疾患の病状が悪化し，治療中である場合等が考えられる。

なお，聴取や伝達をしないこととした場合，申出をした被害者等にその旨を 通知しなければならない（社会内処遇規則第 73 条 2 項，第 76 条）。

6　実施者

被害者心情伝達のうち，聴取した心情の伝達を担当するのは，保護観察対象 者の保護観察を担当する保護観察官（主任官）であるが，被害者からの聴取を 担当するのは，2007 年（平成 19 年）12 月から新たに設けられた被害者担当官で ある。

被害者担当官は保護観察官の中から指名され，被害者心情伝達のほか，保護 観察対象者等に関する情報の提供や仮釈放や仮退院に関する意見聴取など，被 害者関連業務を担当する。被害者担当官は，保護観察官の身分は保持している が，被害者関連業務を担当する間，保護観察は担当しない。

こうした新たな役職が設けられたのは，保護観察を担当する保護観察官が被 害者からの聴取まで担当するとなると，処遇官としての態度が被害者に不信感 を与える可能性がある一方，被害者支援官としての立場が保護観察対象者との 関係に悪影響を及ぼすという役割葛藤に陥るおそれがあるためである[14]。保護 局によれば，2017 年 9 月末の時点で全国の保護観察所に 74 名が配置されてい る。通常，保護観察所には 1 名の被害者担当官が配置されているが，東京保護 観察所には 3 名が配置されるなど，大規模庁には複数の被害者担当官が割り当

14）こうした担当官の設置を求める意見として，太田達也「犯罪被害者支援の国際的動向と 我が国の展望」法律のひろば 53 巻 2 号（2000）12 頁。

てられている。

　また，各保護観察所には，被害者担当官を補佐し，被害者支援関連業務を行う被害者担当保護司が2名から3名配置されている。2017年9月末の時点で，全国に106名の被害者担当保護司がいる。保護司は，法務大臣が委嘱する非常勤の国家公務員であり，保護観察官の補佐役として，自分が在住する地区（保護区）において保護観察対象者の保護観察を担当している。被害者担当保護司も，身分上はこの保護司として委嘱されるが，保護観察業務は担当せず，専ら，被害者関連業務だけを行う。

　被害者担当保護司には，保護司法が定める資格要件（保護司法第3条）は充足する必要はあるが，それ以外に特別な資格や要件は要求されていない。中には，元保護観察官の被害者担当保護司や，臨床心理士の資格をもった被害者担当保護司もいるが，被害者支援の業務に携わった経験のある者は少数である。配置当初，被害者担当保護司が行う被害者関連業務の内容は保護観察所によってかなり差があり，専ら被害者等通知制度の事務処理だけを行わせているところが少なくなかったようであるが，臨床心理士や被害者相談の経験をもつ被害者担当保護司である場合，被害者担当官と共に被害者心情伝達の聴取やケアに従事させているところもある。

Ⅲ　制度の利用状況

　被害者心情伝達制度が施行されたのは2007年（平成19年）12月であるが，実質的に制度が開始された翌2008年以降の実施件数は毎年100件台であり，被害者等通知制度に比べ，少数に止まる[15]。

　筆者がいくつかの保護観察所で行った聴き取り調査によれば，心情聴取そのものが不相当とされ，実施されなかったケースはないが，聴取後，伝達を不相当として実施しなかったケースが僅かにあるようである。不相当とされた事案は，既に何回も聴取と伝達を行ったが，いずれも同じ内容であったため，更なる聴取と伝達が不要であるとされたケースや，再被害のおそれがあると判断さ

15）法務総合研究所『平成28年版犯罪白書―再犯の現状と対策のいま』（2016）291頁，警察庁『平成29年版犯罪被害者白書』（2017）54頁。

れたケースである。

　罪種的には，殺人等の重大事件は少なく，身体犯では傷害や過失犯の自動車
運転過失致死が比較的多く見られるが，全体としては，むしろ詐欺や（業務上）
横領といった財産犯の被害者が多くを占めているのが意外と言えば意外である。
このことは，その後の調査結果でも裏付けられている[16]。そうした財産犯では，
損害賠償の要求や意思の確認が心情伝達の主たる内容となっているようである
から，制度目的の範疇にあるとはいえ，民事賠償の問題解決という限られた形
での制度利用となっている様子が窺える。さらに，横領・背任における被害者
心情伝達の殆どが被害法人からの申出となっており，制度上問題がないとはい
え，やや趣が異なると言えよう。

　殺人や傷害致死など重大事件の被害者による制度の利用が少ない背景として
は，広報不足に加え，殺人加害者のうち半数以上は親族が占めていることや[17]，
犯罪者への心情伝達に不安を感じたり，犯罪者からの報復をおそれていること
が関係しているものと推測される。また，損害賠償の交渉を含め犯罪者との間
で何らかの話し合いが既に行われているため，被害者側が心情伝達の必要性を
感じないという場合もあるであろう。

　しかし，仮釈放や保護観察等に関する通知が極めて広範に行われていること
を考えると，広報不足という説明にそれほど説得力があるとも思われず，損害
賠償にしても，重大事件の被害者が犯罪者から損害賠償を実際に得ているケー
スは極めて少ないし，被害者心情伝達制度の目的は何も損害賠償の交渉に限ら
れない。

　思うに，被害者心情伝達制度が保護観察対象者に限られていることに加え，
特に仮釈放については，事件から既に長い年月が経過し，被害者側の動機付け
が弱くなっていることが制度利用が少ない原因の1つではないだろうか。この
点も含め，制度の在り方を改めて模索する必要がある。

16）伊藤冨士江＝中村秀郷・前掲注(10)5頁。財産犯が38.0％を占め，身体・生命犯の32.6
　　％より多くなっている。左近司彩子・前掲注(9)。実例として，左近司彩子「心情伝達
　　制度と加害者処遇—事例を通じて」更生保護66巻10号（2015）40頁以下，水谷修「更
　　生保護における犯罪被害者等施策のうち，意見等聴取制度及び心情伝達制度に関する事
　　例研究について」研修753号（2011）83頁以下。
17）法務総合研究所・前掲注(15)283頁。

Ⅳ　今後の課題

1　被害者の2次被害の防止

　心情伝達においては，被害者に却って2次被害を与えることがないよう留意しなければならない。規則も，心情伝達に当たっては，「被害者等の心身の状況に配慮するものとする」と規定している（社会内処遇規則第74条）。被害者の陳述を聴取する過程では，被害者の思いを適切に受け止めることができるよう配慮する必要があるし，心情伝達の結果を被害者に通知する際には，保護観察対象者の態度によっては被害者にショックを与えることもあり得ることから，被害者への気配りが欠かせない。被害者には心情伝達制度において想定される結果や限界について事前に説明しておく必要があろう。

　保護観察官や被害者担当保護司への研修も重要であるが，将来的には，公認心理士等の資格をもった保護観察官を被害者担当官に指名したり，被害者支援の経験がある者を被害者担当保護司に委嘱したりしていくことも検討すべきであろう。被害者担当保護司に対し事務職だけを担当させるのではなく，専門的な知識をもった被害者担当保護司を保護観察所毎に1名は配置して，被害者担当官とともに被害者との面談や相談に従事していくことが望ましい。

2　心情伝達と処遇の連携

　被害者心情伝達制度を通じ，被害者が受けた被害の影響や心情を保護観察対象者に伝えるだけでも，対象者の内省を深めさせる機会となり得るものである。しかし，被害者から聴取した内容には，保護観察対象者の生活や行動に対する具体的な要望も含まれており，これを可能且つ適切な範囲で保護観察に反映していくことが重要である。被害者の思いを保護観察対象者に伝えておしまい，というのでは被害者心情伝達制度の意義は半減する。

　しかし，被害者の要望には，謝罪や賠償など保護観察の指導として容易でない内容や，保護観察の射程を超えたものもあるため，処遇への反映は容易でないことも確かである[18]。特に，損害賠償は，犯罪者予防更生法下においては，

18）水谷修・前掲注(16)83-85頁。

「被害者への弁償に努めること」といった内容の特別遵守事項を設定することが可能であったにもかかわらず，現在の更生保護法の下では，せいぜい生活行動指針（更生保護法第56条）として設定できるに止まり，特別遵守事項として設定することは行われていない。

それでも，被害者の意向を踏まえた処遇は，適切に行われれば，保護観察対象者の「真の更生」に資するものであるから，今後，被害者心情伝達を踏まえた保護観察の在り方を模索する必要がある。

3　自由刑の執行段階における心情伝達制度の創設

被害者心情伝達制度は，犯罪者が保護観察中の場合にのみ認められる。従って，自由刑の実刑の場合，被害者は受刑者が仮釈放になるまで長い間待つことを余儀なくされるし，たとえ被害者が心情伝達を行おうと予定していても，受刑者が結果的に満期釈放になってしまうと，心情伝達は不可能となってしまう。そこで，自由刑の実刑が科された受刑者については，自由刑執行の比較的早い段階から心情伝達を行う仕組みが設けられてしかるべきである[19]。

受刑者にとっても，刑期が長い場合，仮釈放になるまでに相当の歳月が経過し，ようやく仮釈放になったところで，被害者から改めて心情をぶつけられたら，困惑したり，反発したりすることもあろう。それよりも，自由刑の執行が始まった段階で，希望する被害者から（保護観察官たる被害者担当官が）心情を聴取する機会を設け，受刑者が精神的にも安定した時点で伝達した方が，受刑者に被害者の心情等を早い時点で理解させ，それを受け止める努力をさせつつ，矯正処遇に活かしていくことができる。現行の心情伝達制度では，折角，心情伝達が行われても，その後の保護観察期間が短いことから，心情伝達の結果を反映した処遇を行い難い。刑の執行段階における心情伝達制度が導入されれば，その後の矯正処遇や保護観察において心情伝達の結果を踏まえた処遇を行う可能性が広がろう。刑事収容施設法の下で新たに改善指導の制度が導入され，その1つとして「被害者の視点を取り入れた教育（R4）」が実施されていることから，こうした処遇と組み合わせる形で被害者心情伝達を行うことも一案であ

19）仕組みとしては，少年に対する少年院送致でも同様であるべきである。

ろう。

　もっとも，この新しい制度は，保護観察が行われていない自由刑の執行過程において行うことから，更生保護法中の保護観察の章に規定を置くことができないし，仮釈放との関係を露骨に出さないためにも仮釈放の章にも規定を置くこともができないため，法的構成として工夫が必要である。考えられる案としては，生活環境調整の中に独立した「被害者意見聴取及び心情伝達」という節を設けることであろう。

　また，前章で述べたように，仮釈放意見陳述の制度と統合することも検討してしかるべきである。即ち，被害者からの申出に基づき，刑の執行初期の時点で被害の影響や被害者の心情，受刑者の処遇に関する意見，損害回復の要望，将来の釈放時の不安や要望などを聴取するともに，被害者が希望する場合には，そのうち被害者が希望する事項を適切な時期に受刑者に伝達するのである。

4　修復的司法制度としての位置付け

　被害者心情伝達制度は，被害者の心情や意見を加害者である保護観察対象者に伝達することで，被害者の心情充足に役立つほか，心情伝達の結果をその後の保護観察に活かすことで，犯罪による損害の修復に寄与し得ることから，修復的司法の理念にも叶うものである。法務省が被害者心情伝達制度を修復的司法の理念に基づく制度に位置付けているわけではないが，修復的司法とも親和性の高い制度であることは間違いない。

　そこで，将来的には，被害者心情伝達制度或いは筆者の提案する新たな意見聴取及び心情伝達制度を単に意見聴取や心情の伝達に留まらない修復的司法の制度に発展させていくことも考えられよう[20]。現在の制度でも，心情伝達は一方通行ではなく，被害者の心情を対象者に伝達した後，保護観察対象者の状況を被害者に通知することが行われており，さらにその反応を受けて再び被害者が心情の伝達を行うこともある。そうなれば，被害者と保護観察対象者との間で間接的な対話が行われていると言っても差し支えなく，その意味で，被害者心情伝達制度は一種の修復的司法的な機能を果たしていると言えよう。そうで

---

20)　具体的な提案として，太田達也「更生保護における被害者支援(2)—釈放関連情報の提供と被害者の意見聴取を中心として」犯罪と非行 125 号（2000）74-79 頁。

あるとすれば，将来的には，保護観察対象者と被害者双方が同意し，適切な場合には，一定のプロセスを経て，両者を対面・対話させるような制度に発展させていくことも検討されてしかるべきである。但し，そのためには，事前のスクリーニングが重要であるし，担当者の被害者支援や対話に関する技能も必須要件となろう。

第 5 編

仮釈放手続論

第1章

仮釈放申請権と仮釈放手続

I　仮釈放手続論の必要性

　仮釈放の適正化と活性化を実現するためには，実体要件の見直しだけでなく，仮釈放手続の適正化と合理化を進める必要がある。仮釈放の手続は，大別して，生活環境調整，仮釈放の申出，仮釈放調査，仮釈放審理・決定，仮釈放の執行の過程に分けられる。このうち何れの過程も仮釈放の適正且つ円滑な実施に当たって重要ではあるが，高齢者や精神障害者など釈放後の自立に困難を伴う受刑者が増加している今日の仮釈放実務において，生活環境調整や新たに導入された特別調整の重要性が増しているし，仮釈放審理を充実したものにするための仮釈放調査（25条調査）や職権審理を活性化するための 36 条調査の運用の在り方も検討に値する。

　しかし，仮釈放手続の運用面ではなく，仮釈放手続の制度論に目を転じた場合，長年，懸案事項とされながらも，殆ど議論が進展していないのが受刑者の仮釈放申請権を巡る問題である。自由刑の純化や適正手続，社会復帰論等の異なる観点から受刑者に独自の仮釈放申請権を認めるべしとの主張がありながら，我が国における仮釈放の歴史においては，典獄，監獄の長，刑事施設の長と名称は変わっても，刑事施設長のみが仮釈放申請（具申，申請，申出）権を有するという構造は一貫して変わっていない。

　仮釈放対象者らによる重大再犯を受けて設置された「更生保護のあり方を考える有識者会議」においても，「例えば，審理開始を求める本人からの申出を

受けた地方更生保護委員会が職権による審理開始の要否を検討すること」が提言されてはいるものの[1]、「受刑者本人に仮釈放申請権まで付与する必要はない」と仮釈放申請権は一刀両断に切り捨てられている。実際、その後制定された更生保護法では受刑者による仮釈放申請権の導入には至らず、専ら、36条調査の活用による職権審理の活性化が模索されている。

　筆者も仮釈放申請権の導入には消極的な立場に立つが、仮釈放の活性化を考えるにあたっては、やはりこの問題を避けて通ることはできないように思われる。長年、仮釈放を巡る議論の底流にありながら、その主張は必ずしも優位なものとはならず、制度化には至っていない仮釈放申請権の問題を分析し、それを克服する方法を模索してこそ、仮釈放率や仮釈放の職権審理も伸び悩むなか、仮釈放の活性化を実現する道が開かれるように思われるからである。そこで、本章では、受刑者の仮釈放申請権を巡る議論の系譜を分析したうえで、仮釈放手続の将来の在り方を検討することにする。

　なお、旧刑法及び2005年（平成17年）改正までの刑法の制度に言及する際、特に必要な場合に「仮出獄」の用語を用い、現在の制度や一般論としての制度として用いる際には「仮釈放」の用語を用いることとする。

II　概念整理

　一般に仮釈放申請権と呼ばれる概念にも複数の異なる意味合いがある。1つは、犯罪者予防更生法時代の仮出獄の「申請」や更生保護法における仮釈放の「申出」のような、仮釈放の審理・決定機関（日本では地方更生保護委員会）（以下、仮釈放決定機関という）に対し仮釈放の許否等に関する審理・決定の求める行為を指す場合である。この場合、申請を受理した仮釈放決定機関は審理と決定を義務付けられることになる[2]。このような受刑者による仮釈放審理申請権ない

---

1) 　更生保護のあり方を考える有識者会議『更生保護制度改革の提言─安全・安心の国づくり、地域づくりを目指して』（2006）21頁。
2) 　更生保護法においては仮釈放審理・決定における地方更生保護委員会の主体性を明らかにするため、刑事施設長による仮釈放の「申請」から「申出」に用語が改められた。申出に対し地方更生保護委員会に審理や決定の義務があるかどうかは明らかでないが、更生保護法第35条の「申出がない場合であっても」と、依然として仮釈放審理の端緒は刑事施設長の申出が原則のような規定振りからして、委員会に審理を行わない自由があるとは考えにくい。

し仮釈放審理請求権という意味として受刑者の仮釈放申請権の用語を使う場合がある。

これに対し，仮釈放決定機関に対し仮釈放の審理を開始するよう注意を促すことができる権利として「仮釈放の審査を促す権利」という概念を用いる場合がある[3]。現行法の用語に倣って，ここでは「仮釈放の審理を促す権利」と称するが，これは単なる注意喚起であり，仮釈放決定機関に対し職権審理の発動を促すに止まるから，仮釈放決定機関には，決定は勿論，審理の義務すらなく，全ては仮釈放決定機関の裁量に委ねられるとするのである。「更生保護のあり方を考える有識者会議」による提案も，この「仮釈放の審理を促す権利」に当たろう[4]。

一方，仮釈放申請権の議論においては「出願」なる語が用いられる場合もある。実際，我が国で過去に唯一受刑者に仮釈放申請（に近い出願）を認めた1949年（昭和24年）の「仮釈放及仮退院の手続について」においては出願の用語が用いられている[5]。これは，受刑者が刑務所長に提出し，それを仮釈放の決定機関である当時の地方成人保護委員会に「進達」するものとされていた。しかし，出願書が提出・進達されたとしても，刑務所長が後に仮釈放を可とする意見を付した書類を通告した場合に初めて仮釈放の申請があったものとされていたことから，出願だけで仮釈放審理の実質的部分が開始されるわけではなかった。従って，この場合にいう出願は，仮釈放決定機関に直接なされるものではなく，仮釈放申請機関に対し，「仮釈放審理の申請を促す」ものに止まることになる。

刑事法の分野では，恩赦においても出願の用語が用いられている。これは，恩赦の決定機関である内閣や審査機関である中央更生保護審査会に対して受刑者等が直接その審査を求める行為ではなく，決定機関に「申出」を行う審査機関に対し刑事施設長等が「上申」を行うよう受刑者等が願い出る行為を指す

---

3) 土井政和「仮釈放と適正手続─受刑者の仮釈放申請権と不服申立てを中心に」犯罪と非行108号（1996）77頁。土井教授は，さらに「要件を満たしている限り，裁量の余地なく仮釈放されることを請求できる実体的権利」を仮釈放請求権と呼んでいる。
4) 更生保護のあり方を考える有識者会議・前掲注(1)21頁。
5) 中央更生保護委員会委員長，刑政長官発「仮釈放及仮退院の手続について」依命通牒昭和24年10月7日中委第141号（保護月報1号（1950）105頁以下）。

（恩赦法施行規則第1条の2第2項）。ここでも，出願は，審査機関や決定機関（恩赦の場合は分かれている）に直接，審査や決定を求めるものではなく，審査機関に上申を行う機関に「上申を促す」行為ということになる。もっとも，受刑者からの出願があった場合，刑事施設長は意見を付して中央更生保護審査会に上申をしなければならないため，出願も恩赦の審査を求める事実上の効果はある。以上のことからすれば，仮釈放の出願権も，受刑者が仮釈放の申出機関（刑事施設長）に対し申出を促す行為を指す概念と定義した方がよかろう。

　こうした概念整理の下，本章では，受刑者が仮釈放決定機関に対し仮釈放の審理を行うよう申請するという意味での仮釈放審理申請権（単に仮釈放申請権という）を中心に検討することにする。

Ⅲ　仮釈放申請権の制度化を巡る動き

1　大正期

　受刑者の仮釈放申請権を巡る議論は，大正時代の監獄法改正作業にまで遡ることができる[6]。当時はまだ犯罪者予防更生法もなく，丁度，旧少年法が成立して少年保護司による観察制度が導入されたばかりであったことに加え，当時は，典獄が司法大臣に仮出獄を具申することとされており（監獄法施行規則第173条1項），監獄法に仮釈放後の遵守事項や警察監督の規定があったことから（監獄法第67条1項2号），犯罪者予防更生法が成立するまでの監獄法改正作業において仮釈放が議論の対象になったものと思われる。

　まず，1923年（大正12年）に行刑制度調査委員会が策定した「行刑制度調査答申書」（以下，「答申書」という。）において仮釈放出願権の提案がなされている[7]。同委員会は，前年に監獄法改正のための調査を目的として設置されたもので，9回に亘る審議の末，答申を策定・公表している。政府の公式見解とし

---

6)　戦前の監獄法改正を巡る動きについては，朝倉京一「監獄法改正事業の経過」月刊刑政64巻1号（1953）42頁以下，綿引紳郎＝藤平英夫＝大川新作『全訂監獄法概論―逐條解説と改正の諸問題』有信堂（1955）337頁以下，長谷川永「監獄法改正」『日本の矯正と保護第1巻行刑編』有斐閣（1980）326頁以下，菊田幸一「監獄法の改正について（二）」法律論叢58巻1号（1985）39頁以下に詳しい。
7)　法務省矯正局『監獄法改正事業の概要』（1953）1頁以下。

て仮釈放出願権を提案したのは，おそくらこの答申が初めてであろうと思われる。

　答申書は，「刑務所ノ長ハ職権ヲ以テ又ハ受刑者，其ノ親族，縁故者若ハ保護会ノ出願ニ依リ刑務所委員会ノ意見ヲ聴キ仮釈放ノ申立ヲ為スコト」として，受刑者本人のみならず，その親族や縁故者更には保護会にまで仮釈放の出願権を認めていた。しかし，受刑者等が仮釈放の出願を行うのは刑務所（長）に対してであって，典獄による仮出獄の具申先とされていた司法大臣ではなかった。しかも，規定振りから，受刑者等から仮出獄の出願がなされても，刑務所内の委員会の意見を聴いたうえで，仮出獄の申立（監獄法施行規則では具申）をしないことができるようにも読むことができる。

　さらに，受刑者等による「仮釈放ノ出願ハ無期刑ニ在リテハ15年，有期刑ニ在リテハ刑期3分ノ2ヲ経過スルニ非サレハ之ヲ為スコトヲ得サルコト」として，仮釈放の出願には形式的要件として出願期間が設定されていた。当時は既に現行刑法が施行されているので，無期は15年，有期は刑期の3分の2という出願期間は仮釈放の法定期間よりも厳しく設定されており，答申から4年後に臨時法制審議会で作成されることになる「刑法改正ノ綱領」では「假出獄ノ要件ヲ寛大ニ」することとされていたことを考えると，受刑者等による出願は仮釈放要件よりかなり厳格な要件の下でのみ許容することを想定していたことが窺える。

　なお，答申書では，1933年（昭和8年）の行刑累進処遇令により導入される累進処遇が階級制として提案されている。それによると刑期を，考査期（入所から3月以内），厳正期（刑期の3分の1乃至3分の2，15年以上の有期刑については5年乃至8年，無期刑については7年乃至10年。考査期を含む），中間期（厳正期の後から仮釈放まで），仮釈放期の4つに分け，仮釈放[8]は中間期に行うことを原則とし，厳正期には情状により仮釈放を行うことができるとされていた。厳正期が短いことから，仮釈放は刑期の点で比較的早期に行うことを標準としており，このことからも，受刑者自身による仮釈放の出願は仮釈放やその申立がなされない場合の補充的な手段とされていたと考えられる。

---

8)　仮釈放中の保護監督制度も提案されている。長谷川永・前掲注(6)328頁。

しかし，答申書以後，第 2 次世界大戦までの監獄法改正作業において仮釈放の出願権又は申請権について議論された様子は見られない。1923 年（大正 12 年）に設置された監獄法改正調査委員会は翌年から審議を開始し，1925 年（大正 14 年）に「行刑法案」，「予防拘禁法案」，「未決拘禁法案」の 3 法案を司法大臣に提出しているが[9]，行刑法案の中に釈放者保護監督の規定は置かれているものの（第 59 条），仮釈放申請権の規定はない。さらに，行刑局長はこの 3 法案を修正の上，これを編成一括して 1926 年（大正 15 年）に「刑務法案」を作成しているが，やはり監獄法に類似した釈放に関する規定を置くだけで，仮釈放や仮釈放申請権に関する規定は置かれていない[10]。

2　昭和期──第 2 次世界大戦前

昭和に入り，1927 年（昭和 2 年）に刑務法案調査委員会が，設置後直ちに 22 項目から成る「監獄法改正ノ綱領」を決議している[11]。しかし，ここでも釈放者保護監督の実効性を上げるための規定を設けることが提案されているものの，仮釈放申請権に関する項目は見られない。

刑務法案調査委員会は，その後，48 回に亘る審議を経て，同年に「修正刑務法案」を司法大臣に提出している。この原文は入手することができなかったが，「修正刑務法案」を修正した同月の「刑務法豫備草案」には，仮釈放の手続に関する規定は置かれているものの，仮釈放申請権については何ら規定されていない[12]。

同年，刑法並監獄法改正調査委員会が設置され，「刑務法豫備草案」と「監

9)　司法省行刑局『行刑法案，豫防拘禁法案，未決勾留法案』（刊行年の記載がないが 1925 年刊と思われる）。
10)　司法省行刑局『刑務法案』（1927）。
11)　司法省行刑局『監獄法改正ノ綱領─昭和 2 年 3 月 2 日刑務法案調査委員會決議』（1927）。
12)　司法省行刑局『刑務法豫備草案』（1927）。仮釈放手続について，「受刑者ニ付假釋放ヲ許スヘキ事由アリタルト認ムルトキハ刑務委員會ノ評議ヲ經テ司法大臣ニ許可ノ申請ヲを為スヘシ」（第 123 条）と規定はされている。刑務委員会は，それ以前の「行刑法案」や「刑務法案」，「監獄法改正ノ綱領」などでも設置が規定されている刑務所内部の委員会であり，同草案でも，仮釈放の許可申請以外にも，一定の期間を超える独居拘禁，一定の範囲を超える懲罰，器物の損壊に対する賠償又は賞与金の控除，領置物の没取，累進処遇からの除外，少年受刑者等の帰省，未成年受刑者の親権行為等において刑務委員会の評議が必要とされていた。

獄法改正ノ綱領」を対照審議するも，間もなく刑法関連事項の審議が終了するまで休会することとなり，事実上活動が終了している。同委員会の監獄法改正起草委員は，1940年（昭和15年）に再度任命され，行刑局長の金澤次郎氏が「監獄法改正ノ綱領修正意見」を提出したが，微修正に止まり，仮釈放に関する規定は置かれていなかった[13]。結局，戦局により改正作業は中断となり，その後の法案も日の目を見ることはなかった[14]。

3　第2次世界大戦後──犯罪者予防更生法成立前

　戦後もしばらくは監獄法改正作業の過程において仮釈放申請権を巡る議論が行われている。政府による戦後の監獄法改正作業は，1947年（昭和22年）に司法省が監獄法改正調査委員会を設置し，司法大臣が同委員会に対し監獄法改正のための要綱を示されたいとの諮問をしたことに始まるが，それより前の1946年（昭和21年）に民間団体である財団法人刑務協会（現在の矯正協会）が行刑法改正委員会を設置し，監獄法の改正について検討を始めている。正木亮氏を委員長とし，中尾文策，小川太郎，吉益修夫，東邦彦，木村亀二らを委員に連ねる行刑法改正委員会は，同年末に17項目から成る「監獄法改正に関する建議要綱」と9項目から成る「附帯建議要綱」を司法大臣に提出している。その建議要綱の第8項目目として「受刑者の利益を擁護し，仮釈放審査の端緒を与えるため，本人又は本人に利害関係を有する者に対し仮釈放の審査請求を認められたい」として仮釈放審査請求権を建議している[15]。ここでは，出願権ではなく，審査請求権という文言が用いられている。建議要綱は，また，仮釈放審理や行刑の運営に関する諮問制度として裁判官，検察官，刑務官，弁護士その他学識経験者から成る刑務委員会や，附帯建議事項の中で刑務委員会の審査に基づき刑期を漸次短縮する善時制の採用を建議していることも注目される。

　一方，政府が設置した監獄法改正調査委員会の方も，4つの部会を設けて審議を進め，1947年（昭和22年）に「監獄法改正要綱」と「附帯決議」を決定し，司法大臣に答申している[16]。68項目から成る改正要綱の1項目として「本人

---

13) 金澤次郎（行刑局長）「『監獄法改正ノ綱領』修正意見」監獄法改正起草委員會参考資料
　　(1)（1940)。
14) 法務省矯正局・前掲注(7)19頁。
15) 法務省矯正局・前掲注(7)31頁。

及び一定の関係者に対し，仮釈放の出願を認めること」として仮釈放出願権の創設を規定していた。これは，「あく迄『出願』の権利であって，假釋放を請求する『請求権』ではないことに留意す可きである」とされており，「何等かの事情があつてまだ假釋放の手續をとることの困難な者に付てのみ起こることになるであろう」とされている[17]。

この改正要綱に基づき，司法省行刑局法規部が行刑法第1次草案を1947年（昭和22年）に起草し，翌年2月に法務庁と組織変更となってからは，その成人矯正局法規係が第2次草案（1948年5月）から第4次草案（1948年11月）までを起草している。この第4次草案も，「受刑者について仮釈放を相当と認める場合においては，刑務所長は，地方成人保護委員会に対して仮釈放の申請をしなければならない」（第121条）（傍点筆者）としたうえで，「累進処遇の最上級に編入せられた受刑者で，その編入後3月間良好な成績を保った者は仮釈放条件期間を経過した後，刑務所長を通じて，地方成人保護委員会に対して，仮釈放を申請することができる」（第122条）と規定し，仮釈放申請権を認めていた[18]。

受刑者による仮釈放申請には，累進処遇の最上級にあること，最上級に編入後3月間良好な成績を保つことという要件が設定されている。第4次草案の累進処遇は，草案に定める外，必要な事項は法務府令で定めるとしていて（同草案第37条），当時適用されていた行刑累進処遇令によれば，仮釈放は第1級の受刑者を原則とし，第2級の受刑者については「改悛ノ状顕著ニシテ社會生活ニ適應シ得ルモノト認メタルトキ」特に仮釈放の手続をなすことができると定めていたことから[19]，受刑者による仮釈放申請には刑務所長による仮釈放申請よりやや厳しい要件が設定されていたことになる。しかし，大正時代の答申書とは異なり，仮釈放の法定期間とは異なる出願期間は設定されておらず，累進級も行状によって進級することが可能であるから[20]，厳密な意味での期間制限

16) 法務省矯正局・前掲注(7)21頁。この委員会にも，木村亀二，吉益修夫，東邦彦らが名を連ね，団藤重光博士の名前も見られる。
17) 中尾文策「監獄法改正要綱に付て」月刊刑政59巻3号（1948）16頁。同要綱の仮釈放出願権について，恩赦についても受刑者本人に出願権が認められているので，受刑者の改善への努力に拍車をかけることになるという意味において価値のある制度とする見解として，綿引紳郎＝藤平英夫＝大川新作・前掲注(6)383頁。
18) 成人矯正局法規部『第4次行刑法草案』（1948）24-25頁。
19) 官報昭和8年10月25日第246号590頁。

はなく，その点では要件が緩和されている。

　また，第4次草案の受刑者による仮釈放申請は，刑務所長を通してではあるものの，地方成人保護委員会に対して仮釈放を申請することができるものとされていた。刑務所長が受刑者から仮釈放の申請を受理したときは，申請書に意見を添えて，速やかにこれを地方成人保護委員会に送付することが義務付けられていたので（第123条），刑務所長に対して仮釈放の申請を願い出ることしかできない出願権よりも受刑者の権利性が強いものとなっている。但し，受刑者には仮釈放の再申請期間が設定され，受刑者が行った仮釈放申請に対し仮釈放を不許可とする決定を受けた受刑者は，決定後6月を経過しなければ再度の申請を行うことができないとされていた（第124条）。第4次草案が作成された1948年（昭和23年）11月頃は既に犯罪者予防更生法の草案作りが進められていたが，依然として仮釈放申請権は受刑者の問題として監獄法改正のなかで検討されていたことになる。

4　犯罪者予防更生法成立後——仮釈放出願制度の導入と廃止

　犯罪者予防更生法が1949年（昭和24年）5月に成立し，7月から施行されたことで仮釈放手続と仮釈放決定機関（地方成人保護委員会と地方少年保護委員会）が整備されることとなったが，同年10月，「仮釈放及仮退院の手続について」が発出され，受刑者の刑務所長に対する仮釈放出願制度が導入された[21]。これは受刑者本人に仮釈放出願権を認めたものではなく[22]，執行刑期1年以上の受刑者について，応当日の60日前に刑務所の担当者が仮釈放（要綱では仮退院を含めてパロールと呼ばれている）を出願するか放棄するかの意思確認を本人にするというものであった。

　本人が仮釈放を希望する場合には仮釈放出願書を，放棄する場合は放棄書を仮釈放準備報告書とととともに地方成人保護委員会に進達することとされていたが，それだけ仮釈放の審理が開始されたわけではなく，地方成人保護委員会は

20）もっとも，我が国のかつての累進処遇は刑期に応じた責任点数制を採っていたので，点数を消却するのにある程度の期間は必要であった。
21）中央更生保護委員会委員長，刑政長官発「仮釈放及仮退院の手続について」・前掲注(5)105頁以下。
22）岩井敬介『社会内処遇論考』日本更生保護協会（1992）70頁。

環境調整を開始する一方，刑務所長は応当日の 10 日前までに施設において仮釈放の適否に関する調査を行わせ，受刑者に提出させた釈放後の生活計画書と共に会議に諮ったうえで，応当日に仮釈放の可否の意見と理由等を記した附加通告書類を地方成人保護委員会に送付（通告）するものとされた。そして，当該書類において刑務所長が仮釈放を可とする意見を付した場合にのみ，先に送った仮釈放準備報告書によって施設の長から仮釈放の申請があったものと見なし，地方成人保護委員会が仮釈放の審理を開始するという仕組みになっていた。仮釈放が不許可となった場合，刑務所長はいつでも所定の手続を踏んで仮釈放の申請をすることができるが，受刑者は出願の日から 1 年を経過した後でなければ更に出願をすることができないとされていた。しかし，この制度は 2 年後に「事務能率の増進を図る」[23]ため，新たに制定された仮釈放手続によって廃止された。

5　監獄法改正作業

その後も，刑法改正作業との関係で時に停滞を余儀なくされながらも監獄法改正の作業は進められ，1976 年（昭和 51 年）に法務大臣から法制審議会に監獄法改正の骨子となる要綱を示されたいとの諮問がなされると，新設された監獄法改正部会と小委員会において 3 年半に亘る審議が行われている。しかし，監獄法改正部会における審議の叩き台となった 1976 年（昭和 51 年）の「監獄法改正の構想」（以下，「構想」という）[24]と「構想細目」[25]には仮釈放の釈放時限に関する規定が含まれていたに過ぎないことから，仮釈放手続については当初審議対象とはなっていなかった。

しかし，第 15 回会議において，構想に採用されていなかった善時制につい

23）更生保護のあり方を考える有識者会議第 5 回資料（2005 年 10 月 27 日）。岩井敬介・前掲注(22)71 頁は，「当時の二重組織機構での手薄な陣容が過重な事件負担量に圧倒され，とかく事務処理も所定通りに運んでいなかった現実の中では，誠にやむを得ない選択であった」とする。
24）「監獄法改正の構想」法律のひろば 29 巻 7 号（1976）47-49 頁。解説は，大芝靖郎「監獄法改正の背景と方向—監獄法改正の諮問に当たって」法律のひろば 29 巻 7 号（1976）4 頁以下参照。
25）法務省矯正局『監獄法改正の構想細目』（1976），法務省矯正局編『資料・監獄法改正』（1977）。

て審議が行われ，善時制については仮釈放制度と関連させて論ずることが適当であり，善時制でなくとも，受刑者の円滑な社会復帰のためには矯正と保護の連携が確保される体制の確立が不可欠であるとされたことから[26]，次の第16回会議において仮釈放の在り方について審議が行われることとなった。第16回会議の席上，（日弁連）委員から，受刑者の期待に反して仮釈放の時期が遅れたり，不許可となったりすることで受刑者が施設の成績評価や仮釈放審理の公正さに疑問や不満を抱くことになりかねないから，申請に関する公正な運用を担保するために受刑者自身に申請権を認めるべきではないかとの意見が述べられている。これに対し，仮釈放審理に当たっては記録の審査や面接の結果のほか受刑者本人の意向や希望をも参酌することは勿論，たとえ本人が仮釈放を希望しない場合においても環境や所内の成績によっては仮釈放を申請することも有りうるのであり，やはり申請を本人の意向に委ねてはならないとの説明が事務局から示されたほか，刑務所では慎重・厳正な内部手続を経た上で仮釈放申請をしていることにより仮釈放後の受刑者の行動等についても行刑施設としての責任を全うしているのであるから，受刑者に仮釈放申請権を認めるとなればその責任を負い得なくなるという意見や，受刑者の仮釈放申請は施設側が仮釈放を不適当と判断している場合に行使されることになり，そうなれば施設側と受刑者側が対立的な関係に立つおそれがあり，その対立感情が施設内処遇に持ち込まれれば，施設職員と受刑者との信頼関係を破壊する結果となるとの強い反対意見が示されている[27]。

Ⅳ　仮釈放申請権の正当化根拠

1　仮釈放申請権を巡る実務上の根拠

　以上のように，我が国では，1970年代までの監獄法改正作業において仮釈放申請権を巡る議論が行われていたが，そこでは前節で掲げたような仮釈放申請の不公平・不公正さ（賛成意見）や処遇上の弊害（反対意見）といった実務的

26）矯正局参事官室「監獄法改正の審議状況(4)」刑政88巻9号（1977）59頁。
27）矯正局参事官室「監獄法改正の審議状況(5)」刑政88巻11号（1977）58-59頁，大芝靖郎「監獄法改正の審議状況〈第7回〉」法律のひろば31巻2号（1978）62頁，法務省矯正局『法制審議会監獄法改正部会審議要録』（1979）198頁。

な理由が示されるに止まっている。元矯正局長の中尾文策氏も，「受刑者自身に勵みを與えると同時に，刑務官の萬一の見落としに對する救濟方法とも成る」「假釋放につきまとい勝ちであつた疑惑，不信用は著しく改善される」としている[28]。

2 犯罪者処遇論と仮釈放申請権

一方，学界において仮釈放申請権の正当性を主張する立場には，仮釈放の目的を犯罪者の改善更生と見る犯罪者処遇論に立脚するものと，仮釈放は自由刑の弊害を除去・緩和し，生活再建のための援助の一環とする自由刑の純化論に立つものの2つが見られる。

まず，仮釈放の目的を犯罪者の改善更生とする立場からは，特に累進制の理論的帰結として仮釈放申請権を肯定する見解が見られる[29]。教育刑の立場に立つ正木亮博士は，「行刑における真の改過遷善は自力的改善を基礎とするものであるということを認めた累進制は，その一階級として假釋放を認め，囚人をして自らの力によってこれを得よと為したのである」から，「假釋放は本質として権利的性質を有する」とした[30]。つまり，累進制は受刑者の自主的努力によって自律的な改善更生を促すものであり，その最終段階として仮釈放を認めるとすれば，最上級に進級した受刑者が自ら仮釈放の審理を求めることは当然の帰結ということになるというのである。

仮釈放申請権の代替として善時制の採用を主張する見解も見られる。日弁連は，仮釈放の申出や決定が恣意的に行われているという評価を前提として，公正・公平且つ客観的な仮釈放を実現するために，1975年（昭和50年）の「刑事拘禁法要綱」以来，善時制の導入を主張してきているが[31]，「『善時釈放』は，

---

28) 中尾文策・前掲注(17)16頁。しかし，「實際問題としては，受刑者が出願をする前に既に刑務所當局としては，其の審理を了して適否何れかの態度を決定して居るであろうから，其の出願を待つて初めてそれに氣が付て審理を開始すると言うが如きのことはあるまい。従つて，此の出願権の行使される場合には，何等かの事情があつてまだ假釋放の手續をとることの困難な者に付てのみ起こることになるであろう」と指摘している。
29) 綿引紳郎＝藤平英夫＝大川新作・前掲注(6)383頁。
30) 正木亮『刑事政策汎論［増改訂版］』有斐閣（1949）413頁。
31) 日本弁護士連合会司法制度調査会『刑事拘禁法要綱説明書』（1976）34頁，日本弁護士連合会「『監獄法改正の骨子となる要綱』に対する意見書」自由と正義33巻1号（1982）60頁。

現行の仮釈放に善時制の精神と長所とを加えるもの。いわば『善時制仮釈放』である。これによって懸案の仮釈放請求権の問題の解決に一歩をすすめようとするものである」[32]としている。善時制は，受刑者が刑事施設内の遵守事項に違反せず善行を保持する結果として早期の仮釈放に結び付くという点で累進制と似た側面があることから，仮釈放申請権の正当化根拠として主張されたわけではないが，累進制の帰結として仮釈放申請権が導かれるという主張（その妥当性はともかく）に通ずるものがある。

3　自由刑の純化論と仮釈放申請権

　一方，受刑者の主体的な努力により仮釈放を認めるという累進処遇や善時的仮釈放の発想を更に徹底させ，自由刑の純化論の帰結として仮釈放申請権を導こうとする見解が，強力に主張されている。仮釈放申請権の問題を詳細に検討された土井政和教授は，自由刑の純化論から仮釈放申請権の正当性を主張されている[33]。土井教授は，自由刑の執行によって生じる弊害を国は除去する義務があり[34]，「刑の執行が終了したときには，刑の執行に伴って生ずるであろう様々なハンディが是正され，刑罰を受けなかったと同じスタートラインにたって社会生活が再開されることが本来必要なのである」から，自由刑を執行する間から受刑者の生活再建のための援助を提供する義務があるとされる。そして，刑事施設内において自立的社会生活ができるようになった時点で刑の執行が終了することが必要であり，「仮釈放の時期は，本人の更生意欲が高まり，社会において生活を再開していける準備が整ったときと考えるべき」であるから，その時点で受刑者には仮釈放の申請権があるとする[35]。

　また，「いずれは仮釈放を受けねばならないという点では仮釈放の請求権があるとも言え」るので，「立法論として（中略）善時制をとれば，自己努力により釈放の時期を早めることができ，その時点で受刑者に仮釈放請求権が生ず

32）　日本弁護士連合会司法制度調査会・前掲注(31)34頁。
33）　土井政和・前掲注(3)80-82頁。
34）　しかし，受刑者が犯罪を行ったことによって，被害者に被害や損害を与え，自分の家族に迷惑を及ぼし，地域の人々に不安を抱かせたことによって，受刑者がハンディを背負うことを忘れてはならない。決して，受刑（刑事施設収容）だけの弊害ではないことに注意しなければならない。

る」とすることから[36]，日弁連の見解と軌を一にしよう。そうなると，善時制と仮釈放と連動した累進制は受刑者の主体的な努力によって仮釈放を認める点で共通していることから，結局，仮釈放の目的を犯罪者の改善更生とする犯罪者処遇の立場と，仮釈放の目的を自由刑の弊害除去と生活再建とする自由刑の純化論は，こと仮釈放申請権という面では，その差も相対的なものに止まるのかもしれない。

4　仮釈放申請権否定説

　これに対し，仮釈放申請権を認めない立場からその根拠として示されているは，専ら仮釈放の法的性質に基づくものである。即ち，仮釈放を刑の執行の一形態と見るにせよ，刑の一形態と見るにせよ，仮釈放の適否によって権利が侵害されたり，不利益を被ったりするわけではないから，仮釈放を権利と見ることは妥当ではなく，従って，仮釈放要件（資格）を充足（取得）した以上，仮釈放を請求することを認め，それが却下（棄却）された場合にも不服申立[37]を認めるという意味での仮釈放請求権は否定すべきであるし，仮釈放の審理を促す権利としての仮釈放申請権も認めるべきでないとする[38]。森下忠名誉教授は，このほか，仮釈放の申請が陸続となされたときに委員会が対応しきれない，受

---

35)　同旨，武内謙治「仮釈放制度の法律化と社会化―必要的仮釈放制度と任意的仮釈放制度の提唱」刑事立法研究会編『21世紀の刑事施設―グローバル・スタンダードと市民参加』日本評論社（2003）230-232頁。自由刑の純化論の立場から，国は拘禁刑の弊害を最小化し，少なくとも受刑前の状態と同程度に被収容者の生活を再建する義務を負っているとしてうえで，仮釈放は拘禁期間の短縮のための制度であり，受刑者の生活再建がなされ自立的生活の展望があれば，必要的仮釈放で短縮される刑期を待つ必要は無く，その前に仮釈放すべきであり，受刑者自身に仮釈放申請権が認められなければならないとする。

36)　土井政和・前掲注(3)81頁。

37)　更生保護法下では，委員会の仮釈放を許す旨の処分は決定で行うが（第39条1項），許さない場合は，仮釈放を許す旨の処分をしないという判断に過ぎず，決定をもって行わないため，中央更生保護審査会の不服審査の対象にはならない（第4条2項2号）。犯罪者予防更生法時代は，仮出獄を不相当と認めるときも決定をもって申請を棄却することとされていたが（第31条1項），「請求人［受刑者―筆者注］は当然に仮出獄を許されるべき権利を有するものではなく，また本件申請棄却処分は請求人が確定判決により刑務所において懲役に服している事実に何ら変更を及ぼすものではないから，処分庁が請求人についての仮出獄を許さなかったからといって，請求人の権利利益を侵害したことにはらなない」との中央更生保護審査会の裁決例がある。「審査請求事件事件集第6集」事例1（法務総合研究所『平成15年版更生保護』（2003）193頁から引用）。

刑者の中には仮釈放に適さない者が多数存在する，却下処分を不当とする不服申立が多くなることも理由に挙げている[39]。また，森下名誉教授は，仮釈放却下理由の受刑者への開示にも反対されるが[40]，大谷實名誉教授はこれを肯定される[41]。

V　仮釈放手続の改革

1　仮釈放申請権を巡る正当化根拠の検討

　自由刑の純化論も，自由刑の付加は受刑者の身柄の拘束に不可避な自由と権利の制約（例えば，居住移転の自由，職業選択の自由等）に止めるべきで，それ以外の権利制約（例えば，選挙権）を含め自由刑の弊害を最小化しつつ，受刑者の社会復帰に向けた処遇を行うべきという点では正当であろう。

　しかし，受刑者に対して行うべき処遇は，社会生活再建のための社会的支援[42]だけでなく，受刑者が罪を犯すに至った（至らざるを得なかった状況も含めて）問題性を改善するための処遇も含まれなければならず，そうでなければ社会的な支援を行っても，再び罪を犯すことになりかねない。やはり犯罪者に対しては，社会復帰に向けた支援とともに，本人の問題性を改善する処遇を行う必要があり，その2つが相まってこそ効果的な処遇になるものと考える[43]。社会復帰とは，当然のことながら，犯罪を行わないで社会生活を送っていくことである。一部の触法知的障害者等，適切な福祉的支援を行うことで安定した社会生

38）森下忠『刑事政策大綱［新版］』成文堂（1993）293-294頁，大谷實『新版刑事政策講義』弘文堂（2009）284頁。

39）森下忠・同上。

40）森下忠・同上。

41）大谷實・前掲注(38)284頁。瀬川晃教授は，仮釈放手続の適正化を図るべきとの立場から，仮釈放不許可理由を受刑者に開示すべきとし，仮釈放申請，聴聞，代理，不服申立についても，委員会の執務体制の充実・合理化を図りながら実現可能な範囲で仮釈放手続を適正化し，受刑者の権利保護を強めていかなければならないとする。瀬川晃『犯罪者の社会内処遇』成文堂（1991）354-358頁。

42）土井政和「刑事施設における社会的援助と市民参加」刑事立法研究会編・前掲(35) 67-73頁。

43）犯罪者の危険性を処遇によって除去するという発想を否定し，社会復帰のための援助（だけ）を行うべきとの見解として，吉岡一男『刑事制度論の展開』成文堂（1997）255頁。自由刑の純化論も，基本的にこの方向であろうか。

活を営んでいける者がいることは確かであるが，全ての犯罪者が社会的支援だけで更生できるとするのは楽観に過ぎる。自由刑の純化論が国に自由刑弊害の除去義務と社会生活再建義務を課すだけでよいとするものであれば[44]，本来必要な処遇のうちの一面しか捉えていないと言わざるを得ない。

　しかも，社会生活の準備が整ったという評価を果たして受刑者自身が的確に行えるか疑問である。社会において犯罪という非合理的な行為を選択した受刑者が，刑事施設において常に合理的な判断をするという前提には立ちにくい。ましてや，問題性の高い者ほど，得てして自己の問題性を認識できないものであり，問題性には気がついていても，どうしてよいかわからない場合もある。

　以上のことから，社会生活再建の目途が立ったとの受刑者自身の判断によって仮釈放すべきとは必ずしも言えず，従って，当然のように受刑者に仮釈放申請権が生ずると考えるのも妥当でない。一方，累進制も，弊害ばかりが目立ち，処遇としての位置付けが否定され[45]，制度としても廃止された今日にあって，仮釈放申請権の根拠とすることはできないであろう。

2　仮釈放申請権と運用上の問題

　仮釈放申請権の提案に対しては，刑事施設が仮釈放後の受刑者の行動についても責任を負い得なくなるという意見や，施設側と受刑者側が対立的な関係に立ち，職員と受刑者との信頼関係を破壊する結果となるとの批判がなされているが[46]，筆者は，これらの批判自体には余り説得力を感じない。

　むしろ，受刑者による仮釈放申請権の法定期間（刑の執行開始から受刑者による仮釈放申請を認めるまでの最低期間）や再申請期間（申請棄却後から次の申請を認めるまでの期間）といった制度設計や運用上の問題の方が余程大きい。我が国の監獄法改正作業において示された草案や法案でも，受刑者による仮釈放申請については，有期刑の場合刑期の 3 分の 2，無期刑の場合 15 年を経過したこととか，

44）土井教授は，「仮釈放の時期は，本人の更生意欲が高まり」（土井政和・前掲注(3)81頁）という条件も付しているので，これがもし改善処遇の成果を言っているのであれば，この批判は当たらないであろう。

45）太田達也「刑事施設・受刑者処遇法下における矯正の課題—矯正処遇を中心として」犯罪と非行 146 号（2005）20-24 頁。

46）矯正局参事官室・前掲注(27)58-59 頁，大芝靖郎・前掲注(27)62 頁，法務省矯正局・前掲注(27)198 頁。

累進級の1級であることという要件が設定されている。仮釈放の法定期間については、施設内処遇と社会内処遇の必要性と両者の連携から対象者の社会復帰と再犯防止にとって効果的な期間の下限を定めたものが法定期間とする見解（処遇連携説）が最も相応しいが（第2編第1章）、仮釈放申請権を採用するとした場合、その法定期間の根拠もこれをもって妥当とするほかなく、そうでないとすると、応報充足説や社会感情是認説等に寄らざるを得ない。しかし、そうなると刑期の3分の1（現行）や2分の1といったかなり早い時期から仮釈放申請が受刑者からなされることになる。また、監獄法改正作業において示されたような再申請期間や再出願期間を6月ないし1年とすれば、膨大な数の申請が受刑者からなされることが予想され、現在の地方更生保護委員会の体制では仮釈放審理が全く追いつかず、慎重且つ適正な審理が阻害される危険性が高い[47]。本編第3章で提案するような仮釈放決定機関の構想にしたところで、解決は決して容易ではない。

3　必要的仮釈放「審理」制度

　筆者は、以上のことから受刑者の仮釈放申請権を認めることには賛成しかねる。しかし、その一方で、筆者は、第3編第3章で論じたように、受刑者を刑事施設から処遇落差のある社会へいきなり仮釈放するのでも、ましてや保護観察もない満期釈放にするのでもなく、刑事施設で矯正処遇を行い、適切な者については外出・外泊や外部通勤・外部教育といった開放的処遇を実施し、その成果を見極めたうえで仮釈放とし（刑の一部執行猶予の保護観察でも可）、その後の中間処遇や段階的保護観察に順次移行していくという矯正から保護を貫く段階的処遇を提案している[48]。刑事施設に収容された受刑者は、仮釈放の保護観察なり刑の一部執行猶予の保護観察なり、何某かの社会内処遇を経て社会に戻る必要があると考えており、全部実刑であれば、仮釈放をできるだけ適用することが望ましい。

　そうした立場から見れば、仮釈放は受刑者の権利かどうかというより、むし

---

47) 戦後、一時採用された仮出獄出願制度のときもそうであった。岩井敬介・前掲注(22)71頁。
48) 満期釈放の問題は、刑の一部執行猶予の拡大や二分判決の導入等、別途検討する必要がある。

ろ義務に近い。ややシンボリックな言い方かもしれないが，受刑者はできる限り仮釈放にすることが求められており，仮釈放申請「権」の裏返しとして，受刑者にみすみす仮釈放を放棄ないし拒否されてしまうことは再犯防止のうえでも望ましいことではない（勿論，刑事施設長による仮釈放の申出はできるが）。

　そこで，仮釈放の要件を充足していると判断して刑事施設長が仮釈放決定機関に申出を行う場合だけでなく，外部の第三者機関である仮釈放決定機関が全ての受刑者について少なくとも一度は仮釈放適否の判断を行う機会を認めることが必要である。できれば仮釈放審理も1回きりの「点」の審理ではく，「線」の審理となるよう複数回の審理を実施し，仮釈放決定機関自身が受刑者の改善更生の変化を見極めるような仕組みにすべきである。

　筆者は，刑事施設において一定期間矯正処遇を行うとともに，仮釈放後の保護観察期間を確保することを基準として仮釈放法定期間を定めてあると見ることから，この法定期間を経過した時点で最初の仮釈放審理を仮釈放決定機関が行うようにすべきであると考える。第2編第1章で示した仮釈放法定期間の試案は，やや早過ぎる感がないでもないが，残刑期間主義を採る現行法制度の下では仕方がない。勿論，仮釈放前に開放的処遇を経ることも意味があるから，法定期間経過後にはまず開放的処遇の適否を判断するということでもよい[49]。

　再審理期間や刑事施設長による申出との関係，開放的処遇との連携等，制度論の詳細については他日の課題としたい。一応のイメージとしては，仮釈放法定期間後の最初の仮釈放職権審理において仮釈放が認められなかったときでも，刑事施設長による仮釈放申出は随時可能とし，ただ仮釈放決定機関による職権審理や刑事施設長の申出に基づく仮釈放審理が行われ，仮釈放が棄却された場合，その後の矯正処遇や開放的処遇の進展と成果を見極める必要から一定の再審理期間（2年程度）を要するとすることが考えられる。

　仮釈放は受刑者の権利ではないので，仮釈放を認めないこととしたことについての不服申立は現行通り認めないこととするが，仮釈放棄却理由のうち受刑者の改善更生や社会復帰に資するものについては本人に開示することが望ましい。棄却理由を伝えることで，受刑者が今後何をすべきかを理解させる機会に

---

49) これを刑事施設長が判断するか地方更生保護委員会の決定とするかについては，第5編
　　第3章参照。

もなる。

　但し，仮釈放審理においては被害者からの意見聴取や被害者等調査が行われており，仮に被害者感情が仮釈放判断に一定の影響をもったとしても，その理由を受刑者に開示することは認めるべきではない。受刑者が被害者を逆恨みする危険もあるし，棄却理由開示の事実が被害者に伝われば，被害者がたとえ意見聴取を希望していても，申出を躊躇しかねない。第4編で提案したように，被害者の意見聴取は刑の執行開始の初期段階以降に認め，そのうち被害者が受刑者に伝達を希望する事項について心情伝達を行う方法を採るべきであり，そうなれば，仮釈放不許可の理由という形で開示する必要も余地もなくなる。もっとも，現在の制度でも，被害者感情がどのような形で仮釈放の不許可に繋がったかは判然としないであろう。一方，被害者が慰謝や慰霊，賠償を希望し，そのことが受刑者に伝達されているにもかかわらず，受刑者がそれに向けた真摯な努力を行っていないことが仮釈放不許可の一因となったのであれば，そうした理由について開示することは，受刑者の今後の更生計画やしょく罪計画の参考にもなるため，差し支えない。

　仮釈放許可基準としての社会感情など，受刑者の努力では如何ともしがたいような事情についても，たとえ仮釈放不許可の理由の一端となったとしても，受刑者に開示するのは適当でなかろう。その意味でも，社会感情を仮釈放許可基準とするのは適当でない。

第 2 章

検察官に対する求意見と判断基準

I　仮釈放手続における検察官への求意見の位置付け

　刑事施設の長は仮釈放を許すべき旨の申出をするか否かに関する審査において必要があると認めるときは，刑事施設の職員以外の協力者，精神医学・心理学等の専門的知識を有する者，裁判官又は検察官の意見を求めるものとされており（犯罪をした者及び非行のある少年に対する社会内における処遇に関する規則［以下，社会内処遇規則という］第 10 条 1 項），地方更生保護委員会（以下，委員会という）が仮釈放を許すか否かに関する審理において必要があると認めるときも同様とされている（同第 22 条）[1]。このうち検察官に対するものがいわゆる検察官に対する求意見とか意見照会（以下，求意見という）と呼ばれるものであり，この場合のほか，検察官（又は裁判官）から当該審理の対象となる者について仮釈放に関する意見が表明されているときは，刑事施設の長又は委員会は当該意見を考慮するものとされている（第 10 条 2 項，第 22 条）。

　こうした仮釈放に関する検察官への求意見については，その意見が仮釈放の許否に大きな影響を与え得るものであるにも関わらず，これまでその在り方を理論的に検討した先行研究は皆無である。近年，無期受刑者の仮釈放が極めて厳格になりつつあり，その仮釈放審理にあたっては原則として検察官に求意見

---

1)　また，委員会が 36 条調査を行うときには，裁判所や検察官等に対し，記録，書類，意見書及び報告書の提出を求めることができる（更生保護法第 36 条 3 項，第 13 条）。

を行うこととされているため[2]，検察官の意見が仮釈放でしか釈放の余地がない無期受刑者に与える影響は大きい。そこで，本章においては，依拠すべき資料もない中，検察官への求意見とその判断基準について探索的に検討を行うこととする。

II　検察官に対する求意見の実情

1　対象受刑者

　検察官に対する求意見の対象受刑者や実施状況については，統計資料もなく，実態は明らかでない。しかし，国会議員による終身刑創設の動き[3]に対し，2009年（平成21年）から無期受刑者に対する仮釈放の運用状況についての詳細な統計が公表されるようになり[4]，その中で無期受刑者に限定されてはいるものの，検察官への求意見の実施状況と審理結果が示されるようになっている。それによれば，2006年（平成18年）から2015年（平成27年）までの10年間に仮釈放審理が終結した無期受刑者236件（人）について検察官への求意見を行ったのは185件となっている[5]。即ち，無期受刑者に対する仮釈放審理の約8割において委員会が検察官に求意見を行っていることになる。

　もっとも，通達によれば，「無期刑受刑者に係る仮釈放審理の運用の透明性を更に向上させるとともに，慎重かつ適正な審理を確保するため」，無期受刑者に対する仮釈放審理において，委員会は社会内処遇規則第22条において準用する第10条1項本文に当たる必要があると認めて，原則として検察官の意見を求めるものとしていることから，反対に委員会による求意見が行われていない2割は，「刑事施設の長が仮釈放を許すべき旨の申出を行うに当たり，検察官の意見が既に明らかにされているとき」（通達第1-2但書）ということになる。

　ちなみに，236件の無期受刑者に対する仮釈放審理のうち，刑事施設長の申

---

2)　「無期刑受刑者に係る仮釈放審理に関する事務の運用について（通達）」平成21年3月6日法務省保観第134号（以下，通達という）。
3)　量刑制度を考える超党派の会「刑法等の一部を改正する法律案」（2008）。
4)　法務省保護局「無期刑の執行状況及び無期刑受刑者に係る仮釈放の運用状況について」（2009）。以後，毎年1回11月に公表されている。
5)　法務省保護局「無期刑の執行状況及び無期刑受刑者に係る仮釈放の運用状況について」（2016）15頁。

出によるものが 68 件で，残りの 168 件は刑事施設長の申出によらない委員会の職権審理であることから，刑事施設長の申出による場合は，既に検察官への求意見が行われていることが多く，職権審理の場合には委員会において検察官へ求意見が行われていることが推測される。

無期刑以外の受刑者の仮釈放手続における検察官への求意見の実態は明らかでないが，公安事件の受刑者や残虐な手口等で社会の耳目を聳動させた事件の受刑者など社会的影響の大きい事件に関する受刑者については刑事施設において必ず意見を求める運用がなされているとされる[6]。

2 判断材料

委員会による検察官への求意見の際は，氏名，本籍，言渡裁判所，罪名，刑期，裁判日，裁判確定日から成る「人定事項」と，収容施設，収容期間，執行率，帰住予定地及び引受人，釈放後の生活計画，被害弁償等の状況等の「仮釈放に関する事項」が検察官に送られ，これに刑事施設が処遇調査において作成する身上調査書と刑事施設内における収容者の状況について記載した書面が添付されているという[7]。刑事施設長による検察官への求意見の場合も，ほぼ同様である[8]。

検察官は，これに加えて訴訟記録を参照することができるであろうから，検察官は，刑事施設内における受刑者の処遇状況や釈放後の更生計画に関する処遇情報と事件に関する情報を基に意見を構成し，刑事施設長や委員会に示すことになる。

3 検察官意見の内容

検察官は，刑事施設長又は委員会に対する意見において，仮釈放に対する賛否と共に，仮釈放の申出や仮釈放審理の参考に供するため，併せて，その理由を示すもの思われる。

仮釈放の賛否に関する意見については，無期受刑者に限定すれば，検察官へ

---

6) 作原大成「刑事政策入門―犯罪者処遇の実情(4) 検察官も仮釈放の判断に深く関わっている（仮釈放と生活環境の調整）」研修 751 号（2011）76 頁。
7) 地方更生保護委員会での説明による。
8) 作原大成・前掲注(6)76 頁。

の求意見が行われた 185 件中，仮釈放に「反対」が 129 件（70.0%），「反対しない」が 56 件（30.0%）となっている[9]。

　一方，賛否の理由については，どのような内容が示されているか明らかでない。かつてよく指摘された理由は「時期尚早」というものであったが，これは仮釈放に反対であるというのとほぼ同義であり，なぜ仮釈放にはまだ早いのかという理由を明らかにしたものではない。仮釈放の賛否の理由は，以下で検討する求意見を巡る基本的視座と判断基準に従うべきことになろう。

Ⅲ　求意見の基本的視座と判断基準

1　求意見の当事者

　問題は，検察官が仮釈放に関する意見を求められたとき，どのような判断基準に従って意見を構成すればよいかである。しかし，その前提として，なぜ検察官に対し仮釈放の意見を求めるのかということ，即ち求意見において委員会や刑事施設長が検察官に求める役割は何かという基本的視座を明らかにしておく必要があるように思われる。それ次第では，検察官が何を基準としてどのような意見を提示すればよいかが異なり得るからである。

　しかし，求意見は，検察官だけでなく，（当該矯正施設の職員以外の）協力者，精神医学・心理学等の専門的知識を有する者又は裁判官に対しても行われる。求意見の目的は，その相手方によって当然に異なるものと思われる。まず，協力者や専門家については，受刑者の問題性や改善更生の度合いについて専門的見地から意見を求めるために求意見が行われることについては異論がなかろう。これに対し，裁判官は，自由刑が言い渡された受刑者の処遇に関与し[10]，或いは処遇状況について把握する立場にない[11]。従って，受刑者の処遇成果や改善更生についての意見を求められていると考えるのは無理があるから，当該受刑

---

9)　法務省保護局・前掲注(5)21 頁。
10)　刑事施設の巡視を行うことはできる（刑事収容施設法第 11 条）。執行猶予については，全部執行猶予や一部執行猶予の取消し（刑法第 26 条，第 26 条の 2，第 27 条の 4，第 27 条の 5，刑事訴訟法第 349 条），保護観察の判決に際しての保護観察の遵守事項に関する意見（刑事訴訟規則第 222 条の 2 第 1 項後段），保護観察の成績報告の請求（刑事訴訟規則第 222 条の 3）という形で関わることはある。

者が行った犯罪の事実関係と情状を認定し，それを踏まえて量刑を行った裁判所としての立場から，刑の執行の在り方についての意見を求めていると考えるほかない[12]。

　それでは，検察官についてはどうであろうか。検察官は，裁判官と異なり，刑の執行指揮権を有しており（刑事訴訟法第472条1項本文），懲役又は禁錮についても，自由刑の執行指揮，執行順序の決定・変更，執行延期，執行不能決定，刑の執行停止等の権限を有している[13]。そこで，自由刑の執行過程で行われる仮釈放においても，求意見に際し仮釈放の決定機関に一定の意見を述べることができるのは，ある意味，当然とも言える[14]。

　地方更生保護委員会の制度も未だなく，刑務所長（典獄）が司法大臣に対し仮釈放の具申をしていた時代の1931年（昭和6年），少年刑務所に裁判官と検察官と少年刑務所長から成る仮釈放審査協議会が設立され，三者が協議をしたうえで刑務所長が仮釈放の具申を行うという制度ができたが[15]，当時，仮釈放審査委員会の設立を提唱していた正木亮博士は，裁判官や検察官が仮釈放審査に加わるのは「苟くも，国家の刑罰を要求したる以上，又その要求を容れて科刑したる以上，その偵事及び判事が刑罰執行の適正に關與せざるべからざることは刑事政策上に於ける判事及び偵事の責務」であると主張している[16]。中尾

11）受刑者に関する裁判官の知識の限界を指摘するものとして，中尾文策「行刑に對する裁判官の地位」刑政48巻9号（1935）33-34頁，同「行刑に對する裁判官の地位（中）」刑政48巻10号（1935）20-21頁。

12）無期刑の判決言い渡しにおいて，仮釈放について付言する裁判例が見られる。東京地八王子支判平成5・7・7判タ844号281頁，広島地判平成18・7・4刑集63巻8号963頁，秋田地判平成20・3・19（LLI/DB），東京地立川支判平成21・5・12（LLI/DB），長野地判平成22・3・18（LLI/DB），水戸地判平成・22・3・19（LLI/DB），東京地判平成23・12・21（LLI/DB），広島地判平成18・7・4刑集63巻8号963頁等（第2編第2章参照）。

13）「執行事務規程」平成28年5月2日法務省刑総訓3号。

14）特に，日本では，仮釈放を刑の執行方法の一形態と見ると捉えるのが一般的であるので，尚更である。仮釈放の法的性質については，森下忠『刑事政策大綱［新版］』成文堂（1993）284-286頁のほか，第1編第2章参照。

15）「假釋放適否審査ニ付判事及び偵事ノ少年刑務所巡視ニ関スル件」（昭和6年6月11日行甲第1199號司法次官通牒）刑政44巻12號（1931）108-109頁。成人受刑者についても裁判官や検察官等が委員となり仮釈放の評議を行う刑務委員会が試験的に導入されていたこともある。大石生「横浜刑務所に於ける刑務委員会制度の試行（上）（中）（下）」刑政50巻3号（1937）37頁以下，50巻4号（1937）33頁以下，50巻5号（1937）33頁以下。

文策氏も，仮釈放も含めた監獄の評議機関となる刑務委員会の設置を主張し，刑事手続の過程における有機的連携を図るためにも，裁判官や検察官が委員に加わるべきであるとしている[17]。

2　検察官への役割期待と判断基準

　しかし，そうであるとしても，検察官にどのような観点からの意見を期待するのか，反対に検察官としてどのような判断基準に基づいて意見を構成すべきかについては，検察官にどのような役割を期待するかによって異なるものと思われ，それには対極的な2つの基本的視座があるように思われる。

　1つは，検察官には自由刑の執行指揮権があるとしても，実際の矯正処遇に関わるわけではなく，受刑者の状況についても矯正施設から提供された文書によってしか知り得ず[18]，受刑者の状況については仮釈放の決定機関である委員会の方が36条調査や25条調査を通じてはるかに詳細な情報を得ているのであるから，検察官への求意見においては，裁判（自由刑）の公正な執行という応報的観点から意見を述べることが求められていて，それが望ましいとする立場である（応報的機能論）。即ち，受刑者の改善更生や再犯のおそれといった改悛の状を巡る総合的判断は地方更生保護委員会が行うのであるから，検察官に求められているのは，受刑者に関する意見ではなく，主として事件に対する意見ということになる。

　この立場に立てば，検察官が意見を構成するに当たって依拠すべき判断基準は，犯行の動機や手段・態様・程度，被害者の人数や被害の程度，共犯関係や組織犯罪性といった犯情と，一般情状のうちの前科や被害者への損害回復等ということになる。端的に言えば犯罪の重大性ということであり，被害者がいる場合，被害の重大性や被害者に犯罪が与えた影響等を重視し，これに受刑者の執行率を考量して意見を構成することになる。

16）正木亮「少年受刑者の假釋放審査協議會」刑政45巻1號（1932）7頁。
17）中尾文策（刑政48巻9号）・前掲注(11)35-36頁，同「行刑に對する裁判官の地位(下)」刑政48巻11号（1935）27頁，同「刑務委員会」刑政53巻8号（1940）26-29頁，同「刑務委員会(2)」刑政53巻10号（1940）18-19頁。
18）勿論，検察官は受刑者に対し面接を行うことはできるが，求意見に際して実際に面接を行うケースがあるとは思われない。

これに対し，もう1つの考え方は，仮釈放が，自由刑の執行が完全に終わる前にほぼ完全な自由を受刑者に与え，社会内で必要な指導監督を行い，必要であれば，自立した生活を送ることができるよう補導援護を行うことによって受刑者の改善更生や再犯防止を図るものであるから，検察官は，自由刑の執行過程で行われる仮釈放についても，その制度の趣旨や目的に応じ総合的な観点からその適否についての意見を述べることが求められており，それが望ましいというものである。つまり，検察官は改善更生や再犯防止という予防観点から意見を提示することが求められているとするものである（予防的機能論）。

この立場からは，矯正施設における処遇の成否や受刑者の状態に加え，裁判（訴訟記録）から明らかになる犯情や一般情状のうち更生に有利な状況や反対に再犯の可能性を示唆する状況を判断基準としながら，受刑者の改善更生や再犯可能性について検察官なりの意見を構成することになる。被害者の事情についても，犯行動機や犯罪者との関係，捜査や公判の過程で被害者が明らかにした不安や要望等を中心に再加害の危険性や被害者の損害回復の可能性を検討することになる。

なお，上述した少年受刑者の仮釈放審査協議会に関連して，正木亮博士は，「當該事件を捜査し，裁判したる當時と受刑後の状態とを對比して，改悔の状のあらわれたるや否やを定むること」が協議員たる裁判官及び検察官の責務であるとしている[19]。即ち，捜査や裁判の当時と受刑後の現在の受刑者の状態を比較することによる仮釈放の適否を判断することが検察官（と裁判官）の役割（責務）であるというのである。現在の受刑者の状況がどの程度検察官に判断可能かという問題はあるが，捜査や裁判から伺うことのできる本人の更生や再犯の可能性を標準としつつ，現在の受刑者の改善更生の度合いと社会復帰の見込みを比較するという視座は重要であろう[20]。

---

19) 正木亮・前掲注(16)11頁。
20) もっとも，協議会に参加する裁判官と検察官は「控訴院長竝検事長ハ管轄内ノ控訴院，地方裁判所又ハ區裁判所ノ判事及儉事ノ中ヨリ適當ナル者ヲ選」（司法次官通牒第5）ぶこととなっていたから，現在の求意見同様，捜査や公判を担当した検察官等とは異なるため，その変化はあくまで訴訟記録と現在の受刑者に関する刑務所からの資料によることになる。

Ⅳ　求意見に対する検察官意見の在り方

1　従前の実務

　こうした求意見を巡る基本的視座のうち，従来の実務は，どちらかと言えば，やや応報的機能論の側に寄っていたように思われる。そうした推測を裏付ける例の1つに，無期受刑者に対する「マル特無期事件」の措置がある。これは1998年（平成10年）の最高検察庁次長検事依命通達[21]により導入されたもので，無期懲役受刑者の中でも，特に犯情等が悪質な一定の者を予め選定し，仮釈放の申出に係る審査又は仮釈放の審理に際して刑事施設長又は地方更生保護委員会が行う求意見に対する検察官の意見をより適切で説得力のあるものにするためのものとされている[22]。しかし，実際には，無期受刑者の中でも特に仮釈放を慎重に行うべき者を予め指定する（とともに，そうした意見を述べる）ことが念頭に置かれている。「マル特事件」の指定は刑の確定段階で行われているので，受刑者に対する処遇の成否とは関係なく，事件そのものの重大性で評価が行われているから，それから何十年も経過した後の求意見に際しては担当検察官が訴訟記録や矯正関係の疎明資料を基に新たに意見を作成することにはなるが，「マル特事件」といったような指定がなされていれば，担当検察官としてもその意図を充分に考慮しなければならないであろう。求意見に事件そのものの重大性が大きな意味をもっていることが，こうした運用からも窺い知ることができる。

2　検察官意見の判断基準

　仮釈放本来の意義に鑑みた場合，こうした応報的機能論に比重を置いた検察官意見の在り方が妥当であるとは思えない。仮釈放は社会内処遇期間を設けることで受刑者の改善更生と再犯防止を図るための制度であるから，検察官も犯罪者の更生と再犯防止という予防的観点から意見を構成すべきである。

　但し，それは，実際に仮釈放の申出を行う刑事施設（の長）や仮釈放の審

---

21)「特に犯情悪質等の無期懲役刑確定者に対する刑の執行指揮及びそれらの者の仮出獄に対する検察官の意見をより適正にする方策について」最高検検第887号平成10年6月18日（依命通達）（一部非公開文書）。
22)　朝日新聞2001年1月8日夕刊1頁。

理・決定を行う委員会が受刑者に対する矯正処遇の成否や現在の受刑者の状況を踏まえながら仮釈放許可基準（社会内処遇規則第12条1項，第28条）を満たしているかどうかを総合的に判断するものとは異なるものであるべきであり，むしろ捜査や公判の過程で明らかになった事実から仮釈放許可基準に関わる事情があるかないかを見極め，そうした事情が現在どう変化しているかという視点から評価を行うことが求められていると考えるべきである。

　現在，刑法が規定する仮釈放の実質的要件を具体化した仮釈放の許可基準は，①悔悟の情及び改善更生の意欲，②再犯のおそれ，③保護観察相当性，④社会感情の4つとされている。既に第2編第3章で詳しく検討したように，この許可基準の在り方には問題があり，改正されるべきであると考えているが，この許可基準を前提とするならば，検察官も，捜査や公判の過程で明らかになった事情からこれらの許可基準に関わりのあるものを評価したうえで意見を構成すべきである。例えば，犯行動機には悔悟の情や再犯のおそれに関わる事情もあるであろうし，前科の内容についても再犯可能性を検討する材料となろう。被害者との関係についても，犯行動機によっては，再犯のおそれに関わる事情もある。また，被害者の心情については，被害者意見聴取制度（第4編第2章）が成立したため，仮釈放審理の時点における心情は被害者から直接聴取することが可能となったが，全ての被害者が意見聴取を申し出る訳でもないので，被害者が受けた被害の程度や犯罪者（やその処遇）に対する要望など訴訟記録等から判断できる内容について考慮する意味はあろう。抽象的・観念的な社会感情は許可基準としては不適当であるが，帰住地感情は保護観察相当性を判断するうえでも重要であるので，受刑者が事件によって地域住民に与えた影響や受刑者の家族環境等を評価する必要がある。

3　検察官意見の構成

　最終的な検察官の意見は，ⓐ仮釈放の賛否，ⓑその理由，ⓒ保護観察に関する意見の3つから構成されるべきである。

　ⓐ仮釈放の是非は，基本的に仮釈放に「反対」（仮釈放不相当）か「反対でない」か（仮釈放不相当でない）の何れかであろうが，理論的には「賛成」（仮釈放相当）という場合があってもよかろう。犯行動機や公判での被告人の態度等から再犯のおそれが極めて低い場合や，満期釈放となるより保護観察に付すこと

で更生や再犯防止の可能性が著しく高くなる場合などである。

　ⓑ理由については，前述した通り，「時期尚早」は理由とはなり得ず，前節において言及したような許可基準に則した事情に対する評価が述べられるべきであろう。

　ⓒ保護観察については，現在，検察官意見のなかで言及されているかどうかは明らかでないが，特別遵守事項や生活行動指針とすべき事項や保護観察の上での留意事項があれば記載することが望ましい。ここで内容を網羅的に列挙することはできないが，例えば，事件の背景にアルコールの依存や多量摂取があるような場合は「禁酒に努めることが望ましい」であるとか，発達障害や（軽度の）精神障害がある場合は，「医師の診断に従って心理療法や服薬を継続することが望ましい」といった特別遵守事項の設定を意見することが考えられる。被害者自身が謝罪や損害回復への要望を示している場合にも，せいぜい生活行動指針としかなり得ないとしても[23]，保護観察上の留意事項として検察官が意見を述べることが望ましい。

4　刑確定時の対応

　現在は，刑事施設長による仮釈放の申出の審査又は委員会による仮釈放審理に際して求意見が行われることから，検察官による意見提示は，刑の確定から相当期間が経過した後に行われている。特に，求意見が行われるのは重大事件で長期刑の場合が多いことから，20年や30年前に刑が確定した事件ということになる。それほど以前の事件について捜査も公判も担当していない検察官が訴訟記録等から意見を構成するのは容易でないであろう。第三者的な視点から事件を再評価してみることや，現在の犯罪者処遇の理念や制度を踏まえたうえで意見を提示できる可能性はある。

　それでも，事件や受刑者（被告人）について最も把握しているのは公判ないし捜査を担当した検察官であろうから，1つの方法としては，刑が確定した段階で，仮釈放の許可基準という観点から見た場合の留意事項を記録しておくことであろう。これは「マル特無期事件」のような対応をするということではなく，本節で検討したような受刑者の改善更生と再犯防止という予防的観点からの分析と評価である必要がある。

23）被害者への損害賠償を特別遵守事項に設定できない問題については，第4編第2章参照。

第3章

仮釈放決定機関の法的性格と構成
——審理主体試論——

I 仮釈放改革と仮釈放決定機関の再編成

我が国では，現行法上，仮釈放及びその取消しの審理・決定は，地方更生保護委員会（以下，委員会という）の所掌事務となっている（更生保護法第16条1号）。委員会は，法務省設置法に基づき，法務省の地方支分部局として設置されている行政委員会であり（第15条），高等裁判所の管轄区域毎に計8箇所設置されている（法務省組織令第68条）。委員会は，3人以上政令で定める人数以内の委員をもって組織し（更生保護法第17条），その任期は3年である（同第18条）。仮釈放及びその取消しの決定は，委員会の3人の委員をもって構成する合議体で行うものとされている（同第23条1項1号，第39条1項，第75条1項）。現在，北海道（2部），東北（2部），関東（5部），中部（2部），近畿（4部），中国（3部），四国（1部），九州（3部）の計22部の合議体がある[1]。この合議体が，各管轄区域に所在する全ての刑事施設の受刑者の仮釈放の許可とその取消しについて，調査を行ったうえで，審理・決定を行っている。

委員会は，少年院からの退院・仮退院と戻し収容，不定期刑の終了，保護観察の仮解除とその取消し等も所管し，仮釈放や仮退院関係だけでも年間1万5,000件前後，多いときでは2万件以上の審理・決定を行わなければない状況

---

1) 法務省『法務年鑑平成27年』（2016）333頁。

にある[2]。1合議体当たり年間700件から900件もの担当事件を抱えていることになり，極めて負担が重く，充分な審理を尽くすことにも限界がある。さらに，本書では仮釈放制度に関して様々な提案を行っており，これを実現するとなれば更に委員会に負担がかかることは間違いなく，現在の体制では，その実現すら困難であるばかりか，委員会が所管することが適当でないということも考えられる。そこで，本章では，筆者が提案する仮釈放の仕組みに応じて，仮釈放審理・決定機関（以下，単に仮釈放決定機関という）の在り方について試論を提示してみることとしたい。

II　地方更生保護委員会委員の多様化

　従来，委員会の委員は更生保護出身者が大半であった。即ち，保護観察官のうち一定の年齢と地位に達した者から委員を任命することが多く，現在でも基本的な人選は保護観察官の中から行われている。こうした任用は仮釈放の判断において仮釈放調査や保護観察の経験が活かされるという点で望ましいが，人材の多様性に欠ける点は否めない。従来も，元検察事務官や他官庁の元職員を委員に任命することはあったが，極めて少数であった。

　しかし，近年，保護観察官以外の人材を委員に任命することが増えている。これは，保護観察対象者による重大事件が相次いだことなどを契機として設置された「更生保護のあり方を考える有識者会議」（以下，「有識者会議」という）の最終報告において，「仮釈放審理が内輪で行われているとの批判にこたえるとともに，審理の公平性，的確性，透明性等を高めるため，地方更生保護委員会委員に民間出身者等更生保護官署出身者以外の者も積極的に登用するべき」であり，「精神医学や臨床心理学の専門家，社会福祉関係者，法律家等の多様な専門的知見を審理に活用するべきである」[3]との提言がなされたことが背景にある。保護局資料によれば，2017年（平成29年）4月時点で66名の委員のうち更生保護出身者が39名に対し，更生保護出身以外の委員が29名となっている。

---

2)　法務省『2016年保護統計─地方更生保護委員会』e-Stat 表01。
3)　更生保護のあり方を考える有識者会議「更生保護制度改革の提言─安全・安心の国づくり，地域づくりを目指して」（2006）20頁。

その経歴としては，社会福祉関係者，教育関係者（元教育委員等），心理専門職，自治体職員（県庁等），企業家等となっている。

　こうした人事は望ましい方向ではあるものの，現在の委員会の枠組みを基本的に変えないことを前提とするならば，委員会又は合議体の数を増やし，合議体自体も委員の数を増やしたうえで，医師，社会福祉専門職，心理専門職等の委員を含めるようにしていくことが望ましい。

Ⅲ　仮釈放決定機関の構成

1　仮釈放改革の方向性

　本書において提案する仮釈放制度の改革は多岐に上るが，その中で仮釈放決定機関の在り方と関係するものを掲げると以下のようになる。

提案 1　仮釈放の法定期間を改正し（全般的に長くする），法定期間経過日に仮釈放決定機関が第 1 回目の仮釈放審査を行うこととする（第 2 編第 1 章）。なお，受刑者の仮釈放申請権は認めない（本編第 1 章）。

提案 2　仮釈放後の保護観察は考試期間主義を採用し，有期刑の場合，受刑者に対する社会内処遇の必要性に応じて 1 年以上 5 年以下の間で保護観察期間を定めることとし，無期刑については，10 年（又は 5 年以上 15年以下）を保護観察期間とし，仮釈放を取り消されずにその期間を経過した場合，残刑の効力を失わせるものとする（第 3 編第 1 章）。

提案 3　刑事施設の開放的処遇から仮釈放後の中間処遇を経て段階的保護観察へと連なる段階的処遇を採用する（第 3 編第 3 章）。

提案 4　仮釈放後の保護観察における特別遵守事項の内容を拡大・充実し，更生保護施設等，保護観察官や保護司以外の者や団体に対し指導監督を委託できるようにする（第 3 編第 3 章）。

提案 5　社会内で精神科医療を継続することを前提として精神障害のある受刑者を仮に釈放する新たな仮釈放（精神医療条件付釈放）を導入し，釈放後には通院等の精神科治療を受けることを特別遵守事項とする精神医療保護観察を行う。

提案 6　様々な専門的見地から仮釈放の審理を行い，審査の公正さと的確性を

高めるため，仮釈放決定機関（合議体）の数と委員の数を増やし，多様な人材を委員として登用する（本章前節）。

　以上の提案を実現するうえでどのような仮釈放決定機関が望ましいのかを，既存の委員会の延長線上で考える案と，委員会とは異なる仮釈放決定機関を構想する案に分けて検討することにする。

2　地方更生保護委員会を拡充する案

　提案1を導入した場合，少なくとも1回は全受刑者について仮釈放審理を行うことになるので，審理件数が大幅に増加することになる。さらに，初回の仮釈放審理では仮釈放が許可にならないケースも多く発生することが予想されるため，1人の受刑者につき，期間をおいて2回目，3回目の仮釈放審理を行うことも想定する必要がある。これにより委員会の業務負担は相当重くなるが，仮釈放審理の在り方としては望ましいと考える。

　現在の仮釈放審理は1人につき1回しか行われない場合が多い。これでは，委員会が直接受刑者を観察することができるのは，ある一時点，しかも矯正処遇を受けた後の時点に限られる。しかし，本来，改善更生とは「変化」のはずであり，受刑や矯正処遇を通じて受刑者がどう変わったかを評価することが重要である。しかし，「点」の審理では，これを明らかにすることは難しい。勿論，矯正処遇を担当する刑事施設側は受刑者の変化を把握することができ，それを踏まえて仮釈放の申出を行っている。しかし，処遇担当機関ではない外部の機関が仮釈放決定機関となっている以上，仮釈放決定機関としての立場から受刑者がどう変わったかを把握することが望ましく，そのためには1回きりの面接や審理ではなく，時間をおいた複数回の面接と審理を行う，言わば「線」としての審理が行われるべきである。「点」から「線」への改革が必要である。

　しかし，そうなると仮釈放の審理件数が大幅に増加することは確実であり，8委員会22合議体で仮釈放審理を行うことは物理的に不可能である。そこで，前節でも提案（**提案6**）したように様々な専門的見地から仮釈放の審理を行い，審理の公正さと的確性を高めることも併せて，委員会或いは合議体の数を大幅に増やす必要がある。現在の8委員会の中に合議体の数を増やすことも考えられるが，受刑者の面接や分類担当職員との情報交換等の便を考えると，より刑

事施設に近い方が都合がよい。

　例えば，台湾では，各刑務所（監獄と呼ばれる）に仮釈放審査委員会が置かれている。7名から11名の委員から成り，刑務所長，教育部長，警備部長のほか，心理学，教育学，社会学，法律学，犯罪学，監獄学などの専門家及びその他の社会の適切な人物から選任されている[4]。このように，日本でも，刑事施設毎に仮釈放決定機関を置くことも考えられるし[5]，1つの県には少年院も併せれば，複数の矯正施設があることから，都道府県単位の仮釈放決定機関を置く案もある。こうすることで，より時間と労力をかけた仮釈放審理が可能となろう。もっとも，台湾のように，刑事施設の職員を仮釈放決定機関の構成員に含めるべきではない。刑事施設は仮釈放の「基準に該当すると認める」（更生保護法第34条1項）ときには「仮釈放を許すべき旨の申出をしなければならない」（同）のであるから，刑事施設としては既に仮釈放相当の判断を行っており，別機関である委員会において行う仮釈放審理においては，それとは異なる視点から判断を行うことが望ましいからである[6]。

　刑事施設毎に仮釈放決定機関を置く案に対しては，仮釈放の審査基準を個々に解釈したり，地域毎に運用がまちまちであったりしてはならないこと等から中間監督機関が必要となるとの批判や，別途事務局を設置するとなれば職員配置や予算の点で現実的ではないとの指摘がある[7]。人員や予算の問題はさておくとして，委員会が増えると仮釈放判断がまちまちになるという主張は，今日，詳細な仮釈放基準の判断枠組みを規定していることを考えれば，説得力を感じない。むしろ一律に大量処理するより個別にじっくり審査をすることでより適

---

4)　台湾法務部所属各監獄假釋審査委員会設置要点（中華民國99年［2010年］12月28日）。
5)　正木亮博士も，刑事施設内に仮釈放を審査決定する委員会を置く必要があるとする。正木亮『刑法と刑事政策［増訂版］』有斐閣（1968）179-180頁。
6)　菊田幸一博士は，審理の適正化という観点から，仮釈放委員会は，刑務所にも保護局にも属さない独立した組織であるべきとする。菊田幸一「仮釈放」宮澤浩一ほか編『刑事政策講座第2巻刑罰』成文堂（1972）238-239頁。筆者の提案は，刑事施設毎又は県毎に委員会を置くべきとするものであるが，委員会を刑事施設の下部機関とするものでも，委員に矯正職員を入れるものでもなく，それを不適当とする。
7)　日弁連が提案する第三者委員会に対して政府が述べた見解である。法務省矯正局『法制審議会監獄法改正部会審議要録』（1979）197-198頁，矯正局参事官室「監獄法改正の審議状況(5)」刑政88巻11号（1977）61頁，大芝靖郎「監獄法改正の審議状況〈第7回〉」法律のひろば31巻2号（1978）62頁。

切な仮釈放決定が行われるのであれば，その結果，判断の幅が多少広がることがあったとしても，むしろ個別処遇の原則に適っているのではないか。受刑者が犯した罪の内容も刑期も問題性も異なるのに，結論の均一性を追求することだけがよいとは思われない。現在でも，仮釈放審理の殆どは刑事施設長からの申出を端緒として行われているが，そうした刑事施設毎の申出の判断も施設内での処遇調査や審査を経て行うことで合理性が確保されるようにしているのである。

3　裁判所を仮釈放決定機関とする案──刑罰執行裁判所

　提案２の考試期間主義に対しては様々な批判がなされているが[8]，その１つに裁判所（司法権）が定めた刑期を，事後的に，しかも「行政官庁」たる地方更生保護委員会が変更することは許されるべきでないとするものがある[9]。そうであるとすれば，ヨーロッパ諸国のように，刑罰執行裁判所（刑罰適用裁判所，行刑判事）を設置して，仮釈放や取消しの決定権限を付与することが考えられる。

　なぜ自由刑の執行に裁判所が関与すべきかという問題に関して，かつて中尾文策氏は，海外の諸見解を法的根拠と政策的根拠に分けて紹介している[10]。まず，法的根拠は，犯罪を認定し刑罰を言い渡す権限は裁判官（所）にのみ与えられているのであるから，その裁判官が言い渡した刑罰の執行を裁判官が指揮するのは当然とする。つまり，自由刑は純然たる司法権の発動であり，仮釈放や不定期刑の終了だけでなく，累進処遇もその変更ないし確定に当たるから，当然司法権の発動によって可能になるとする。

　一方，裁判官が行刑に関与することにより，行政権の放縦を牽制し，受刑者に弁護の機会を与えることで受刑者の自由を保障する安全弁になる，裁判官は

8)　前野育三「第１編第11章仮釈放」法律時報47巻5号（1975）96頁，佐伯仁志『制裁論』有斐閣（2009）71頁，金光旭「中間処遇及び刑執行終了者に対する処遇」ジュリスト1356号（2008）147-148頁等。
9)　川出敏裕＝金光旭『刑事政策』成文堂（2012）246頁。法制審議会被収容人員適正化方策に関する部会においても，裁判所ではなく，行政委員会が考試期間主義に基づく仮釈放を決定することが問題視されている。法制審議会被収容人員適正化方策に関する部会会議議事録第12回20頁，第13回19頁，第14回24頁。
10)　中尾文策「行刑に對する裁判官の地位」刑政48巻9号（1935）25-37頁。

訴訟手続を通じて受刑者（被告人）の人格や社会的背景に関する知識を有しておりその知識は処遇の個別化や再犯防止において有用である，裁判官は刑罰の作用や改善更生の効果を知ることで後日における裁判の参考となる，裁判と行刑の有機的結合によって「裁判官の孤立」を防ぐ一方，「行刑の社会からの孤立」をも防ぎ，「行刑の社会化」を進めることに繋がるといった政策的根拠が示されている。

　しかし，その中尾氏自身，裁判官が矯正に関与する法的根拠について，仮釈放や累進処遇は，刑罰に予定されていない付加的な存在ではなく，刑罰の本質から発する必然的なものであるから，裁判所が自由刑を言い渡すときはこれらの方法を想定しているのであって，新たなる法律関係を設定するものではなく，裁判の方法によることを要しないとし，受刑者の自由保障にしても裁判官の関与のみが唯一の方法ではなく，刑務所や行政官庁の内部的な仕組みに拠る方法があると指摘している[11]。中尾氏は，また，裁判官の関与に一定の政策的利点が認められるとしても，事務負担が著しく増加し，行刑の機能を阻害するか，名義上の関与に堕するおそれがある，刑務所長から監督権限を奪うことで刑務官の熱意を奪い，受刑者との信頼関係を損なうことで受刑者の教化を不可能ならしめる，憲法によって独立が保障されている裁判官を行政権に従属させる上でどのような扱いをすべきかには困難な問題が伏在すると指摘している[12]。

　中尾氏が指摘するように，仮釈放は自由刑の執行に織り込み済みという形にしておけばよく，考試期間主義にしても，法律で予めその旨を定めておくか，裁判所が判決時に仮釈放による残刑の執行猶予の可能性を言い渡しておくことも考えられるわけであるから，受刑者の権利保障から裁判所関与の必要性が必然的に導き出されるわけではないように思われる。しかし，その方が望ましいというのであれば，そうした仕組みを導入すればよい。

　実際上の問題は，考試期間（や遵守事項）の設定以外に，裁判所が仮釈放審理を行うことに如何なるメリットがあるかである。確かに裁判所は公判手続を通

---

11) 中尾文策・同上 29-33 頁。
12) 中尾文策「行刑に對する裁判官の地位(中)」刑政 48 巻 10 号（1935）18 頁以下。森下忠博士も，行刑判事に広汎な権限を与えることには反対するが，保安処分制度を導入した場合，裁判所又は裁判官の関与は避けがたいとする。森下忠「刑の執行における裁判官の役割」森下忠編『刑事政策演習［増訂版］』有信堂（1971）128-133 頁。

じて被告人に関する一定の情報を持っていることは確かであろうが，中尾氏も指摘するように，だからといって刑務所の収容者全体についての情報を有しているわけではないし，自らが担当した事件の受刑者を追跡することも難しい[13]。中尾氏も裁判官の矯正や仮釈放への関与を否定するものではないが，こうした情報欠如の問題やその根底にある裁判所が刑の執行に関わる意義については充分に考慮する必要があろう。

　仮に，ここで提案するような刑罰執行裁判所を設けて，仮釈放の決定を担当することにした場合，裁判所自体は自由刑（実刑）の執行や受刑者の処遇に直接関わることはなく，情報もないことから，同裁判所に対し仮釈放の上申と情報提供を行う機関が必要となり，これを担うのが地方更生保護委員会ということになろう。刑事施設長の申出又は職権により委員会が仮釈放調査を行い，仮釈放や遵守事項等に関する意見を付したうえで裁判所に仮釈放の上申を行うのである。なお，医師，社会福祉専門職，心理専門職等を含む多様な人材を仮釈放決定機関の委員に含めるべきとの**提案6**を果たすためには，仮釈放を審理・決定を担う裁判所の合議体にこれらの専門職が執行陪審（行刑陪審）[14]又は参与員として加わる形と，仮釈放の上申を行う地方更生保護委員会に委員として加わる形が考えられよう。

　しかし現実問題として，日本の裁判所がこうしたケースワーク的な業務に関わりたがらないであろうことは充分に予想される。或いは，刑罰執行裁判所を設けても，実際には仮釈放の上申を行う地方更生保護委員会の意見が決定的となって，裁判所の判断が形式化するおそれもある。ドイツのケルン刑務所において筆者等が行った調査でも，刑罰執行裁判所は刑務所からの情報や受刑者の面接を基にして仮釈放を決定するが，刑務所の上申に対し刑罰執行裁判所が仮釈放を棄却するケースは少ないということであった[15]。

---

13) 中尾文策・前掲注(10)33-34頁。中尾氏は，「小學教師が其の擔任せる兒童を最もよく知るが故に卒業後も引續き其の社會生活の全般を指導す可しと言ふこと、同様であって不可能なことである」とする。中尾文策・前掲注(12)20-21頁。

14) 行刑陪審という概念は，刑務所（監獄）において仮釈放を含む一定の事項の審査を行う評議又は諮問機関として刑務委員会を設置すべきとの議論が行われている中で，牧野英一博士が命名したのが始まりのようである。牧野英一「序」正木亮『行刑上の諸問題［第4版］』有斐閣（1940）3頁。ここでは刑罰執行裁判所に司法参加として専門家が加わる制度を指している。

4　地方更生保護委員会に裁判官・検察官委員を含める案

　そうであるとすれば，もう1つの選択肢として，行政委員会たる地方更生保護委員会を維持しつつ，委員に裁判官や検察官を加えた構成とする案も一考に値する。一見奇抜なアイデアのようであるが，犯罪者予防更生法制定前の1931年（昭和6年），8箇所の少年刑務所に裁判官，検察官，少年刑務所長から成る仮釈放審査協議会が設置されていたことは注目に値する[16]。法的には監獄法第4条2項に基づく裁判官や検察官による巡視の一環に過ぎないが，同協議会は，毎月1回，不定期刑の短期を経過した者，累進上級者その他刑務所長が適当と認める者について審査を行い，仮釈放を適当と認めるときは決議を行い，刑務所長に司法大臣への仮釈放の上申を促すものとされていた。促すとあるように，この仮釈放審査協議会は，あくまで協議機関であり，決定機関ではなかった。

　裁判官や検察官が仮釈放審査に加わる理由として，この種の委員会の導入を唱えた正木亮博士は，「苟くも，国家の刑罰を要求したる以上，又その要求を容れて科刑したる以上，その儉事及び判事が刑罰執行の適正に關與せざるべからざることは刑事政策上に於ける判事及び儉事の責務」であり[17]，また仮釈放の「事務は判決の内容の變更に關するものであり，殊にその取扱ひたる犯人の改善に關することであるから」としている[18]。中尾文策氏も，外部委員から成る評議機関としての刑務委員会を設けて仮釈放や開放的処遇の決定に関与させることには賛成し，裁判官や検察官が委員に加わることも支持している[19]。そ

---

15)　太田達也＝堀田晶子＝堀江まゆみ「触法性発達障害者の刑事法的対応に関する比較法的研究（ドイツ）」（報告書は堀田晶子が中心にとりまとめた）平成27年度厚生労働科学研究費補助金（障害者対策総合研究事業）『青年期・成人期発達障がいの対応困難ケースへの危機介入と治療・支援に関する研究』（2016）129頁。調査には，報告者のほか，フィリップ・オステン（慶應義塾大学法学部），久保田隆（ケルン大学大学院，慶應義塾大学大学院）が研究協力者として加わった。

16)　「假釋放適否審査ニ付判事及び儉事ノ少年刑務所巡視ニ關スル件」（昭和6年6月11日行甲第1199號司法次官通牒）刑政44巻12號（1931）108-109頁。同年に制定された仮釈放審査規程でも，刑務所長は仮釈放の審査に関し必要ありと認める事項については判事，検事又は陸海軍の法務官等の意見を求めるものとされていた（第17条）。東邦彦「假釋放審査規程釋義」重松一義編『東邦彦の行刑思想』プレス東京（1973）133頁。

17)　正木亮「少年受刑者の假釋放審査協議會」刑政45巻1號（1932）7頁。

18)　正木亮『刑事政策汎論［増改訂版］』有斐閣（1949）427頁。もっとも，正木博士は，仮釈放審査協議会が裁判官と検察官だけに限られていたのは過渡的なもので，将来的には更生保護関係者，弁護士，教育関係者も構成員とすべきあるとしていた。正木亮・前掲注(17)10-11頁。

の理由として，中尾氏は，裁判官や検察官が行刑に関与することによって「刑事政策の各過程の間に有機的な關連を生じ，はじめて其處に満足す可き結果を招来し得ることに成るのであって，却て之こそ刑事政策の理想である」としている[20]。

　また，仮釈放審査協議会設置より少し前の1927年（昭和2年）に公表された刑法改正豫備草案においても，少年に対する不定期刑については，刑期の4分の1を経過したときは「刑務委員會ノ議ヲ經テ」仮釈放処分を為すことができるとされていた（第87条）[21]。その後，成人受刑者についても裁判官や検察官等が委員となり仮釈放の評議を行う刑務委員会が試験的に導入されていたこともある[22]。これも，仮釈放の決定機関ではなく，あくまで諮問機関であるが，典獄，裁判官，検察官のほか刑務所の教化委員等から構成され，施設の視察や受刑者の面接を行うこともできた。

　戦後になり，1947年（昭和22年）には，政令により正式に刑務委員会制度が導入されるに至った[23]。刑務委員会は，中央と管区毎の監獄に置かれ法務総裁又は監獄の長の諮問に応じて監獄の様々な事項について調査審議するものとされたが，仮釈放の審査にどのような形で加わったかは明らかでなく，委員も各官庁の公務員と学識経験者から任命することとされており，規定上，裁判官や検察官は委員に含まれていなかった。

19）中尾文策「行刑に對する裁判官の地位(下)」刑政48巻11号（1935）27頁，同「刑務委員会(2)」刑政53巻10号（1940）18-19頁。しかし，絶対に評議機関でなければならないとする。

20）中尾文策「刑務委員会」刑政53巻8号（1940）26-29頁。中尾文策・前掲注(10)35-36頁は，裁判官の関与による「裁判と行刑の有機的結合」と「行刑の社会化」を説く。

21）深谷善三郎編『刑法改正豫備草案盗犯等防止法解説』巖松堂（1930）25頁。1927年（昭和2年）に刑務法案調査委員会が決議した「監獄法改正ノ綱領」においても，「裁判，儉察，刑務及ビ保護ノ密接ナル連繫ヲ保持スル爲刑務委員会ノ制度ヲ採用スルコト」とされ，財団法人刑務協会の行刑法改正委員会が司法大臣に提出した「監獄法改正に関する建議要綱」においても，仮釈放審理や行刑の運営に関する諮問制度として判事，検事，刑務官，弁護士その他学識経験者から成る刑務委員会が提案されている。綿引紳郎＝藤平英夫＝大川新作『全訂監獄法慨論─逐條解説と改正の諸問題』有信堂（1955）345-359頁。

22）大石生「横浜刑務所に於ける刑務委員会制度の試行(上)(中)(下)」刑政50巻3号（1937）37頁以下，50巻4号（1937）33頁以下，50巻5号（1937）33頁以下。

23）刑務委員会官制昭和22年12月29日政令第305号（官報第6288号）。正木亮・前掲注(18)433-437頁。

犯罪者予防更生法が制定され，地方更生保護委員会が導入された後も（当初は少年と成人の委員会に別れていた）[24]，こうした外部委員を含めた仮釈放の諮問機関は，「第三者委員会」や「委員会」制度として日弁連から提案され[25]，その後の監獄法改正作業の過程においても日弁連委員から提案され検討が行われている[26]。

海外に目を転じてみると，例えば韓国では，成人受刑者の仮釈放の審査を行う仮釈放審査委員会や，保護観察の要否，少年受刑者の仮釈放等を審査する保護観察審査委員会の委員には裁判官や検察官が含まれているし，保安処分の治療処分施設である治療監護所からの退所には仮終了と終了，治療委託があり，いずれも裁判官，検察官，弁護士，医師等から成る治療監護審議委員会が決定を行う[27]。

このような歴史的経緯や海外の例を見れば，委員会に裁判官や検察官の委員を含めることが必ずしも奇異でないことがわかろう。もっとも，前節の刑罰執行裁判所と同様，**提案6**も考慮すれば，委員会の構成員を，更生保護出身者（保護観察官や社会復帰調整官）と裁判官，検察官に限ることは適当でなく，医師，

---

24) 加藤東治郎「戦後における仮釈放制度の発展」朝倉京一ほか編『日本の矯正と保護第3巻保護編』有斐閣（1981）17頁以下。

25) 日弁連は，1969年（昭和44年），刑事施設毎に設置される第三者委員会の制度を提唱している。これは収容者の不服申立の受理や刑事施設の運営全般に対する調査・勧告を担うことが想定されていたが，1975年（昭和50年）に公表した「刑事拘禁法要綱」では，不服申立の第三者機関としては刑務審査会を設置することとし，更に仮釈放の審査を行う地方更生保護委員会とは異なる「委員会」制度を提案している。但し，委員として，検察官や裁判官は想定されていない。日本弁護士連合会司法制度調査会『刑事拘禁法要綱説明書』（1976）40-42頁，河合怜「監獄法改正構想と日弁連刑事拘禁法要綱」自由と正義27巻9号（1976）50頁以下，日弁連司法制度調査会「刑事拘禁法要綱説明書」同59頁以下。

26) 法務省矯正局・前掲注(7)197-198頁，矯正局参事官室・前掲注(7)59-61頁，大芝靖郎・前掲注(7)62頁。監獄法改正の経緯については，長谷川永「監獄法改正」『日本の矯正と保護第1巻行刑編』有斐閣（1980）326頁以下，菊田幸一「監獄法の改正について(2)」法律論叢58巻1号（1985）39頁以下，同「監獄法の改正について(3)」法律論叢58巻2号（1985）1頁以下等参照。

27) 刑の執行及び収容者の処遇に関する法律第120条2項，保護観察等に関する法律第7条3項，治療監護等に関する法律第37条。法務省保護局（太田典子）『諸外国の更生保護制度(6) 大韓民国の更生保護』（2004）91-92頁。保安処分の執行に関わる委員会に裁判官が委員に加わる例として，森下忠「ベルギーの新社会防衛法案」ジュリスト230号（1961）54-55頁。

社会福祉専門職，心理専門職のような専門職委員も配置すべきことは勿論である[28]。

　しかし，裁判官や検察官を加えたからといって，委員会が行政委員会であることに変わりはなく，せいぜい，かつて言われたような準司法的機能をもった行政委員会になるに過ぎない。そうした準司法的な行政委員会でも司法機関が言い渡した刑の事実上の修正となるような決定を行うことは許されないというのであれば，裁判所が自由刑を言い渡すと同時に一定の仮釈放期間（考試期間）を付して残刑の執行を猶予することができる旨の宣告をすることができるよう刑法に規定しておき，実際の刑の執行段階において委員会が仮釈放の許可とともにその期間を決定する方法もあり得よう。

　こうした制度は刑の一部執行猶予と似たものとなるが，刑の一部執行猶予は裁判所が予め判決において釈放日（実刑部分の終了日）を決めておくのに対し，上記の制度は全部実刑を言い渡すとき委員会の決定によって残刑を猶予し，仮釈放期間を設定することだけを裁判所が宣告しておくものである。実際の仮釈放の許否と時期，仮釈放期間（保護観察期間）は，受刑者の状況を見ながら，刑の執行段階で委員会が決定することになる[29]。

Ⅳ　特別遵守事項の設定

　仮釈放の決定を司法機関が担うことによって，特別遵守事項の在り方についても新たな可能性が開ける。現在，保護観察における特別遵守事項は，一般論として自由に対する制限の度合いが低いものしか設定することができないとされているが，それは保護観察所や委員会という行政機関が定めていることとも無縁ではない。宿泊場所の指定と指導監督という特別遵守事項を自立更生促進

---

28) 平野龍一博士も，地方更生保護委員会が，矯正保護の専門家だけでなく，裁判官・検察官・弁護士・一般人等，各層の意見を代表するものによって構成されるべきとしている。平野龍一『矯正保護法』有斐閣（1963）101頁。これに対し，菊田幸一博士は，仮釈放業務の専門性・重要性から，兼務で行われるべき性格のものではないとする。菊田幸一・前掲注(6)238-239頁。

29) それも許されないというのであれば，更なる次善策として，刑法改正準備草案で採用されていたような折衷主義を採ることも考えられる。刑法改正準備会『改正刑法準備草案附同理由書』（1961）168頁。折衷主義については，第3編第1章参照。

318

センターから更生保護施設等に拡大するなど現行法制度の下でも特別遵守事項の充実・整備を図ることが可能な内容もあるが（第3編第3章参照），それ以外の自由制約の度合いが強い内容のものを設定可能とするには慎重を期す必要があることも確かである。

　しかし，仮に裁判所が仮釈放決定機関となれば，**提案4**で示した現在の枠組みでは設定が難しいとされているものを特別遵守事項として設定できる可能性が広がるものと考えられる。勿論，裁判所が決定するからといって特別遵守事項の内容が無制限となるわけではないが，特別の必要性，具体性，原処分取消し可能性の前提という要件の下，特定地域への接近禁止，物質依存や精神疾患に対する治療（現在でも医師の指示に従って投薬の継続を受けるという遵守事項は可能），現在よりも長時間の社会貢献活動や受講命令（現行法下でもある程度の拡大は可能）など，個別の特別遵守事項の是非は別途検討する必要があるとしても，犯罪者の改善更生や再犯防止のために必要であり，現在よりも自由制約の度合いが強い内容のものを設定する道が開ける。ただ，刑罰執行裁判所としては，どのような遵守事項を設定することが適当であるか単独で判断することは難しいことから，仮釈放であれば，委員会が仮釈放を上申する際，特別遵守事項についての意見を提示することになろう。

　勿論，これは仮釈放の決定機関が裁判所になった場合を想定した話である。現在の委員会制度の下でも，服薬継続であるとか，夜間無断外出制限，被害者への接近禁止等，様々な特別遵守事項の設定ができるので，特別遵守事項の内容と設定機関については，仮釈放の決定機関とは切り離して議論することも可能である。例えば，仮釈放の決定機関は現在のように委員会としておきながら，特別遵守事項だけを裁判所に設けた執行部（刑罰執行裁判所）が決定するような仕組みも考えられるし，特別遵守事項を，委員会の方で決定できるもの（仮に第1類型という）と，裁判所の許可が必要なもの（或いは，裁判所が決定するもの）（仮に第2類型という）に分類しておき，後者についてのみ刑罰執行裁判所が決定するという方法もあろう。裁判所の許可が必要とする場合は，やはり委員会が刑罰執行裁判所に許可申請をする際，その根拠を示す必要がある。

　裁判所が特別遵守事項を直接決定する仕組みは，保護観察付全部執行猶予の場合でも可能であろう[30]。決定の仕方については，仮釈放に関する本書で詳細に論ずる余裕はないが，現在のように保護観察のみ全部執行猶予に伴う付随処

分として主文で言い渡しておき，これとは別に決定をもって特別遵守事項を設定することも考えられるし，第2類型のものについては，全部執行猶予判決においては保護観察とは別の付随処分として制度化し，主文で言い渡す方法も考えられる[31]。例えば，韓国では，（全部）執行猶予判決においては，主文の中で，付随処分として，保護観察以外にも社会奉仕命令や受講命令を言い渡すことができる（大韓民国・刑法第62条の2）[32]。日本では法改正を要するが，その前提として，判決前調査制度の導入は不可欠であろう。

　以上のような仮釈放や遵守事項の決定機関の改正にはかなり大がかりな機構改革を要するが，仮釈放本来の趣旨と機能を最大限発揮するうえで意味のある改革である。

30) 現在でも，保護観察付執行猶予の場合，裁判所は，保護観察所の長に対し判決書の謄本（若しくは抄本等）とともに，特別遵守事項に関する意見を記した書面（執行猶予者保護観察調査票）を送付しなければならないとされており（刑事訴訟規則第222条の2第1項），保護観察所長は，この調査票に示された裁判所の意見を聴き，これに基づいて，特別遵守事項を定めることができる（更生保護法第52条5項）。保護観察付執行猶予における裁判所と保護観察所との連携については，栗原佑介「保護観察付執行猶予者に対する裁判所書記官の関与について―調査票等の現状と今後の在り方についての一考察」更生保護学研究3号（2013）44頁以下参照。

31) 特別遵守事項を裁判所が決定する可能性を検討するものとして，永田憲史「更生保護法は保護観察の特別遵守事項の独立の刑事制裁化を促進するか―ニュージーランドの交際禁止命令を素材に」関西大学法学論集60巻2号（2010）1頁以下。永田教授は，保護観察における監視と援助の2重性を緩和するため，裁判所が特別遵守事項に当たるものを独立の刑事制裁として言い渡す制度を提案する。ただ，3号観察の場合，裁判から相当期間を経る場合があり，刑事施設での処遇の成果もみる必要があるので，裁判において予め特別遵守事項（に当たる刑事制裁）を言い渡すことには難しい問題があろう。

32) 法務省保護局（太田典子）・前掲注(27)2頁以下。

第6編

仮釈放を巡る各論的問題

第1章

外国人受刑者の仮釈放と出入国管理

I　外国人受刑者の処遇に関する基本的視座

　外国人受刑者が増加した 1990 年代以降，刑事施設では国際対策室の設置や翻訳・通訳センターの指定を始めとする様々な施策の整備が行われてきている。しかし，それは，日本人受刑者との同一処遇の原則を維持しつつ，異なる言語・習慣・宗教をもつ外国人受刑者に対し不利益を生じさせないことに主眼を置いた刑事施設内での待遇に関するものであり，外国人受刑者の社会復帰や再犯防止を念頭に置いた処遇の検討は殆ど行われてきていない。

　外国人受刑者の数は 2004 年をピークとして減少に転じているが，少子高齢化による我が国の労働力不足は深刻であり，中長期的に外国人労働者の受入れは不可避であることから，外国人の犯罪者や受刑者が再び増加することは十分に考えられる。日本で罪を犯した以上，日本の法律に従い日本で刑に服することが原則となるのは当然としても，大半の外国人受刑者は，釈放後，母国に退去強制となることから，日本の刑事施設において何をすべきかが問題となる。

　これについては，対極的に 2 つの基本的視座があるように思われる[1]。1 つは，退去強制になるとはいえ，日本の刑事施設において刑の執行を受けることになった以上，外国人受刑者についても，将来の母国での更生に資する，でき

---

1)　太田達也「国際犯罪の増加における矯正の果たす役割―来日外国人受刑者の処遇を中心として」法律のひろば 55 巻 9 号（2002）41 頁。

る限りの処遇を行うべきであるとする考え方であり，ここでは**積極的処遇主義**と呼ぶことにする[2]。受刑者に対する処遇が，たとえ日本の安全に直結しないとしても，母国や国際社会における法秩序や治安の維持に貢献することを視野に入れることから**世界主義**ということもできよう。

　もう1つは，釈放後日本に在留することのない外国人受刑者については，日本社会の安全とは関係なく，効果的な処遇を日本の刑事施設で行うことも困難であるから，外国人受刑者の改善更生や再犯防止を目的とした処遇を積極的に行う必要はなく，一般受刑者との実質的公平性や権利保障に配慮することに主眼を置くべきであるという**消極的処遇主義**の考え方である[3]。この消極的処遇主義は，釈放後退去強制となる外国人受刑者の更生は日本の秩序や安全には関係がないとして日本の安全を中心に考える**保護主義**の思想に繋がる。

　積極的処遇主義と消極的処遇主義は二者択一的なものではない。しかしながら，我が国の矯正は社会復帰処遇を標榜しているのであるから（刑事収容施設法第30条），外国人受刑者に対しても，日本での在留の有無にかかわらず，その改善更生と再犯防止に向けたなし得る限りの処遇を行うべきである。言葉の壁もあり，手間も予算も掛かるので止めておこうというのでは社会復帰処遇の名に恥じよう。早く母国に帰せば社会復帰に資するという論拠にも一理あるが，余り一辺倒な運用がなされると社会復帰の名を借りた追放主義になりかねない。

　また，外国人受刑者は退去強制になるから日本の治安には関係ないなどと高を括っていると，結局は日本の問題として跳ね返ってくることは十分に考えられる。2000年代前半に反復不法入国者による犯罪の頻発が指摘されていたが[4]，近時，退去強制になった（はずの）犯罪者が再び日本で犯罪を犯し，刑事施設に収容される外国人が増えている[5]。「日本所払い」では問題解決にはならな

2)　森下忠名誉教授も，我が国ではF級（当時）受刑者の改善更生の原則を放棄してよいわけではなく，国際的視野の下で改善更生の原則を考えるべきであるとされる。森下忠『刑事政策の論点II』成文堂（1994）148頁。
3)　中條晋一郎「わが国における受刑者分類制度と外国人受刑者の処遇に関する一考察」國學院法政論叢 20 輯（1999）97 頁以下は，在留の止むを得ない外国人受刑者と納税義務を果たした外国人受刑者に対しては積極的に矯正処遇を行うものの，日本に在留しない外国人受刑者についてはその必要性は認められないとする。
4)　鈴木基久「来日外国人犯罪の動向と今後の課題」法律のひろば 55 巻 1 号（2002）34 頁。
5)　太田達也・前掲注(1)42 頁において，こうした可能性を指摘しておいたが，この予想が現実のものとなりつつある。

い。

　外国人受刑者に対し積極的な処遇を行うには多大な労力と予算が必要である。国民の税金を投入することによる財政的な負担から，外国人受刑者に対し積極的な処遇を行うことには国民の理解が得られないとする見解もある[6]。しかし，日本人受刑者に対し処遇や支援を行うことに対する国民の反応とどれだけ差があるのか不明であるし，現在の矯正処遇も国民の理解が得られるよう努力しながら進めているのであるから，外国人受刑者の処遇についても，日本や国際社会の安全と密接に関連していることを説明しながら国民の理解を得ていくのが本筋である。

Ⅱ　F指標の属性を巡る問題

1　F指標の判定基準

　矯正統計上，外国人については，「外国人受刑者」と「来日外国人受刑者」という2つの概念が用いられている。「外国人受刑者」は，文字通り，日本国籍を有しない受刑者を指すが，この中には，いわゆる在日韓国人等の特別永住者が含まれている。これに対し，「来日外国人受刑者」とは，外国人受刑者のうち，永住者，特別永住者，アメリカ合衆国軍関係者，在留資格不明者を除いたものをいう[7]。平成に入ってから急増したのは，言うまでもなく，この来日外国人受刑者であり，それ以外の外国人の収容者数は比較的安定している。

　一方，法務省の訓令によれば，「日本人と異なる処遇を必要とする外国人」にはF指標という属性が設定されることになっている[8]。その判定基準は「日本語の理解力若しくは表現力が不十分なこと又は日本人と風俗習慣を著しく異にすることにより日本人と同一の処遇をすることが困難な者（以下，略）[9]」となっているが，これは監獄法時代の1998年（平成10年）に改正されたものであ

---

6)　藤岡淳子「矯正における来日外国人犯罪者の処遇と更生保護」更生保護と犯罪予防128号（1998）76頁。
7)　法務省『平成28年矯正統計年報Ⅰ』（2016）の用語解説参照。
8)　「受刑者の集団編成に関する訓令」（以下，訓令という）平成18年5月23日矯成訓3314号法務大臣訓令別表2。
9)　日米地位協定に基づく合衆国軍隊の構成員及び軍属なども F 指標に判定される。このF指標受刑者は，実務上，特にF（条約）指標とされている（以下，条約F指標という）。

る。当時は，まだ，受刑者分類規程によるＦ級という収容分類級ではあったが，それまでは，「日本人と風俗習慣を著しく異にし，日本人と同一の処遇をすることが困難な者」というように，日本語の理解力に加え，本人の風俗習慣を中心に考慮しつつ総合的に判定することとされていた。しかし，判定基準が曖昧になりがちで，特定の国籍の外国人は，全く日本語を解しないにもかかわらず，Ｆ指標に判定されないなど合理性を欠くものであった。また，当時の刑事施設におけるＦ級受刑者の収容能力・対応能力には限度があり，Ｆ級判定はやや制限的に運用されていたこともあって[10]，来日外国人受刑者のＦ級分類率は判定基準改正前の 1997 年の段階で 6 割程度に過ぎなかった[11]。

　そこで，1998 年に，来日外国人受刑者の所内生活や処遇上もっとも重要な要素となる言語障壁の有無を中心的な判断基準とし，判定基準の明確化を図ることとなったものである[12]。Ｆ指標の指定施設も府中・大阪・栃木・横須賀の 4 箇所から大幅に拡大され，処遇体制強化へ向けた基盤が整備されることになった。その後，監獄法や受刑者分類規程が廃止され，刑事収容施設法となった今日にあってもＦ指標の判定基準は維持されている[13]。

　現在，来日外国人受刑者の数よりＦ指標受刑者の数の方が多いことから，来日外国人は，ほぼ原則としてＦ指標に分類されていると考えて差し支えない。なお，来日外国人受刑者よりＦ指標受刑者の方が数が多いのは，来日外国人には永住者が含まれておらず，永住者たる外国人受刑者の中に日本語能力が低い来日型の外国人が含まれているからであろう。近年，就労等で日本に来日した外国人の間で永住資格を取る者が大幅に増えているため，来日外国人受刑者以外の外国人受刑者の中にも，日本語ができないとしてＦ指標受刑者が出てきているものと推測される。従って，外国人受刑者の処遇や釈放の在り方を検

---

10) 青木武門「外国人被収容者の処遇」『変動期の刑事政策』成文堂（1995）857 頁以下，青山純「外国人被収容者の処遇等の状況とそれを巡っての諸問題」犯罪と非行 114 号（1997）。
11) 法務省『平成 9 年矯正統計年報 I』27 頁，31 頁。
12) この改正の経緯については，小柳武「外国人受刑者処遇の最近の動向と展望」矯正協会中央研究所報 10 号（1999）7 頁以下に詳しい。また，小柳武「外国人受刑者に対する矯正処遇」法律のひろば 48 巻 1 号（1995）41-42 頁も参照のこと。
13) Ｆ級（指標）分類が日本人の排他的傾向の現れであるとして，Ｆ級（指標）分類の存在意義に疑問を呈するものとして，赤塚康「矯正の未来—特に情報公開と外国人受刑者の増加について」犯罪と非行 128 号（2001）167-169 頁。

討するうえで，来日外国人受刑者やF指標受刑者だけを念頭に置くのは狭き
に失し，永住者を含めた外国人受刑者を考察の対象にすべきである。本章の題
名が「外国人受刑者」となっているのも，その為である。

　さらに，F指標受刑者のうち，日本語の理解力又は表現力が特に劣る者や日
本人と著しく異にする風俗習慣を有する者などは，F（特別）指標，通称，「特
F」に指定され，府中刑務所，横浜刑務所，大阪刑務所，福島刑務所（及び少年
は少年刑務所）に収容されることになっている。これら4つの刑務所には国際対
策室が置かれ，一定の言語に対応できる職員が配置されているため，日本語の
能力が著しく低い者への対応が可能であるからである[14]。

2　FA・FB指標の判定実務

　F指標受刑者は，犯罪性の程度により，犯罪傾向の進んでいないFA指標と
犯罪傾向の進んだFB指標に分けられる。A・Bの判定については，施設収容
歴若しくは受刑歴の有無，直近の出所からの経過期間と犯罪行為の有無，前回
受刑時の指標や行状，反社会性集団への所属の有無と地位及び活動期間，犯行
の習慣性・計画性，薬物依存・アルコール等依存・放浪・徒食癖の有無等の判
定基準のうちA指標の基準全てを充足する場合がA判定となり，それ以外の
者がB指標に判定されることになっている[15]。この判定基準は絶対的な指標
ではないことは訓令にも明記されており，分類担当者の裁量に委ねられている
部分も大きいが，実際，F指標受刑者のうちFA指標の比率は新受刑者と年末
所在受刑者共に80％以上となっており，非F指標受刑者におけるA指標受刑
者の割合が35％程度であることを考えると，F指標受刑者のA分類比率は極
めて高い[16]。

　その理由として，犯罪傾向の進んでいないF指標受刑者が実際に多いとい
うこともあるが，F指標受刑者は釈放後退去強制の対象となるため必然的に初
入者が大半を占めることになるという事情もある[17]。さらに，母国や海外での

14）現在の特F指標はかつて国対F級と呼ばれ，それ以外の，日本語がある程度わかるF
　　級受刑者は，府中と大阪以外のF級指定施設に収容され，新F級と呼ばれた。太田達
　　也・前掲注（1）43頁。
15）訓令・前掲注（8）別表2。
16）法務省『2016年矯正統計』e-Stat 表7，表35。

犯歴や受刑歴を調査することは極めて困難であるから，たとえ前科前歴がないと言っても，それは日本国内でのことに過ぎない。日本では初入であっても，本国や第三国で処分歴や受刑歴があるということはあり得る。

　また，Ｆ指標新受刑者の刑期は日本人受刑者よりも遙かに長い[18]。来日外国人犯罪者の場合，退去強制を見据えて，犯情の軽いものは起訴猶予や執行猶予の対象になることが多いため，実刑を受け，刑務所に収容される受刑者には相対的に犯情の重いものが多いからである。勿論，刑が長くとも，犯罪性が進んでいないことはあり得る。しかし，Ｆ指標受刑者のうち薬物事犯の大半が密輸入や営利目的であり，窃盗・強盗事犯者についても，不良集団や犯罪組織に帰属する者が40％を占め，収入の多くを不法収益に依存している[19]。Ｆ指標受刑者の処遇担当者に対するアンケート調査でも，受刑者の犯行が組織的な犯罪だと思う者が20％を超えており，また職業的な犯罪と思う者も12％強を占めている[20]。にもかかわらず，Ａ・Ｂ判定の基準の１つである反社会性集団への加入又は犯行の計画性・常習性という点でＦ指標受刑者の多くがＢ判定とならないことには疑問が残る。

　もっとも，今日までFA指標受刑者とFB指標受刑者は混禁していることから[21]，Ｆ指標受刑者のＡ・Ｂ判定がどれほど意味をもつかわからないし，仮釈放審理もＡ指標かＢ指標かということが決定的な影響をもつわけではない。しかし，受刑者の集団編成に意義を認めるとするならば，Ｆ指標受刑者についても的確なＡ・Ｂ判定が行われる必要があるし，もし早期の仮釈放の背景に属性の判定が影響しているとすれば曖昧な判定は問題となろう。

17）有田千枝「転機に立つ外国人受刑者処遇（前編）」刑政110巻11号（1999）40頁。
18）新海浩之ほか『法務総合研究所研究部報告53―外国人犯罪に関する研究』（2014）57頁。
19）新海浩之ほか・前掲注（18）63-64頁，70-71頁，80-82頁。
20）滝本幸一ほか『法務総合研究所研究部報告16―F級受刑者の意識等に関する研究』法務総合研究所（2002）42頁。
21）Ｆ指標受刑者を混合収容し，特にFA指標受刑者をＢ級施設に収容するに至った背景としては，かつてＦ指標受刑者の絶対数が少なかったことに加え，我が国では本来Ｂ指標受刑者の比率が圧倒的に高く，Ｂ指標施設の数が多いこと，さらに領事館との連絡や退去強制のため入国管理局との連携が必要となるＦ指標受刑者は都市近郊の施設に収容することが望ましいところ，そうした都市近郊の大規模施設はＢ級施設が大半であること，等の事情があったものと推察される。我が国では，そもそもＡ指標の刑事施設が少ないとはいえ，こうしたＦ指標受刑者の混合収容が，受刑者の処遇上，望ましくないことは否定できない。

Ⅲ　外国人受刑者の仮釈放

1　積極的仮釈放の根拠

　F 指標受刑者の仮釈放率は一般的に高く，FB 指標でも仮釈放率は，F 指標でない B 指標受刑者の仮釈放率より遙かに高い[22]。執行率は，今日，F 指標とその他の受刑者で有意な差がなくなっているが[23]，2000 年以前は，FA 指標で刑の執行率が 70％未満の者が 70％を占め，FB 指標でも刑の執行率が 80％未満の者が 60％を超えるなど[24]，F 指標受刑者の刑の執行率は極めて低かった[25]。

　こうした F 指標受刑者の積極的な仮釈放に対する説明として，⑴ 初犯で犯罪傾向の進んでいない A 指標の者が多数であるという「犯罪者の性質」に根拠を求めるもの[26]，⑵ 言語障壁等により矯正施設内では十分な矯正処遇の実施が困難であるという「施設内処遇の困難性」に根拠を求めるもの[27]，⑶ 日本の刑事施設では退去強制になる F 指標受刑者の生活環境調整は困難であるから，母国で自立更生の環境作りを早めに行わせるのが適切であるという「社会内処遇の困難性」を根拠とするもの[28]，及びそれらを総合した見解がある。この他，直接言及されないまでも，⑷ F 指標受刑者の大部分は釈放後退去強制になり，以後の再入国も制限されることから，日本の治安には直接影響しな

---

22) 2006 年の時点で F 指標受刑者の仮釈放率は 85％であり，次第に低下傾向にあるが，2015 年でも 74％である。同年の FB 指標受刑者の仮釈放率は 69％であり，F 指標を除く B 指標受刑者の 44％より高い。法務省『2006 年矯正統計』e-Stat 表 80，『2015 年矯正統計』e-Stat 表 80。
23) 新海浩之ほか・前掲注(18)27 頁。但し，女子の FA 指標受刑者（WFA）については，女子の A 指標受刑者（WA）より執行率が有意に低くなっている。
24) 有田千枝・前掲注(17)42-43 頁。
25) 1993 年時点の F 級仮出獄者に対する刑の執行率は，今日よりさらに低かったようである。法務総合研究所『平成 6 年版犯罪白書—犯罪と犯罪者の国際化』(1994) 298 頁。
26) 森下忠・前掲注(2)147 頁，清原明「矯正処遇上の問題」ジュリスト 1043 号 (1994) 56 頁，遠藤和男「更生保護と国際化」罪と罰 32 巻 1 号 (1994) 35 頁以下，藤岡淳子・前掲注(6)76-77 頁。
27) 堀雄『行刑法の基本構造』(1991) 267 頁，森下忠・前掲注(2)147 頁，平田光史「国際化時代の外国人受刑者の処遇」犯罪と非行 121 号 (1999) 148 頁。
28) 玉岡尚志「外国人被収容者処遇上の諸問題」法律のひろば 46 巻 7 号 (1993) 46-47 頁，清原明「外国人被収容者の処遇」森下忠ほか編著『日本行刑の展開』一粒社 (1993) 278 頁，同・前掲注(26)56 頁，遠藤和男・前掲注(26)35 頁以下，榎本正也「来日外国人受刑者に対する仮出獄の現状と課題」犯罪と非行 114 号 (1997) 164 頁，藤岡淳子・前掲注(6)76 頁，新海浩之ほか・前掲注(18)39-40 頁。

いし，(5) 国民の税金を使ってわざわざ処遇するより早期の釈放と退去強制の方が国家や国民の負担という面でも望ましい[29]，という理由があったことも偽らざる所ではないかと思われる。

このうち(1)の「犯罪者の性質」については，Ｆ指標受刑者の80％以上がＡ指標であることから仮釈放の対象となりやすいことは確かであろう。しかし，ＦＢ指標受刑者の仮釈放率が非Ｆ指標のＢ指標受刑者より相当高いことから，Ｆ指標受刑者に対する積極的な仮釈放の運用を，その犯罪性だけから根拠付けるには無理がある。しかも既に指摘したように，ＦＡ指標とＦＢ指標の判定にも曖昧な点がないわけではないとすれば，尚更である。

そうなれば，Ｆ指標受刑者に対する仮釈放の運用は，(2)の「施設内処遇の困難性」と(3)の「社会内処遇の困難性」が実質的な根拠と考えざるを得ない。しかし，「施設内処遇の困難性」は克服不可能なものではないし，Ｆ指標受刑者に対する最低限の収容環境が整いつつある今，職業訓練や日本語教育などＦ指標受刑者に対する処遇の在り方について検討することは十分可能である。我が国の矯正施設には処遇困難な者が多数収容されているにもかかわらず，社会復帰処遇の理念を掲げながら粘り強く処遇の道を模索してきているのであるから，Ｆ指標受刑者に対する処遇をそれほどあっさり放棄してしまうことがあれば，消極的処遇主義と言われても致し方あるまい。

(3)の論拠が説くように，Ｆ指標受刑者も，家族や職場等の引受環境が社会復帰にとって重要であることは否定しない。家族との面会や通信のみならず，家族の生活を支えることが困難な状況にＦ指標受刑者を長期間置くことは家族との関係を破綻させる危険性があるし，更生意欲のある受刑者が母国において安定した職業につくことができれば更生に資することは間違いない。ただ，釈放後，大半が退去強制となるＦ指標受刑者の場合，生活環境調整が行われないことから，引受環境の適・不適を調査することすらできない。また，退去強制となった仮釈放者に対し保護観察を行うこともできないから，釈放後の状況を確かめる術すらなく，必要な補導援護を行うこともできない。「母国で自立更生の環境作りを早めに行わせる」ことで社会復帰の期待をもつのはよいが，

---

29) 藤岡淳子・前掲注(6)76頁。

反対の結果を危惧することがないのはなぜであろうか。

　F指標受刑者の早期の仮釈放が不当であると主張しているわけでは決してない。しかし，日本での受刑中にできる限りの処遇も行わず，帰国後，家族や雇用主等から支援を受けることができるかも不明で，ただ家族がいる（らしい）から，仕事がある（らしい）からといって，その保障も根拠もないまま，早く帰せば更生が期待されるというのでは楽観的に過ぎるのではないかと思われるのである。

　さらに，F指標受刑者は退去強制となるから日本の治安とは関係がないという(4)の論拠も，後述するように，近年，F指標受刑者の再入者が増えていることから，日本の治安とは無関係とも言い切れない憂慮すべき状況が生じつつある。

2　外国人受刑者と仮釈放要件

　F指標受刑者を含む外国人受刑者についても，日本人と同じ仮釈放要件たる「改悛の状」や仮釈放許可基準たる「悔悟の情及び改善更生の意欲」，「再犯のおそれ」，「保護観察相当性」，「社会感情」が適用される（社会内処遇規則第28条）。

　このうち，F指標受刑者の「改悛の状」については，法総研の調査に興味深い結果が示されている。F級（当時）受刑者を工場や舎房で直接処遇する担当職員に対してアンケート調査を実施したところ，改悛の状が「大いに」又は「やや認められる」としたF級受刑者は全体の47％で，「余り認められない」を含む改悛の状が認められない受刑者は32％にも及んだというのである[30]。これは，当時のF級受刑者の仮釈放率が90％であることを考えると，無視できない値である。仮釈放を決定する地方更生保護委員会と仮釈放の申出を行う刑事施設の長（実際には分類担当職員）の評価は異なるであろうし，分類担当職員と工場担当の評価も同じではないであろうが，最も受刑者のことを把握していると思われる処遇担当者の判断に十分な重みがあるとすれば，F指標受刑者の「改悛の状」については，結果的に日本人と異なる評価となっている可能性

---

30)　滝本幸一ほか・前掲注(20)42頁。

がある。

　まず，「改悛の状」の判断基準たる「悔悟の情」の評価については，日本的な固定観念からF指標受刑者に対し不利な評価がなされているとの指摘がある[31]。確かに，恥の文化や謝罪文化といった日本の精神風土とは異なる精神文化に対する否定的な評価の結果として，F指標受刑者に対し，仮釈放の申出や審理において不利な判定をすることがあってはならないが，反対に，外国人であるから悔悟の情の表出がなくても仕方がないといった判断がなされれば，これもまた逆差別的な対応にもなりかねない。「悔悟の情」の評価に当たっては，本人の内面的な意思の表出に限らず，施設における生活態度や懲罰といった具体的な要素をも併せて評価するわけであるから，F指標受刑者にも同様な判断基準が妥当するものでなければならない。

　また，「再犯のおそれ」という許可基準は，退去強制との関係で軽視される傾向がないとも言えない。特に，消極的処遇主義の立場に立てば，尚更である。但し，私見によれば，「再犯のおそれ」の要件を仮釈放審査において重視し過ぎることは仮釈放本来の機能を損ない，せいぜい消極的要件として扱うべきであると考えているので（第2編第3章参照），そうなれば，外国人受刑者の仮釈放審理において「再犯のおそれ」を日本人と区別して扱う必要はないことにはなる。

　しかし，その一方で，F指標受刑者については「改悛の状」の実質判定基準の一部を見直すべきとの見解があり[32]，傾聴に値する。まず，仮釈放許可基準のうち消極的要件たる「社会感情」には受刑者が釈放後に帰住する地域の感情（帰住地感情）を包摂していることを考えると，F指標受刑者で退去強制となる者は，日本人受刑者や日本への在住が認められる外国人受刑者とは「社会感情」の意味が異なることは確かである。そもそも，退去強制が見込まれるF指標受刑者の場合，矯正管区と地方更生保護委員会の申し合わせに基づき生活環境調整が実質的に省略されていることから[33]，帰住地感情は不明のままである。

31）榎本正也・前掲注(28)161頁。
32）小柳武（1999）・前掲注(12)10-11頁。
33）藤岡淳子・前掲注(6)74-75頁，新海浩之ほか・前掲注(18)122頁。

さらに，外国人受刑者は仮釈放と同時に入国管理局に引き渡され，そのまま退去強制となるため，保護観察を行い得ない。そのため，「保護観察に付することが改善更生のために相当であると認めるとき」という仮釈放許可基準も，意味がないことになる。敢えて評価するとすれば，保護観察相当性という許可基準は，保護観察を行わずとも，再犯のおそれが低く，社会復帰が見込まれるという形で扱うほかない。

IV　外国人受刑者の保護観察

1　仮釈放後の保護観察と退去強制

外国人受刑者についても，仮釈放になれば，残刑の期間，保護観察を行わなければならない。しかし，日本での在留が認められるごく一部の者を除いて，F指標受刑者の大半が退去強制となるため，保護観察は行われていないのが現状である。

現行法上，仮釈放は残刑の執行猶予や執行免除ではない。特に，日本の場合，残刑期間主義をとり，残刑の間も刑の執行が続いているとして，刑期が進行し（更生保護法第77条5項），保護観察を行うことになっているのであるから，保護観察を行わないことに問題がないわけではない。

これは，刑事手続と退去強制という行政手続の競合の問題である。刑事手続である仮釈放期間（保護観察期間）が終わるまでは刑の執行を行わなければならないが，その一方で行政手続である退去強制事由に該当するため（在留期間が経過している場合もある），日本への在留が認められず，退去強制に処さなければならないという衝突が生じるのである。

この問題については，出入国管理及び難民認定法（以下，入管法という）第63条の1項と2項の規定をどう解釈するかによって，異なる結論が導かれる。1つは，第1項が退去強制の収容前置の例外を定めたものであり，刑事手続による身柄拘束が行われているため，退去強制のための収容を行わない場合でも退去強制の手続をとることを定めたものであり，「刑事訴訟に関する法令」による手続とは身柄の拘束を伴う手続を意味し，従って，第2項の「前項の規定に基き，退去強制令書が発付された場合」とは刑事手続による身柄拘束が行われている場合に令書が発付された場合であって，身柄拘束を伴う「刑事訴訟に関

する法令」による手続が終了した時点で，退去強制令書を執行すると捉えるもので，一般に制限適用説と呼ばれている[34]。この説に拠れば，保釈，無罪，執行猶予判決など刑事手続による身柄の拘束が解かれれば，退去強制をとることになる。

　他方，第1項は身柄の拘束を伴わない刑事手続を含め全ての刑事手続を規定したものであり，従って，第2項の「刑事訴訟に関する法令」による手続とは，身柄拘束の有無を問わず一切の刑事手続を指し，刑事手続の全てが終了した時点でなければ退去強制を執行することができないと解する見解もあり，全面適用説と呼ばれている[35]。

　しかし，保釈や無罪判決，執行猶予判決においては，これまで制限適用説に則った実務が行われており[36]，仮釈放についても同様である。入管法第63条にいう「刑の執行に関する法令」は，一般に刑事収容施設法を指すものとされているが[37]，仮釈放も刑の執行の一形態であり，仮釈放後の保護観察中も刑期が進行しているのであるから，更生保護法も含まれると考えるべきであろう。そのうえで，「刑の執行に関する法令」の「規定による手続」とは，身柄の拘束を伴う手続を意味すると解釈して（制限適用説），生活環境調整や仮釈放審理のみがこれに該当し，実際に仮釈放が行われて身柄の拘束が解かれた時点で，退去強制の執行が行われると捉えることになる。

　現行法の解釈としてはこう解さざるを得ないが，だからといって，こうした制度に問題がないことにはならない。入管法第63条では，刑罰権の実現という刑事手続と行政手続たる退去強制手続の調整を完全に図ることはできず，制

34）松尾浩也ほか「座談会・入管法制と刑事手続」ジュリスト1056号（1994）21-22頁，坂中英徳＝斎藤利男『全訂出入国管理及び難民認定法逐条解説』日本加除出版（2000）797-801頁。土木武司「無罪判決後の拘留刑事手続と退去強制手続」捜査研究585号（2000）38頁は，制限適用説を妥当としながらも，刑事手続の完了までは犯罪者を国内に止めるための立法を主張する。
35）鬼束忠則「入管行政と外国人刑事事犯および刑事手続」季刊刑事弁護4号（1995）50頁。
36）我が国の判例も制限適用説によるものが見られる。横浜地判昭和29・12・25（LEX/DB）〔最大判昭和30・9・28民集9巻10号1453頁の第1審〕，仙台地判昭和49・10・9（LEX/DB）等。なお，いわゆる電力会社OL殺人事件の勾留裁判に対する異議申立て棄却決定に対する特別抗告事件では，遠藤光男裁判官と藤井正雄裁判官の反対意見のなかで制限適用説を前提とした検討が行われている。最小決平成12・6・27刑集54巻5号461頁。
37）坂中英徳＝斎藤利男・前掲注(34)801頁。

限適用説によったところで，保護観察付執行猶予[38]や仮釈放に対する刑の執行を全うすることはできないのである。残刑猶予主義ならまだしも，残刑執行主義を採る我が国であれば，尚更である。

　ただ，たとえ仮釈放期間終了まで退去強制を執行しないような仕組みを設けたとしても，仮釈放期間が終われば退去強制になるのであるから，指導監督はともかく，日本社会への定着に向けた補導援護をする意味もない。保護観察を受けるとはいえ，所在不明となる危険性もある。退去強制事由に該当するだけでなく，刑事施設で服役中に在留期間が経過してしまう場合は，仮釈放までに在留期間の延長を行わなければ，もとより在留は認められないが，退去強制事由に該当する者に対し保護観察の執行を受けるために在留期間の更新を認めるのは奇妙である。結局，刑の執行過程で制限適用説を取らざるを得ないのは，条文解釈からの帰結というより，そうした現実的な政策上の理由が大きい。

2　保護観察の移管

　それでは，外国人受刑者の仮釈放は如何にあるべきか。1つの考え方は，保護観察を行い得ないとすれば，仮釈放を認めず，刑の満了まで執行することである。生活環境調整も行わず，保護観察も行えないことが明らかであるのに，本国での不確かな更生を期待して仮釈放にすることは望ましくないからである。

　しかし，保護観察を行い得ないからといって，「悔悟の情及び改善更生の意欲」があり，「再犯のおそれ」が低い外国人受刑者を全て満期まで終了することも不適当である。そこで，前節で述べた通り，保護観察を行わずとも社会復帰が期待できることをもって保護観察相当性を充足しているとし[39]，他の仮釈放許可基準を満たす場合には，たとえ保護観察を行い得ない場合でも，仮釈放にしていくほかはなかろう。

　ただ，将来の立法論としては，保護観察の移管に関する条約を締結することを検討すべきであろう。保護観察の移管は，裁判国で言い渡された社会内刑

38）もっとも，退去強制が予想される外国人被告人の執行猶予に保護観察を付けることはないであろう。
39）近年，Ｆ指標受刑者の仮釈放率が大幅に低下しているのも，再入外国人受刑者の増加を背景に，「再犯のおそれ」に加え，保護観察相当性を欠くと評価される外国人受刑者が増えているからではないかと推測される。

（執行猶予付保護観察やプロベーション等）や仮釈放等による保護観察の執行を執行国に移管し，執行国の法律に基づいて執行する制度をいう[40]。実際の条約としては，ヨーロッパ評議会加盟国が 1964 年に締結した「条件付刑又は条件付釈放となった犯罪者の監督に関する条約」（以下，「移管条約」という）が 3 カ国の批准を得て 1975 年 8 月 22 に発効している[41]。しかし，この条約は実効性に欠けていたため，2008 年 11 月，EU 理事会は新たに「社会内処遇及び代替刑の監督を目的とした裁判及び社会内処遇の決定の相互承認の原則の適用に関する EU 理事会枠組み」（以下，「枠組み」という）[42]を採択している。この枠組みにより，EU 加盟国の間では，移管条約中の規定が置き換えられている（枠組み第 23 条 1 項）。

　この種の条約を締結しておけば，仮釈放にする場合でも，仮釈放期間の保護観察を受刑者の本国において行うことが可能となる。しかし，保護観察の移管は，移管後の執行において再犯や遵守事項違反があった場合の不良措置をいずれの国で行うかという問題がある。移管条約では，保護観察のみ執行国に共助を求める方法，保護観察のほか，保護観察の原因となった原処分の裁判国における取消し後に執行国が刑の執行まで行う方法（仮釈放の権限も執行国がもつ），保護観察のほか，保護観察の原因となった原処分の執行国における取消し後に執行国が自国の刑事法制に基づいて刑の適用を行う方法の 3 つが規定されていた（移管条約第 5 条）。

　これに対し枠組みでは，より明確な形で裁判国と執行国の権限を規定してい

---

40) 保護観察の移管については，森下忠『国際刑法の新動向』成文堂（1979）143 頁以下，同『刑事政策の論点 I』成文堂（1992）158 頁以下参照。

41) European Convention of the Supervision of Conditionally Sentenced or Conditionally Released Offenders. 2016 年 11 月時点の条約批准国は，オーストリア，ベルギー，フランス，イタリア，オランダ，ポルトガル，スウェーデンなど 20 カ国である。条約名には「条件付釈放」（conditionally release）の用語があるが，対象者に関する規定には，「裁判の後に部分的に執行が猶予される刑」（a sentence of which the enforcement has been conditionally suspended, in whole or in part, either at the time of the sentence or subsequently）〔下線筆者〕とあり，これが仮釈放を意味していると思われる。「裁判のときに部分的に執行が猶予される刑」は刑の一部執行猶予に当たると考えられる。

42) Council Framework Decision 2008/947/JHA of 27 November 2008 on the application of the principle of mutual recognition to judgments and probation decisions with a view to the supervision of probation measures and alternative sanctions. この枠組みでは，明文で，条件付釈放，即ち仮釈放による保護観察も移管の対象としている（第 2 条 1 項(a)，6 項）。

る。まず，執行国が保護観察に関する裁判や決定（仮釈放の決定を含む）を承認し，裁判国に通知した場合，裁判国は，保護観察の権限のみならず，遵守事項違反や再犯の場合の不良措置の権限も失い（第7条），執行国が全ての権限を有する（第14条）。即ち，執行国は，自国の法に基づき，(a) 保護観察の遵守事項や指示事項を変更し，或いは保護観察の期間を変更すること，(b) 執行猶予や条件付釈放の取消し，(c) 宣告猶予や自由刑でない代替刑の場合，自由刑や自由剝奪処分を付加することができる。但し，加盟国は，個々の事案において裁判や決定の承認を拒否することもできるし（第11条），ある事案又は一定の類型の事案の，特に条件付釈放や不良措置としての自由刑でない代替刑などの場合においては，上記の(b)と(c)の責務を負うことを拒否することを予め宣言することができる（第14条2項）。

　問題は，日本の場合，残刑期間主義を採用しているため，たとえ保護観察の移管を行い得たとしても，仮釈放後の保護観察期間が極めて短いことである。そもそも，枠組みは6か月未満の保護観察の場合，執行国は移管を拒否することができるため（第11条1項(j)），残刑期間が短い場合，移管の対象にならないことがある。また，移管条約でも枠組みでも，執行国の方式に転換することもできるが（移管条約第11条1項，枠組第9条1項），執行国の監督手段は裁判国のものより重くなってはならないという不加重原則があるため（移管条約同2項，枠組み同3項），保護観察期間を伸張することは認められない。そのため，残刑期間（保護観察期間）が6か月を超える場合でも，執行国での保護観察に十分な効果を期待することが難しくなる。そうなると，執行猶予の保護観察はよいとして，仮釈放の場合は，1年以上の残刑期間があるような長期受刑者の仮釈放くらいにしか適用がないであろう。保護観察の移管に関する条約を他国と締結するうえでも，その前提として，日本で考試期間主義を採用することが必要である。

V　外国人受刑者の再犯と出入国管理

1　前科率と再入率

　近年，外国人受刑者の「再犯」が顕在化しつつある。矯正統計によれば，外国人入所受刑者全体の再入者率（入所受刑者に占める入所度数2度以上の者の割合）

は43％であり，特別永住者や永住者等を除いた「来日」外国人の場合でも20％となっている[43]。統計上の制約から永住者だけの再入者率を知ることができないが，外国人受刑者の再入者率は高く，しかも2004年以降，その値が上昇していることは問題である[44]。F指標受刑者についても，1999年以降，B指標の割合が上昇し，犯罪傾向の進んだ外国人受刑者が増えていることを示している[45]。

　法務総合研究所が，特別永住者を除く外国籍受刑者の実態調査を行ったところ，45％に前科があり，懲役・禁錮以上の有前科者も43％に上ることが明らかとなっている[46]。実刑となって刑事施設に入所したことのある再入者ですら16％もいる。日本人受刑者の有前科者率87％や再入者率58％より遙かに低いものの，外国人受刑者は釈放後に大半の者が退去強制になることを考えると，看過できない値である。

　さらに，調査対象者のうち永住者，定住者，日本人の配偶者等，永住者の配偶者等（入管法別表第2の在留資格。以下，「居住資格者」という）について見ると，有前科者率は68％（懲役・禁錮の有前科者率は65％）と極めて高い。再入者率も24％である。これに対し，留学，研修，技能実習，短期滞在等の非居住資格者の有前科者率は7％であり，再入者率は0.6％に止まる。

　また，出所後5年以内の再入率は，FA指標で2％，FB指標で25％と，特にFB指標受刑者で高い。F指標受刑者は大半が退去強制になっているはずであるにもかかわらず，FB指標受刑者は一般のA指標受刑者と同じ位の再入率であることから，その再犯率はかなり高いと考えられる。

2　退去強制と在留特別許可

　問題は，刑事施設からの釈放後，退去強制になるはずの外国人受刑者が，どのような経緯で国内での再犯と服役に至っているのかである。

　入管法第24条は，テロ行為，人身取引，売春，暴力的反政府活動のほか，

43) 法務省・前掲注(16)表42，表43。
44) 法務総合研究所『平成25年犯罪白書—女子の犯罪・非行／グローバル化と刑事政策』(2014) 250頁。
45) 法務総合研究所・前掲注(44)243頁。
46) 法務総合研究所・前掲注(44)263-265頁，新海浩之ほか・前掲注(18)89-91頁。

・違法薬物関連法令に違反して有罪判決（執行猶予を含む）を受けたこと（4号チ）
・無期又は1年を超える懲役若しくは禁錮（執行猶予を除く）に処せられたこと（4号リ）
・非居住資格者（入管法別表第1の在留資格）で，刑法上及び特別法の一定の罪[47]により懲役又は禁錮（執行猶予を含む）に処せられたこと（4号の2）
等，一定の犯罪や受刑を退去強制事由として定めている。従って，自由刑の有罪判決を受けた外国人は，特別永住者を除くと[48]，多くが退去強制事由に該当し，且つ無期限又は5年若しくは10年の上陸拒否事由に該当するため（入管法第5条1項4号，5号，9号ロ・ハ，9号の2等），日本に再入国することは難しく，本来なら日本での再犯は基本的にないか，少ないはずである。

　一般に，非居住資格者は，宣告刑の長短や執行猶予の言渡しの有無にかかわらず，自由刑の有罪判決を受けた者は殆どが退去強制になるものと推測される。非居住資格者に殆ど有前科者や再入者がいないのもそのためである。僅かな有前科者は前刑が罰金の場合か，一旦退去強制となった後に不法入国し，再犯に至った場合であろう[49]。

　一方，懲役・禁錮の有前科者率が65％に達する居住資格者は，入管法第24条4号の2の適用がないので，自由刑に処せられた場合，1年以下の実刑のほか，執行猶予判決の場合は，違法薬物関連法令や入管法違反等でない限り，退去強制とはならない。そのため居住資格者と非居住資格者では，自由刑の執行猶予判決において退去強制の扱いに差が出るが，（1年以上の）実刑の場合には，少なくとも退去強制事由該当性という点では違いがないはずである。にもかかわらず，居住資格者に刑事施設への再入者が多いということは，釈放後，退去

---

47) 但し，刑法典第22章中の強姦罪や強制わいせつ罪等が対象となっていないが，これらの性犯罪も含めるべきではないだろうか。
48) 特別永住者については，日本国との平和条約に基づき日本の国籍を離脱した者等の出入国管理に関する特例法により，退去強制の特例が設けられ，内乱罪等のほか，日本の重大な利益を害した重大な罪を犯し，一定の刑に処せられた場合に限られている（第22条）。
49) もう1つの可能性として，非居住資格者が，入管法第24条4号の2が定める罪でも4号チの違法薬物関連法令でもない罪により執行猶予となったか，1年以下の実刑に処せられ，且つ，在留期間も切れることがなかったため，退去強制とならず，日本に在留するうちに再犯に至った場合が考えられるが，罪種の範囲の狭さからいって，こうしたケースは少ないのではないかと推測される。

強制となった後で不法入国しているか，退去強制が執行されていないかのどちらからである。

　法総研は，先に言及した調査において，窃盗と強盗の受刑者に限定してではあるが，本件出所後の成り行きを分析している。それによると，非居住資格者は全員が退去強制となっているのに対し，居住資格者については，退去強制のため入管渡しとなったのは39％に過ぎず，20％の者は国内に在留しているが[50]，後者は刑期が1年未満のケースではないかと考えられる。

　注目すべきことは，残りの41％の者が在留特別許可となっていることである。一般に，退去強制事由に該当する者についても，日本人又は特別永住者の子である場合や日本人又は特別永住者と婚姻している場合，本邦に長期間在住し，定着性が認められるなどの積極要素と，重大犯罪により刑に処せられ，或いは出入国管理行政の根幹にかかわる違反又は反社会性の高い違反を犯したといった消極要素を考慮したうえで在留特別許可をすることができるが[51]，居住資格者たる受刑者は，刑罰法令に違反し，自由刑の実刑を受けながら，釈放後，在留特別許可されている者が少なくないのである。

　出入国管理の統計からも，そうした状況の一端を窺うことができる。近年，刑罰法令違反等の退去強制事由に該当しながら在留特別許可となる者の割合が，2006年までは0.5〜0.6％台であったものが，近年は3〜4％台となっている[52]。もっとも，法務省入国管理局から公表されている在留特別許可の事例では，刑罰法令違反がある場合は殆ど在留特別許可されていない[53]。しかし，在留外国人の参考に供する事例集的なものにおいて，刑罰法令違反の者が一般に特別在留許可されているような印象を与えるような例を掲載しにくいという事情はあろう。

50）法務総合研究所・前掲注(44)284-285頁，新海浩之ほか・前掲注(18)86-89頁。
51）法務省入国管理局「在留特別許可に係るガイドライン」平成18年10月，平成21年7月改訂。
52）退去強制該当件数に占める刑罰法令違反での在留特別許可件数の割合で算出した。法務省入国管理局『平成28年版出入国管理』(2016) 50頁，53頁，同『平成19年版』43頁，46頁。
53）法務省入国管理局「在留特別許可された事例及び在留特別許可されなかった事例について（平成26年）」(2015)，「同（平成27年）」(2016)。

3 矯正処遇の充実化

　従来，外国人受刑者については殆どが退去強制になっていると思われてきていたが，退去強制事由に該当しながらも，釈放後，在留特別許可を得て，本邦に在留し，しかも再犯を行う者が少なくないという事実は，外国人受刑者の処遇を考えるうえで極めて重要である。

　今後は，退去強制事由に該当する外国人受刑者に対しても，日本での在留を念頭に置いた処遇や仮釈放の在り方を考える必要がある。しかし，在留特別許可となるかどうかが決まるのは刑事施設からの釈放後である。退去強制事由の該当性は，受刑が始まった段階でも判断が可能であるが，在留許可を例外的に認める在留特別許可の手続は，受刑者の身分の変動（例えば，日本人との婚姻）も踏まえて判断が行われるため，決定はあくまで釈放後にならざるを得ない。そのため，日本への在留が認められるか否かを事前に判定したうえで，処遇を行うかどうかを決めることはできず，結局，外国人受刑者全体に対し可能な範囲で適切な矯正処遇を行うほかない。その意味でも，消極的処遇主義を採ることは最早許されないというべきである。特に，永住者，定住者，日本人の配偶者等，永住者の配偶者など日本に在留する可能性が高く，且つ本人も在留を希望する受刑者には，日本での在留を前提とした日本語教育や職業訓練を行うべきであろう。前科のある外国人というハンディキャップを乗り越えて就労の機会を得ていくためには，読み書きを含めた日本語能力の向上と技能習得を目的とした職業訓練が不可欠である。

　また，仮釈放後の保護観察の体制も整備する必要がある。退去強制のため入管渡しとなり，最終的に在留特別許可となった場合，保護観察所が入国管理局と連携をとり，在留についての情報を得たうえで帰住地において保護観察を行う必要がある。勿論，仮釈放期間が残っていることが前提となる。

VI　国際受刑者移送の積極化と適正化

1　送出移送の相当性判断

　日本がヨーロッパ評議会の「刑を言い渡された者の移送に関する条約」（以下，「CE条約」という）に加盟し，タイ，ブラジル，イランとの間でも二国間条約を締結したことで，外国人受刑者に対する国際受刑者移送の道が開かれたこ

とは歓迎すべきことである[54]。しかし，現在，我が国の刑務所に収容されている外国人受刑者には未だ条約締結国の出身者ではない者が多いため，今後，さらに多くの国との間で二国間条約ないし多国間条約を締結し，国際受刑者移送を積極的に適用していくことが望まれる。

　ただ，国際受刑者移送制度（送出移送）の導入によって国内における外国人受刑者に対する処遇の問題が全て解消されるわけではないことも念頭に置いておく必要がある。受刑者の母国（執行国）における刑事施設と日本の施設との間で収容環境に開きがあることや，母国での受刑により家族に犯罪や受刑のことが知られてしまうこと等の理由から受刑者本人が移送に同意しない場合もあるし[55]，矯正施設の事情（例えば過剰収容）等から執行国が移送に同意しないこともあり得る[56]。従って，我が国の刑事施設に収容されている外国人受刑者が全て移送の対象になるわけではなく，今後も外国人受刑者に対する矯正処遇の在り方を追究していく必要がある。

　また，日本政府としても，要件さえ充足すれば，どんな受刑者でも送出移送してよいということにはならない。社会の安全維持が刑事政策の究極の目的であるから，送出移送の相当性判断（国際受刑移送第34条1項但書）においても，①犯罪者の社会復帰と再犯防止，②犯罪者の適正な責任追及（処罰・処分），③犯罪被害者の立ち直りという3つの大きな観点から適正な運用を行っていく必要がある。

---

54) 韓国が2005年にCE条約に加盟したことにより，日本との間でも国際受刑者移送が可能となっている。韓国の国際受刑者移送制度については，徐運在「韓日における国際受刑者移送制度の現状と課題」法学政治学論究98号（2013）1頁以下に詳しい。韓国側の文献として，徐範政「國際受刑者移送法解説(1)(2)」法曹54권12호（2005）305면，55권1호（2006）323면，신용해「국제수형자이송제도의 도입과 운영의 실제」（2005）等。

55) 国際受刑者制度の施行から2008年5月末までの間に大阪刑務所における送出移送の該当者66人のうち移送の申出を行った外国人受刑者は28名であったとされている。国別では，オランダが全員申出を行い，該当者が少ないものの，オーストラリア，ドイツ，ポルトガル，ベルギーも全員申出を行っているのに対し，韓国，ロシア，トルコ，イギリスの申出率が低い。山中義春「大阪刑務所における外国人受刑者処遇の概要と国際対策室の役割」刑政119巻9号（2008）23頁。

56) 送出移送の要請を拒否されたのは2011年5月までに19件あるという。日本刑法学会のワークショップ「受刑者移送条約の問題点」における大橋哲氏（当時，法務省矯正局成人矯正課長）の発言。愛知正博＝足立友子「受刑者移送条約の問題点」刑法雑誌51巻3号（2012）484頁。

まず第1に，犯罪者の社会復帰が国際受刑者移送の主目的であることから[57]，受刑者の社会復帰という観点から移送が相当かどうかの判断を行う必要がある[58]。そのためには，所内での行状や改善更生の意欲といった受刑者本人の状況と，執行国側の刑罰制度や刑事施設の概況，矯正処遇や社会内処遇の内容といった刑事司法制度の概要を考慮する必要がある。

　受刑者本人の状況については，仮釈放要件のような「改悛の状」までは必要ないものの，「悔悟の情」が全くないとか，「改善更生の意欲」に著しく欠けるという場合，本国に移送しても，社会復帰の目的が十分に達せられるか疑問であるから，不相当ということになろう。一方，受刑者本人に改善更生の意欲が見られ，送出移送に同意しているとしても，執行国において移送後に適切な処遇が行われる可能性が乏しく，本人の更生が危ぶまれる場合には，国際受刑者移送の目的にそぐわないとして相当性を欠くとせねばならない。

　第2に，日本で罪を犯し，日本の法秩序を乱した者に対しては，日本の法に基づいて適正に刑事責任を追及し，その刑を確実に執行することによって日本の法秩序を維持するという刑事政策の機能も，移送の相当性を判断するうえで無視できない。そうした意味では，事件の重大性に対する評価も重要である。犯罪が極めて重大であるような場合，いくら移送が社会復帰のためであるとはいえ，軽微な犯罪の場合と同じ評価でよいとは思われない。但し，犯罪の重大性が相当性そのものに関わるような事案はごく一部に限られると思われ，殆どは移送の時期の問題として考慮されるであろう。このあたりは，国内における法執行としての仮釈放とは事情が異なる。

　また，執行国側の刑罰制度や社会内処遇制度は，社会復帰の観点からだけでなく，犯罪者の適正な責任追及という点からも考慮する必要がある。というのも，国によっては，極めて早期に条件付釈放や仮釈放をするところもあるし，大規模恩赦により大量の受刑者を釈放する国もあるからである。送出移送の後，

57）国際受刑者移送法第1条の目的規定に「その本国において当該確定裁判の執行の共助をすることにより，その改善更生及び円滑な社会復帰を促進すること」とある。CE条約の前文においても「このような協力が司法の目的及び刑を言い渡された者の社会復帰を促進すべきである」とされている。
58）日本ではこれまでに送出移送を拒否した例が76件あり，うち52件が改善更生に資さないという理由から相当性がないと判断されたという。韓国人の特別永住者など本国の生活上の繋がりが乏しいものが多い。愛知正博＝足立友子・前掲注(56)484頁。

日本の刑罰権が実質的に実現されるだけの刑の執行の見通しがなければならない[59]。実務でも，送出移送にあっては，移送後の仮釈放の要件や法定期間経過日，刑期の終了日，処遇制度等を執行国に確認しているとのことである[60]。もっとも，国によって制度がまちまちで，確認に相当時間と手間がかかり，期待される処遇が行われるのかどうか確証を得るには時間を要するという。

第3に，送出移送によって刑罰権の行使は殆ど執行国に移ることから，被害者にも一定の配慮が必要となる[61]。事件の加害者が本国に移送されて刑の執行を受けることに対し被害者がどのように感じるかは被害者毎に異なろうが，被害者は国際受刑者移送に対して意見を述べることは認められておらず，送出移送されてしまえば，日本で保護観察も行われないため，心情伝達制度も利用できない。第4編で論じたように，現在の被害者意見聴取制度を刑の執行初期段階における意見聴取制度に改編することが望ましいと考えるが，それはさておくとしても，送出移送の相当性判断においては被害者への配慮を欠かしてはならない。

以上のように，受刑者の改善更生や社会復帰の可能性，犯罪の重大性と日本の法秩序に与えた影響，執行国の刑罰・処遇・釈放制度の概要，被害者の状況や要望などを考慮して，送出移送の相当性を適切に判断していく必要がある。本国の方が社会復帰に有利な面があるのはその通りであるが，送り返しさえすればよいというのでは国際受刑者移送制度の趣旨に悖る。

2 送出移送の時期

送出移送の時期も重要な要素である。CE条約上，執行期間が6月未満の移送は原則として認められていないが[62]，本国の刑事施設における処遇の意義や効果を考えるならば，できる限り受刑後の早い時点での移送が望ましいことに

---

59) 片山巌「国際受刑者移送について」法律のひろば55巻9号（2002）8-9頁，田中秀樹「送出移送について」法律のひろば55巻9号（2002）35頁。
60) 菅野哲也「国際受刑者移送について」罪と罰49巻3号（2012）36頁。
61) これまでの送出移送では，覚せい剤取締法違反等の薬物法令違反や関税法違反，入管法移管が多数を占めているため，こうした被害者なき犯罪については被害者への配慮は特に必要ない。
62) 日タイ条約（第3条e号）と日伯条約（第3条1項d号）では1年とされている。日斯条約では6月である（第3条1項c号）。

なる。しかし，その一方で，上述した相当性判断と同様，日本で罪を犯した者に対する刑罰権の適正な行使という面も無視できない。余りに早期の送出移送は，被害者を初めとする社会一般の理解を得られないとする見解もある[63]。日タイ条約においては，裁判国における最低執行期間を定めている[64]。

　実務では，外国人受刑者に対して入所後遅滞なく国際受刑者移送制度の説明をし，希望者には申出をさせている。しかし，実際に送出移送がなされる時期は受刑者によってまちまちであり，中にはかなり刑の執行が進んだ時点で行われるケースがある。国際受刑者移送制度が始まった当時は仮釈放要件と同じ刑期の3分の1までは申出をさせない取扱いもあったが，制度や条約の趣旨に合わないことから，そうした取扱いは現在行われていない。法務総合研究所の調査によれば，移送までの執行率が30％未満だった者は19％，50％未満が38％，70％未満が29％，70％以上が14％であったという[65]。執行刑期の50％までに移送されるケースが半数を超えているが，70％以上執行するケースも少なからず見られる。

　移送の時期が遅くなる一番の原因は，手続に時間を要するからであるとされる。日本での判決謄本等を外国語に翻訳するのにも時間を要するし，執行国に書類を送っても，長い間，回答がない場合もあるという[66]。しかし，刑期が長くなるほど執行率が高くなっていることから，日本での刑罰権行使のため，ある程度，国内において刑の執行を行ってから移送を行うという配慮が働いている可能性もある。条約上6月は刑期が残っていなければならないとしても余りに短い期間を残しての送出移送は，受刑者の処遇や社会復帰という点で望まし

63）片山巌・前掲注(59)9頁。
64）日タイ条約（第3条d号）。「移送国においてその法令に定める最小の期間既に拘禁されていること」にいう最小の期間は我が国の法制度には存在しない。タイの刑事判決の執行における国際共助手続法には，刑期の3分の1又は4年未満の短い方，薬物取引の罪で無期刑の場合は8年未満しか刑の執行を受けていない場合は送出移送の対象外とされている。พระราชบัญญัติ การปฏิบัติเพื่อความร่วมมือระหว่างประเทศในการดำเนินการตามคำพิพากษาคดีอาญา พ.ศ.2527. 日タイ移送条約については，愛知正博「日タイ受刑者移送条約の以後と展望」刑事法ジャーナル30号（2011）58頁以下。
65）新海浩之ほか・前掲注(18)43頁。
66）菅野哲也「我が国における国際受刑者移送の現況」刑事法ジャーナル30号（2011）67-68頁は，裁判国と執行国での刑期計算の考え方や未決勾留期間の算定基準のほか，法律制度や法律用語の違い等から両国間での調整に時間を要するとする。

くない。

　もっとも，手続を行っている間に，結局，日本の仮釈放の手続が早く進んでしまい，受刑者本人が移送の申出を撤回する場合もあるという[67]。仮釈放となれば，即退去強制となって本国では全くの自由の身であるのに対し，送出移送となれば，本国でも受刑しなければならず，日本ほど仮釈放が活発でない国であれば，却って身柄の拘束が長く続くこともあり得るからである。日本側の事情では如何ともしがたい面はあるが，少なくとも仮釈放となるような時期にまで移送が遅れることは望ましくないであろう。

Ⅶ　外国人犯罪者の更生と多文化共生

　罪を犯し，刑を受けた外国人の在留を認めるか否かということは一国の出入国管理の根幹に関わる問題であり，刑事司法の枠だけで議論できる類のものではない。しかし，永住者の増加からも窺い知ることができるように，日本で就労し，一定の収入と資産を得た後は母国に帰るという「出稼ぎ外国人」から，日本を終の棲家とするか，少なくとも日本で人生の大半を終えようとする「移民型外国人」が多くなりつつある。刑事施設に収容されるような外国人犯罪者についても在留特別許可となるケースが多くなってきていることを考えると，今後，外国人犯罪者に対しても日本への定着と社会復帰を前提とした対応を検討する必要がある。外国人犯罪者の再犯が増えているとすれば尚更である。

　しかし，日本語能力や教育歴が不十分なうえに，前科者ということになれば，外国人の就労には容易ならざるものがあろう。折角，日本での在留が認められても，仕事に就けず，福祉に負んぶに抱っこでは，本当の社会復帰とは言えないし，多文化共生の理念とはほど遠い。刑事施設の中で日本での生活と就労に必要な心構えと技能を身に付けさせたうえで，社会の中で一定期間，保護観察を行っていくといったような対応が求められよう。在留特別許可が認められず，退去強制となってしまえば仕方がないが，それはそれで母国での生活に役立てばよい。元犯罪者であっても，日本での在留を認める以上，再犯に至ることな

67）姫田卓郎「国際受刑者移送法施行後の実施状況，問題点及び今後の展望について―府中刑務所における現状」刑政116巻11号（2005）103-104頁。

く生活していくことができるよう支援することが多文化共生ではないであろうか。多文化共生に外国人前科者は含まれないというのでは，外国人労働者を必要とするときだけ都合よく受け入れておいて，罪を犯せば処遇もせずに退去強制では，優れた刑事司法制度と矯正制度を有する国家としての使命を果たしているとはいえない。

第 2 章

精神障害受刑者の釈放と 26 条通報

I　刑事施設からの釈放と治療継続の必要性

　検挙された触法精神障害者のうち起訴前鑑定により心神喪失又は心神耗弱と診断された者の多くは不起訴ないし起訴猶予となるが[1]，精神病等の精神障害がありながら責任能力が認められ，或いは軽度の精神障害が見過ごされて起訴・有罪となり，自由刑を科せられる受刑者も多いことから，刑事施設には極めて多くの精神障害者が収監されている。年末在所人員に占める精神障害者の割合は 19％にも達し，知的障害と人格障害を除いた，統合失調症などの精神病を含むその他の精神障害に限っても受刑者総数の 18％を占める[2]。しかし，これら精神障害受刑者のうち M（ラージエム）指標の判定を受け，精神障害者に対する専門的な処遇を行う医療刑務所に収容されている者は 3％に過ぎず，精神障害のある受刑者の殆どが B 指標又は A 指標と判定され[3]，医療重点施設或いは一般の刑事施設において投薬と精神療法を中心とした処遇が行われて

---

1)　森山公夫「『触法精神障害者』の精神医学的評価に関する研究」平成 13 年度厚生科学研究費補助金（障害保健福祉総合研究事業）「措置入院制度のあり方に関する研究」分担研究報告書（2002）117 頁以下によると，全国の地方検察庁で簡易鑑定が実施された事件の起訴率は 55％，本鑑定実施事件の起訴率は 48％となっている。

2)　法務省『平成 27 年法務年鑑』（2016）145 頁。

3)　法務省・前掲注(2)265 頁。現在，M 指標受刑者は，岡崎，北九州，八王子，大阪の 4 つの医療刑務所を中心に収容され，僅かながら M 指標施設に指定されている札幌，宮城，府中，名古屋，沖縄にも収容されている。

いるに止まる。

　さらに問題なのは釈放後の治療継続である。精神障害のある受刑者全体の釈放事由に関する統計はないものの，M 指標受刑者については，その殆どが満期釈放となっており，仮釈放率は 8 % 程度である[4]。従って，精神障害受刑者は，刑事施設において治療や処遇を受けていたとしても，満期釈放となった日から，保護観察も治療もない状態に置かれることになる。更生保護施設も，治療を要する精神障害者は受け入れに躊躇する場合が殆どである[5]。長崎・南高愛隣会によるモデル事業を経て，2009 年（平成 21 年）から法務省と厚生労働省の連携により特別調整と地域生活定着促進事業が導入されているが，この制度の対象となる精神障害受刑者は，福祉的支援が必要且つ相当な者が中心で，治療を要する統合失調症の受刑者は対象となり難い。結局，福祉的支援さえもなされないまま社会に放置される精神障害受刑者は極めて多い。2005 年（平成 17 年）から施行された「心神喪失等の状態で重大な他害行為を行った者の医療及び観察等に関する法律」（以下，「医療観察法」という）に基づき入院となった者に対して充実した医療体制と恵まれた予算の下で手厚い治療が行われ，退院後は，社会の中で社会復帰調整官による精神保健観察と通院治療が行われるのとは対照的である。

　しかし，精神障害受刑者に対し継続的な治療と処遇が行われなければ，社会復帰に支障が生じる可能性は極めて高いと言わざるを得ない。M 指標受刑者の刑事施設への再入率は一般の受刑者よりもやや低いものの[6]，再犯に対しては不起訴や医療観察法といった刑罰以外の対応があることに加え，自殺や向精神薬等による死亡リスクも考慮に入れる必要がある。

　唯一，満期釈放後の治療に繋げる手段に措置通報制度がある。精神保健及び

4)　2001 年から 2015 年までの平均値による。法務省『2001 年矯正統計』〜『2015 年矯正統計』e-Stat 表 80。但し，注意が必要なのは，医療刑務所に収容された M 指標受刑者は，症状が改善した場合，一般刑務所に移送したうえで釈放となるため，M 指標が取れる場合がある。こうした「元」M 指標受刑者の釈放事由は明らかでない。
5)　太田達也「更生保護施設における処遇機能強化の課題と展望」犯罪と非行 132 号（2002）44-45 頁。
6)　法務省『2011 年矯正統計』〜『2015 年矯正統計』e-Stat 表 66。2003 年頃までの MA・MB 指標受刑者の 5 年再入率は一般の A・B 指標受刑者よりも高かったが，その後，MA・MB 指標受刑者の再入率は一般の A・B 指標受刑者よりも低い値にまで低下している。

精神障害者福祉に関する法律（以下，「精神保健福祉法」という）に基づき，刑事施設を含む矯正施設の長は，精神障害又はその疑のある収容者を釈放させようとするとき，あらかじめ一定の事項を本人の帰住地の都道府県知事に通報しなければならないとされていて，根拠条文の名前を採って 26 条通報と呼ばれている。通報を受けた都道府県は，調査（以下，「事前調査」という）を行い，必要があると認めるときは，指定医による診察（精神福祉第 27 条。以下，「措置診察」という）が行われ，その結果，精神障害者であり，且つ，医療及び保護のために入院させなければその精神障害のために自身を傷つけ又は他人に害を及ぼすおそれがあると認められるときには，本人の意思にかかわらず精神病院に入院させることができる。この措置入院制度が満期釈放となった精神障害受刑者に対し継続的に治療を行う唯一の道であるにもかかわらず，実際には，措置入院はおろか，措置診察も実施されず，釈放後の治療に結び付かないケースが非常に多い。結局，保護観察にも措置入院にもならず，病識の欠如，経済的困窮，家族による支援の欠如等と相まって治療が中断し[7]，精神症状が悪化して，再犯のリスクが高まることになる。

　精神障害のある受刑者に対しては，釈放後の継続的な治療と処遇が病状の安定と再犯の防止に有効であることは間違いない。そこで，本章では，刑事施設における実態調査並びに各地の自治体で行った聞き取り調査を基に 26 条通報の運用と課題について分析を行い，26 条通報に基づく措置入院制度には運用上の問題に止まらない構造的限界があることを指摘したうえで，精神障害受刑者に対する刑事法的対応の在り方を刑事施設からの釈放と社会内処遇を中心に考察することとしたい。

II　26 条通報の運用状況

1　全体の動向──年次推移

　精神保健福祉法第 26 条に基づく通報制度は，1950 年（昭和 25 年），他の通報制度とともに，それまでの精神病者監護法と精神病院法に代わって制定された

---

7)　野村俊明＝岩堀武司「矯正施設内処遇の課題と今後」こころの科学 132 号（2007）66 頁。

精神衛生法によって新設され[8]，その後，法律の名称が精神保健福祉法となるなど多くの改正が行われる中でも，変更されることなく，維持されてきている制度である。

　しかし，近年，その運用状況に大きな変化が見られる。2003 年（平成 15 年）から，26 条通報人員だけでなく，26 条通報人員の出所人員総数に占める割合（以下，通報率という）も急激に上昇している。これは，2001 年 4 月，浅草で自閉症の男性が通行中の女子大生を殺害した，いわゆるレッサーパンダ帽男事件[9]や，2001 年 6 月小学校に侵入した男が 8 名の児童を殺害し，多くの児童や教諭に傷害を負わせた池田小学校事件[10]が発生したことなどを受け，同年，矯正局から精神障害のある受刑者を釈放する際には原則として 26 条通報を行うようにとの指示がなされたためである[11]。

　それ以前の 26 条通報人員は M 指標受刑者の釈放者数に近かったが，その後大幅に増加し，現在はその 20 倍以上に達している。つまり，従来は，M 指標受刑者を中心に通報していたものが，2001 年（実際には 2003 年）以降は，M 指標受刑者に限らず，知的障害や物質関連依存（薬物依存）を含め，精神障害を有する受刑者を極力通報するようになっているのである。受刑者のうち，「精神医療のために医療を主として行う刑事施設等に収容する必要はないが，精神医療上の配慮を要する者」に対しては m（スモールエム）という符号が別途付されることになっており[12]，この m 符合受刑者が 26 条通報の母集団となっていることが考えられる。しかし，m 符号受刑者の全国統計は作られておらず，また睡眠導入剤を処方している者にまで m 符合を付けている施設もあれば，何らかの精神障害のある受刑者のみ m 符合を付している施設もあるなど，施設によって運用が大幅に異なる。m 符号受刑者であるからといって自動的に

8）　精神保健福祉研究会監修『［三訂］精神保健福祉法詳解』中央法規（2009）8 頁。
9）　東京地判平成 16・11・26（LEX/DB）。第 1 審では，完全責任能力ありとし，無期懲役が言い渡されている（控訴取下により確定）。同事件の裁判経過については，佐藤幹夫『自閉症裁判—レッサーパンダ帽男の「罪と罰」』朝日文庫（2008）。
10）　大阪地判平成 15・8・28・判時 1837 号 13 頁。著しく偏った人格傾向はあるとしながらも，精神疾患の影響はないとして，完全責任能力を認定し，死刑を言い渡した（控訴取下により確定）。
11）　西和吉ほか「出所時措置入院者について」矯正医学 52 巻 2-4 合併号（2004）78 頁。
12）　「受刑者の集団編成に関する訓令の運用について」平成 18 年 5 月 23 日矯成 3315 矯正局長依命通達第 7(1)ア。

26 条通報に付すわけではなく，釈放前の個別審査によって通報の有無が判断されているものと思われる[13]。

そして，26 条通報人員が大幅に増加する一方で，措置入院となる受刑者は殆ど増えていないことから，通報人員のうち措置入院となった者の割合である措置率は 2000 年の 40％から 2015 年の 2％にまで低下している。

2 刑事施設毎の通報状況

26 条通報の運用は，刑事施設毎に大きく異なる。毎年 400 名前後の通報が行われている府中刑務所を筆頭に，広島，福岡，大阪，札幌，横浜など非常に通報人員が多い施設もある一方，年に 1 桁の通報しかない施設もある。通報人員が上位の施設は，大規模施設や医療重点施設であるため，精神障害受刑者が多く収容されていても不思議ではない。そこで，施設毎の通報率で比較してみると，岡崎，岩国，府中，和歌山，広島，八王子，福岡，笠松，滋賀，岡山，北九州，横浜等，医療刑務所や一部の医療重点施設で高率となっている。医療刑務所は当然として，これらの施設ではより積極的に通報を行っていることがわかる。女子刑務所は，全ての女子受刑者を混合収容していることから精神障害受刑者も多く，覚せい剤事犯者が多いことから，薬物性の精神障害も多く含まれているからであろう。

また，施設毎に M 指標受刑者の収容状況が異なるため，当該施設から M 指標出所者数に対する 26 条通報人員の割合（以下，通報比という）を計算すると，岡崎，北九州，八王子，大阪の医療刑務所は，通報比が 1 前後となっており，出所した M 指標受刑者を中心に 26 条通報していることがわかる。しかし，これらの医療刑務所以外で通報比が低い施設では，26 条通報人員も通報率も低く，対象者を厳選して通報していることがわかる。これに対し，札幌，黒羽，府中，横浜，加古川，大阪，京都，神戸，広島，福岡等の大規模施設や笠松，和歌山，岩国などの女子刑務所など通報人員や通報率が高い施設では，通報比が極めて大きな数値となっているか，M 指標出所者が 2011 年以降 1 人もいないため通報比が算出不能となっている。つまり，こうした施設では，M 指標

13）花田百造＝酒井広隆「精神保健福祉法第 26 条に基づく通報をめぐる問題について」矯正医学 59 巻 2-4 号合併号（2011）103 頁。

受刑者が殆どいないにもかかわらず，積極的に26条通報を行っていることになる。

入院措置との関係では，措置率が高い施設ほど通報人員や通報率が低く，逆に通報人員や通報率が高い施設は，医療刑務所を除くと，措置率が低くなっている。岡崎は，精神障害受刑者専用の医療刑務所であることもあり，通報者数，通報率いずれも高いが，措置率は平均10%以下であり，同じく，M指標指定の医療刑務所である北九州は，通報率は低いものの，措置率は15%程度となっている。

以上のことから，26条通報の対象を広く取り，積極的に26条通報を行っている刑事施設では結果的に措置率が低くなる一方，26条通報を自傷他害のおそれが高い者に限定して抑制的に行っているところでは，通報者数が少ないものの，措置率が高くなっていることがわかる。医療刑務所や医療重点施設を除く一般の刑事施設に収容されている精神障害受刑者の実数や障害の程度にこれほどの差があるとは考えられないことから，26条通報の運用の差は各施設の方針や基準の違いによって生じていると思われ，措置率については自治体側の体制にも大きく左右されていよう。

3　自治体の通報受理状況

26条通報は刑事施設から釈放された後の帰住地の都道府県知事に対して行い，帰住地がないか，定まっていない場合には，当該刑事施設所在地の都道府県知事に対して行うことになっている（精神保健福祉法第26条）。従って，多数の受刑者が帰住する都市部については26条通報が自ずと多くなるほか，M指標受刑者を始め精神障害受刑者の釈放（特に，満期釈放）が多い施設のある自治体も26条通報の受理件数が多くなる傾向がある。厚生労働省の衛生行政報告例を用いて26条通報の件数と処理状況を調べてみると，東京，愛知，大阪，福岡，兵庫，京都，神奈川，埼玉，千葉，広島の順に26条通報件数が多くなっており，釈放者の帰住予定地（生活環境調整先）の多い地域とほぼ一致している[14]。

14）法務省『2015年保護統計—保護観察所』e-Stat 表51。

しかし，26 条通報の後，措置診察（1 次診察又は 2 次診察）を実施した診察率を計算すると，こうした通報件数の多い自治体では概して診察率が低い。逆に診察率が高いのは，東北や山陰など 26 条通報件数が少ない自治体である。措置率も，東北各県など，通報件数が少ない地域において高くなっている。このことから，多数の 26 条通報を受理する自治体では，措置通報に対する調査や措置診察が通報に追いついていないことが推察される。

Ⅲ　26 条通報の対象者像と再犯

　法務省矯正局の協力を得て香川大学の平野美紀教授と共同で行った精神障害受刑者の処遇に関する実態調査において[15]，26 条通報と通報対象者の再犯（再入）状況について分析を行った。調査は，4 つの医療刑務所と M 指標施設に指定されている 4 つの B 指標刑事施設における MB 指標受刑者 97 名を対象とする調査，11 の B 指標刑務所（LB 指標を含む）と 2 つの女子刑務所における m 符合の付いた受刑者 89 名を対象とした調査及び知的障害者（CAPAS50 以下）111 名を対象とした調査の 3 つから成る。再犯状況や過去の 26 条通報を調査するため，いずれの調査も刑事施設への入所歴がある日本国籍の成人受刑者（懲役刑受刑者）を対象とし，調査対象者を絞るため，受刑罪名を殺人，強盗，傷害・傷害致死，強姦，強制わいせつ，放火，窃盗，詐欺，恐喝，覚せい剤取締法違反，麻薬及び向精神薬取締法違反（強盗，強姦，強制わいせつは，同致死傷を含み，強盗は，強盗強姦・同致死を含む）に限定した。m 符合調査については，睡眠導入剤を処方されているだけの受刑者等を排除するため統合失調症又はうつ病（躁うつ病を含む）又はその疑いがあると診断されている者に限定し，m 符合調査と知的障害者調査については対象者を限定するため罪種毎に無作為で調査対象者を抽出した。従って，本調査結果は，精神障害受刑者全体は勿論，各調査対象者の母集団を代表するものではないことに注意されたい。

　26 条通報については MB 指標調査を中心に分析を行った。同調査のうち，

15）MB 指標調査の概要は，平野美紀「精神障害を有する受刑者の再犯の現状と課題」岩瀬　徹ほか編『町野朔先生古稀記念──刑事法・医事法の新たな展開・下巻』（2014）307 頁以下を参照されたい。

前刑の釈放時に 26 条通報の対象となった者は 51 % であり，45 % は通報対象外であった（不明 4 %）。通報対象者のうち入院措置がとられた者は 18 %（調査対象者全体の 9 %）で，入院措置がとられなかった者は 76 % であった（不明 6 %）。もっとも MB 指標というのは調査対象となった今回の受刑時の属性であって，前回の受刑時にも M 指標だった者は 33 % に過ぎず，LB，YB を含む B 指標が 56 % で過半数を占める。それにもかかわらず，通報率や措置率が受刑者全体の平均より高いのは，今回の受刑時に MB 指標に判定されるような再入者のみを対象としているからであろう。一方，m 符合調査では，前刑釈放時の通報率は 21 %，措置率は 11 %（調査対象者全体の 2 %）であり，知的障害受刑者調査での同割合は，それぞれ 9 % と 10 %（調査対象者全体の 0.9 %）であった。m 符合調査や知的障害受刑者調査にも前刑時 M 指標の付いている受刑者はいるが，M 指標の付いていない m 符合受刑者（22 %）や知的障害受刑者（9 %）でも通報の対象となっている者が見られた。

　MB 指標調査対象者の前刑の出所事由は 86 % が満期釈放であり，残りの 14 % が仮釈放である。満期釈放者のうち通報対象となっていたのは 57 % で，40 % が通報対象外であった。仮釈放者では 79 % が通報対象外である一方，26 条通報の対象となった者も 14 % 見られた。措置入院となった者は，満期釈放者の 11 % であり，仮釈放で入院措置がとられた者はいなかった。

　前刑時の罪名を，殺人，傷害，強姦，放火など「身体に対する侵襲又はその危険性がある罪」（以下，「暴力犯」という），覚せい剤取締法違反などの「薬物関連の罪」（以下，「薬物犯」という），窃盗や詐欺を中心とする「その他の罪」（以下，「財産犯等」という）の 3 つに分類して 26 条通報との関連性を調べたが，財産犯等でも 53 % が 26 条通報の対象となっており，暴力犯（47 %）や薬物犯（50 %）と有意な差は見られなかった。通報対象者の措置率も薬物犯（29 %）や暴力犯（21 %）でやや高いが，やはり有意な差でなく，財産犯等（14 %）でも措置入院となっているケースが見られた。

　精神障害別では，通報率に有意差は見られず，知的障害者で通報率が高いくらいであったが，措置率では薬物性精神障害や知的障害者は低く，統合失調症で有意に高くなっていた。MB 指標受刑者では知的障害者の通報率も高くなっているが，やはり統合失調症の方が措置入院の対象となりやすいことが窺われる。

精神障害受刑者は帰住先がないことが問題とされているが，本調査でも，前刑時，満期釈放者の46％が帰住先不明となっている。帰住先がない者（全て満期釈放）で通報率が有意に高くなっているほか（58％），帰住先を父母とする者でも通報率が64％と高くなっているが，その89％が満期釈放である。但し，帰住先別の措置率には有意な差が見られなかった。

本調査は再犯調査であるから[16]，全ての調査対象者が2入以上であるが，MB指標調査対象者の前刑釈放時から調査時の受刑に係る犯罪の犯行日は，矯正統計に基づく全再入者の再犯期間と比べて有意に短い。帰住先別では，更生保護施設がやや再犯期間が短く，不明の者に再犯期間が短い者が多かったが，有意な差ではなかった。

出所事由や26条通報の有無別の再犯期間では，いずれも有意差は見られなかった。しかし，措置入院の有無と再犯期間とには有意な差が見られ，措置入院対象者の方が再犯期間が有意に長く，通報と入院の有無別の再犯期間にも有意な差が見られた。このことから推測されることは，措置通報の対象となるような病状の重い者でも，入院措置が取られれば再犯までの期間が延びるが，入院措置が取られない者は，満期釈放となっていて保護観察が行われないこととも相まって，再犯期間が短い一方，措置通報の対象とならなかった者は，病状が重くはないものの，継続治療が行われていない可能性が高く，入院措置が取られた者よりは再犯期間が短いということであろう。出所事由の違い（満期か仮釈放か）だけで再犯期間に有意な差が出ないのは，満期釈放者の中に措置入院となって再犯期間が長くなっている者がいることと，推測の域を出ないが，仮釈放となっても，保護観察の期間が短いために，満期釈放との差が出にくいからではないかと考えられる。但し，今回の調査は再入者（の再犯期間）だけを対象とするものであるため，出所事由や26条通報，入院措置別の再犯（再入）の有無を調べることができず，これについては将来の課題となろう。

16）26条通報後の措置入院対象者が再犯により釈放後5年以内に同じ刑事施設へ再入所となった割合は20％であったとするものとして，西和吉ほか・前掲注(11)78-79頁。

Ⅳ　26 条通報を巡る運用上の問題

1　通報対象

　通報の対象となった受刑者が措置診察や措置入院に結び付いていない原因の
1 つに 26 条通報を巡る運用上の問題が考えられる。まず，26 条通報の対象拡
大の影響である。精神保健福祉法は，26 条通報の対象を「精神障害者又はそ
の疑のある収容者」としている。警察官通報である 23 条通報と異なり，法律
上，26 条通報には「自傷他害」の要件はないが，従来，その対象は，精神保
健福祉法第 29 条の措置入院の要件を充足するような者だけでなく，医療保護
入院等何らかの入院治療を要する者と解すべきであり，極めて症状の軽い者ま
でを通報義務の対象とすべきでないとする見解が採られていた[17]。それは，精
神保健福祉法に基づく通報制度が，第 29 条の措置入院を含め，同法による医
療及び保護を必要とする者を把握するために設けられたものだからであった[18]。

　しかし，法務省は，2001 年（平成 13 年）より，措置通報の対象を大幅に拡大
し，精神障害のある受刑者全てを 26 条通報の対象とした結果，医療及び保護
を必ずしも要しない者までもが通報対象となることとなった。その意味では法
律の文言通りの運用になったとも言えるし，26 条通報の目的が刑事施設等か
ら釈放される者の中で精神障害を有する者を自治体が最大限把握し，精神保健
福祉上の対応を取り得るようにしておくことであるとすれば，こうした運用が
むしろ望ましいということになろう。法務省が，以前から，治療や保護が必要
な本通報とそれ以外の簡易通報に分けて 26 条通報を行うようにしてきたのも，
こうした目的に沿うものである。それでも，2001 年以前は，精神障害があっ
ても簡易通報の対象としない場合が多く，ある程度，折衷的な運用を行ってき
たとも言える。それが，同年より，これを徹底することになったため，26 条
通報の数が膨大なものとなっている。

　26 条通報の増加は，知的障害や薬物依存の通報増加分が大きいものと考え
られる[19]。知的障害は，治療効果や危険行動の予測という観点から措置診察や

17）大谷實ほか編『条解精神保健法』弘文堂（1991）131 頁。
18）官報号外第 7 回国会参議院本会議録 40 号（昭和 25 年 4 月 8 日）670 頁（藤森眞治議員
　　の厚生委員会における審議経過・結果の報告），第 7 回国会参議院厚生委員会議事録第
　　25 号（昭和 25 年 4 月 5 日）3 頁（中原武夫参議院法制局参事の立法趣旨説明）等。

措置入院の対象とならないことが多いとされるが[20]，実際には入院措置が取られるケースもあるし，薬物依存者も，措置入院の対象になり難いとはいえ[21]，薬物性精神障害や重複障害のほか，統合失調症と判別が難しい場合もあり，措置診察や措置入院となることも多い。従って，知的障害や薬物依存を含め非常に多くの措置通報がなされているとすれば，自治体側の事前調査や措置診察の負担が大幅に増加しているであろうことは想像に難くない。23条通報（警察官通報）も激増する中で，措置通報を受ける自治体が負担超過となって十分な対応ができなくなり[22]，治療継続が必要な患者を見逃すおそれが増している。

2 通報形式

26条通報には，通報事項である「症状の概要」に関する記載との関連で，実務上，本通報と簡易通報と呼ばれる2種類の形式がある。一般に，本通報とは，受刑者のもつ精神障害の症状を詳細に記載したうえで，社会内での治療が必要である旨の意見を付したものであるのに対し，簡易通報は，簡略化された症状のみを記載し，社会内での治療や保護が必要ない旨の意見を付したものとされている[23]。2003年以降，26条通報件数が飛躍的に増加したが，その大半が簡易通報であることは間違いなかろう。

しかし，簡易通報においても，自治体側は措置診察の要否を判断するための事前調査は行わなければならない。簡易通報では，受刑者を収容し（且つ治療

---

19) 自治体や刑事施設における26条通報の調査では，物質関連障害が最も多く，これに統合失調症が続くが，知的障害者も一定数見られる。芦名孝一ほか「近年の26条（矯正施設長）通報の動向とその問題点—2001年度から2006年度までの群馬県の事例の分析を通して」司法精神医学3巻1号（2008）48頁，小山田静枝ほか「26条（矯正施設長）通報の実態調査—東京都における調査を中心に」司法精神医学7巻1号（2012）5頁，主藤順也ほか「26条通報事例の多変量解析」矯正医学58巻2-4号合併号（2010）103頁，主藤順也「26条通報事例のモデル解析」矯正医学60巻1号（2011）10頁。府中刑務所では，精神障害に至らない覚せい剤依存者のほか，不眠症までも軽症通報しているという。荒田智史ほか「府中刑務所における26条通報のこれまでの現状」矯正医学59巻2-4号合併号（2011）104頁。

20) 岡田幸之＝安藤久美子「司法精神医学的視点からみた措置要件」精神科治療学16巻8号（2001）19頁，芦名孝一ほか・前掲注(19)50頁，小山田静枝ほか・前掲注(19)6頁。

21) 松本聡子ほか「精神障害を有する受刑者の社会復帰」死生学研究11号（2009）110-111頁，114頁。

22) 松本聡子ほか・前掲注(21)113頁，小山田静枝ほか・前掲注(19)7頁。荒田智史ほか・前掲注(19)104頁。

し）ている刑事施設が精神保健福祉法に基づく医療や保護の必要性がないと判断しているのであるから，自治体側も当該刑事施設の分類担当者に電話で確認する程度で調査を終えることが一般的である。それでも，全く調査が不要というわけではないし，後述するように，26 条通報の書式が統一されておらず，本通報と簡易通報の見分けがつき難い場合もあるとされることから[24]，自治体としては，結局，いずれの通報においても，ある程度の事前調査をしなければならないことになる。そこに多くの簡易通報がなされるとなれば，干し草の中から針を探すことになりかねない。反対に，大量の通報を処理するため，簡易通報（と思しき）ものにおいては形式的な事前調査で終えることになれば，簡易通報か否かがその後の処理のうえで決定的ということになり，そうなれば，いくら簡易通報を増やしたところで，自治体独自の調査を行わないのであるから，26 条通報の拡大にどれだけ実質的な意味があるかは疑問である。

3　通報事項

　精神保健福祉法は 26 条通報において一定の事項（以下，法定通報事項という）の通報を義務付けているが，その書式や内容は統一されていないばかりか，社会内での医療や保護の必要性を判断するうえで必要な情報が充分に網羅されていない。医療刑務所から釈放される場合には詳細な内容を記した通報書が作成されているようであるが，常勤の精神科医のいない施設では，本通報であっても比較的簡単な書式となっており，これに医師の診断書が添付される形となっている。簡易通報となれば，1 枚の書式に簡単な記載をした程度の施設もある。
　こうした限られた情報で，措置診察や措置入院の要否を判断できるのか疑問なしとしない。通報後の調査において必要な情報は補うことができるとはいえ，だからといって，通報時に必要な情報を記載しなくてよいことにはならない。ましてや，通報後の事前調査が限定的であるとすれば尚更である。法定通報事

---

23) 26 条通報の方式については，「被収容者の釈放に関する訓令の運用について」平成 18 年 5 月 23 日矯成 3373 矯正局長依命通達に規定がある。同様の規定は，それ以前の「精神障害者等収容者の釈放，退院，退所時の取扱について」昭和 30 年 7 月 6 日矯成甲 846 号矯正局長通知や「精神障害被収容者の取扱いについて」平成 8 年 1 月 5 日矯医二矯正局長通達にも置かれていた。
24) 小山田静枝ほか・前掲注(19)5 頁。

項以外の項目についても裁量的に通報している施設や独自の書式を採用している施設もあるし[25]，群馬県のこころの健康センターのように，措置診察の要否を判断するための調査に必要な項目を含めた独自の通報情報提供書を開発し，26条通報の際，刑事施設の担当者に記入して貰うこととしている自治体もある[26]。個人情報の保護も考慮しなければならないが，やはり，医療や保護の必要性を判断するうえで重要な事項を網羅した通報書の規格を設けていくべきであろう[27]。

　具体的な通報事項としては，法定通報事項に加え，(1) 既往歴と治療歴，(2) 措置入院や医療保護入院を含む入院歴，(3) 本件罪名とその概要，(4) 前科・前歴又は医療観察法に基づく入院・通院歴，(5) 再入者であれば，前回の釈放事由と保護観察の成績，再犯期間，(6) 刑事施設内での処遇内容と成績，(7) 刑事施設内での遵守事項違反・懲罰状況，(8) 仮釈放の申出状況と審査結果，(9) 担当の保護観察官（主任官）と担当保護司の連絡先などが必要であろう。(3)の罪名については通知している施設もあるが，特に(4)以降の項目が26条通報に含まれていることは殆どないと思われる[28]。筆者が行った自治体への聞き取り調査でも，26条通報を受理する自治体の側がこうした「司法」的な情報を必要とは考えていないようであった。また，調査した何れの自治体でも，26条通報対象者が満期釈放か仮釈放かすら把握していない状況であった。

　医療側には，こうした精神障害受刑者の犯罪歴や処分歴を評価することは，事実上の「二重処罰」（刑罰プラス措置入院）に当たるのではないかとの懸念から，

---

25) 荒田智史ほか・前掲注(19)104-105頁。
26) 通報情報提供書には，病名，服薬している薬の名前・回数・量，知的判定，現在の問題行動，施設の医師の判断（意見），事件の内容，覚せい剤等の逮捕歴・刑事施設入所時期・罪名・刑期，病気と関係のある規律違反等を記載するようになっている（平成21年3月23日訪問時配布資料）。また，向田律子「群馬県の精神保健福祉法第26条における調査の実際と効果」（配布資料）。
27) 小山田静枝ほか・前掲注(19)6-7頁，荒田智史ほか・前掲注(19)104頁，平野美紀・前掲注(15)320頁。
28) 26条通報において刑事施設入所中の医療の状況や罪状等の資料について，通報時に添付されている場合が32%，刑事施設に要求すれば提供されるが25%，電話などで情報を得られるが34%となっている。竹島正（研究分担者）ほか「都道府県・政令指定都市における措置入院制度の運用システムに関する研究」平成13年度厚生科学研究費補助金（厚生科学特別研究事業）「措置入院制度のあり方に関する研究」研究協力報告書（2002）43-44頁。

否定的な見解も見られる[29]。確かに，医療や福祉の理念を純粋に貫けば，患者の罪状や前科・前歴という，一見，疾患とは関係のない情報は治療や支援のうえでは必要ないということになるのかもしれない。目の前にいる受刑者の症状から治療の必要性を判断できるし，そうすべきだということであろう。しかし，措置入院の要件たる「自傷他害のおそれ」の他害行為の典型は犯罪であるから，その可能性を判断するうえで，受刑者の病状だけではなく，過去の他害行為歴，即ち犯歴などが参考にならないとは言えないであろう。もし，犯歴や受刑歴についての情報は必要ないとすれば，精神障害受刑者の「改善更生と再犯防止」を精神保健福祉やその一環としての通報制度に委ねることには限界があると言わざるを得ない。

4　事前調査の方法

　都道府県の担当部署が 26 条通報を受理すると，指定医による診察を行う必要があるかどうか判断するための事前調査を行うことになっている。法律上，26 条通報の通報先は「都道府県知事」とされているが，東京都や京都府のように，26 条通報の受理と事前調査を都道府県の中央部局で一括して行っているところもあれば，茨城県のように受刑者が帰住する都道府県内の住所地を管轄する保健所に委託して行っているところもある[30]。

　問題は事前調査の実施方法である。措置診察の事前調査は，26 条通報を行った刑事施設の分類担当者に対する電話調査という形で行われることが殆どである。26 条通報は全国の刑事施設からなされるものであるから，調査担当の自治体職員が遠方の刑事施設にまで出張して，面接を行うことは不可能に近く，調査が必要な場合でも電話という手段を用いざるを得ない。どうしても面接が必要と判断された場合，受刑者を収容する刑事施設から通報先の都道府県内にある刑事施設に移送したうえで面接を行うことはあるが，常に移送が可能

29）小山田静枝ほか・前掲注(19)7 頁。刑と保安処分の二重処分ないし二重のラベルであるとするものとして，西山詮「寛解期精神分裂病者の刑事責任能力について」精神神経学雑誌 94 巻（1992）198 頁，中谷陽二ほか「検察官・矯正施設長通報による措置入院者の治療について」精神神経学雑誌 94 巻 11 号（1992）1102 頁。

30）竹島正ほか・前掲注(28)40 頁によると，26 条通報の受理機関は，59 自治体中 44 が精神保健主管課，11 が保健所となっており，事前調査の実施機関は，主管課が 29，保健所が 26 となっている。

とも限らない。それでは，県内に所在する刑事施設からの通報であれば基本的に受刑者に面接に行くかと言えば，そうとも限らない[31]。電話連絡にしても，通報時になされた情報の確認に止まるだけで，分類担当者から新たな情報が得られるとは考えにくい。

　また，受刑者の過去の治療歴や入院歴も重要な調査項目であると思われるが，刑事施設からの通報書に記載されている治療歴を参照するだけで，事前調査において過去の入院歴を調査することは殆どない。受刑者に通報先の都道府県での措置入院歴や医療保護入院歴があれば，それに限って調べることはあるとされるが，それさえも行わないところもある。ましてや，任意の治療歴や他府県での入院歴などは調べようもない。通報書に引受人が記載されていれば，引受人に電話連絡はするようであるが，26条通報となる受刑者の大半は満期釈放であるから，引受人がいないことが圧倒的に多い。帰住地がない場合，刑事施設の所在する都道府県に26条通報がなされるので，受刑者とは縁もゆかりもない土地であり，調査の術がない。通報対象者が仮釈放となる場合は勿論，満期釈放の場合でも主任官（保護観察官）や保護司は決まっているが，調査担当者が調査において主任官や保護司と連絡をとったという話は終ぞ聞いたことがない。

　26条通報の時期についても問題がある。現在の運用では，釈放前の1か月ほど前に通報することが一般的なようであるが，中には釈放の1週間前に通報書が送達されるなどという場合もあるという。こうした場合，事前調査のため充分な時間を取ることができず，せいぜい刑事施設に電話調査を行うに止まらざるを得ないであろう。

　また，事前調査の担当者が精神保健の専門家であるとは限らない。聞き取り調査を行った自治体の中にも，精神医療や保健は全くの専門外という一般の事務官が調査を担当しているところが散見された[32]。担当者が専門家でないため，

---

31) 竹島正ほか・前掲注(28)41頁によると，26条通報の場合，面接による事前面接が原則としているところは29%で，申請者等との連絡によるところが59%であるという。群馬県のこころの健康センターでは，県内の刑事施設等からの26条通報の場合は，原則として全て刑事施設に赴いて調査を行っているという。
32) 事前調査担当者の資質を問題視するものとして，松本聡子ほか「精神障害を有する受刑者の社会復帰—リスクアセスメントの観点から」死生学研究14号（2010）120頁。

「疑わしきは措置診察」という方針でやっているという良心的な自治体も見られるが，当然ながら，こうした自治体は措置通報の多い都市ではない。

　このような限定的な事前調査の方法で，措置診察の必要性について的確な判断ができるかは疑わしい。事前調査は，指定医による措置診察の要否を判断するために行われるものである。いくら措置診察の基準が整備され，診察の精度が向上しようが，その前の調査の時点で不正確な選別が行われては元も子もない[33]。記録を精査し，必要に応じて引受人や関係者から聴取を行うなどして，刑事施設側とは異なった視点から措置診察の要否を判断してこそ意味のある事前調査となる。

V　26条通報の構造的限界

1　目的の相違
　26条通報には，前章で指摘したような運用上の問題のほか，より構造的な限界がある。それは，通報制度を含む精神医療や精神保健が「精神障害者の医療及び保護を行い（中略）社会復帰の促進及びその自立と社会経済活動への参加の促進のために必要な援助を行」（精神保健福祉法第1条）うことを目的とし，犯罪者の改善更生や再犯防止という矯正や刑事司法の目的のために行われるものでないことに起因する。精神医療も，司法精神医学として，国を如何に安全で，且つ人権が守られた国にするかという国家的命題を避けて通ることはできない立場にある[34]とはいえ，刑事司法とは本質的な違いがあることは否定できない。この刑事司法と精神医療との目的の相違が，以下で述べる26条通報や措置入院における構造的限界の本質的原因である。

2　要件判断の時期・材料・内容
　まず，措置診察は，刑事施設から釈放される現在の患者（受刑者）の状態を

33）　刑事施設の精神科医が自傷他害のおそれや措置入院の必要性を強調しているにもかかわらず措置診察すら実施されない状況に対する批判として，野村俊明＝岩堀武司・前掲注（7）66頁，松本聡子ほか・前掲注（21）104-105頁。
34）　武井満「医療観察法以後の精神科医療システム『刑罰法令に触れる行為』をめぐって―その処遇システム」こころの科学132号（2007）83頁。

基に，現在ないし切迫した「自傷他害のおそれ」を判断するものであって，その者が将来違法な自傷他害行為を行うかどうかという視点に欠ける[35]。「自傷他害のおそれ」の「おそれ」は将来の自傷他害行為の可能性であるにもかかわらず，判断の時期と中心的材料は現在の受刑者の状態であり，求められる判断の内容も現在又は極めて近未来の自傷他害行為の可能性である[36]。

　さらに，26条通報においては，次節で述べるように，過去の情報である受刑罪名や犯歴が一定の重みをもつが，犯罪行為を行った過去の時点と，裁判と受刑を経た現在の間には相当の時間的ずれがあるため，将来の自傷他害のおそれの判断は非常に複雑且つ困難となる[37]。しかも，受刑者は，23条通報（警察官通報）等と違って，通報の時点まで刑事施設に収容され，治療や処遇を受けているため，病状はそれなりに安定している[38]。刑事施設で治療を受けていながら，釈放前の時点で自傷他害のおそれがあるというのは，難治性の精神障害のようによほど病状が重いか，刑事施設での治療が功を奏していないかのどちらかである。そのため，精神障害受刑者は，26条通報の対象となったとしても，措置診察や措置入院の対象にはなりにくいという構造的な限界があるのである。刑事施設から釈放された後一定の期間，受刑者又は元受刑者の病状を見守ることができるのであれば，予後の状態を基により的確な判断ができるかもしれないが，満期釈放ではそれも叶わない。

3　他害行為と罪種

　措置入院の要件たる「自傷他害のおそれ」に言う「他害」には，殺人，強盗，傷害，暴行，脅迫，強姦，強制わいせつ，放火，器物損壊といった人の生命身体や物に対する侵襲又はその危険性を有する行為（暴力犯）のみならず，窃盗や詐欺といった財産犯も含まれることについて異論はない[39]。しかし，一般に「自傷他害のおそれ」の他害行為とは，暴力犯を指すことが多く，有形力の行

---

35)　八王子医療刑務所で満期釈放となった26条通報の調査では，「再犯のおそれあり」とされた者が26％いるにもかかわらず，措置診察が行われた者は22％，措置入院となった者は13％に過ぎなかった。松本聡子ほか・前掲注(32)119-120頁。
36)　小山田静枝ほか・前掲注(19)7-8頁，荒田智史ほか・前掲注(19)104頁
37)　中谷陽二ほか・前掲注(29)1102頁。
38)　中谷陽二ほか・前掲注(29)1102頁，芦名孝一ほか・前掲注(19)50頁，平野美紀・前掲注(15)319頁。

使を伴わない財産犯は他害行為として認められ難い。

　加えて，「自傷他害のおそれ」にいう「他害のおそれ」は，(近い)将来の他害行為の可能性を評価するものであるが，受刑者は既に過去の犯罪行為によって受刑中であることから，受刑に係る罪名という過去の犯罪行為の内容が評価の上で重みをもつことになる[40]。本来，26条通報においては，受刑罪名や前科前歴が何であろうと，刑事施設内における病状や行状等から，あらゆる他害行為の可能性を検討することが求められているのかもしれないが，そうした評価を受刑に係る罪名や前科前歴という過去の犯罪行為を完全に捨象して行うことは難しく，またそれが適切であるとも思えない[41]。

　以上のことから，受刑罪名や前科前歴が暴力犯であると措置診察や措置入院の対象となりやすく，反対に窃盗や詐欺（無銭飲食も含む）といった財産犯の場合，26条通報をしたとしても，「他害のおそれ」なしとして，診察や措置不要とされる傾向が強くなるのである[42]。筆者らのMB指標受刑者の調査でも，有意差こそなかったものの，財産犯の措置率は暴力犯の措置率の3分の2程度であった。財産犯の場合，精神保健福祉法に基づく措置通報や措置入院には結び付きにくいという「他害行為」の内容から来る内在的制約があるのである。

4　要通院受刑者

　精神障害受刑者の中には，釈放後，非自発的入院や任意入院といった入院治療までは必要ないものの，通院治療は必要だという者がいる[43]。こうした受刑

---

39)　「精神保健及び精神障害者福祉に関する法律第28条の2の規定に基づき厚生労働大臣の定める基準」昭和63年4月8日厚生省告示第125号（以下，「厚生省告示」という）は，他害行為として，殺人，傷害，暴行，性的問題行動，侮辱，器物損壊，強盗，恐喝，窃盗，詐欺，放火，弄火等他の者の生命，身体，貞操，名誉，財産又は社会的法益等に害を及ぼす行為を挙げている。違法薬物の自己使用については明らかでないが，「自傷」行為に含まれるという解釈も成り立つであろう。
40)　小山田静枝ほか・前掲注(19)7頁。
41)　厚労省告示は，自傷他害のおそれの認定にあたっては，既往歴，現病歴以外に「これらに関連する事実行為等」を考慮するものとしている。
42)　岡田幸之＝安藤久美子・前掲注(20)18-21頁，竹島正ほか・前掲注(28)74頁，80頁，主藤順也ほか・前掲注(19)103頁，主藤順也ほか「事例からみる26条通報の課題」矯正医学59巻2-4号合併号（2011）102頁，主藤順也・前掲注(19)10頁。筆者による自治体での聞き取り調査でも同様の見解が聞かれたが，窃盗でも器物損壊が伴っていたりすると措置の対象となることがあるとの意見も見られた。

者は，対象者が大幅に拡大された26条通報の対象になる可能性はあっても，措置診察は措置入院の必要性を診断するものであるから，結局，措置不要となってしまう。引受人がいれば，通院の可能性もあるが，精神障害受刑者には引受人がいない場合が多く，結局，何らの継続的治療にも繋がらない。入院を前提とした26条通報は，通院治療を要する受刑者をカバーできないという限界があるのである。

5 刑事施設所在地と通報先自治体の関係

26条通報は受刑者が帰住予定の自治体（都道府県知事）にしなければならないとされていることから，刑事施設の所在地に受刑者が帰住する場合と，帰住地がないため刑事施設所在地の自治体に通報しなければならない場合を除き，刑事施設所在地と通報先の自治体が一致しないことが多い。特に，帰住地が刑事施設所在地から遠方の場合，通報先の自治体職員が通報元の刑事施設を訪問して調査・面接を行うことは困難であり，ましてや大都市など全国から26条通報を受理する自治体では，全国に散らばる通報元の刑事施設と連絡をとり，事前調査を行わなければならないわけであるから，刑事施設を訪問するなどということは到底考えられない。

筆者は，かつて通報先の自治体が刑事施設所在地の自治体に面接だけ委託するか，協力要請するという仕組みを考えてみたことがあるが，制度化は現実味に乏しい[44]。措置診察に進んだ場合も，指定医を他県の刑事施設に派遣することは，指定医の確保も容易でないなか，およそ不可能である。措置診察のため受刑者を帰住予定地の刑事施設に移送する場合もあるが，常に移送ができるとも限らない。こうした刑事施設の所在地と通報先自治体との隔たりから生ずる問題も単なる運用上の問題に止らない26条通報の構造的限界と言って差し支えないであろう。

---

43) 小山田静枝ほか・前掲注(19)7頁。
44) 昭和40年の改正で追加された精神保健福祉法第27条2項には，自傷他害のおそれが明らかである者については，通報等がなくても，措置診察を行わせることができる旨の規定があるが，他府県への委託や協力要請に用いることは難しいであろう。同改正については，武藤昭「精神衛生法の一部改正に寄する雑感(1)」警察研究36巻9号（1965）51頁，65頁。

さらに，満期釈放の場合，受刑者が帰住地とした自治体か刑事施設所在地の自治体に26条通報をすることになるが，仮釈放と異なり，受刑者が当該帰住予定地に帰住するとは限らず，その義務もない。入念な調査をしても，結局，当該自治体に在住しないということもあり得る。こうした状況が事前調査に対する自治体職員の士気に水を差すことになっていなければよいと考えるのは筆者だけであろうか。

6　措置解除の判断と継続的治療の欠如

　26条通報の結果，入院措置が取られることになった場合にも問題がある。26条通報に続く措置入院の場合，23条通報（警察官通報）後の措置入院と違って，刑事施設での治療により入院時に精神症状が軽減していることが少なくなく，他害行為時の状態像を医師が直接診断することができないため，どのような変化をもって他害のおそれの消失とするか判断は容易でないとされる[45]。

　さらに，非自発的医療としての措置入院はあっても，措置「通院」はない。症状が消退したとして短期間の間に措置解除となって退院する者が多いが[46]，医療観察法と違って，退院後の通院を義務付ける制度がないことから，継続的な治療に結び付く保証はない。措置解除後に医療保護入院や任意入院に繋がるケースも多いようであるが[47]，26条通報の対象者には家族などの引受人がいない者が多いため[48]，退院後，措置によらない医療継続の機会がなく[49]，症状が悪化する危険性が高い。

45）中谷陽二ほか・前掲注(29)1103頁。
46）吉住昭（研究分担者）「医療観察法導入後における触法精神障害者への精神保健福祉法による対応に関する研究」平成22年～平成24年度厚生労働科学研究費補助金（障害者対策総合研究事業）「重大な他害行為をおこした精神障害者の適切な処遇及び社会復帰の推進に関する研究」総合研究報告書（2013）85頁では，僅かな26条通報しか含まれない措置入院対象者についての調査ではあるが，措置解除までの措置入院期間は平均56.1±50.4日であったという。
47）吉住昭・前掲注(46)60-61頁，85頁，94頁。
48）芦名孝一ほか・前掲注(19)50-51頁，小山田静枝ほか・前掲注(19)6頁。
49）主藤順也ほか・前掲注(42)102頁。

VI　精神障害受刑者の釈放と社会内処遇との連携

1　刑事司法の枠組みにおける社会内処遇の必要性

　精神保健福祉法に基づく26条通報とその後の継続的治療には，運用上の問題に加え，構造的な限界があることが明らかとなった。そもそも，措置通報や措置入院など精神保健福祉法上の対応は，精神障害者の社会復帰の促進及び自立と社会経済活動への参加の促進を図るものであって，犯罪者の改善更生や再犯防止を目的としたものではない。精神障害受刑者の再犯防止を，目的の異なる精神医療や福祉だけに委ねることには限界があると言わざるを得ない。精神障害受刑者の社会復帰と再犯防止のためには，措置通報制度や措置入院制度の改善を図っていくことも重要であるが，それとは別に，刑事司法の枠組みにおける社会内処遇制度を構築していくことが不可欠である。

　そのためには，まず刑事施設内における治療や処遇をより充実させる必要がある。専門的な精神科矯正医療をごく一部の医療刑務所に委ね，精神障害受刑者の殆どは通常の刑事施設の限られた人的・物的資源の下で治療が行われているという状況を改めなければならない。私見では，韓国の刑務所で設置が進められている精神保健センターのように[50]，精神科医や公認心理師，精神保健福祉士等の専門家を配置した「精神医療矯正センター」といった施設を管区毎に指定して，M指標以外の精神障害受刑者に対しても専門的治療と処遇を行う仕組みを設けるべきであると考える。

　しかし，それだけではなく，やはり刑事施設から釈放した後も一定期間の社会内処遇を確保するための仕組みを設けることが不可欠である。現在も特別調整や刑の一部執行猶予など社会内で継続的な支援や処遇を行うための制度があることから，まずはこれらの取組みの可能性と限界について言及した上で，新たな法的枠組みの創設について提案することとしたい。

50）太田達也（研究分担者）ほか「触法性発達障害者の刑事法的対応に関する比較法的研究（韓国とドイツ）」厚生労働科学研究費補助金（障害者対策総合研究事業）青年期・成人期発達がいの対応困難ケースへの危機介入と治療・支援に関する研究平成25年度・27年度総合研究報告書（2016）4-5頁，同「精神障がい犯罪者の処遇を巡る韓国の動向」犯罪と非行178号（2014）153-155頁，160頁。

2 特別調整

　長崎でのモデル事業を経て，2009 年（平成 21 年）より受刑者や少年院収容少年に対する特別調整の制度が導入されている。高齢者や障害者のうち，釈放後の帰住先がなく，福祉的支援が必要な受刑者を福祉施設や福祉サービスに結び付ける仕組みは画期的であり，今後も制度の発展と運用の改善が望まれる。特に，知的障害のある受刑者については，この制度に乗りやすいため，釈放後の福祉的支援に繋がることが期待される。

　もっとも，刑事施設にいる精神障害受刑者のうち，特に 26 条通報の対象となるような受刑者がどの程度特別調整の対象となっているかは明らかでなく，特別調整と 26 条通報の関係も定かではない[51]。実際，特別調整の対象者となる知的障害者と精神障害者は年間 700 人強であるから[52]，精神障害受刑者や 26 条通報対象者のごく一部に止まっていることは確かであろう。

　そもそも，特別調整は，受刑者本人が福祉的支援を希望することが要件とされているため，これを拒否する者や同意能力に欠ける精神障害受刑者には適用がない[53]。さらに，特別調整の対象となるのは専ら知的障害者や軽度の精神病受刑者であり，病院に帰住する例はあるものの，精神科治療を要する精神障害受刑者は対象になり難い[54]。もっとも，これは運用の問題であるから，将来は，精神科治療を要する受刑者も積極的に特別調整の対象とし，地域生活定着支援センターが措置入院や任意入院といった継続的治療に結び付くようコーディネートしていくことも検討されてしかるべきである。

　さらに，将来，26 条通報手続と特別調整を連動させることもあながち考えられないわけでもない。地域生活定着支援センターの体制強化が前提となるが，26 条通報の情報を通報先自治体の地域生活定着支援センターに提供し，自治体の担当部署と連絡を取りながら，センターがフォローアップを行っていくのである。センターには福祉や精神保健の専門家がいるのであるから，事前調査

---

51) 太田達也「精神障害犯罪者の社会復帰—司法と福祉の連携」刑法雑誌 52 巻 3 号（2013）518 頁。
52) 法務総合研究所『平成 28 年版犯罪白書』（2015）67 頁，厚生労働省「地域生活定着支援センターの支援状況（平成 27 年度中に支援した者）」（2016）。
53) 平野美紀・前掲注(15)317 頁。
54) 太田達也・前掲注(51)517-518 頁の平野美紀教授と田島佳代子氏の発言。

自体をセンターが行うことも考えられる。

　また，特別調整にせよ 26 条通報にせよ，対象者の多くは満期釈放となり，保護観察が付かないという事態は避けなければならない。福祉施設に帰住後，問題行動を繰り返したり，再犯に及ぶ者がおり，特別調整を受け入れている福祉関係者からも，対象者が地域に定着するまで司法が協働して働きかけを行うべきであるとの主張もなされていることから[55]，特別調整対象者に対し仮釈放なり刑の一部執行猶予なりを適用することによって保護観察への道を開くべきである。

3　刑の一部執行猶予の限界と可能性

　満期釈放となりがちな精神障害受刑者に一定の保護観察期間を設定する手段として刑の一部執行猶予が考えられる。一部執行猶予であれば，たとえ仮釈放が認められなくても，実刑部分の終了後に猶予期間があり，保護観察が付されていれば，その間に最終帰住地を調整することができ，病状や障害の状況を見ながら，任意入院を促したり，措置入院や医療保護入院といった非自発的入院を行うこともできる[56]。

　もっとも，一部執行猶予は宣告刑や前科要件など厳しい要件があるため，これを満たさない者は全くの対象外となるし，精神障害犯罪者に対し必要性・相当性が消極的に捉えられるおそれもある。しかも，制度施行後，被告人に帰住先がない場合，釈放時（実刑部分執行終了時）までの生活環境調整に困難が予想されるため，検察官が一部執行猶予の求刑を躊躇する風潮さえあると聞く。しかし，自立更生促進センターや自立準備ホームとして登録されている障害者施設等を一時帰住先として活用することも考えられるので，帰住先がないだけで一部執行猶予の適用に消極的になるのは残念な運用である。

　薬物依存者が保護観察付一部執行猶予の主要な対象となっていることから，薬物性の精神障害者を含め，その他の精神障害者についても，施設内処遇と社

55）太田達也「刑事政策と福祉政策の交錯—〈司法の福祉化〉と〈福祉の司法化〉」罪と罰 50 巻 3 号（2013）64-65 頁。若年者に対する刑事法制の在り方に関する勉強会第 8 回ヒアリング及び意見交換（平成 28 年 3 月 18 日）議事録。
56）太田達也『刑の一部執行猶予—犯罪者の改善更生と再犯防止』慶應義塾大学出版会（2014）63 頁。

会内処遇の有機的な連携を確保する手段として，（特に保護観察付）一部執行猶予は有効な方法となり得るはずである。一部執行猶予の実刑部分の執行終了前に26条通報を行うと同時に，釈放後の保護観察の間は，新設された規制薬物依存者に関する指導監督のように，精神障害者に対しても，公共の医療機関が行う精神症状の安定に資する精神科医療を受けるよう必要な指示その他の措置をとることができるようにすることが考えられる。そうなれば，たとえ入院措置がとられずとも，社会において，一定期間，治療を継続することができる。

4　仮釈放の限界と精神医療条件付釈放の提案

　多くの精神障害受刑者が，仮釈放を認められず，満期釈放となる。その理由は，精神障害や犯行から家族との関係が悪化し引受人を確保できないこと，精神障害故に仮釈放の許可基準である「悔悟の情や更生の意欲」が認定し難いこと，特に再入者の場合，精神障害とも相まってもう1つの仮釈放許可基準である「再犯のおそれ」が否定できないこと，従来の保護観察の体制では精神科の継続的治療を確保することが容易でないため，保護観察相当性も欠ける場合が多いからである。

　仮釈放による保護観察もなく，26条通報や措置入院制度にも限界があることから，精神障害受刑者に対しては，別途，刑期満了前に刑事施設から釈放し，社会内で保護観察に準じた指導監督を行いつつ，精神科治療に繋げていく何らかの制度的工夫が必要である。私見では，「再犯のおそれ」や「悔悟の情」に比重を置き過ぎる現在の仮釈放基準は改めるべきであると考えているので[57]，新たな許可基準の下で，精神障害受刑者を仮釈放とし，保護観察において精神科治療を受けるよう指導監督していくことは可能であると考えている。

　しかし，それでは既存の仮釈放の基準が拡大（弛緩）し過ぎるというのであれば，精神障害受刑者を念頭に置いた新しい仮釈放制度を設けることも検討に値する[58]。一般の仮釈放とは異なる「社会内で継続的な精神科医療を行うため精神医療保護観察に付することが社会復帰及び再犯防止のために必要且つ相当

---

57)　第2編第3章参照。
58)　精神障害者を矯正施設外の専門医療機関に移して治療を行う「ダイバージョン」の導入を提案する見解として，小山田静枝ほか・前掲注(19)8-10頁。

であると認めるとき」という要件の下，社会内で精神科医療を継続することを前提として釈放し，医療観察法の精神保健観察に準ずるような保護観察を行いながら通院治療を行うこととし，病状と病識に応じて入院治療を行うことにするものである。ここでは，仮にこの新しい仮釈放を「精神医療条件付釈放」と呼び，それに続く保護観察を「精神医療保護観察」と称することにする。

　精神医療条件付釈放の審査には，従来の地方更生保護委員に加え，精神科医師や精神保健福祉士など精神医療の専門家が委員又は審査補助員として合議に加わることが望ましい。さらに，後述する特別遵守事項や考試期間主義との関係から裁判官が加わる仕組みもあり得る[59]。

　引受人については，家族が引受に同意すればよいが，引受人がいない場合，特別調整ないし生活環境調整を通じて，受入先の病院や障害者施設を確保しておくこととする。「自傷他害のおそれ」のあるような受刑者が 26 条通報となって措置入院となる場合は，入院先病院が受入先となろう。

　精神医療条件付釈放後は，一定期間，精神医療保護観察を行い，通院等の精神科治療を受けることを特別遵守事項として設定する。医療を特別遵守事項として義務付けることには抵抗もあろうが，現在でも「精神科医の指示に従って，幻覚，妄想の症状抑制又は緩和に必要な服薬を継続すること」という特別遵守事項は設定されている[60]。これが難しいということであれば，次善策として，2013 年の更生保護法改正で導入された薬物依存がある保護観察対象者に対する指導監督の特則のような形で医療を受けるよう必要な指示その他の措置をとることでもよい。但し，現行の残刑期間主義を採る仮釈放制度では極めて短い保護観察期間しか確保することができないので，この精神医療条件付釈放は，考試期間主義を採り，釈放後 1 年から 5 年を仮釈放期間とする。

　精神医療保護観察の指導監督や補導援護は，保護観察官と社会復帰調整官が共同で担当するのが相応しいであろう。しかし，社会復帰調整官がこの新しい社会内処遇に関わることができるよう法改正するくらいであれば，精神医療保護観察という新たな制度を設ける代わりに，医療観察法の精神保健観察の枠組

59）私見では，仮釈放自体も裁判所が決定する制度や裁判官が地方更生保護委員会の合議体に加わることもあり得ると考えている。第 3 編第 1 章，第 5 章 3 章参照。
60）「犯罪をした者及び非行のある少年に対する社会内における処遇に関する事務の運用に就いて」平成 20 年 5 月 9 日保観 325 矯正局長・保護局長依命通達。

みを用いることも考えられないわけではない。かなり大胆な主張であることは承知しているが，医療観察法の入院や通院は全部執行猶予となった者も対象とし，全部執行猶予の保護観察と精神保健観察が同時に行われる場合もあるのである。身柄拘束下で治療の機会もある自由刑と全部執行猶予とは事情が異なるが，自由刑の実刑となった者に対しても，精神保健観察という社会内処遇（と通院）の部分だけであれば，刑事施設から条件付釈放となった後にその対象とするよう法改正することが理論的に絶対あり得ないというわけではないであろう。精神医療条件付釈放の法的性質が，現在の仮釈放と異なる残刑の執行猶予制度と位置付けるならば尚更である。

　精神医療保護観察中の入院治療は，さすがに医療観察法の指定入院施設の病棟を用いるわけにはいかないので，一般の精神科医療に委ねざるを得ない。精神科医療を受ける特別遵守事項を設定したうえで，対象者の病状と病識に応じて，任意入院，医療保護入院，措置入院といった対応を取ることになる。

　自由刑を宣告されて刑事施設に収容され，措置入院の対象にもならず，引受人も帰住先もないまま満期釈放となっていく者の予後が悪くなるのは自明である。精神障害受刑者の社会内処遇を確保し，その過程において精神科治療を継続的に行うことによって，症状の安定と社会復帰を図る仕組みが是非とも必要である。

第 3 章

性犯罪受刑者の釈放と多機関連携

Ⅰ　性犯罪者の再犯防止と行政の取り組み

　性犯罪者は，他の罪種の犯罪者に比べて再犯性が高いと言われる。しかし，出所受刑者の再入率統計による限り，強姦受刑者の 5 年再入率は 16.9％，強制わいせつは 29.1％と，窃盗（47.4％）や覚せい剤（49.8％）は勿論，傷害・暴行（37.5％）よりも遙かに低い[1]。また，法務総合研究所が行った電算犯歴を用いた再犯調査では，初犯で強姦や強制わいせつを行った者の再犯率は，それぞれ 32.0％と 24.3％と高いものの，同種再犯率は強姦が 3.0％，強制わいせつが 6.5％となっており，窃盗（28.9％），覚せい剤（29.0％），傷害・暴行（21.1％）より低い[2]。また，近時，法務総合研究所が行った性犯罪者（強姦，強制わいせつ，わいせつ目的略取誘拐，強盗強姦及び迷惑防止条例で禁止されている痴漢，盗撮等）に関する調査でも，全再犯率は 20.7％で，刑法犯の性犯罪再犯率は 3.4％，迷惑防止条例違反のみの性犯罪再犯率は 10.5％となっている[3]。

　しかし，強姦受刑者の出所者を釈放事由別に見ると，満期釈放者の 5 年再入

---

1)　法務総合研究所『平成 26 年版犯罪白書―窃盗事犯者と再犯』（2014）132 頁（以下，「平成 26 年版犯罪白書」とする）。強姦受刑者と強制わいせつ受刑者の再入率はかなり異なるが，平成 27 年以降の犯罪白書では両者を分けて再入率を計上していない。

2)　法務総合研究所『法務総合研究所研究部報告 42―再犯防止に関する総合的研究』（2009）38-40 頁，同『平成 19 年版犯罪白書―再犯者の実態と対策』（2007）229 頁。

3)　法務総合研究所『法務総合研究所研究部報告 55―性犯罪に関する総合的研究』（2016）120-121 頁。

率は 25.6％であり，強制わいせつについては 37.1％と高い[4]。また，法務総合研究所が実施した重大事犯受刑者の出所後の再犯調査によると，強姦受刑者の仮釈放者のうち同種重大再犯を犯した者の割合は 5.1％，類似性犯罪の再犯者の割合が 3.4％であるのに対し，満期釈放者はそれぞれ 20.6％，10.3％と，殺人，傷害致死，強盗，放火等より遙かに高い[5]。さらに，性犯罪以外の重大再犯に至った者の割合も満期釈放者で 5.9％と，放火の満期釈放者 (7.3％) に次いで高く，仮釈放者では 4.0％と，重大犯罪の中で最も高い。即ち，性犯罪者全体で見ると，他の罪種に比べ再犯率は相対的に高くはないが，特に満期釈放になるような性犯罪者の中に重大犯罪を繰り返す傾向の強い者がいるということである。

　また，科学警察研究所 (以下，「科警研」という) が行った子どもを対象とした強姦被疑者の再犯調査では，20.4％の者が強姦又は強制わいせつの再犯で検挙されており，子どもを被害者とする強姦又は強制わいせつの再犯で検挙された者も 9.3％に上る[6]。子どもを被害者とするような性犯罪者の中に性犯罪の再犯が有意に多いことは，法務総合研究所の調査でも明らかにされている[7]。

　以上のことからも，性犯罪者の再犯防止は極めて重要な刑事政策上の課題と言わねばならない。犯罪対策閣僚会議が 2012 年に策定した「再犯防止に向けた総合対策」でも，性犯罪者のうち「再犯リスクの特に高い者に対する更に効果的な施策を検討する必要がある」としている[8]。現在，刑事施設や保護観察においては，認知行動療法に基づいた性犯罪者処遇プログラムが特別改善指導や専門的処遇プログラム (特別遵守事項) として実施されており，出所後の再犯防止にも一定の成果があることが近時の調査でも明らかにされている[9]。しか

---

4)　平成 26 年版犯罪白書・前掲注(1)132 頁。
5)　法務総合研究所『平成 22 年版犯罪白書─重大事犯者の実態と処遇』(2010) 277 頁 (以下，「平成 22 年版犯罪白書」とする)。
6)　松坂規生「子ども対象・暴力的性犯罪の出所者による再犯防止を含む子どもを犯罪から守るための対策について」警察学論集 58 巻 9 号 (2005) 12-14 頁。これは，渡邉和美＝田村雅幸「13 歳未満の少女を対象とした強姦事件の犯人像分析」科学警察研究所報告 40 巻 1 号 (1999) 67 頁以下の継続研究として行われたものである。
7)　性犯罪者処遇プログラム研究会『性犯罪者処遇プログラム研究会報告書』(2006) 67-69 頁，法務総合研究所『平成 18 年版犯罪白書─刑事政策の新たな潮流』(2006) 255-256 頁 (以下，「平成 18 年版犯罪白書」とする)。
8)　犯罪対策閣僚会議『再犯防止に向けた総合対策』(2012) 6-7 頁，11 頁。

し，一般論として，仮釈放後の保護観察は期間が短く，満期釈放者に対しては何らの対応も取り得ないという問題があることから，本書でも，仮釈放後の保護観察期間については考試期間主義の導入を提案し（第3編第1章），満期釈放への対応については仮釈放要件の見直しや必要的仮釈放について検討を加えた（第2編第3章，第3編第2章）。

　ところで，近年，釈放後の性犯罪者に対しては，こうした刑事司法の一環としての保護観察とは別に，行政機関が一定の「働きかけ」をする施策が行われている。その1つが2005年（平成17年）に警察庁が導入した再犯防止措置制度であり，もう1つが大阪府の「子どもを性犯罪から守る条例」に基づく社会復帰支援事業である。これらは，いずれも保護観察とは異なる行政上の措置であり，仮釈放や保護観察との連携すら想定していない行政独自の施策であるが，刑事施設から釈放された性犯罪受刑者の社会復帰や再犯防止において重要な意味を有する一方，課題も残されているように思われる。そこで，本章では，こうした性犯罪者の再犯防止に関する行政的対応の意義や課題を考察し，社会内処遇全体の在り方を考えるうえでの材料としたい。

Ⅱ　再犯防止措置制度

1　成立の背景と経緯

　2004年（平成16年）に奈良県で発生した女児誘拐殺人事件の犯人が過去に2度の強制わいせつ（同致傷）事件による前科を有していたことから[10]，アメリカのメーガン法や韓国の性犯罪者情報公開制度（当時）を踏まえ，性犯罪者の出所情報を公開する制度を設けるべきだとの主張が国会議員から上がり，自民党では法務部会において議員立法の検討に入るとの決定がなされている[11]。

---

9)　法務省矯正局成人矯正課『刑事施設における性犯罪者処遇プログラム受講者の再犯等に関する分析　研究報告書』（2012），法務省保護局『保護観察所における性犯罪者処遇プログラム受講者の再犯等に関する分析について』（2012），山本麻奈＝松嶋祐子「性犯罪者処遇の現状と展望(2) 性犯罪再犯防止指導の受講前後比較による効果検証について（その1）」刑政123巻10号（2012）86頁以下，同「同（その2）」刑政123巻11号（2012）70頁以下，法務総合研究所・前掲注(3)131-137頁。
10)　奈良地判平成18・9・26判タ1257号336頁。
11)　毎日新聞2005年1月19日2頁。

この立法は実現しなかったどころか，具体的な検討が行われた形跡もないが，その一方で，当該事件の被疑者逮捕から 1 週間後には，警察庁長官が，国家公安委員会の意見を受け，性犯罪者の住居を警察が把握する制度について法務省と協議に入る旨公表している。その 5 日後に開かれた法務省との初協議では早くも性犯罪受刑者の出所及び住所情報を法務省から警察庁へ提供する方針が決まり，事件から半年も経たない 2005 年 5 月に「子ども対象・暴力的性犯罪の出所者による再犯防止に向けた措置」制度が導入され，同年 6 月より施行されている（以下，「旧制度」という）。

2 旧制度の概要

旧制度は，「法務省から子ども対象・暴力的性犯罪を犯して刑務所に収容されている者について出所情報の提供を受け，これらの者が，出所後に再び子ども対象・暴力的性犯罪を犯すことを防止し，又は子ども対象・暴力的性犯罪その他の性犯罪が発生した場合における迅速な対応を図るために必要な措置」をとることを目的とするものである。制度の名称にあるように，性犯罪者受刑者の帰住地情報を所轄警察署に提供することで当該（元）受刑者の再犯を子どもに対する声かけ・つきまとい事案（以下，「前兆事案」という）の段階で未然に防ぐことを第一義的な目的とするものである。

その概要は，大凡，以下の通りである[12]。13 歳未満の者に対する強姦や強制わいせつなどの暴力的性犯罪[13]により懲役（又は禁錮）の刑を執行された者について，法務省が，刑事施設から釈放されるおよそ 1 か月前に，氏名，生年月日，帰住予定地などの情報を警察庁に提供する。警察庁は，そのうち再犯防止

---

12)「子ども対象・暴力的性犯罪の出所者による再犯防止に向けた措置の実施について」警察庁生活安全局長・警察庁刑事局長，平成 17 年 5 月 19 日，警察庁丙生企発第 48 号，丙地発第 10 号，丙刑企発第 26 号，丙捜一発第 11 号。
13) 強制わいせつ，同未遂及び同致死傷，強姦，同未遂及び同致死傷，強盗強姦，同致死及び同未遂，常習強盗強姦（盗犯等ノ防止及処分ニ関スル法律第 4 条），営利目的等略取及び誘拐のうちわいせつ目的のもの及び同未遂。但し，これ以外の罪種のものでも，「当該犯罪の動機，手口その他の状況からみて，再犯防止措置対象者と同様の措置を講ずる必要性が高いと認めるもの」については，再犯防止措置対象者として登録するものとされている。なお，2005 年（平成 17 年）の通達では，2004 年の刑法改正（2005 年 1 月 1 日施行）により追加された集団強姦罪（同未遂，同致死傷）は対象犯罪となっていないが，2011 年（平成 23 年）の通達では対象犯罪に加わっている。

に向けた措置を組織的かつ継続的に講ずる必要がある者について登録したうえで（以下，「再犯防止措置対象者」という），当該情報を再犯防止措置対象者の帰住予定地である都道府県の警察本部（長）に通知する。通知を受けた都道府県警察本部（長）は，再犯防止措置対象者の帰住予定地を管轄する警察署を再犯防止措置実施警察署に指定し，当該警察署が中心となって性犯罪の再犯防止に向けた措置をとるが，まずは再犯防止措置対象者の出所後，当該警察署生活安全課の担当者が帰住予定地に対象者が実際に所在しているかどうか最初の確認を行ったうえで，以後，定期的に（年に2回程度）対象者の所在を確認するというものである。

　子どもに対する前兆事案が発生した場合の対応については，特に通達に規定されていないが，まずは前兆事案で確認された人物像に該当する者が管内の再犯防止措置対象者にいないかどうかを確認し，再犯防止措置対象者が前兆事案に関与していた場合，指導・警告を行うなどして，性犯罪の未然防止に努めるものとされている[14]。

　実際に性犯罪が発生した場合においては，再犯防止措置対象者の情報をも活用しながら，捜査を行うことになる。本制度の第一義的な目的は子どもを対象とする暴力的性犯罪の未然防止にあるが，性犯罪発生後の迅速かつ効果的な捜査のために登録情報を活用することも制度の目的とされている。

　なお，再犯防止措置対象者が転居した場合は，転居先の警察署や都道府県警察本部に引き継ぎ，所在不明となった場合は，警察本部を通じて警察庁に報告し，データベースに登録したうえで，検挙や職務質問等の機会に所在が判明した時点で当該居住地の警察署に事務を引き継ぐことになる。再犯を行った場合は，一旦登録を解除し，再犯の内容に応じて，再度の登録を検討するものとされている。

　登録期間というものは特になく，通達上は，過去の犯罪経歴や手口，出所後の言動その他の状況から，再犯のおそれが低いと判断するとき，警察本部長は登録の解除を警察庁に求め，特段の事情がない限り，その者の登録を解除する

---

14) 警察署へ任意同行を求めて事情聴取をした結果，前兆事案を行ったことが確認できたため，顛末書を徴して指導・警告を行った事例を紹介するものとして，原田貢「子ども対象・暴力的性犯罪出所者に対する再犯防止措置制度の見直しの概要等」警察公論66巻5号（2011）13-14頁。

ものとされている。

以上の制度の概要は，警察庁が都道府県警察本部に通達によって指示した内容であり，これを基礎としながらも，各警察本部では独自の工夫や取り組みを行っている。

3　施行後 5 年間の実施状況と制度の問題点

旧制度には当初より実施上様々な問題があることが予想されたが，2005 年 6 月から施行されると，それが現実のものとなっている。

(1)　所在確認の困難性

2005 年 6 月の制度施行から 2010 年 5 月末までの 5 年間に法務省から情報提供が行われた対象者数は 740 人である[15]。しかし，このうち 27.0％に当たる 200 人が所在不明ないし所在確認中となっている。

そもそも，再犯防止措置制度は，対象となる受刑者が出所するときの帰住予定地に関する情報に依拠していることから，所在確認に一定の限界があることは否めない[16]。仮釈放者であれば，地方更生保護委員会によって住居が特定されており（更生保護法第 39 条 3 項），仮釈放後も保護観察が必要的に付され，当該住居に定住する義務があることから（同第 50 条 4 号），保護観察の間は所在の把握に特に困難は生じない。しかし，仮釈放後の保護観察期間は概して短く，長期受刑者を除くと，数か月から半年程度で保護観察が終了するため，仮釈放者でさえ，その後は確実な所在確認方法がなくなってしまう。

ましてや，性犯罪受刑者の約半数を占める満期釈放者の帰住予定地は，あくまで受刑者が自己申告した情報に過ぎず，当該場所への帰住義務もない。帰住予定地を明らかにしない受刑者もいれば，いい加減な（虚偽の）帰住予定地を申告する受刑者もいる[17]。また，受刑前から借金があり，釈放後，住民登録を

---

15) 警察庁生活安全局＝科学警察研究所犯罪行動科学部『「子ども対象・暴力的性犯罪の出所者」の再犯等に関する分析』（2010）。

16) 太田達也「我が国における性犯罪者の再犯防止対策—現状と課題」警察学論集 62 巻 3 号（2009）129-130 頁。

17) 埼玉県警によると，法務省から同県に提供される再犯防止措置対象者の居住地情報の約 1 割が「県内」や「親族宅」といった曖昧なものであるとされる。読売新聞 2010 年 11 月 4 日夕刊 13 頁。

するとすぐに債権者に見つかってしまうため，住民登録をしたがらない者も多い。受刑前からどこに住民登録があるのかわからなくなってしまっている受刑者もいる。

　また，所在確認の方法にも限界がある。通達は，再犯防止の措置が対象者の更生や社会復帰の妨げとならないよう厳に配慮しなければならず，対象者が出所者であることを，事情を知らない本人の家族，親族，近隣住民，勤務先その他関係者に知られることのないよう，必要がない限りこれらの者への接触を避けるなどの配慮に努めるものと規定しており，そのため，所在確認は表札や郵便受けといった外形的な状況から行うものとされている。

　しかし，こうした非接触型の方法では，所在確認は容易でなく，所在不明となっていることを確認するだけでも相当の時間と労力を要する。先の科警研の調査でも，所在確認に至っていない 200 人のうち，所在不明となっていることが確認できたものは 55 人であり，残りの 145 人は所在確認中で，所在不明となっているのかどうかさえもわからない状態である[18]。

　さらに，継続的な所在確認は一般的に年 2 回程度とされ，タイムラグがあることから，所在が確認されたとされている者ですら，現時点でそこに所在しているという保証もなく，また長期間，所在不明であることが判明しないままになっている可能性があることが警察庁の担当者によって指摘されている[19]。さらに，行方不明者の発見も年に 1 人いるかいないかの程度であるとされる。

(2)　再犯防止措置の効果

　再犯防止措置制度の主たる目的は，前兆事案に対し適切な対応をとることで，子どもに対する性犯罪の発生を未然に防止することにある。しかしながら，制度目的に見合うだけの機能を十分に発揮していると言えるか心許ない。施行 5 年目の調査によると，再犯防止措置対象者 740 人のうち 170 人 (23.0%) が再犯により検挙されており，性犯罪による再検挙は全体の 14.2% に上っている[20]。性犯罪のうち暴力的性犯罪による再検挙者は 740 人中 63 人の 8.5% であり，さ

---

18)　警察庁生活安全局＝科学警察研究所犯罪行動科学部・前掲注(15)2 頁。
19)　上野正史「警察における性犯罪対策—子どもに対する犯罪への対策を中心に」警察学論集 62 巻 3 号 (2009) 119 頁。
20)　警察庁生活安全局＝科学警察研究所犯罪行動科学部・前掲注(15)2 頁。

らに子どもを対象とした暴力的性犯罪による再検挙者も 49 人（6.6%）いる。

　この調査では出所から調査時点までの期間が受刑者毎にまちまちであり，また再犯の有無の基準を再検挙としているため，刑事施設への 5 年再入率に関する既存統計との比較は困難であるが，科学警察研究所が行った推計によると，再犯防止措置対象者の釈放後 5 年以内の性犯罪再犯率は約 24% であり，満期釈放者に限ると約 29%，仮釈放者では約 18% とされている。この数値は，5年再入率や他の再犯調査の数値と比べても特に低いものとなっていないことから，施行 5 年目の時点では制度の実効性が上っている様子は見受けられない。

　その原因は，先に掲げた所在確認の問題のみならず，再犯防止措置に内在する構造的な問題にもある[21]。まず，所在確認を始め再犯防止措置は警察署単位で行われるため，前兆事案が警察署や警察本部の管轄を越えて行われる場合への対応が脆弱である。

　また，再犯防止措置対象者に前兆事案への関与が疑われる場合，最終的には本人に接触し，本人が関与を認めた場合には指導や警告を行うものとされているが，そうした対応をとるのは，やはり相当の蓋然性が確認された場合でなければならないであろう。風体や年齢が近いというだけで管内の再犯防止対象者に接触するとなれば，本人の更生に悪い影響を与えかねず，その見極めが難しい。かといって，前兆事案後，対象者の動静を警察官が監視するのは，現在の警察署（生活安全課）の体制からいって，不可能に近いであろう。

4　制度の見直し

　警察庁は，以上の状況を踏まえ，再犯防止措置制度の見直しを行い，2011年（平成 23 年）4 月から新たな制度を実施している（以下，「新制度」という）[22]。

21）太田達也・前掲注(16)131-133 頁。
22）「子ども対象・暴力的性犯罪の出所者による再犯防止に向けた措置の実施について」警察庁生活安全局・警察庁刑事局長，平成 23 年 1 月 13 日，警察庁丙生企発第 2 号，丙地発第 3 号，丙刑企発第 1 号，丙捜一発第 1 号。具体的な内容については，加藤伸宏「『子ども対象・暴力的性犯罪出所者の再犯防止措置制度』の見直しについて」警察学論集64 巻 5 号（2011）1 頁以下による。

(1) 所在確認の方法

　まず，原則として警察官が再犯防止措置対象者の住居を訪問し，同人と接触することにより所在確認を行うこととされた。但し，これが困難な場合は，従来通り，外形的な方法によってもよいとされる。しかし，対象者本人との接触は更生に向けて努力する本人の意思を挫きかねず，また家族や近隣住民，雇用主等に前科を知られ，家族関係や雇用に悪影響を及ぼすおそれがある。そこで，新制度では，該当者に対し，刑事施設収容中に本制度について告知を行うと共に，接触に際しては，対象者の関係者や近隣住民に警察官による訪問を受けていることがわからないよう十分配慮することとされた。

(2) 面談の実施

　各都道府県警察本部の子ども女性安全対策班が 2010 年の 6 月から 3 か月余りの間に性的犯罪の前兆事案で検挙ないし指導・警告した計 397 人に対し意識調査をしたところ，警察に自分のことが知られていたり，警察から指導・警告を受けていたりすればつきまとい等を行わなかったと回答した者がそれぞれ 51％と 69％に上った[23]。

　そこで，新制度では，警察署の担当警察官が再犯防止措置対象者と面談をすることとした。但し，この面談は強制ではなく，警察官が所在確認のため再犯防止措置対象者と接触した際，本人の意向を確認し，面談に同意した者に限って行うものである。その目的は，再犯防止に向けた助言・指導を行うとともに，対象者からの相談に応じるなどして信頼関係を醸成するように務め，要望があれば，社会復帰に資する各種支援事業を行う機関・団体を紹介するなどの支援を行うことにある。

　通達上，面談の対象は特に限定されていないが，実務上，面談は再犯防止措置対象者のうち再犯を犯す危険性が特に高いと考えられるものを対象としている。具体的には，暴力的性犯罪の前歴を複数回有し，出所時の年齢が 50 歳未

---

23) 加藤伸宏・前掲注(22)13-14 頁。また，法務総合研究所による性犯罪受刑者の調査でも，再犯の不安を感じる者が，13 歳未満の者に対する強姦受刑者で 42％，強制わいせつ受刑者で 48％に達し，再犯をしないためには「誰か，周りに支えてくれる人がよい」と考えている者が 37％から 53％いることが明らかになっている。性犯罪者処遇プログラム研究会・前掲注(7)83-84 頁。

満の者，出所後性犯罪により再検挙された者，出所後前兆事案を引き起こして警察から指導・警告を受けたが，なお性犯罪を行うおそれがあると認められる者等であるとされる。

(3) 対象者の登録解除

旧制度の通達によれば，警察本部長は，再犯防止措置対象者の過去の犯罪経歴や手口，出所後の言動その他の状況から，再犯のおそれが低いと判断するときは，警察庁に対し，再犯防止措置対象者の登録の解除を求め，警察庁は，特段の事情がない限り，登録を解除するものとされており，登録そのものに特に期間や期限は設定されていない。但し，所在確認等の措置は，対象者が前兆事案や性犯罪などを行わず，特に問題がなければ，原則として5年，性犯罪前科が他にある場合は10年以上を目途として終了するとされている[24]。

しかし，再犯防止措置対象者の登録は，形式的要件プラス「再犯防止に向けた措置を組織的かつ継続的に講ずる必要がある者」という実質的要件を充足する者に対して行うことになっていることから，登録を解除するためには，「再犯防止措置を講ずる必要がなくなった」こと，即ち再犯のおそれが一定程度にまで低くなったという判断をすることを求められるが，その判断は容易ではない。さらに，登録解除は，警察本部長が警察庁に対して要請することになっているが，解除後にかつての再犯防止措置対象者が前兆事案や再犯を起こすことを懸念する余り，登録解除に消極的になることが予想される。

そこで，新制度では，旧制度と反対に，警察本部長が再犯のおそれがあると判断して予め登録の継続を求めた場合において警察庁が相当と認めるときを除き，再犯防止措置対象者が，出所後，性的犯罪により再検挙されずに一定の期間経過したときは，登録を解除することとした。これにより，再犯のおそれという困難な評価を回避し，警察本部長の負担を軽減することができる。

(4) その他の改正点

刑事施設で実施している性犯罪者処遇プログラムの受講状況や出所後の再犯

---

24) 上野正史・前掲注(19)117頁。

状況等の情報を法務省と警察庁の間で共有することとした。

5　制度の評価

(1)　対象者

　再犯防止措置対象者は，被害者が13歳未満の場合に限定されている。その理由は，1）子どもを対象とする性犯罪者の性犯罪再犯率が他の性犯罪者より高い，2）子どもの犯罪被害回避能力が低い，3）子どもが性犯罪被害により受ける影響が甚大である，4）被害者の保護者を始めとする地域社会の不安を著しく高める，5）刑法の性交同意年齢が13歳以上とされている，ことが挙げられている[25]。

　5）を除くと，これらの理由はそれなりの説得力をもってはいるが，これ以外の者を対象とする性犯罪の再犯防止に向けた対応を取らなくてよい理由にはならない。成人の性犯罪被害者でもPTSD発症率は極めて高いことが報告されており[26]，ましてや未成年なら尚更である。

　13歳以上の者に対する性犯罪事件を起こした者でも，次の被害者が13歳未満である可能性もある。科警研の調査でも，子どもを対象とした性犯罪者の再犯のうち約半数は13歳以上を対象としており，子どもを対象とする性犯罪者も成人を含め被害者を広く選んでいることを示している[27]。また，地域社会に対する影響も被害者の年齢に関わりなく大きいと言わざるを得ない。子どもの犯罪被害回避能力が低いことはその通りであろうが，成人であっても性犯罪被害の回避能力が高いわけではない。

　性犯罪者の再犯率も，程度問題といえば程度問題である。強姦受刑者のうち満期釈放者の同種重大再犯や類似の性犯罪を犯した者の割合は，子ども対象性犯罪を犯した者の性犯罪再犯率より一概に低いとは言えない[28]。

　また，再犯防止措置制度は，子どもに対する性犯罪者が，その事前行動とし

25）松坂規生・前掲注(6)8-15頁，加藤伸宏・前掲注(22)5-7頁。
26）中島聡美「保健医療・福祉の分野における被害者支援」犯罪被害者等施策講演会第1回（2007）に性犯罪被害者のPTSD有病率に関する研究が紹介されている。
27）松坂規生・前掲注(6)13頁，渡邉和美＝田村雅幸・前掲注(6)76-78頁。
28）平成22年版犯罪白書・前掲注(5)277頁，性犯罪者処遇プログラム研究会・前掲注(7)67-69頁。

て子どもに声をかけたり，後をつけたりする前兆事件を起こしやすいという性質があることを根拠としている。しかし，後をつけ狙うような行動は，子どもを被害者とする場合でなくとも，行われる可能性はある。

　さらに，前兆事案の発生後，事後的に対応することを前提とした旧制度と異なり，新制度は，再犯防止措置対象者に接触する形で定期的に所在確認をし，そのうち同意した者に対しては面談を行うといったように，前兆事案より前に事前予防的な働きかけを行うものである。そうした意味で，旧制度と新制度とでは制度の機能が大きく変化したと言うことができよう。そうなると，何も性犯罪の未然防止は，前兆事案に続いて性犯罪が行われるというパターンを前提とした性犯罪者に限定する必要がないことになる。

　以上の理由から，再犯防止措置対象者の範囲は，自ずと13歳未満に限られることにはならず，警察署管内に登録されている対象者の規模と実施体制を踏まえた政策的判断次第ということになろう。私見では，未成年を被害者とする性犯罪受刑者と，成人を対象とする者でも，登録に係る性犯罪が複数の事件から成る連続犯のような場合や，以前に性犯罪の前科を有する場合にまで拡大してもよいと考える。

(2)　面談の許容性と有効性

　再犯防止措置制度の法的側面のうち，一定の性犯罪者の出所情報を法務省から警察に提供することについては，「行政機関の保有する個人情報の保護に関する法律」第8条2項3号に該当し，許容されるものと思われる。また，再犯防止措置対象者の所在を本人に接触しない形で確認したり，前兆事案の行為者が再犯防止対象者である蓋然性が高い場合，本人に事情や行動を確認することも，任意の行政警察活動として許されよう。

　これに対し，接触による所在確認や面談は，刑の執行を終えた者に対して直接的に働きかけるものであるため，本人の更生や社会復帰に支障を来すおそれがないか問題がないわけではない。特に，我が国では，旧刑法下の附加刑であった警察監視制度や明治41年の監獄法に基づく警察監督制度が就職の機会を奪ったり，自暴自棄にさせるなど対象者の社会復帰を妨げた経緯があるため[29]，慎重を期する必要がある。

　警察は，釈放前に制度の告知を行っていること，本人との接触による所在確

認を希望しない場合は，非接触的な方法で行うこと，面談は本人の同意に基づいて行うこと，面談では言葉遣いや接し方に配慮し，対象者の更生に支障を来さないような工夫をすることによって，面談制度は許容され得るとする[30]。しかし，警察庁担当者自身が指摘するように[31]，警察官との面談は対象者に一定のストレスを与えることは確かであろうし，支援的な要素をもっているとはいえ，面談の内容によっては，監視的な性質が全くないとは言えないであろう。

　他方，接触による所在確認や面談は本人が同意する場合に限られるため，面談に同意する者がどの程度いるのか不明であるし，再犯のおそれが高い者ほど面談に同意しないことも予想されることから，制度の有効性や実効性という面から疑問がないわけではない。

　そうしたことから，筆者は，新制度の導入当時，面談制度にはやや懐疑的であった。しかし，各地の県警での状況を調べてみると，自分が再び性犯罪を犯さないか不安であるとして面談を希望する対象者やその保護者が一定数いるようであるし，本人の要望でカウンセリング機関等を紹介したりするケースもあるとされる。考えてみれば，保護観察中でもない性犯罪の前科者がこの種の相談をできる機関は日本中どこにもないことから（しかも無料で），理想的な相談機関であるかは異論があろうが，警察が面談を行うことで，悩みを抱える対象者の相談に乗ったり，支援機関を紹介したりするなどの支援を行うことができる。性犯罪再犯の不安を抱える前科者に何も手を差し伸べることもせず，結果的に再犯に至ってしまうようなことがあるとすれば，新たな被害者は勿論，加害者にとってもこれほど不幸なことはない。

　但し，面談において対象者との接し方が威圧的になったり，反対に形式的にならないよう留意する必要がある。面談の頻度も，定期的な所在確認と同時に

---

29) 旧刑法の警察監視制度（第10条4号，第37条乃至第41条，刑法附則第2章）は現行刑法によって廃止されたが，1908年（明治41年）の監獄法で警察による監督制度が導入され（第67条1項2号，仮出獄取締細則明治41年9月10日司法省令第25號），1949年に犯罪者予防更生法が制定され，その施行法によって廃止されるまで行われた。泉二新熊『改正日本刑法論』有斐閣本店（1910）424-425頁，正木亮『刑事政策汎論〔増改訂版〕』有斐閣（1949）416頁，齋藤三郎「仮釋放制度の進展」月刊刑政61巻11号（1950）52頁。
30) 加藤伸宏・前掲注(22)15頁。
31) 同上。

行われているとすると，原則として年2回程度ということになるが，対象者の状態に応じて臨機応変に対応する必要がある。また，面談を担当する警察署の生活安全課は少年事件やストーカー事件等幅広い業務を所管しているにもかかわらず，小さな警察署では数名しか担当者がいないため，面談に加え，対象者に指導や支援を行うための体制を整備することが求められる。

　また，再犯防止措置対象者の状態や問題を的確に把握する必要がある。実務では，警察署の担当者だけでなく，警察本部の担当者も同行する場合があるようであるが，できれば相談やカウンセリングに通じた職員が同行することが望ましい。都道府県警察には臨床心理士の資格をもった警察官が配置されているし，少年サポートセンターにもそうした専門性を有する警察職員がいることから，こうした警察官ないし警察職員が関与できる仕組みを作ることも一案である。さらに，対象者が専門的な支援や治療を受けることを希望する場合に，適切な社会資源に繋げることができるよう，再犯防止措置の担当部署（警察署及び警察本部）において，認知行動療法やカウンセリングを行っている病院，精神保健センター，民間団体といった社会資源に関する情報収集に努め，連携が取れるようにしておく必要がある。

Ⅲ　大阪府子どもを性犯罪から守る条例

1　条例の背景と概要

　大阪府では，2001年（平成13年）に発生した池田小学校無差別殺傷事件を契機として，安全なまちづくり条例（平成14年3月29日条例第1号）の制定を始め，子どもの安全見守り隊事業や子ども110番運動など子どもの安全を守るための様々な施策に取り組んできている[32]。また，2004年（平成16年）に起きた奈良の少女誘拐殺人事件を受けて奈良県で子どもを犯罪の被害から守る条例（平成17年7月1日条例第9号）が制定され，2010年（平成22年）に石巻市で発生した少年による殺人事件を受け宮城県において声かけ規制や犯罪者のGPS監視を含めた対策の検討が始まっていたところ，2011年2月の大阪府議会定例会に

---

32) 大阪府生活文化部安全なまちづくり推進課「子どもの安全確保に向けた大阪府の取組について」自治大阪 2006年7月号（2006）41頁以下。

おいて大阪府の性犯罪状況が問題となり，その対策に向けた府知事の答弁を受け，同年11月に青少年健全育成審議会に対し子どもを守るための性犯罪対策の検討事項が大阪府より示されるに至った。同審議会では部会を設置して4回に亘り審議を行い，同年12月に報告書をまとめ[33]，これを踏まえて起草された「大阪府子どもを性犯罪から守る条例」が，2012年（平成24年）3月23日，大阪府議会2月定例会において可決・成立し，同年10月1日から施行されている。

　条例は，子どもに対する性犯罪を未然に防止し，子どもが健やかに成長し，安全に安心して暮らせる社会の実現に資することを目的とし（第1条），具体的には，子どもを性犯罪から守るための府や事業者等の責務（第3条乃至第5条），子どもに対する性犯罪の防止や安全確保についての啓発活動（第7条），子どもに不安を与える行為や子どもを威迫する行為の禁止（第8条乃至第11条，第17条）に加え，性犯罪の刑期満了者に対する住所等の届出義務と社会復帰支援（第12条乃至第15条，第18条）を定めている。

2　住所等の届出義務

　子どもに不安を与える行為の規制は奈良県の条例や宮城県の動向から影響を受けて導入されたものであるが，これと並んで成立したのが性犯罪出所者に対する住所等の届出義務に関する制度である。これは，18歳未満の者に対し強姦や強制わいせつなどの性犯罪を犯し，自由刑の実刑を受けた者が，刑期満了日から5年を経過する前に大阪府に住所を定める場合，住所を定めた日から14日以内に，氏名，住所，性別，生年月日，連絡先，届出に係る罪名，刑期の満了した日を知事に届けなければならないというものである（第12条）。性犯罪の定義は，基本的に警察の再犯防止措置と同じであるが，大阪府の条例では，部会における意見を入れて[34]，児童ポルノ製造罪（児童買春，児童ポルノに係る行為等の規制及び処罰並びに児童の保護等に関する法律第7条3項）が加えられている。

　この届出は該当者の義務であり，これを怠ったり，虚偽の届出をした場合は，5万円以下の過料に処される（第18条）。住所届の義務が生ずるのは刑期満了日

---

33)　大阪府青少年健全育成審議会「『子どもを守る』性犯罪対策について（報告書）」（2011）。
34)　大阪府青少年健全育成審議会第4部会第3回議事録8-9頁。

から 5 年以内に大阪府に在住する場合であり，起算点は刑期満了日である。従って，刑事施設から満期釈放で出所した場合は，それから 5 年以内に大阪に在住する場合に届出義務が生じ，仮釈放となった場合は，仮釈放期間中に届出を行うことが禁じられるわけではないであろうが，届出の義務は仮釈放期間が終了した時点で発生することになろう。これは，仮釈放に伴う保護観察においては，予め住居が特定され（更生保護法第 39 条 3 項），或いは自立更生促進センターでの宿泊と指導監督が特別遵守事項として設定され（同第 51 条 2 項 5 号），そこでの居住が義務付けられているため（同第 50 条 4 号），所在地が明らかであるし，保護観察による指導監督や補導援護が行われるため，敢えて住所の届出を行わせ，社会復帰支援を行う必要がないからである。なお，条例の施行日（2012 年 10 月 1 日）以前に該当犯罪による刑期が満了した者については，制度の適用がない。

届出事項に変更が生じたときは，変更があった日から 14 日以内にその旨を知事に届け出る必要がある（第 12 条 2 項）。また，届出を行った者が大阪府の区域外に転出する場合も，同じくその旨を知事に届け出る必要がある（第 12 条 3 項）。再犯により再び刑事施設に収容されたときは，刑事施設から釈放された時点で，前刑の刑期満了日から 5 年以内であれば，改めて届出を行わなければならず，もし後刑が対象犯罪によるものであれば，後刑の刑期満了日に届出を行う義務が生じる。

3 社会復帰支援

アメリカのメーガン法や韓国の身上登録・公開・告知制度[35]とは異なり，大阪府の住所届出制度は，性犯罪前科者の情報を住民に一般公開したり，学校等の関係機関や警察に提供する制度ではない。その目的は，刑事施設から出所した元性犯罪受刑者に対し，社会復帰のための支援を行うことにある。そのことは，制度の導入に向けて検討を行った部会の審議経過を見ても明らかである[36]。

条例も，知事は，住所等の届出を受けたときは，まず対象者を訪問するなどして，届出の内容を確認したうえで，その確認が得られた者（以下，「社会復帰

---

35) 宣善花「韓国における性犯罪対策の現状と課題」犯罪と非行 170 号（2011）146 頁以下。
36) 大阪府青少年健全育成審議会第 4 部会第 2 回議事録 15-22 頁，第 3 回議事録 8-13 頁。

支援対象者」又は単に「対象者」という）に対し，社会復帰に関する相談その他必要な支援を行うものとすると規定している（第13条1項）。条例の文言は「行うものとする」であるが，社会復帰支援を受けるかどうかは対象者の意思に委ねられており，義務ではない。

また，社会復帰支援対象者は，刑の執行を既に終了していることから，届出内容の確認や初回相談の過程で性犯罪の前科者であることが本人の家族や近隣住民に知られることで，家族関係や住民との関係に支障を来し，結果として対象者の更生を阻害するおそれがある。そこで，条例は，「社会復帰支援を行うに当たっては，社会復帰支援対象者の意に反して，その家族，近隣住民その他の関係者にその事情を知られないよう十分配慮しなければならない」（同第2項）との注意規定を置いている。

社会復帰支援の具体的な方法は，概ね，次の通りである[37]。まず，大阪府の担当職員が届出者を訪問して届出内容を確認したうえで，別の機会に改めて臨床心理士の担当職員が初回相談を行い，社会復帰支援の要否を確認する。支援を希望しない場合は，積極的な支援は行わないが，以後の連絡を拒否しない限り，働きかけを継続する。

支援の内容には，就労や福祉に関する相談や紹介など社会生活上のサポートと，認知行動療法に基づく専門的プログラムの提供がある。支援の期間は，届出義務期間と同じ5年である。そのため，満期釈放者は勿論，仮釈放者でも相当長期間の支援を行うことが可能である。支援の実施者は，大阪府の担当部署の職員であるが，特に専門的なプログラムについては臨床心理士の職員が担当する。さらに専門的な治療が必要な場合，本人の同意を得て，外部の機関を紹介することもできる。

4　制度の評価

(1)　届出義務の許容性と必要性

性犯罪前科者に登録を義務付け，その情報を公開・提供する海外の制度については，二重処罰の禁止違反，適正手続違反，平等性原則違反であるなどの批

---

37) 以下の情報は，大阪府の委託研究の一環として2014年3月22日に開催された「子どもに対する性犯罪の再犯防止に関する研究会」のシンポジウムでの報告に基づく。

判がある一方，各国の裁判所は，これに当たらないとの判断を示している[38]。

　大阪府の条例に対しても，「前科にかかわる事実を公表されない利益が法的保護に値すると判示した平成6年2月8日判決（ノンフィクション「逆転」事件），及び個人情報について自己の欲しない他者にみだりに開示されない期待が法的保護に値すると判示した平成15年9月12日判決（早稲田大学江沢民主席講演会名簿提出事件）に照らしても許されないことは明白である」[39]との批判がなされているが，大阪府の条例は性犯罪出所者の届出に係る情報を一般住民に広く公開する制度でも，行政機関以外の第三者に提供する制度でもないことから，この批判は当たらないであろう。また，届出者の居住を制限するものではないので，居住移転の自由に対する侵害にも当たらない。

　性犯罪前科者に行政上の届出義務を課すことの是非は，最終的に，義務の付加によって守られる公共の利益と個人が届出によって被る不利益の比較衡量の問題であろう。公共の利益とは，性犯罪前科者の所在地情報を行政機関が把握することによって，その再犯を防止し，子どもの安全を確保することにある。これに対し，届出者が被る不利益は，担当部署への届出と所在確認及び初回相談において受ける物理的負担と精神的負担である。そして，公益が個人の不利益を上回ると判断されるのは，子どもに対する性犯罪の再犯状況と社会復帰支援による再犯防止に一定の根拠と合理性が認められる場合であるが，大阪府は，これを肯定したからこそ，制度の導入に踏み切ったのであろう。しかし，その前提に対する評価が異なれば，反対の結論が導かれることもあり得る。

　私見では，届出の目的が希望者への社会復帰支援であるとすれば，届出義務の付加が絶対に許容されないものではないが，より現実的には，任意の届出に止めるという選択肢もあり得たのではないかと考える。大阪府は罰則付の届出

---

38) Smith v. Doe, 538 U.S. 84（2003）. アメリカにおける性犯罪者登録制度を巡る最近の判例を紹介するものとして，U.S. Department of Justice, Office of Justice Programs, Sex Offender Registration and Notification in the United States: Current Cases Law and Issues（2014）. 韓国の憲法裁判所の判例は，헌법재판소 2003. 6. 26. 2002 헌가 14, 판례집 15-1, 624［합헌, 각하］. この判例を紹介したものとして，宣善花・前掲注(35)146頁以下。

39) 大阪府弁護士会「大阪府子どもを性犯罪から守る条例制定に反対する会長声明」（2012年3月6日）。ノンフィクション『逆転』訴訟最高裁判決は，最小判平成6・2・8民集48巻2号149頁，早稲田大学江沢民講演会名簿提出事件は，最小判平成15・9・12民集57巻8号973頁。

義務を課さないと性犯罪前科者の把握は困難であると判断したわけであるが[40]，住所を把握しても，結局，支援を行うかどうかは本人の意思によるのであり，支援を希望する者は，住所の届出義務がなくとも，届出を行うのではないだろうか。楽観的に過ぎるかもしれないが，肝心なことは，刑事施設や保護観察において制度の意義や内容についての指導をどれだけ的確に行うかである。

(2) 届出制度の実効性

　一定の性犯罪出所者が大阪に帰住した場合に届出義務があることは，大阪府の作成にかかるポスターを刑事施設内に掲示することで受刑者への周知が図られ，ときには刑事施設職員から該当受刑者に制度の告知がなされる。また，仮釈放後の保護観察や警察の再犯防止措置による面談等の際にも，条例の制度について説明を行っているようである。そうであるとすると，該当者の全てが大阪府の条例について確実に理解しているとは限らず，関係機関の協力如何によることになる。

　なお，届出の実効性を担保するために行政罰が定められているが，大阪府では，届出があった者について，個別に法務省に照会する形で該当者かどうかの確認を行っているに過ぎない[41]。従って，大阪府側では条例の対象者を全て網羅的に把握しているわけではなく，未届の者を確認する術はない。再犯防止措置制度に基づき法務省から警察庁に提供される情報とのすりあわせも行われていない（はずである）。そのため，罰則付の義務とされながら，未届の者に行政罰を科すことは，実務上ない。該当者はその事実を知らないので心理強制は働こうが，それが限度である。その意味でも，住所等の届出を罰則付の義務とする必要性がそれほど高いとは思えない。

　大阪府によると，制度施行以来，届出を行う者がかなり出ているとされる。それが罰則付の届出義務による効果かどうかは明らかでないが，実際に支援を希望する者がおり，刑事施設からわざわざ大阪府にまで問い合わせてくる受刑

---

40) 再犯防止措置の旧制度についても，所在確認が困難なことから，対象者に届出義務を課す制度の可能性が示唆されている。警察政策研究センター「これからの性犯罪対策」警察政策研究 13 巻（2009）57 頁。

41) 大阪府では，届出者の在所証明書を発行するよう刑事施設に依頼することについての同意書を届出者から取っている。

者もいるようであるから，やはり重要なことは，刑事施設や保護観察所と如何に連携をとって，条例の意味や支援の内容を正しく受刑者に理解させるかであろう。

(3) 社会復帰支援の課題

　社会復帰支援として行われている認知行動療法は，グッドライフ・モデルに基づき大阪大学の藤岡淳子教授が開発したプログラムで，大阪の名所に掛けて「通天49」と呼ばれている[42]。認知行動療法は性犯罪者に一定の再犯防止効果があることが法務省のプログラムでも示されていることから[43]，今後もプログラムの検証を通じて，成果を上げていくことが期待される。

　課題としては，刑事施設における矯正処遇や保護観察など刑事司法制度との連携や，警察が実施している再犯防止措置との連携が挙げられよう。現在は，制度の説明や在所証明において刑事施設や保護観察所との連携が見られるが，処遇内容等に関する情報の共有ができれば，さらに効果的な支援も可能となろう。矯正処遇の情報は，現在，再犯防止措置制度においては警察本部に提供されているのであるから，同じ自治体である社会復帰支援の担当部署に提供できない法はない。

　また，再犯防止措置に基づく所在確認や面談との連携はないようであるから，もし社会復帰支援対象者が再犯防止措置の面談も受けていれば，それぞれバラバラに行われていることになる。そこで，両者を連動させるような仕組みも考えられる。警察も自治体の機関であるから，法務省から出所情報を警察又は社会復帰支援担当部署に提供し，警察は所在確認を行うとともに，面談は主に社会復帰支援の担当者が行い，生活相談や支援，カウンセリング，認知行動療法等は福祉職員や臨床心理士の専任職員が行うといった具合にである。

　さらに，再犯防止の必要性は刑事施設からの出所者に限った話ではなく，執行猶予となった者についても同様に考えなければならない。保護観察付執行猶予であれば長い保護観察期間が設定できるが，単純執行猶予に対しては何等の

---

42) パメラ・M・イエイツ＝デビッド・S・プレスコット（藤岡淳子訳）『グッドライフ・モデル—性犯罪からの立ち直りとより良い人生のためのワークブック』誠信書房（2013）。
43) 前掲注(9)に掲げた法務省矯正局と保護局の報告書参照。

対応も取ることができない。性犯罪で単純執行猶予となった者の中にも，僅かではあるが性犯罪の再犯に至る者がおり，性犯罪以外の犯罪により実刑となる者もいる[44]。執行猶予となる者は，住所や身元引受が比較的しっかりとしているから，希望する者に対して，面談や相談等を行うようにすることが検討されてよい。

Ⅳ　再犯防止のための重層的セーフティネットの構築

　刑事施設から釈放された性犯罪者の社会復帰や再犯防止を図るためには，本来，刑事司法制度としての保護観察においてこれを行うことが検討されるべきである。しかしながら，我が国の場合，仮釈放は保護観察の期間が短く，再犯リスクの高い期間をカバーすることができないし，残りの満期釈放者に至っては何らの対応もとることができない。刑事施設での拘禁と処遇に続いて一定の社会内処遇を確保する制度として2016年（平成28年）より刑の一部執行猶予制度が導入されたが，宣告刑や前科等の要件が厳しいため重大犯罪者や累犯者が対象外となるなど制約が大きい[45]。

　これは性犯罪受刑者に限らず，全ての受刑者に共通した刑事司法制度の問題であり，今後は，仮釈放における考試期間主義の採用，刑の一部執行猶予制度の拡大，保護観察における処遇の充実と保護観察体制の強化といった刑事司法制度上の改革が進められていくべきである[46]。しかし，こうした制度改革が実現したとしても，制度上の「隙間」が残る可能性があるし，何も犯罪者の更生を図るための制度が1つに限定されなければならないわけではない。

　性犯罪者にしても，再犯の不安を抱えながら受刑後の生活を送っている者もいれば，社会復帰するうえでの相談や支援を望む者がいることは，再犯防止措置や大阪府の条例の実務からも窺うことができる。そうした者達がどこにも相

---

44) 性犯罪者処遇プログラム研究会・前掲注(7)61頁，平成18年版犯罪白書・前掲注(7)254頁。
45) 刑の一部執行猶予の課題については，太田達也『刑の一部執行猶予―犯罪者の改善更生と再犯防止』慶應義塾大学出版会（2014）。
46) 大阪府も，再犯防止の施策は，本来，国が行うべきであって，国に対し刑期満了者を含めた総合的な再犯防止策に関する要望を出している。大阪府「平成26年度国の施策並びに予算に関する最重点提案・要望」（2013）9頁。

談できず，何らの支援を受けられないまま結果的に再犯に至るようなことがあれば残念というほかない。

　警察の再犯防止措置制度にせよ，大阪府子どもを性犯罪から守る条例にせよ，課題を抱えていることは確かであるが，これらの施策を現行法制度の「隙間」を埋める社会資源の1つとして維持していくことが必要ではないであろうか。性犯罪者の再犯防止や社会復帰を刑罰や司法制度のうえだけで実現しようとするのではなく，刑罰や司法制度とは別に，行政上の取り組みや民間団体の活動といった，犯罪者の改善更生や再犯防止に資するためのセーフティネットが重層的に整備されていくことが望ましい。警察の再犯防止措置制度や大阪府子どもを性犯罪から守る条例も，そうした社会資源の1つとして，司法制度とも連携する形で整備していくことが求められる。刑事司法機関も，他の行政機関や民間団体など様々な機関と連携を図る体制作りと法整備を進める必要があろう。

　本書は，これまでに発表した下記の初出論文に対し，大幅な加筆修正を加え，或いは組み替えを行い，また新たに書き下ろした論文を加えて，まとめたものである。

第1編　仮釈放の基本理念と法的性質
　　第1章　仮釈放理論の系譜と再構築
　　　＊「仮釈放要件と許可基準の再検討——『改悛の状』の判断基準と構造」法学研究 84巻9号（2011）13頁以下の一部を元に書き下ろし

　　第2章　刑事政策の目的と仮釈放の本質
　　　＊同上

第2編　仮釈放要件論
　　第1章　仮釈放の法定期間と正当化根拠
　　　＊「仮釈放の法定期間と正当化根拠」法学研究 86巻12号（2013）1頁以下

　　第2章　無期刑の本質と仮釈放の法定期間
　　　＊「無期刑の仮釈放と法定期間」更生保護学研究 3号（2013）3頁以下

　　第3章　仮釈放の実質的要件と許可基準の再検討
　　　　　　——「改悛の状」の判断基準と構造
　　　＊「仮釈放要件と許可基準の再検討——『改悛の状』の判断基準と構造」法学研究 84巻9号（2011）13頁以下

第3編　仮釈放と保護観察
　　第1章　仮釈放と保護観察期間
　　　　　　——残刑期間主義の見直しと考試期間主義の再評価
　　　＊「仮釈放と保護観察期間——残刑期間主義の見直しと考試期間主義の再検討」研修 705号（2007）3頁以下
　　　＊「無期刑の仮釈放と法定期間」更生保護学研究 3号（2013）3頁以下（一部）

　　第2章　必要的仮釈放制度に対する批判的検討
　　　＊「必要的仮釈放制度に対する批判的検討」法学研究 80巻10号（2007）1頁以下

　　第3章　矯正と保護を貫く段階的処遇
　　　　　　——開放的処遇と中間処遇の再編成並びに遵守事項の改正
　　　＊「更生保護施設における処遇機能強化の課題と展望」犯罪と非行 132号（2002）39頁以下の一部を元に書き下ろし

索　引

太田 達也 (おおた たつや)

1964 年生まれ。慶應義塾大学法学部教授。博士（法学）。
日本被害者学会理事長，日本更生保護学会理事，最高検察庁刑事政策
専門委員会参与，法務省矯正局矯正に関する政策研究会委員，法務省
法務総合研究所研究評価検討委員会委員，同犯罪白書研究会委員，一
般財団法人日本刑事政策研究会理事，更生保護法人日本更生保護協会
評議員，公益財団法人アジア刑政財団理事，公益社団法人被害者支援
都民センター理事などを務める。
編著書として，『Victims and Criminal Justice: Asian Perspective（被害者
と刑事司法—アジアの展望）』（編著，慶應義塾大学法学研究会，2003)，
『高齢犯罪者の特性と犯罪要因に関する調査』（共著，警察庁警察政策
研究センター，2013)，『いま死刑制度を考える』（共編著，慶應義塾
大学出版会，2014)，『刑の一部執行猶予—犯罪者の改善更生と再犯防
止』（慶應義塾大学出版会，2014)，『リーディングス刑事政策』（共編著，
法律文化社，2016）ほか。

仮釈放の理論
——矯正・保護の連携と再犯防止

2017 年 12 月 25 日　初版第 1 刷発行

著　者————太田達也
発行者————古屋正博
発行所————慶應義塾大学出版会株式会社
　　　　　　〒 108-8346　東京都港区三田 2-19-30
　　　　　　ＴＥＬ〔編集部〕03-3451-0931
　　　　　　　　　〔営業部〕03-3451-3584〈ご注文〉
　　　　　　　　　〔　〃　〕03-3451-6926
　　　　　　ＦＡＸ〔営業部〕03-3451-3122
　　　　　　振替 00190-8-155497
　　　　　　http://www.keio-up.co.jp/
装　丁————鈴木　衛
印刷・製本——萩原印刷株式会社
カバー印刷——株式会社太平印刷社

慶應義塾大学出版会

刑の一部執行猶予
犯罪者の改善更生と再犯防止

太田達也 著

再犯防止・薬物依存治療の切り札となるか？
新たに導入された刑の一部執行猶予制度を，再犯防止・更生保護
の視点から検証し，今後の課題についても展望する。

A5判／上製／304頁
ISBN 978-4-7664-2136-1
◎4,500円　2014年5月刊行

◆主要目次◆